首席合规官与
企业合规师实务

陈立彤 黄鑫淼 | 著

中国法制出版社
CHINA LEGAL PUBLISHING HOUSE

序一

中国正在经历百年未有之大变局。每一个企业、每一位企业家都面对一个问题：在不确定性面前如何把握确定的支点，奋力前行。企业面对的国际局势起伏动荡，波诡云谲；身处的国内环境则仍面临需求收缩、供给冲击、预期转弱三重压力，挑战重重。放眼望去，国内国际双循环建设加速，更多国家响应"一带一路"倡议，中国正秉持新理念，迈步新征程，机遇无限。如何有效应对当前、长远诸多新挑战，积极把握国内、国际种种新机遇，化不确定性为确定性，驭势发展，是很多企业都在思考的，而在企业的各项选择中，合规无疑是最为重要的一项理念与手段。

2001年，中国加入世界贸易组织，标志着中国对外开放进入了一个新的阶段，成千上万的中国企业在开展国际经济和交往中获得了长足发展，也经受着不同以往的国际贸易规则的洗礼。自2010年中国再次成为世界第一制造业大国之后，又成为世界第一货物贸易大国。中国企业在参与国际竞争中的力量不断增强，各国看待中国的眼光与要求也在不断变化。"合规"两个字越来越多地放在中国企业家、中国企业的面前。

时至今日，可以毫不迟疑地说，对合规的认识、理解、执行已经成为越来越多中国企业在经济活动中的一道必答题。无论是加快国际化转型，利用好国内国际两个市场两种资源，还是坚持高质量发展，打造世界一流企业，中国企业都应该树立这样的信念：合规的要求与实践是基本前提和条件，符合中国国情又与世界通行规则接轨的合规管理体系是必不可少的支撑，训练有素、专职敬业的合规人才队伍是安全运行的基础，而由企业领导和所有员工共同遵守并执行的合规文化与制度是抗风御险的根本保证。培养企业自己的合规人才和建立企业的合规体系是众多企业与企业家的迫切要求。认识合规从哪里开始？如何学习合规？执行合规有哪些重点和要点？……这就是我郑重推荐陈立彤、黄鑫淼两位律师所著《首席合规官与企业合规师实务》（以下简称《合规实务》）

一书的初衷与考虑。

我认识陈立彤律师已有多年。他当时担任一家著名跨国公司合规业务的相关负责人，是最早把合规体系和实务介绍到中国的专家之一，在国内合规领域有很好的口碑和影响力。他作为执业律师大力推动国际上的合规理念和体系在中国落地，亲自参与过合规有关国家标准的制定，政府合规文件的起草，为政府部门和企业的合规事务提供咨询服务，常常深入一线企业听取企业高级管理人员关于合规工作的亲身体会并整理了大量合规的实际案例，其合规方面的多篇论文频频受到各方好评。此次陈立彤律师与黄鑫淼律师合作的《合规实务》可称为是合规领域不可多得的一部力作。

与一般国外引入的专著以及国内一些编撰的培训教材不同，《合规实务》有着一些鲜明的特点。

一是紧贴实际。本书始终把企业的需求放在首位。2021年3月，人力资源和社会保障部会同国家市场监督管理总局、国家统计局向社会正式发布了"企业合规师"等18个新兴职业后，首席合规官及企业合规师立即成为企业与社会关注的重点。本书对域内外合规法律政策文件及合规实务进行的详细介绍与探讨，充分体现全面性与综合性的特点，形成了符合企业员工学习习惯，简明扼要、注重实操的首席合规官及企业合规师理论与操作框架。

二是紧跟形势。本书阐释的观点与实例都与当今科技革命和产业变革的最新进展相吻合。书中关于当前发展热点的无人驾驶汽车的合规性讨论，从被动应对到主动防范的三原则，有助于汽车自动驾驶立法定规进程的思考。2022年10月1日，《中央企业合规管理办法》正式实施，第12条明确规定中央企业应当结合实际设立"首席合规官"，本书的出版为落实这一要求提供了及时而有力的准备。

三是紧随发展。得益于作者的丰富经验与深入研究，本书在合规的基本框架之外，引入最新的研究成果，对着眼提升管理效率的合规2.0和立足于管理赋能的合规3.0都有论及。据悉，ISO37301召集人、国际风险与合规协会（IRCA）主席马丁先生（Martin Tolar）、副主席兼秘书长徐永前先生都对本书提供了重要指导，使学习本书的读者有望接收到世界合规管理体系的最新信息，使本书的观点和论据与国际规则接轨。

四是紧扣重点。本书对首席合规官及企业合规师的应具备的知识与能力体系进行了精心设计，上至企业合规管理战略规划与管理计划，下至合规培训、宣传的全过程，除进行法律、管理、审计、财务等专业知识的理论阐述外，还结合企业的业务形式、行业动态等，对操作步骤和实操进行了详尽阐述，企业合规管理体系的重点尽显。

五是紧抓需求。本书既着眼于首席合规官及企业合规师培训所涉的基础概念和逻辑框架，还顾及企业高管和更多员工对合规知识的学习与应用。书中详述了企业合规涉及到业务主管部门、合规部门、审计监督部门的"三条防线"，通过风险穿透、风险管理、联合管理"三原则"将风控措施融入业务流程的实务操作，法务、合规、内部控制、风险控制"一体化合规管理体制"的建立等工作原则及关键步骤，应该能为企业解决急需的合规人才培养和合规体系建成贡献力量。

当前，高质量发展是全面建设社会主义现代化国家的首要任务，也是企业必需全力完成的使命担当。按照国家"推进高水平对外开放……稳步扩大规则、规制、管理、标准等制度型开放"的要求，我国企业合规管理体系的建设意义重大。合规人才的培养，特别是首席合规官及企业合规师队伍的培育紧迫而且重要，首席合规官与企业合规师实务教程的出版正当其时。除了企业人士的关心关注外，大专院校、研究机构及社会组织的有关师生与专业研究者也可以把这本书作为探讨中国企业如何通过合规迈步高质量发展道路的参考读本，将有所裨益。

中国企业联合会、中国企业家协会
党委书记、常务副会长兼秘书长
朱宏任
2022 年 12 月 4 日

序二 (PROLOGUE 2)

Compliance as a unique discipline has been around for approximately 30 years. It's fair to say that a lot has changed since the first compliance professionals emerged. Initially, compliance focused upon organisation's meeting their legal obligations and naturally most compliance managers had legal backgrounds. While meeting legal requirements is still a significant part of the focus of the modern-day compliance practitioner, the role and its responsibilities has expanded well beyond this initially narrow focus.

合规作为一门独特的学科已经存在了大约 30 年。客观地说，自从第一批合规专业人员出现以来，已经发生了很多变化。最初，合规性侧重于组织履行其法律义务，自然大多数合规经理都有法律背景。虽然满足法律要求仍然是现代合规从业者关注的重要部分，但其角色和职责已远远超出最初的狭窄关注点。

Today, the modern compliance manager is not only required to ensure that legal obligations are met, but they are heavily involved in shaping their organisation's culture as well as being managers of change. In addition to understanding legal requirements, the best compliance professionals proactively engage with regulators to shape new legislation before it is enacted, work with HR professionals in determining acceptable employee behaviour and manage the risks in relation to the ever-changing nature of businesses and the environment they operate in.

如今，现代合规经理不仅需要确保法律义务得到履行，而且他们还积极参与组织文化的塑造并因势利导。除了了解法律要求外，优秀的合规专业人员还积极与监管机构合作，在新法规颁布之前参与新法规制定；与人力资源专业人员合作，以确定哪些员工行为可以接受哪些不可以；并根据不断变化的业务性质及其运营环境来管理风险。

A significant contribution to the practice of compliance can be traced back to the evolution of the recently published ISO standard on Compliance Management Systems: ISO 37301. The standard was first published in April 2021, but by no means was this the first compliance standard published. Prior to the current certifiable 37301, the ISO published ISO 19600, a guidance standard on how best to implement, maintain and continually improve a compliance management system. Prior to this international development, the origins of 19600 can be traced back to Australia where the first standard on compliance management was first published in 1998, and then later adopted in New Zealand in 2009.

对合规实践的重大贡献可以追溯到最近发布的 ISO 合规管理体系标准的演变：ISO 37301。该标准于 2021 年 4 月首次发布，但这绝不是第一个发布的合规标准。在当前可认证的 37301 之前，ISO 发布了 ISO 19600，这是一个关于如何最好地实施、维护和持续改进合规管理体系的指导标准。在这一国际发展之前，19600 的起源可以追溯到澳大利亚，1998 年首次发布了第一个合规管理标准，随后于 2009 年在新西兰被采用。

As you can see, not only does the practice of compliance continue to evolve, but so does the thinking that underpins most of what we as compliance professionals put into practice every day.

正如您所看到的，不仅合规在不断发展，而且作为我们合规专业人员每天付诸于实践的大部分内容的基础思想也在不断进化。

This latest contribution to the evolution of compliance management again builds upon the knowledge that has developed over the past 30 years. This publication not only focuses upon the role of the compliance professional and the required elements of an effective compliance management system, but seeks to provide a comprehensive overview of the practice of compliance from the initial risks assessment process to the undertaking of investigations and the management of compliance breaches. In doing so, the authors are ensuring that the practice of compliance continues to move forward, keeping up-to-date with the ever-changing nature of organisations and their needs while also ensuring that compliance creates values.

这一对合规管理发展的最新贡献再次建立在过去 30 年发展的知识基础上。本出版物不仅侧重于合规专业人员的作用和有效合规管理系统的必要要素，而且力求全面概述从最初的风险评估过程到调查和违规管理的合规实践。在这样做的过程中，作者们确保了合规实践继续向前发展，与组织不断变化的性质及其需求保持同步，同时也在身体力行用合规创造价值。

马丁·托拉尔（Martin Tolar）
ISO 37301 工作组主席
国际风险与合规协会主席（Chairman of IRCA[①]）
2022 年 12 月 2 日

[①] IRCA，即 International Risk and Compliance Association。

目　录

第一章　合规及合规技能　001

第一节　合规及合规管理　001
一、合规的四个维度　001
二、合规2.0　001
三、合规3.0　005

第二节　合规岗位　006
一、ISO 37301：2021与合规团队　006
二、合规新职业：企业合规师　007
三、《中央企业合规管理办法》与首席合规官　008
四、合规不起诉与合规监督员、合规律师　011

第三节　为合规管理赋能需要哪些技能　022
第四节　合规创造价值（一）　029
第五节　合规创造价值（二）　036

第二章　企业合规师　039

第一节　企业合规师概述　039
一、企业合规师的定义　039
二、企业合规师的工作范围　039
三、企业合规师与合规岗位　040
四、企业合规师与风控　040
五、企业合规师与内控　041
六、企业合规师与法务　042
七、企业合规师与审计　044

八、企业合规师与财务　　045
　　九、企业合规师与业务部门　　045
第二节　职业技能等级认定　　046
第三节　企业合规师的价值观　　047
第四节　企业合规师级别认定标准　　048
第五节　企业合规师对标　　050

第三章　首席合规官　　053

第一节　首席合规官的历史沿革　　053
第二节　首席合规官的使命　　054
第三节　首席合规官的工作要求　　056
　　一、负责企业顶层合规设计和统筹　　056
　　二、领导合规管理部门组织开展相关工作，指导所属单位加强合规管理　　056
　　三、就重大决策事项合规性提出明确意见，在合规审查意见上签字　　058
　　四、牵头处理重大合规风险事件，妥善应对危机事件　　059
第四节　首席合规官的能力要求　　060
　　一、扎实的专业能力　　060
　　二、优秀的领导能力　　060
　　三、出色的危机应对能力　　061
第五节　首席合规官的能力提升　　061
　　一、教育培训　　062
　　二、工作训练　　062
　　三、参加相关行业组织　　062
第六节　首席合规官对标（一）　　062
第七节　首席合规官对标（二）　　064

第四章　合规是对合规义务的履行　　069

第一节　法律法规构成合规义务的核心　　071
　　一、对法律法规的遵从构成合规的底层逻辑　　071
　　二、合规离不开专业法律人士提供专业法律意见　　072
　　三、在特定法域下保护好客户的法律特权　　074
　　四、需要律师就特定法律事项提供专业服务　　075

第二节　合规义务包括强制遵守的和自愿选择遵守的　　077
　　第三节　外规内化是合规的核心环节　　078
　　第四节　合规义务包括禁止性合规义务和控制性合规义务　　080
　　　一、禁止性合规义务　　080
　　　二、控制性合规义务　　082
　　第五节　合规是众多合规管理体系合力的结果　　083
　　第六节　合规义务重在及时识别、准确理解　　083

第五章　合规是管理科学　　085

　　第一节　风险及相关要素　　085
　　　一、风险与合规风险　　085
　　　二、风险源及其代码　　086
　　　三、风险情况　　087
　　　四、责任人　　087
　　第二节　识别合规风险　　088
　　　一、帕累托原则　　088
　　　二、识别合规风险的路径　　089
　　　三、识别风险的工具　　095
　　第三节　评价合规风险　　096
　　　一、评价风险的目的　　096
　　　二、评价风险的维度　　097
　　第四节　识别并排序合规责任人　　099

第六章　合规是管理体系　　101

　　第一节　建立合规管理体系的必要性　　103
　　第二节　合规管理体系概览　　105
　　　一、ISO 37301:2021　　106
　　　二、《中央企业合规管理办法》　　108
　　　三、其他合规管理标准　　110
　　第三节　从执法机构的角度看体系　　110
　　　一、公司的合规程序是否设计良好？　　114
　　　二、该程序是否得到有效实施？　　119

三、在实践中"公司的合规程序是否有效"？　　122
　第四节　合规管理体系制度建设　　126

第七章　合规是合规文化　　141

　第一节　什么是合规文化　　141
　第二节　合规文化有什么价值　　142
　　一、合规文化是生产力，也是金色盾牌　　143
　　二、合规文化让合规成为"下意识"，从"要我合规"转变到"我要合规"　　143
　　三、合规文化是抵制"潜规则"的利器　　144
　　四、合规是底线，文化无上限　　144
　　五、合规是百年老店最大的智慧　　145
　　六、帮助中国企业用"合规"的面貌走向世界　　146
　　七、营造公平的竞争环境，杜绝"劣币驱逐良币"　　146
　第三节　如何建立推广合规文化　　147
　　一、ISO 37301:2021下对合规文化的培育　　147
　　二、《中央企业合规管理办法》下对合规文化的建设　　152
　第四节　合规文化建设对标　　153

第八章　风险管理　　156

　第一节　"风险管理"知识框架　　156
　第二节　"风险管理"的风险　　158
　　一、按风险因素的性质划分　　159
　　二、按风险形成的原因划分　　159
　　三、按风险的范围划分　　160
　　四、按风险程度划分　　160
　　五、按风险存在的方式划分　　160
　　六、按风险控制的程度划分　　161
　　七、按企业经营类型划分　　161
　　八、按风险效应来划分　　161
　　九、按风险责任承担来划分　　162
　　十、按风险的内容划分　　162

十一、按决策要求划分　　162
第三节　"风险管理"的目标　　163
　　一、风险管理在战略上应与战略目标保持一致　　164
　　二、风险管理在技术上与企业的重大目标相关联　　165
第四节　"风险管理"的筹划　　167
　　一、为什么要做风险筹划？　　167
　　二、风险筹划面对的风险有哪些？　　168
　　三、合规风险筹划风险解决路径　　169
　　四、工作方案　　169
第五节　"风险管理"的外规内化　　169
第六节　"风险管理"的体系化管理　　170

第九章　控制、风险控制与内部控制　　179

第一节　控制　　179
第二节　风险控制　　180
第三节　内部控制　　183
第四节　风险管理、内部控制与合规管理的关系　　184
第五节　合规管理下的控制与风险控制　　186
　　一、控制的节点　　187
　　二、控制要素　　188
　　三、控制的要求　　189
第六节　合规管理与法务管理、内部控制、风险管理协同运作　　191
　　一、合规管理与法务管理、内部控制、风险管理协同运作的目的　　192
　　二、合规管理与法务管理、内部控制、风险管理协同运作的基础　　192
　　三、合规管理与法务管理、内部控制、风险管理协同运作的核心　　194
　　四、合规管理与法务管理、内部控制、风险管理协同运作的路径　　199

第十章　风控措施实际运用　　202

第一节　中国企业国际化进程中触发风险的原因　　202
　　一、在国际化进程中面临他国监管，但应对措施失当　　202
　　二、被监管时遭遇选择性执法　　204
　　三、入乡不随俗，风险敞口加大　　205

四、对第三方合规管理不重视，导致商业伙伴和自身的风险加大	206
五、面对美国《反海外腐败法》，不经意间触犯风险	208
六、监管机构推行举报制度，违法违规更易查处	210
第二节　企业行贿风险	211
一、风险源引发企业行贿风险的频率	213
二、风险造成的危害结果：巨大	215
三、企业行贿风险发生的可能性：极高	225
四、风险管控	226
第三节　企业员工舞弊风险	228
一、企业员工舞弊风险	228
二、风险源引发员工舞弊风险的频率	229
三、员工舞弊风险造成的危害结果：很大	230
四、员工舞弊风险发生的可能性：很高	231
第四节　企业员工渎职风险	236
一、企业员工渎职风险	236
二、风险源引发风险频率	237
三、员工渎职风险造成的危害结果：巨大	240
四、员工渎职风险发生可能性：较高	241
五、风险管控	244
第五节　反垄断合规风险	245
一、反垄断合规风险	246
二、风险源引发风险的频率	248
三、反垄断合规风险造成的危害结果：巨大	250
四、反垄断合规风险发生的可能性：较高	253
五、风险管控	255

第十一章　合规审计　264

第一节　合规审计概述	264
一、审计	264
二、财务审计	264
三、合规审计	265
四、审计与审核的比较	266

第二节　合规审计要素　268
　　一、合规审计的原则　268
　　二、合规审计的目的　269
　　三、合规审计的核心　271
　　四、合规审计范围　272
　　五、合规审计专业人员　273
　　六、专业的合规审计测试　275
第三节　合规审计的流程　278
　　一、证据的收集　279
　　二、证据的评价　281
　　三、审计报告　282
　　四、密级的标注及处理流程　284
　　五、利益冲突　285
　　六、合规整改方案　286
　　七、合规工作底稿的整理与保存　286

第十二章　管理体系审核　289

第一节　审核及其分类　291
　　一、审核的定义　291
　　二、审核的分类　291
第二节　审核原则　292
第三节　审核方案的管理　293
　　一、确立审核方案的目标　294
　　二、确定和评价审核方案的风险和机遇　295
　　三、建立审核方案　296
　　四、实施审核方案　297
第四节　实施审核　298
　　一、总则　298
　　二、审核的启动　298
　　三、审核活动的准备　299
　　四、审核活动的实施　301
　　五、审核报告的编制和分发　307

  　　六、审核的完成　　308

  　　七、审核后续活动的实施　　309

第十三章　调查　　317

　第一节　内部调查与外部调查对比　　318

　第二节　调查、合规审计与体系审核对比　　318

　第三节　内部调查　　319

  　　一、接受举报或案件线索　　319

  　　二、调查团队案头研究　　321

  　　三、访谈　　322

  　　四、文件审阅　　322

  　　五、电子文档下载、保存、分析　　322

  　　六、得出结论　　322

  　　七、出具报告　　322

　第四节　外部调查：双反尽调　　323

  　　一、双反尽调的意义　　323

  　　二、双反尽调的重点　　325

　第五节　外部调查：做空调查　　330

  　　一、查阅资料　　331

  　　二、调查关联方　　332

  　　三、公司实地调研　　332

  　　四、调查供应商　　333

  　　五、调研客户　　333

  　　六、倾听竞争对手　　334

  　　七、请教行业专家　　334

  　　八、重估公司价值　　334

　第六节　大数据下的分析调查　　335

　第七节　调查与合规　　337

  　　一、侵害信息安全的非法调查行为　　337

  　　二、中介机构调查"走过场"　　338

第十四章　管理评审　　340

　第一节　管理评审的目标　　340

  第二节 管理评审的流程 341

  第三节 管理评审输入 341

  第四节 管理评审输出 343

第十五章 应对危机 346

  第一节 应对政府调查危机的基本原则：监管和解 346

    一、监管和解 346

    二、监管围猎 347

    三、用调解达成和解 347

  第二节 事前预防 349

    一、文字管理 350

    二、文档管理 350

    三、证据管理 352

  第三节 事中管理 354

    一、应对预案和方案 354

    二、做好危机公关工作 356

    三、拿起法律分析的武器为自己辩护 359

  第四节 事后恢复 360

第十六章 合规管理信息化、数字化与数智化 369

  第一节 合规管理信息化 369

    一、信息化 369

    二、合规管理信息化 370

  第二节 合规管理数字化 370

    一、数字化 370

    二、合规管理数字化 371

  第三节 合规管理信息化与数字化的比较 374

    一、合规管理信息化与数字化的相似性 374

    二、合规管理信息化与数字化的不同 376

  第四节 数智化及其挑战 384

    一、所采集的公共大数据关系到国计民生，应用不当会对国家和公民个体造成损害 385

二、公共大数据有很多是人工统计数据，需要保障准确性　　386

　　三、人工智能将给大数据保护带来挑战　　386

　　四、大数据带来的合规风险　　386

　　五、数智化为企业合规师带来科技上的挑战　　388

第十七章　环境、社会和公司治理（ESG）　　393

　　第一节　ESG 下的合规义务　　393

　　第二节　ESG 评估指标　　395

　　第三节　ESG 评估/信息披露指南　　396

第一章 合规及合规技能

第一节 合规及合规管理

合规或合规管理以风险管理为基础,其目的是通过建立一套行之有效的管理机制,使公司能够有效地识别、评估和控制合规风险,主动避免违法、违规事件的发生。

一、合规的四个维度

合规可以从四个维度来理解。合规的第一个维度是对合规义务的遵守(如对法律法规的遵守)。合规在这个维度上把合法的概念包括进来了。但是,合规仅停留在第一个维度是不够的,如用出具法律意见书定性对错的方法做"合规"其实"不合规"。因为要做好合规,还必须进入第二个维度,即,合规是一门管理科学。

合规这门管理科学的核心是风险的识别、评价与控制。就拿反垄断法来说,卖汽车的和卖巧克力的企业都适用反垄断法,但是风险场景因行业的不同而不同,风险值也因企业的大小不同而不同,因此各个企业必须有效地识别各自的风险与风险源,对识别出来的风险进行评价并进行有效管控。

合规的第三个维度是合规管理体系。做好合规管理,必须满足很多必要条件,不成体系的合规不堪一击。

合规的第四个维度是合规文化。以道德与诚信为内核的合规才能让合规融入企业的文化基因当中去,合规对于员工来说才能达到这个效果:合规是一种自发的习惯,不是要我合规,而是我要合规。

二、合规2.0

合规管理的基本目标是控制合规风险,从而减少不确定因素对企业实现其目标所造成的负面影响,但合规管理在各个企业中的发展是不均衡的,合规理念同样如此。有的企业对合规的理解还处在非常基础的层面，但有的企业对合规的理解、对合规管理的要求或者实施已经进入2.0时代。

1. 实时识别风险

2.0时代的合规与1.0时代的区别表现在很多方面，但2.0时代的合规要求对风险的识别越实时或者越及时越好。建立实时（或近似实时）的风险识别机制是合规2.0时代的迫切需求，举例如下。

某银行贷款给一个私营企业。该银行在贷款的时候，除了录入该私营企业的有关情况，以及该企业法定代表人的有关情况外，还有意识地收集了该企业以及其他更多的信息，如该法定代表人家属的有关信息。贷出款项之后，该银行基于大数据分析平台进行实时性的信贷风险识别与监控，每天都会用网络爬虫在网上就大数据分析平台里的一些关键词作舆情搜索。有一天，该网络爬虫发现并预警了一条有关赌博的消息，说某某因为在境外赌场赌博输了很多钱——这则新闻中某某的名字和这个私营企业法定代表人的儿子名字相同。银行在接到信息平台的报警后，就派工作人员进行调查，发现这个新闻中的主人公恰恰是这个私营企业法定代表人的儿子。于是银行就想办法让这个私营企业提前还贷，而且不再发放其他贷款。结果是，这个私营企业在其他银行的贷款出现了坏账，而进行实时性风险识别的银行则先人一步避免了坏账。这个例子告诉我们，一方面，有时候风险识别不实时本身就可能带来风险；另一方面，实时识别风险在技术上不是不可能的。

当然，这里所说的"实时"是相对的——相对于"尽调（尽职调查）一次管三年"更加贴近实时。另外，实时识别风险（及风险源）不可避免地会增加企业合规成本，因此不是所有的企业或者一个企业不是对所有风险的识别都要（或者能够）做到实时。但是"实时识别"应当成为风险识别的新概念。

2. 数字化管控风险

对风险不仅要识别，还要控制。合规管理三道防线仅靠纸面推演已然不够，尤其是针对复杂的、系统性的风险；企业应当适时地引进数字化解决方案，我们从下面的例子可以略见一斑。

一家德国企业通过其在中国的全资子公司进口、销售机器并提供售后服务。但在市场上同时提供售后服务（包括提供真真假假零部件）的还包括形形色色的、如假不包换的"李鬼"。企业对"李鬼"当然要打假，但处理不好如下风险：(1) 客户的最终用户常常到客户之外的维修网点寻求性价比更高的售后维修服务（当然，出现一些小修小补也是正常的）；(2) 客户的售后服务出现"飞单"，但客户对此似乎束手无策；(3) 第三方售后服务网点所使用的配件有可能是平行进口配件，抑或进口整机后拆机销售的维修配件，甚至是假配件；(4) 客户售后服务销售收入远远没有达到预期水平……

对此，我们固然可以建议客户用常规的方法和途径打假，但还可以用数字化的方式通过使用经销商、售后服务云平台系统链接厂家、各级代理商、各地售后服务中心及各地市特约维修网点，从而使得该客户实现从销售线索到汇款、渠道经销商、售后服务的全程监控，构建完备透明、从销售到售后服务的一体化互联网管理体系，使企业和客户的利益得到全面保障。用数字化云平台的方式，通过系统中的货品唯一序列号，该企业可以查出各地市场的串货和假货。同时，企业通过主动管理渠道商的所有客户，一方面，主动发起售后服务流程和360度客户满意度分析，从而渐次打消最终用户到第三方维修点去维修的需求和冲动；另一方面，渐渐迫使假配件或者平行进口配件难以对客户的真配件、原厂配件构成不正当竞争，使得售后变成二次营销的开始，详见下图。

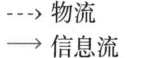

---→ 物流
—→ 信息流
⋯→ 售后服务流

一个完整的云平台，一个数据库管理及服务中国市场的渠道商和客户
● 系统和德国生产厂直连，销售订单转为采购订单，进口
● 系统根据机器的唯一序列号，按照渠道商的销售订单直运货物到客户
● 系统根据客户收货情况，转为售后维修单、工单、安装单等
● 系统按照工作流开始进行售后服务，产生二次配件销售

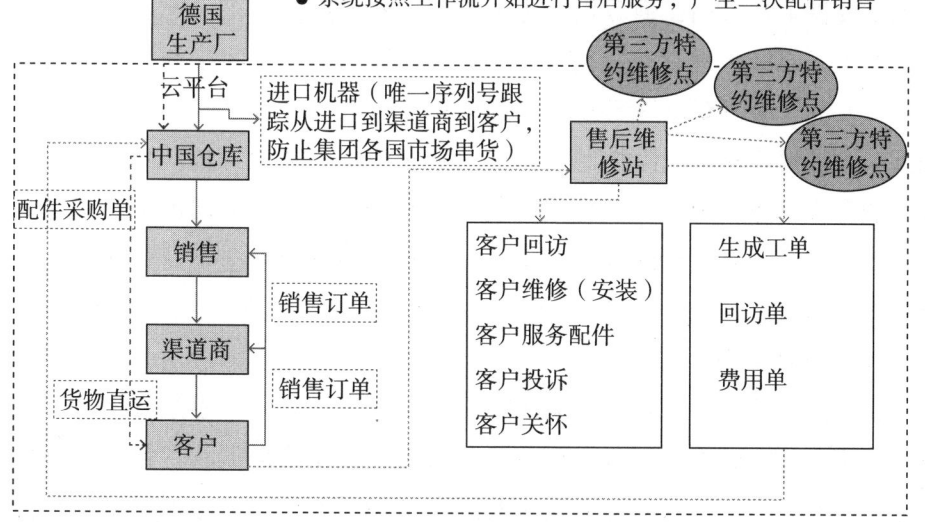

图 1-1　一体化管理体系图示

3. 合规管理嵌入公司业务流程形成闭环

合规管理嵌入公司业务流程，实现合规管理与公司业务的深度整合，也是合规2.0的特点之一。以无人驾驶安全出行中的风险控制为例，随着人工智能时代的到来，无人驾驶被视为 AI（人工智能）最重要的落地场景。传统汽车巨头、跨国科技巨头和互联网新势力纷纷加码智能互联和汽车共享，抢滩无人驾驶的未来。但还有一个重要问题需要解决，那就是无人驾驶的安全出行问题。如何让无人驾驶出行更加安全？如何识别、评价并控制风险？对此，我们通过风险管控三原则将风控措施融入业务流程。

（1）风险穿透原则

无人驾驶涉及的产业领域广阔，从雷达传感，再到 AI 算法、汽车制造，一些原本毫无关联的产业、平台和企业被智能网联这一根线串联了起来，并开展多方合作。而无人驾驶肇事的风险源也变得更加分散和难以识别，包括车辆本身存在质量问题（如制动装置不合格）、传感设备（如雷达和摄像头）突然失灵、AI 算法不够先进（在特殊场景下的错误决策）、系统有安全漏洞（如被黑客攻击、劫持），甚至是驾驶员注意力不集中等，都可能引发一起严重的事故。

这些风险既可能存在于直接参与无人车生产的企业（我们称其为"直接利害关系人"）中，也可能存在于那些本身不参与无人车研发与生产，但是其产品、技术应用其中的下游供应商（我们称其为"间接利害关系人"）。直接利害关系人的重要性不言自明，但我们认为无人驾驶的风险控制工作不能局限于直接利害关系人，而应穿透到间接利害关系人，其原因在于：间接利害关系人提供的技术、产品、服务等也是无人驾驶肇事的风险源。

因此，无人驾驶安全风险控制的首要原则应当是"风险穿透"——无人驾驶业务中的合规管理和风险控制尤其应实现与整个业务流程的深度地、穿透式地整合，将合规管理嵌入地图及软件集成、核心部件供应、整车制造和运营服务提供的方方面面。

（2）主动管理原则

目前，无人驾驶项目主要采用的风险应对措施大多集中于事故发生后的补救和责任分担，如向保险公司购买事故责任保险、事先约定事故责任分担方式等。但这些风险分担、转嫁措施的效果实际上是有限的，因为除了民事赔偿责任，利害关系人还可能面临行政处罚，甚至被追究刑事责任，而后两种风险都无法通过协议或保险加以规避。

另外，无人驾驶肇事风险还将引发公关危机，由此引发的负面影响同样难以事后补救。就以 Uber（优步）事故为例，即使 Uber 不必为事故承担法律责任，"世界第一起无人车肇事致人死亡事件"引发的社会影响也迫使 Uber 暂停了无人车测试。

因此，与其将重点放在事故发生后的责任分担、被动"等待"事故的发生上，不如选择主动出击，构建无人驾驶风险管理体系，尽可能降低事故发生的可能性，把风险管控于萌芽之中。

（3）联合管理原则

在以上两点原则的基础上，我们提出联合管理原则，即无人驾驶项目的各个利害关系人应共同建立跨行业、跨平台、跨企业的风险管理体系，而非各方"单打独斗"。原因有二：首先，基于风险穿透原则，单靠内部风险管理制度，即使再严格，也无法保证其他环节不出错；其次，为了防止无人驾驶肇事，各利害关系人的目标是一致的，都希望尽可能控制无人驾驶风险，因此都有动力搭建风险管理体系。

在实际操作中，我们建议搭建双层风险管理架构：与无人驾驶项目具有强相关性的直接利害关系人构成第一层，各方组建统一领导机构，制定风险管理政策、设计风险管理流程、明确各方义务并制定罚则；与无人驾驶项目相关性相对较弱的间接利害关系人则构成第二层，领导机构可对其提供的产品、服务、技术提出要求，并由与其直接关联的直接利害关系人负责落实，落实的情况应及时向领导机构反馈，同时接受其他直接利害关系人的监督。此架构既可保证风险管理体系的强制力，又避免了因参与方过多导致的效率低下、成本过高等不足。

总之，无人驾驶从研发、落地到生产、销售，安全出行是一个必须完成的任务，而科学地识别、评价并控制风险才能帮助无人驾驶产业链上的方方面面一起完成这个貌似不可能完成的任务并真正实现无人驾驶安全出行与风险管控的闭环管理。

三、合规 3.0

制度是给人定的，三分制度七分执行；没有执行力，所有的制度都是无用的。如果说合规 2.0 是借助高科技手段来提升合规管理效率，那么合规 3.0 还得回归到人本身——通过合规管理能力的提升为合规管理赋能，以危机管理为例。

危机管理是企业为应对各种危机情境所进行的规划决策、动态调整、化解处理及员工培训等活动过程，其目的在于消除或降低危机所带来的威胁和损失。通常可将危机管理分为两大部分：危机爆发前的预防管理和危机爆发后的应急善后管理。根据《危机管理》一书的作者菲克普曾对《财富》杂志排名前500强的大企业董事长和CEO所做的专项调查表明，80%的被调查者认为，现代企业面对危机，就如同人们必然面对死亡一样，已成为不可避免的事情。其中有14%的人承认曾经受到严重的危机挑战。因此应对危机管理的能力就是企业合规师，尤其是高级企业合规师必须具备的能力。

第二节　合规岗位

如上所述，制度是给人定的，三分制度七分执行——执行制度的人需要通过合规管理能力的提升为合规管理赋能。那么，执行制度的人是谁？不同的标准、规范有不同的名称和要求。

一、ISO 37301:2021 与合规团队

ISO 37301:2021《合规管理体系 要求及使用指南》（以下简称"ISO 37301:2021"），是由国际标准化组织 ISO/TC309 技术委员会编制，由国际标准化组织在 2021 年 4 月 13 日发布和实施，适用于全球任何类型、规模、性质和行业的组织。ISO 37301 现已经等同转换为中华人民共和国国家标准 GB/T 35770—2022/ISO 37301:2021《合规管理体系 要求及使用指南》。该国家标准经国家市场监督管理总局、国家标准化管理委员会于 2022 年 10 月 12 日发布并实施。因为 GB/T 35770—2022/ISO 37301:2021 等同转换于 ISO 37301:2021，因此该国家标准与国际标准 ISO 37301:2021 在正文与附录 A 的内容完全一致。所不同的是该国家标准增加了一个附录 NA 作为补充使用指南。因此除了本书中所明确提到的附录 NA 内容外，其他所有的有关 ISO 37301:2021 内容都与 GB/T 35770—2022 一致，从这个角度来说，本文提及 ISO 37301:2021 也就是提及了 GB/T 35770—2022。

作为 A 类管理体系标准，ISO 37301:2021 标准发布后，替代了 ISO 19600:2014《合规管理体系 指南》（以下简称"ISO 19600:2014"，对应的中国标准为

GB/T 35770—2017）。两项 ISO 标准均基于相同的架构、以风险导向为基础的方法，并注重整体的合规管理系统，但是，只有 ISO 37301:2021 可以用作第三方认证的准则。

ISO 37301:2021 规定了组织建立、运行、保持和改进合规管理体系的要求，并提供了使用指南，为各类组织提高自身的合规管理能力提供系统化方法。它采用的 PDCA ［Plan（计划）、Do（执行）、Check（检查）、Act（改进）］理念完整覆盖了合规管理体系建立、运行、保持和改进的全流程，基于合规治理原则，为组织建立并运行合规管理体系、传播积极的合规文化提供了整套解决方案。

ISO 37301:2021 在 ISO 19600:2014 的基础上进行了修订，增加了一些要求（如针对雇佣的具体要求、针对合规举报和调查的要求等）。如果企业已经按照 ISO 19600:2014 搭建合规体系，还需要进一步对照 ISO 37301:2021 的要求进一步完善合规体系，方可满足认证要求。[1]

合规（Compliance）在 ISO 37301:2021 中被定义为："履行组织的全部合规义务"。[2]

合规团队在 ISO 37301:2021 中被称为 Compliance function，也有的翻译为"合规岗位"，在 ISO 37301:2021 下被定义为："对合规管理体系运行负有职责、享有权限的一个人或一组人。"[3]

二、合规新职业：企业合规师

2021 年 3 月 18 日，人力资源和社会保障部等部门联合发布"企业合规师"新职业。《中华人民共和国职业分类大典》（2022 年版）中，"企业合规师"的职业编码为 2-06-07-14。

企业合规师被定义为："从事企业及企业内部成员行为符合法律法规、监管要求、行业规定和道德规范等合规管理和监督的工作人员。"

企业合规师的主要工作任务为：

---

[1] 中国标准化研究院：《ISO 37301:2021〈合规管理体系 要求及使用指南〉国际标准解读》，《质量与认证》杂志社，2021 年 4 月 15 日。
[2] ISO 37301:2021《合规管理体系 要求及使用指南》第 3.26 条。
[3] ISO 37301:2021《合规管理体系 要求及使用指南》第 3.23 条。

1. 制订企业合规管理战略规划和管理计划；
2. 识别、评估合规风险与管理企业的合规义务；
3. 制订并实施企业内部合规管理制度和流程；
4. 开展企业合规咨询、合规调查，处理合规举报；
5. 监控企业合规管理体系运行有效性，开展评价、审计、优化等工作；
6. 处理与外部监管方、合作方相关的合规事务，向服务对象提供相关政策解读服务；
7. 开展企业合规培训、合规考核、合规宣传及合规文化建设。

无论是 ISO 37301:2021 下的合规团队或合规岗位，还是合规新职业企业合规师，它们都是对实践中合规相关岗位、职位等所做的总结，而这些合规相关岗位、职位在 ISO 37301:2021 被颁布之前，在企业合规师作为一个职业面世之前，早就存在了，如 2017 年 10 月 1 日起实施的《证券公司合规管理实施指引》里面就明确设置了"合规总监"这个职务，并赋予其高度职责。比如，合规总监不得兼任业务部门负责人及具有业务职能的分支机构负责人，不得分管业务部门及具有业务职能的分支机构，不得在下属子公司兼任具有业务经营性质的职务。证券公司不得向合规总监、合规部门及其他合规管理人员分配或施加业务考核指标与任务。[①] 证券公司在对高级管理人员和下属各单位进行考核时，应当要求合规总监出具书面合规性专项考核意见，合规性专项考核占绩效考核结果的比例不得低于15%；对于重大合规事项，可制定一票否决制度。[②]

三、《中央企业合规管理办法》与首席合规官

2022 年 8 月 23 日，国务院国有资产监督管理委员会（以下简称国务院国资委）令第 42 号公布《中央企业合规管理办法》，自 2022 年 10 月 1 日起施行。在该管理办法第 12 条中，国务院国资委设置了一个新的职位"首席合规官"，但其实"首席合规官"的职位最早可追溯到于 2010 年 3 月 8 日发布的《融资性担保公司管理暂行办法》，其第 24 条第 2 款明确要求"跨省、自治区、直辖市设立分支机构的融资性担保公司应当设立首席合规官和首席风险官……"另外，

---

① 《证券公司合规管理实施指引》第 12 条。
② 《证券公司合规管理实施指引》第 19 条。

2018年由国家发展改革委、外交部、商务部、人民银行、国资委、外汇局、全国工商联共同印发的《企业境外经营合规管理指引》中也设置了"首席合规官",其第11条规定:"……企业可结合实际任命专职的首席合规官,也可由法律事务负责人或风险防控负责人等担任合规负责人。首席合规官或合规负责人是企业合规管理工作具体实施的负责人和日常监督者,不应分管与合规管理相冲突的部门……"可以说,"首席合规官"这个职位的设置把《中央企业合规管理办法》与《企业境外经营合规管理指引》在合规团队或合规岗位如何设置这个问题上高度地统一起来了。

《中央企业合规管理办法》对"首席合规官"的设置可与该办法对合规、合规管理,以及其他合规职能和合规岗位的规定和设置结合起来解读。如果我们结合解读这些规定和设置,就可以看到"首席合规官"在《中央企业合规管理办法》中既是一个重要职位,也是三道合规防线中的其中一道;我们在解读"首席合规官"这个重要职位和防线的同时,还要关注其他防线和合规岗位在合规管理中的作用,唯此,我们才能全面理解《中央企业合规管理办法》下的"首席合规官"。

合规在《中央企业合规管理办法》中被定义为:"企业经营管理行为和员工履职行为符合国家法律法规、监管规定、行业准则和国际条约、规则,以及公司章程、相关规章制度等要求。"[1]

与ISO 37301:2021不同,《中央企业合规管理办法》还对"合规管理"进行了定义,其是指"企业以有效防控合规风险为目的,以提升依法合规经营管理水平为导向,以企业经营管理行为和员工履职行为为对象,开展的包括建立合规制度、完善运行机制、培育合规文化、强化监督问责等有组织、有计划的管理活动"[2]。

《中央企业合规管理办法》对合规岗位从三道防线的角度进行了设置,并对其职能进行了规范,在一定程度上完成了国务院国资委在中央企业"合规管理强化年"的工作部署。

---

[1] 《中央企业合规管理办法》第3条。
[2] 《中央企业合规管理办法》第3条。

表 1-1 《中央企业合规管理办法》合规岗位设置

条款	职位	描述
第 10 条	企业主要负责人	作为推进法治建设第一责任人,应当切实履行依法合规经营管理重要组织者、推动者和实践者的职责,积极推进合规管理各项工作。
第 11 条	合规委员会	可以与法治建设领导机构等合署办公,统筹协调合规管理工作,定期召开会议,研究解决重点难点问题。
第 12 条	首席合规官	由总法律顾问兼任,对企业主要负责人负责,领导合规管理部门组织开展相关工作,指导所属单位加强合规管理。
第 13 条	企业业务及职能部门	承担合规管理主体责任,主要履行以下职责:(一)建立健全本部门业务合规管理制度和流程,开展合规风险识别评估,编制风险清单和应对预案。(二)定期梳理重点岗位合规风险,将合规要求纳入岗位职责。(三)负责本部门经营管理行为的合规审查。(四)及时报告合规风险,组织或者配合开展应对处置。(五)组织或者配合开展违规问题调查和整改。
第 13 条	合规管理员	在业务及职能部门设置,由业务骨干担任,接受合规管理部门业务指导和培训。
第 14 条	企业合规管理部门	牵头负责本企业合规管理工作,主要履行以下职责:(一)组织起草合规管理基本制度、具体制度、年度计划和工作报告等。(二)负责规章制度、经济合同、重大决策合规审查。(三)组织开展合规风险识别、预警和应对处置,根据董事会授权开展合规管理体系有效性评价。(四)受理职责范围内的违规举报,提出分类处置意见,组织或者参与对违规行为的调查。(五)组织或者协助业务及职能部门开展合规培训,受理合规咨询,推进合规管理信息化建设。中央企业应当配备与经营规模、业务范围、风险水平相适应的专职合规管理人员,加强业务培训,提升专业化水平。
第 15 条	企业纪检监察机构和审计、巡视巡察、监督追责等部门	依据有关规定,在职权范围内对合规要求落实情况进行监督,对违规行为进行调查,按照规定开展责任追究。

从上面的表格中我们可以看到,《中央企业合规管理办法》中就合规管理设置了三道防线,虽然"首席合规官"是该办法中非常重要的一个岗位,但只有把"首席合规官"放在三道防线中一起解读,才能看到这个职位的全息影像。

就合规管理下的"三道防线",在《中央企业合规管理办法》颁布之前,国务院国资委就一直在布局。2021年12月3日,国务院国资委在中央企业"合规管理强化年"工作部署会中明确强调,在企业强化合规治理过程中,应当不断筑牢"三道防线",推动合规管理与法律风险防范、监察、审计、内控、风险管理等工作相统筹、相衔接,确保合规管理体系有效运行。

实践中,已经有很多企业在探索建立企业合规的"三道防线",明确业务部门主体责任,合规部门牵头责任,纪检监察、审计等部门的合规监督责任。"三道防线"理论充分利用了企业既有的合规组织框架,根据不同部门的特点赋予其不同的合规职责,在企业合规治理中充分发挥了企业各方力量,确保合规管理有效,彰显合规治理价值。

"第一道防线"为业务部门,负责本领域业务的合规风险防范,业务部门负责人及业务人员应当承担合规管理主体责任。业务部门设立合规管理员,合规管理员负责密切注意业务监管规则,做好本领域业务合规的落实工作等。

"第二道防线"为合规管理牵头部门,其负责组织协调合规管理的日常工作,承担合规管理体系建设牵头责任,其主要合规职责包括起草、制定合规管理制度,参与企业重大事项合规性审查,合规风险识别、评估和防控,组织开展合规评价与考核,做好合规培训和宣传等。

"第三道防线"则由纪检监察机构和审计、巡视等部门共同组成,其主要职责包括对企业经营管理活动进行监督、对企业整改落实情况进行监督检查、对完善企业合规管理体系提出意见和建议、在职责范围内对违规事件进行调查等。

还有企业把外部律师或者合规服务团队作为"第四道防线"予以设立——这个第四道防线也的确在实务中与其他三道防线发挥着它应有的作用。

四、合规不起诉与合规监督员、合规律师

"合规不起诉"或者"合规从宽"是我国合规领域的一个新生事物,随着这些新生事物的产生,一些新的合规相关职位、岗位或者职能也相应产生,其中一个是"第三方独立监管",另一个就是合规律师。为了对其有一个更好的认识,我们有必要对"合规不起诉"或者"合规从宽"进行介绍。

(一) 合规不起诉试点阶段

2020年,为更好地推动民营企业依法、守规经营,在以刑事激励制度为核

心的指导下,我国检察机关开启了对合规不起诉制度的改革探索。2020年1月,最高人民检察院检察长在全国检察长会议上表态:"一方面,要以更大的力度保护民营企业和企业家合法权益,依法切实做到能不捕的不捕、能不诉的不诉、能不判实刑的就提出适用缓刑建议。另一方面,也要有力推动民营企业筑牢守法合规经营底线。"[①] 该表态体现了我国对企业刑事合规的激励机制推进发展的决心。

2020年3月,最高人民检察院启动企业合规监管试点工作,并确定上海市浦东新区、金山区人民检察院,广东省深圳市南山区、宝安区人民检察院,江苏省张家港市人民检察院以及山东省临沂市郯城县人民检察院六个基层检察院为试点单位。经过一年的试点,各单位纷纷制订了各具特色的合规不起诉制度实施方案。

1. 上海市浦东新区人民检察院

2018年,在探索和落实认罪认罚从宽制度的过程中,浦东新区人民检察院出台了《服务保障浦东新区营商环境建设12条意见》。根据该意见,对于企业犯罪案件,实践中检察院将聘请专家团队从经济安全、公共利益、市场秩序等方面进行综合评估。一方面提出可行性检察建议,规定涉案企业在一定时间段内进行整改;另一方面评估有无必要对涉案企业启动相关程序。对于整改到位、认罪认罚的企业,依法适用不起诉。[②]

虽然认罪认罚从宽制度与刑事合规不起诉制度稍有区别,但是,浦东新区人民检察院首次提出对企业经济安全、公共利益、市场秩序进行评估,对企业提出检察建议要求整改,并将企业整改情况作为不起诉的条件之一,刑事合规不起诉实践中的"检察建议模式"雏形可见。

浦东新区人民检察院也据此开展了丰富的实践。例如,2018年,上海某电气公司、王某清、王某治涉嫌虚开增值税发票案,该案中,浦东新区人民检察院发出检察建议,且后经公开听证,对该电气公司及王某清、王某治作出不起诉决定。2020年9月,针对某科技公司涉嫌虚开增值税发票案,鉴于该科技公

---

① 《能不捕的不捕、能不诉的不诉 保护民营企业合法权益》,载央视网,http://jingji.cctv.com/2020/01/19/ARTIjbScKBuJoWMBiXNar5yf200119.shtml(最近参阅时间2022年10月23日)。

② 《浦东检察院发布12条意见保障浦东营商环境建设》,载上海市浦东新区人民检察院官网,http://www.shpudong.jcy.gov.cn/pdjc/djdt/34024.jhtml(最近参阅时间2022年10月23日)。

司自愿认罪认罚，补缴全部所涉税款，并着手进行企业合规制度建设，主观恶性和社会危害性较小，浦东新区人民检察院依法作出不起诉决定。

2. 上海市金山区人民检察院

2020年，金山区人民检察院通过涉税犯罪案件对刑事合规不起诉开展了实践操作。例如，2020年12月，由金山区人民检察院副检察长主持的一起公开听证会，听取侦查机关、犯罪嫌疑企业、犯罪嫌疑人及辩护人、人民监督员的意见，对上海某公司是否符合刑事监督考察的条件以及检察机关开展刑事合规监督考察进行了讨论。[①]

金山区人民检察院检察官在微信公号"上海检察"中发表和探讨了对于刑事合规制度的观点与建议。除此之外，金山区人民检察院在2020年也多次举办座谈会，如在其举办的"涉税案件办理座谈会"中，该检察院会同区法院、区税务局、区工商联就涉案企业开展刑事合规等形成共识。同时，该检察院也积极举行了检察开放日活动，联合区法院、区税务局、区工商联等部门，一起讨论刑事合规等新政策。

3. 江苏省张家港市人民检察院

该院通过联合相关职能部门，以党建项目联建的形式，推进"检企益加"项目落实。该项目与企业刑事合规不起诉相关的机制主要包括：

· 签订协作意见书，与市工商联合力推动企业刑事合规体系建设。

· 制定《企业犯罪相对不起诉适用办法》，积极探索企业犯罪相对不起诉工作。[②]

· 编印《企业刑事犯罪风险防控手册》，汇编六类涉企典型案例。[③]

张家港市人民检察院也实际走访了相关企业，进行刑事合规建设的宣传，发挥社会治理的作用。例如，2020年10月15日，张家港市人民检察院检察官到常阴沙现代农业示范园区张家港市联通化机有限公司开展刑事合规走访考察，

---

① 《金山区院邀请人民监督员参加一起涉企案件公开听证活动》，载上海市金山区人民检察院官网，http://www.shjinshan.jcy.gov.cn/jsjc/dwjd/rmjdy/69116.jhtml（最近参阅时间2022年10月23日）。

② 《江苏张家港：探索企业合规建设新模式》，载中华人民共和国最高人民检察院官网，https://www.spp.gov.cn/zdgz/202111/t20211116_535504.shtml（最近参阅时间2022年10月23日）。

③ 《检察机关联合多部门引导企业完善合规机制》，载《法治日报》2021年1月28日，第6版。

并送达《企业刑事合规告知书》。① 2019年以来,张家港市人民检察院积极探索服务企业刑事合规检察监督工作,对所有涉企案件开展合规风险审查,研判企业合规建设中存在的不足,把加强合规体系建设作为检察建议的必要内容,引导企业以案为鉴,举一反三。②

2020年以来,张家港市人民检察院处理了多起企业涉嫌虚开增值税专用发票案件,在这些案件中,检察院通过召开案件公开听证会,对案件开展合规风险审查,督促企业加强建设合规体系,并且结合企业犯罪情节、事后补缴税款、修复法益的情形,考虑是否作出不起诉决定。例如,2020年11月18日,江苏省人民检察院在"优化服务举措·护航民企发展"新闻发布会上通报了8起典型案例,其中,张家港市人民检察院办理的Y公司、唐某虚开增值税专用发票案入选。③

该案中,张家港市人民检察院对Y公司的财务管理、内部管理以及危废处理等开展合规风险审查。同时,在检察机关建议Y公司加强合规建设之后,Y公司也邀请专业律师担任公司独立合规审查专员,对公司进行合规评测。随后,检察机关召开听证会,考虑本案情节轻微、及时补缴税款等情形,作出相对不起诉决定。④ 通过该案我们可以看出,张家港市人民检察院在涉企犯罪案件的处理中,积极发挥社会治理的作用,并将企业税务、财务以及内控管理等合规建设作为案件处理的重要考量因素。该案中,我们也可以看到,涉案企业引进了"独立合规审查专员",帮助企业进行合规建设,这与合规不起诉制度中要求发挥独立第三方监督作用相呼应。

4. 广东省深圳市南山区人民检察院

2020年,南山区人民检察院制定《关于涉企业犯罪案件适用附条件不起诉

---

① 《我院走访企业开展刑事合规考察》,载张家港市人民检察院官网,http://szzjg.jsjc.gov.cn/yw/202010/t20201016_1110339.shtml(最近参阅时间2022年10月23日)。

② 江苏省张家港市人民检察院检察长邓根保:《推动企业刑事合规优化营商环境》,载《检察日报》2021年5月20日,第3版。

③ 吴平、赵爱国、占东东:《江苏:省检察院召开"优化服务举措·护航民企发展"新闻发布会(附典型案例)》,载中国检察官网,http://www.zgjcgw.com/html/news/2020/1118/2435.html(最近参阅时间2022年10月23日)。

④ 《Y制管有限公司、唐某虚开增值税专用发票案》,载江苏检察网,http://www.jsjc.gov.cn/lagk/202103/t20210330_1197386.shtml(最近参阅时间2022年10月23日)。

试点工作方案（试行）》，加大对涉案企业适用不起诉制度的探索力度，协助企业建立健全各项制度，促进企业依法合规经营。①该方案设定6个月至12个月的合规监督和考察期限。在此考验期之内，检察官定期（通常为每隔两个月一次）对企业执行合规计划的情况进行监督考察，并指导其进一步完善合规计划，向检察机关提交相应的监督考察报告。

南山区人民检察院也在多起案件中实践了刑事合规不起诉制度。例如，南山区人民检察院对Y公司负责人涉嫌对非国家工作人员行贿的行为作出了不起诉决定。②南山区人民检察院表示将充分发挥检察职能作用，依托法律监督者身份，帮助企业进行刑事合规建设，协助企业完善各项管理制度、加强员工法律意识培训，并定期对该企业刑事合规建设落实情况进行监督，推动企业合规经营。

5. 广东省深圳市宝安区人民检察院

2020年8月21日，广东省深圳市宝安区人民检察院联合宝安区司法局会签了《企业刑事合规协作暂行办法》。会上，两单位对《企业刑事合规协作暂行办法》及独立监控人的选任管理规定进行了充分讨论。深圳市宝安区人民检察院设定的附条件不起诉考验期为1个月至6个月。在此考验期之内，检察机关在独立监控人协助下，对企业执行合规计划的情况进行监督考察。检察机关还可以指派检察官进驻企业进行监督考察工作。③

2020年8月28日，深圳市宝安区司法局印发了《关于企业刑事合规独立监控人选任及管理规定（试行）》，为"刑事合规不起诉"机制的落地执行提供了配套措施。根据该规定，独立监控人就企业刑事合规情况进行调查，协助犯罪嫌疑企业制订合规计划以及协助区人民检察院监督合规计划的执行，并针对其履职情况、企业刑事合规建设出具阶段性书面监控报告，作为区人民检察院

---

① 《助力营商环境建设，看南山检察如何为企业破解难题》，载"深圳市南山区人民检察院"公号，https://mp.weixin.qq.com/s/1-Se1C6nfMyIyj20T_5oLg（最近参阅时间2022年10月23日）。

② 《立足案例看检察！2021南山检察这些案例有亮点》，载"深圳市南山区人民检察院"公号，https://mp.weixin.qq.com/s/l7YqqEkVsZqDiEY8fvtw4g（最近参阅时间2022年10月23日）。

③ 刘健：《宝安区人民检察院与宝安区司法局举行〈企业刑事合规协作暂行办法〉会签仪式》，载深圳政法网，http://www.szszfw.gov.cn/gqxw/baq/content/post_600631.html（最近参阅时间2022年10月23日）。

作相应处理决定的参考。[①] 2021年11月16日，深圳市宝安区司法局公示了第一批选为独立监控人的律所名单，共11家律所。

6. 山东省临沂市郯城县人民检察院

2020年，郯城县人民检察院主要出台了《企业犯罪相对不起诉实施办法》，明确了案件适用范围（适用主要罪名以及情形）及适用主体，同时将企业合规、公共利益表现等情形纳入考量，强化经济影响评估、刑事合规监督考察、相对不起诉必要性审查等机制，建立"不起诉+合规检察建议"工作模式。截至2021年5月，该院已办理企业犯罪案件22件44人，开展不起诉必要性审查5件，刑事合规考察4件，不捕5人、不诉7人。该院为办案检察官设计了"一图三书"，即企业犯罪相对不起诉办案流程图，以及企业犯罪相对不起诉制度告知书、企业履行社会责任情况考察表、社会调查报告表三种法律文书。该院在处理两家企业涉嫌虚开增值税专用发票案件中，在前期刑事合规调查的基础上，与两家企业分别签署了刑事合规协议，督促企业建立刑事合规体系，并且聘请了该县工商联及该院民营企业检察服务团相关人员作为合规监督员。[②]

（二）涉案企业合规改革

1. 案件数量与日俱增

（1）数据概述

截至2022年8月，全国检察机关累计办理涉案企业合规案件3218件，其中，适用第三方监督评估机制案件2217件，对整改合规的830家企业、1382人依法作出不起诉决定。较4月涉案企业合规改革试点全面推开时，新增合规案件2229件、适用第三方机制案件1616件。

另据统计，2021年检察机关对非国有公司企业事业单位人员不捕率、不诉率为40.2%、27.2%，较2018年分别增加10个、12.6个百分点。[③]

[①] 《深圳市宝安区司法局关于企业刑事合规独立监控人选任及管理规定（试行）》第12条。

[②] 《郯城县检察院：以不捕不诉为主线 做到"三融三坚持"构建服务民营企业高质量发展新模式》，载"山东省人民检察院"公号，https://mp.weixin.qq.com/s/LRxKJox_budC_qb3mOxR2w（最近参阅时间2022年10月23日）。

[③] 徐日丹：《检察机关共办理涉案企业合规案件3218件》，载《检察日报》2022年10月13日，第2版。

(2) 数据分析

涉案企业合规改革试点全面推开呈现良好态势。

中国人民大学法学院教授程雷接受《检察日报》记者采访时表示："从办案数量上看，涉案企业合规案件快速增长，目前已过半数的基层检察机关都有了相关办案经验，这意味着涉案企业合规改革试点全面推开的良好态势正在形成。"

"从改革的质量视角来看，作为涉案企业合规改革中的重要外部制约机制，第三方机制的适用比例也在大幅上升，占比达到68.89%。"程雷认为，对涉案企业合规承诺和合规整改开展监督评估，涉及司法、执法、行业监管等多方面、多领域，只有联合各相关部门、专业组织共同开展，真正做到客观、中立、专业、公正，才能实现最佳的司法办案效果。2022年6月，人力资源和社会保障部、应急管理部、海关总署、中国证券监督管理委员会四部门也加入了最高人民检察院会同有关部门组建的第三方监督评估机制管委会，涉案企业合规改革推进的领域更加宽广、涉案类型更加丰富、部门协作更加有力。

"2021年全国检察机关起诉单位犯罪明显下降，也在一定程度上说明涉案企业合规改革在预防企业再犯风险、警示教育相关单位、促进企业合规建设等方面的治理成效不断凸显，最大限度减少社会对立面，促进社会内生稳定。"最高人民检察院有关部门负责人表示，总体来看，各地能够准确把握改革内涵，将推进涉案企业合规改革与贯彻少捕慎诉慎押刑事司法政策、落实认罪认罚从宽制度有机结合，同步衔接推进涉企"挂案"清理，加强检察听证，推动行政执法与刑事司法双向衔接，确保了办案政治效果、社会效果、法律效果有机统一。[1]

2. 案件种类逐步丰富

2022年8月10日，最高人民检察院发布第三批涉案企业合规典型案例[2]，这是自2022年4月最高人民检察院部署在全国范围全面推开涉案企业合规改革试点工作之后，首次发布涉案企业合规典型案例。该批典型案例从检察机关近期办理完结的案件中选出，充分考虑大中小微不同企业类型合规特点，既有针

---

[1] 徐日丹：《检察机关共办理涉案企业合规案件3218件》，载《检察日报》2022年10月13日，第2版。

[2] 《涉案企业合规典型案例（第三批）》，载中华人民共和国最高人民检察院官网，https://www.spp.gov.cn/xwfbh/wsfbt/202208/t20220810_570413.shtml#2（最近参阅时间2022年10月23日）。

对大中型企业开展的专项合规，也有对小微企业开展的简式合规，典型案例更具代表性。该批典型案例共5件，分别是：上海某公司、陈某某等人非法获取计算机信息系统数据案，王某某泄露内幕信息、金某某内幕交易案，江苏某公司、严某某、王某某提供虚假证明文件案，广西陆川县23家矿山企业非法采矿案，福建省三明市某公司、杨某某、王某某串通投标案。案例分别涉及互联网企业数据合规、证券犯罪内幕信息保密合规、中介机构简式合规、矿区非法采矿行业治理、高科技民营企业合规等方面。这批典型案例在探索适用合规改革的全流程办案机制、准确区分单位与责任人责任、推动刑事检察与公益诉讼检察业务实质性融合、制发检察建议等方面，都取得良好成效，对推动涉案企业合规改革试点深入开展，更具有示范指导意义。

最高人民检察院第四检察厅负责人表示，检察机关要全面、稳实推开涉案企业合规改革试点，坚持问题导向，推动该项工作普遍开展、提质增效；要切实加强业务指导，加强调查研究和督促检查，落实备案审查，跟踪指导企业合规案件办理工作；要加大办案力度，提升办案质效，逐步拓展案件范围，加强行政执法和刑事司法"双向衔接"；要增强案例意识，强化案例指导和以案释法；要始终坚持依法规范，时刻警惕以合规为名办人情案、关系案、金钱案，切实防止虚假合规、合规腐败和问题案件的发生。①

3. 案件处理趋向专业

北京市大兴区人民检察院作为全国检察机关第二批涉案企业合规改革试点单位，充分贯彻习近平法治思想，落实平等保护各类市场主体政策，服务保障经济社会高质量发展，将涉企犯罪末端治理与诉源治理相结合，积极落实能动检察理念，充分发挥自身职能，积累了丰富的涉案企业合规案件办理经验，办理了北京市首例侵犯知识产权犯罪涉案企业合规案件、北京市首例职务犯罪涉案企业合规案件等具有典型示范意义案件。通过涉案企业合规整改，保障了企业员工稳定就业，促进了企业健康长远发展，实现了案件办理的政治效果、法律效果和社会效果的统一。

为扎实推进涉案企业合规改革试点工作，探索形成企业犯罪治理体系，构

---

① 《强化以案释法 坚持依法规范 最高检发布第三批涉案企业合规典型案例》，载《人民日报》2022年8月11日，第15版。

建企业合规"北京范本",北京市大兴区人民检察院结合实际办案经验,立足大兴区"科技创新引领区"的功能定位,联合北京市大兴区知识产权局、北京市大兴区工商联,共同制定了《侵犯知识产权犯罪涉案企业合规整改指南》,旨在为办理侵犯知识产权犯罪涉案企业合规案件的检察机关、参与涉案企业合规的第三方监督评估组织以及有知识产权合规整改需求的企业提供合规参考,以实现全面加强知识产权保护工作,激发企业创新活力的重要目的。[①]

4. 第三方监督评估机制更为细化

开展涉案企业合规改革试点,是检察机关全面贯彻习近平法治思想,充分发挥检察职能优势,更好推动企业依法守规经营,服务经济社会高质量发展的一项重要制度创新。

经过最高人民检察院在 2020 年和 2021 年两批的试点部署,各地在探索实践中发现,对涉案企业的合规监督评估涉及司法、执法、行业监管等多方面、多领域,要推动企业合规走深走实,监督评估的实质化、专业化是关键,这就需要引入"外脑"。在各试点单位的探索下,形成了第三方独立监管人、行政机关监督考察、联合监督考察等不同模式的监督评估机制。

曾作为涉案企业合规监管小组成员的湖北省随州市检察院人民监督员的王定江参与了某银行违法发放贷款案合规监管工作,对第三方机制的意义有更为直观而深刻的感受:企业合规的目的不仅在于督促涉案企业履行合规承诺,还应当通过合规建设杜绝涉案企业的再犯可能性和社会危险性,既让涉案企业感受到法律的刚性,又感受到法律的温情。第三方机制在促进严管制度化、防范厚爱被滥用方面发挥了重要作用。[②]

截至 2022 年 6 月,全国已有第三方机制专业人员 6007 人,其中省级专业人员 1102 人,专业机构 80 家。截至 2022 年 5 月底,在全国检察机关办理的企业合规案件的 1777 件中,适用第三方机制的案件有 1197 件,占全部合规案件的 67.36%。[③]

[①] 《全市首份〈侵犯知识产权犯罪涉案企业合规整改指南〉发布》,载"大兴区人民检察院"公号,https://mp.weixin.qq.com/s/wMAWgZ7qog3nQxQmujlb7w(最近参阅时间 2022 年 10 月 23 日)。

[②] 李英华:《涉案企业合规改革用好第三方机制》,载《检察日报》2022 年 6 月 28 日,第 6 版。

[③] 李英华:《涉案企业合规改革用好第三方机制》,载《检察日报》2022 年 6 月 28 日,第 6 版。

2021年6月，最高人民检察院会同全国工商联等八部门印发《关于建立涉案企业合规第三方监督评估机制的指导意见（试行）》。该指导意见探索建立"检察主导、各方参与、客观中立、强化监督"的第三方机制。该指导意见发布后，全国各地检察机关积极行动起来，试点地区全部会签印发省级第三方机制规范性文件，成立第三方机制管委会；天津、吉林、安徽、河南、海南等新推开改革地区加快推进第三方机制建设，推动第三方机制开始实质化运行。截至2022年5月初，省级管委会累计出台配套文件56份，市县级制定配套文件350余份。

部分地区还结合本地案件特点，适时"扩容"第三方机制管委会成员单位，着力搭建具有地方特色的第三方机制。比如，北京检察机关专门邀请市地方金融监督管理局、市知识产权局、中国互联网金融协会3家专业性较强的单位参加管委会；江苏检察机关将党委政法委、发改委、海关等单位纳入管委会成员单位；浙江管委会成员单位达22家。①

（1）山东省青岛市市南区检察院会同该区财政局、区工商业联合会、区法院等16家单位会签《关于建立涉案企业合规第三方监督评估机制的实施意见（试行）》，成立了市南区涉案企业合规第三方监督评估机制管理委员会。该意见共6部分，规定了企业合规的适用情形、第三方机制管委会的组成和职责、第三方组织的组成及其职责、第三方机制的启动和运行等。目前，青岛市市南区检察院已适用第三方监督评估机制对9家涉案企业启动合规审查。②

（2）甘肃省灵台县正式成立涉案企业合规第三方监督评估机制管委会，聘任包括律师、注册会计师、税务师在内的9名专业人才进入第三方监督评估机制专业人员名录库，参与办理涉企合规案件。据悉，该管委会由灵台县检察院、县工商联、县财政局等10部门组成，履行研究制定涉及第三方机制的规范性文件、研究论证第三方机制涉及的重大法律政策问题和重大疑难问题、研究制定第三方机制专业人员名录库的入库条件和管理办法、协调相关成员单位及其他行业协会商会等对涉案企业合规工作进行业务指导等职责。③

---

① 李英华：《涉案企业合规改革用好第三方机制》，载《检察日报》2022年6月28日，第6版。
② 卢金增、李晓涵：《细化涉案企业合规第三方监督评估机制》，载《检察日报》2022年8月22日，第2版。
③ 南茂林：《成立涉案企业合规第三方机制管委会》，载《检察日报》2022年8月12日，第2版。

从上面的介绍中我们可以看到，"合规不起诉"或者"合规从宽"催生了"第三方独立监管"这样一个新的合规职能，对其的聘任包括律师、注册会计师、税务师（注册税务师）、审计师、企业合规师、相关领域专家学者以及有关行业协会、商会、机构、社会团体（以下简称有关组织）的专业人员。在有的省份，如甘肃省："生态环境、税务、金融监管、市场监管等政府部门具有专业知识的人员和有关政府所属事业单位专业技术人员可以被选任确定为第三方机制专业人员，也可以受第三方机制管委会邀请或所在单位委派参加第三方监督评估组织（以下简称第三方组织）及其相关工作，其选任管理由第三方机制管委会与其所在单位协商确定。"① 原则上，第三方独立监管专业人员应当"保障涉案企业合规第三方监督评估机制（以下简称第三方机制）有效运行"，具体言之，第三方独立监管专业人员或者第三方机制专业人员享有以下权利，包括：查阅相关文件资料，参加有关会议和考察活动；接受相关业务培训；获得履职工作保障，依法依规接受表彰奖励。② 并应当履行以下义务：遵纪守法，勤勉尽责，客观中立；切实遵循保密要求，不得泄露履职过程中知悉的国家秘密、商业秘密和个人隐私；严格遵守有关任职廉洁规定，不得利用履职便利，索取、收受贿赂或者非法侵占涉案企业、个人的财物；不得利用履职便利，干扰涉案企业的正常经营活动；接受第三方机制管委会及巡回检查小组的监督；履行相关回避义务。③

"合规不起诉"或者"合规从宽"除了催生"第三方独立监管"或者"第三方机制专业人员"外，还在很大程度上催生了一批合规律师或者合规整改专业人员。与"第三方独立监管"或者"第三方机制专业人员"所起到的独立监督作用不同，合规律师或者合规整改专业人员更多地是在帮助企业进行合规整改。换言之，"合规律师"或者"合规整改专业人员"从合规端与"第三方独立监管"或者"第三方机制专业人员"从监管端一起努力完成"合规不起诉"或者"合规从宽"的重任。

无论是"第三方独立监管"还是"合规律师"，从合规管理的四个维度上讲与 ISO 37301:2021 下的合规团队或者合规岗位没有区别，从最高人民检察院理

---

① 《甘肃省涉案企业合规第三方监督评估机制专业人员选任管理办法（试行）》第1条第2款。
② 《甘肃省涉案企业合规第三方监督评估机制专业人员选任管理办法（试行）》第8条。
③ 《甘肃省涉案企业合规第三方监督评估机制专业人员选任管理办法（试行）》第9条。

论研究所前所长对有关企业合规从宽制度改革质疑的回复中略见一斑："从我国经济社会发展阶段看，一是社会上缺乏一个经理人阶层，企业管理专业人才的储备不足；二是企业管理方式和治理结构现代化程度总体上不高，许多企业特别是民营企业还没有发展到公司制的运营机制，企业的生存、发展是与企业家紧密联系在一起的。一旦企业家出事了，企业就将面临灭顶之灾。我们要挽救一个涉案企业就要充分考虑中国国情，不能简单地照搬照抄西方国家的经验和规则。我们讲要构建中国特色的企业合规管理体系特别是刑事合规制度，就必须密切联系实际，自觉地把中国实际与国际合规规则结合起来。当前，我们进行涉案企业合规从宽检察改革，推动中国特色合规管理体系建设有一个比较好的国际条件，那就是国际标准委员会（ISO）2021 年初发布了更新版的《合规管理体系 要求及使用指南》即 ISO 37301:2021 国际标准。它是一个具有广泛适用性的、要素性的合规管理体系，也是一个最低限度的国际标准。它为我们立足中国国情建设中国特色的合规管理体系提供了一个广阔的舞台。"[1]

第三节　为合规管理赋能需要哪些技能

如上所述，合规团队、企业合规师、首席合规官、合规监督员和合规律师，他们都是合规岗位的一部分，那么这些合规岗位需要什么样的技能才能为合规管理赋能？同时，为了配合中国企业文化促进会合规管理委员会制定《企业合规师职业技能标准》，"合规"公号从 2022 年 5 月 2 日至 2022 年 8 月 5 日，发起了"企业合规师需要什么样的技能"的调研，共计 288 人参与调研，调研结果如下。

（一）合规师应当具备内控、审计等相关知识和技能，即更注重实务方面的能力

就这个问题，87% 的参调人表示赞同，认为企业合规师应当侧重管理，具备内控、审计等相关知识和技能，即更注重实务方面的能力。

---

[1] 《谢鹏程回应有关企业合规从宽制度改革的质疑》，载人民资讯，https://baijiahao.baidu.com/s?id=1714841422345842150&wfr=spider&for=pc（最近参阅时间 2022 年 10 月 30 日）。

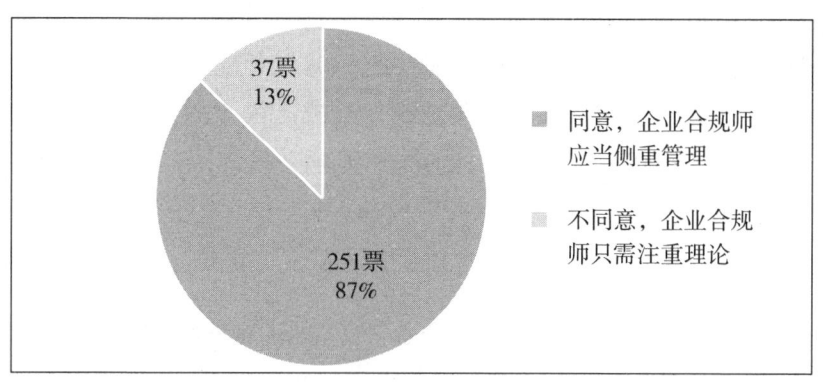

图 1-2 对企业合规师考试的意见统计

- 同意，企业合规师应当侧重管理 251票 87%
- 不同意，企业合规师只需注重理论 37票 13%

（二）企业合规师需要哪些必备知识/技能

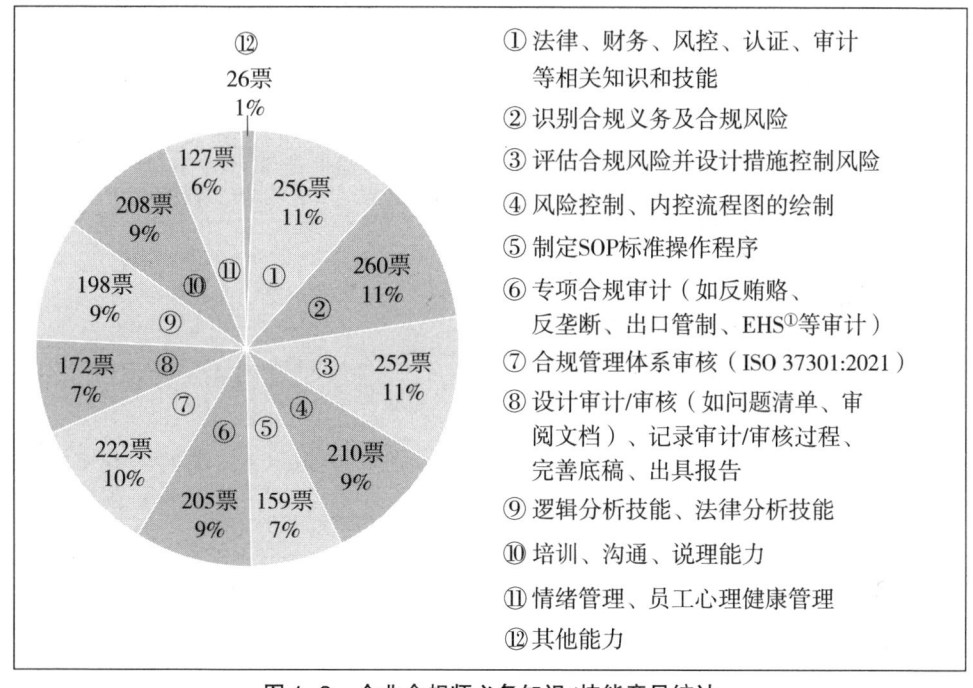

图 1-3 企业合规师必备知识/技能意见统计

① 法律、财务、风控、认证、审计等相关知识和技能 256票 11%
② 识别合规义务及合规风险 260票 11%
③ 评估合规风险并设计措施控制风险 252票 11%
④ 风险控制、内控流程图的绘制 210票 9%
⑤ 制定SOP标准操作程序 159票 7%
⑥ 专项合规审计（如反贿赂、反垄断、出口管制、EHS[①]等审计） 205票 9%
⑦ 合规管理体系审核（ISO 37301:2021） 222票 10%
⑧ 设计审计/审核（如问题清单、审阅文档）、记录审计/审核过程、完善底稿、出具报告 172票 7%
⑨ 逻辑分析技能、法律分析技能 198票 9%
⑩ 培训、沟通、说理能力 208票 9%
⑪ 情绪管理、员工心理健康管理 127票 6%
⑫ 其他能力 26票 1%

[①] EHS 是 Environment、Health、Safety 缩写，即环境、健康和安全。EHS 方针是企业对其所有环境和职业健康安全行为的原则和意图的声明，反映了企业在环境和职业健康安全保护方面的总方向和基本承诺。

参调人一致认为企业合规师需要必备多项综合知识与技能,包括:法律、财务、风控、认证、审计等相关知识和技能;识别合规义务及合规风险;评估合规风险并设计措施控制风险;风险控制、内控流程图的绘制;制定标准操作程序(Standard Operation Procedure,SOP);专项合规审计;合规管理体系审核;设计审计/审核、记录审计/审核过程、完善底稿、出具报告;逻辑分析技能、法律分析技能;培训、沟通、说理能力;情绪管理、员工心理健康管理等。

(三)企业合规师如何平衡好"大合规"与合规专项

① 企业合规师出身不能仅限于律师、会计师、内控、风控、审计,但同样要通过测试

② 如果是业务出身人员,要成为企业合规官也应该纳入,但应当通过必备技能的培训和测试

③ 企业合规师要有"大合规"的概念,不局限于合规,也涵盖财务、内控,建立三道防线

④ 企业合规师应当把其他体系纳入,用合规管理体系治理其他体系,如环保、质量等

⑤ 企业合规师可以分管专项(如反贿赂、反垄断等),但应当把合规管理抓起来

⑥ 企业合规师应当融合多体系,做流程总设计师,重在管理,淡化专门法律门类

⑦ 合规师,应基于IT或数字化承载整个业务流程,将风险管控要素嵌入业务流程

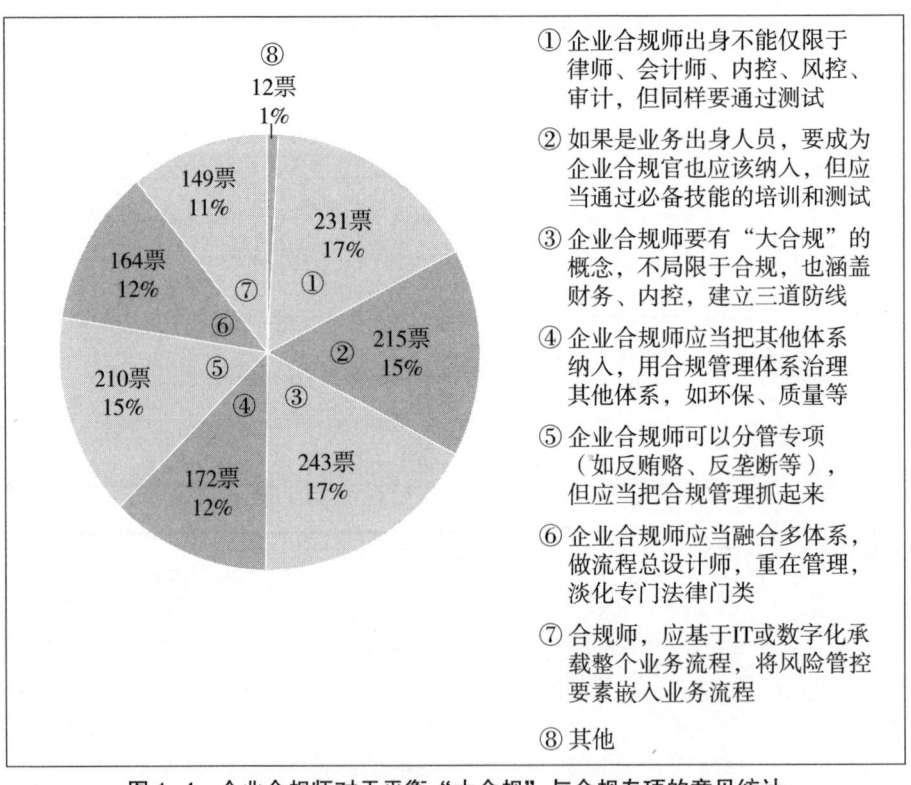

⑧ 其他

饼图数据:
① 231票 17%
② 215票 15%
③ 243票 17%
④ 172票 12%
⑤ 210票 15%
⑥ 164票 12%
⑦ 149票 11%
⑧ 12票 1%

图1-4 企业合规师对于平衡"大合规"与合规专项的意见统计

17%的参调人认为企业合规师要有"大合规"的概念;15%的参调人认为企业合规师可以分管专项;还有17%的参调人认为企业合规师出身不能仅限于律师、会计师、内控、风控、审计,但同样要通过测试;15%的参调人认为业务出身人员只要通过必备技能的培训和测试也可成为企业合规官;12%的参调人认为企业合规师应当把其他体系纳入,用合规管理体系治理其他体系;也有12%的

参调人更赞同企业合规师应当融合多体系，做流程总设计师，重在管理；而有11%的参调人认为企业合规师应基于IT或数字化承载整个业务流程。

① 拿一个证书，可以参加招投标
② 一证在手为职位提升打好基础
③ 通过学习、考试、获证，可以掌握企业合规师必备技能
④ 学到务实的知识和技能，在企业/为企业提供合规管理工作
⑤ 其他

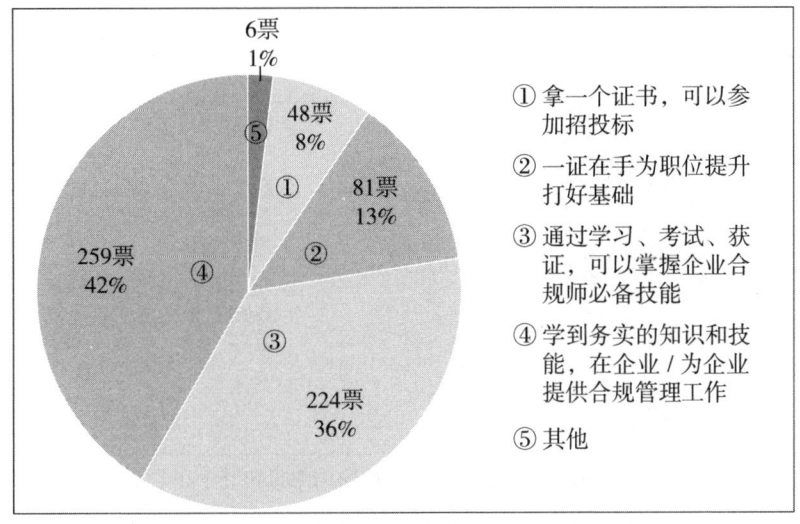

① 48票 8%
② 81票 13%
③ 224票 36%
④ 259票 42%
⑤ 6票 1%

图1-5　对企业合规师实务与执证看法的统计

（四）你最看重企业合规师的什么

参调人最为看重企业合规师可以学到务实的知识和技能，在企业/为企业提供合规管理工作；其次看重通过学习、考试、获证，可以掌握企业合规师必备技能。

（五）你是否赞成初级企业合规师在通过考试后还应当具备一年学以致用的实习期

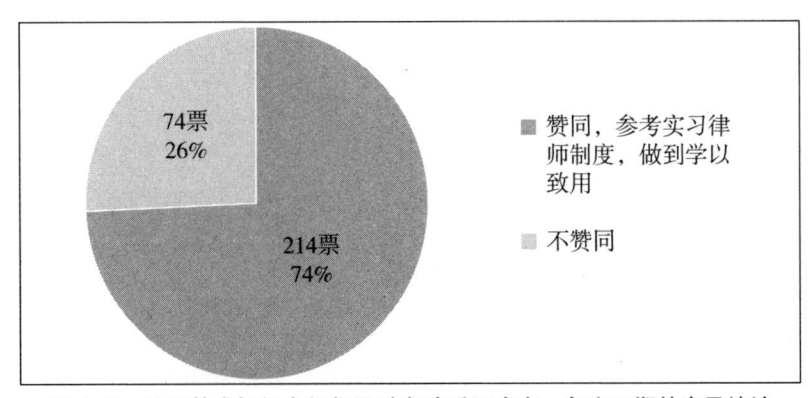

■ 赞同，参考实习律师制度，做到学以致用
■ 不赞同

214票 74%
74票 26%

图1-6　是否赞成初级合规师通过考试后还应有一年实习期的意见统计

74%的参调人赞同初级企业合规师在通过考试后还应当具备一年学以致用的实习期。

(六) 假设你赞同前述实习期的做法，那么你认为应当包含什么样的实习内容

图中数据：
- ① 199票 69%：在公司内部实际运用企业合规师必备技能为公司提供服务
- ② 74票 26%：作为服务供应商运用必备技能为相关企业提供服务
- ③ 15票 5%：其他

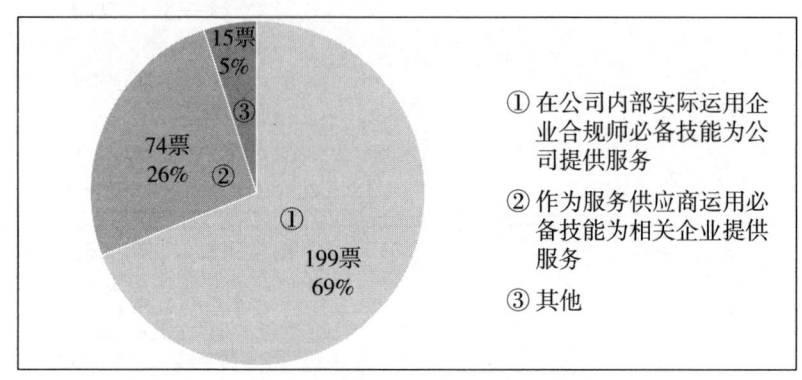

图1-7 实习期包含内容的意见统计

69%的参调人认为在实习期的初级企业合规师应在公司内部实际运用企业合规师必备技能为公司提供服务，26%的参调人则认为在实习期的初级企业合规师可作为服务供应商运用必备技能为相关企业提供服务。

(七) 高级企业合规师与中级、初级企业合规师的区分标准是什么

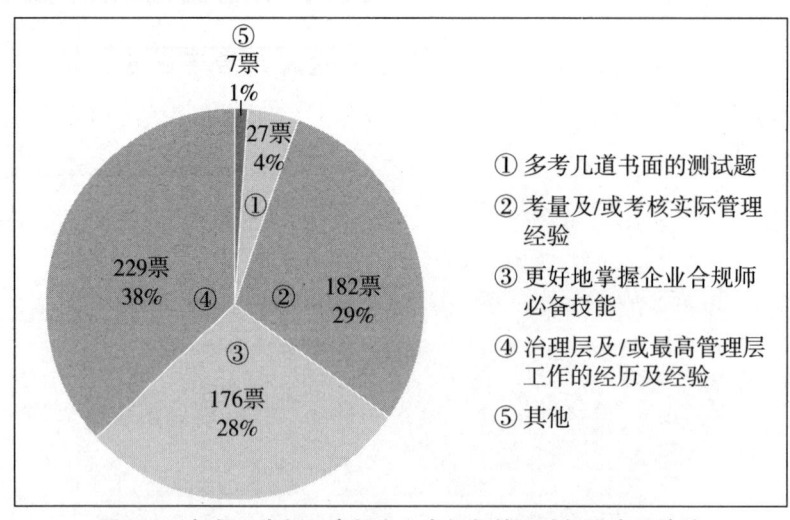

图中数据：
- ① 27票 4%：多考几道书面的测试题
- ② 182票 29%：考量及/或考核实际管理经验
- ③ 176票 28%：更好地掌握企业合规师必备技能
- ④ 229票 38%：治理层及/或最高管理层工作的经历及经验
- ⑤ 7票 1%：其他

图1-8 初级、中级、高级企业合规师的区分标准意见统计

实际管理经验、治理层及/或最高管理层工作的经历及经验、更好地掌握企业合规师必备技能,这三点被认为是高级企业合规师与中级、初级企业合规师的区分标准。

对此,国际风险与合规协会(International Risk and Compliance Association,以下简称IRCA)在对企业合规师进行评级的时候就明确地考量企业合规师在其所在的企业里面的管理职位、管理经验。从这个角度来说,刚入职的员工或者刚从学校毕业的学生,其刷对的题目再多,也不能被评为高级企业合规师。[①]

(八)企业合规师是否需要参与继续教育,不断地提升自己的知识水平和技能

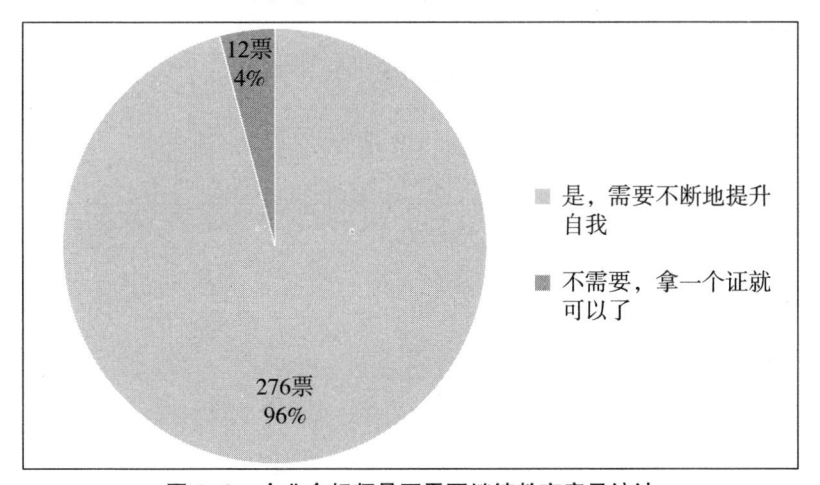

图1-9 企业合规师是否需要继续教育意见统计

企业合规师需要不断提高自己的知识水平和技能是参调人的普遍共识。

---

① 详见 International Risk and Compliance Association 网站(www.IRCA.center)参见更多内容。

（九）你对企业合规师职业落到实处是否有信心

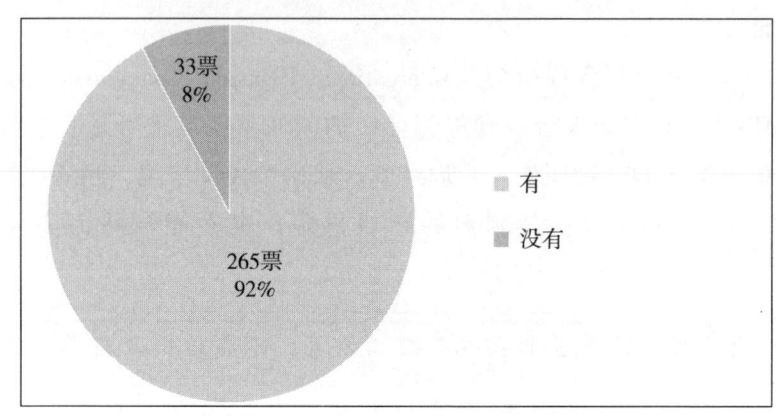

图 1-10　是否对企业合规师职业落到实处有信心意见统计表

92%的参调人对企业合规师职业落到实处充满信心。

（十）你对企业合规师职业技能标准是否有建议

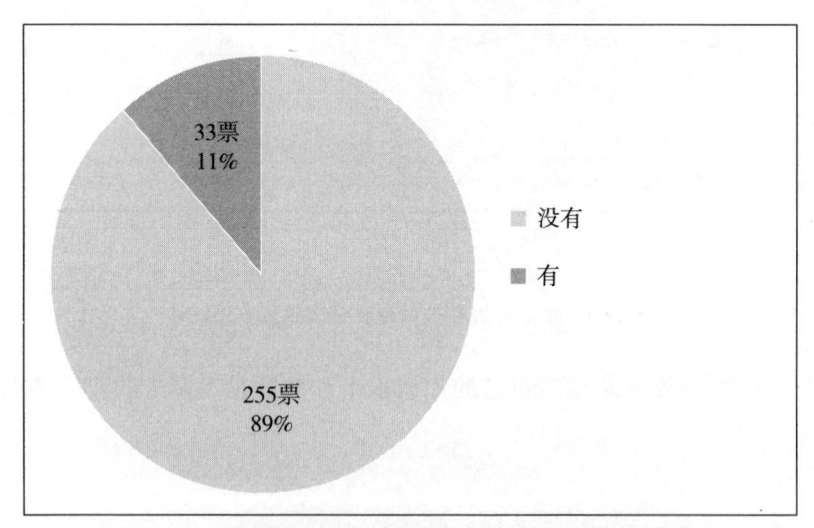

图 1-11　是否对企业合规师职业技能标准有建议的统计

11%的参调人对企业合规师职业技能标准的制定有其他建议。

图 1-12　合规管理技能魔方图

从上述调研我们可以看出，合规岗位或者企业合规师应当侧重管理，具备内控、审计等相关知识和技能。企业合规师需要具备多项综合知识与技能，包括法律、财务、风控、认证、审计等；识别合规义务及合规风险；评估合规风险并设计措施控制风险；风险控制、内控流程图的绘制；制定标准操作程序（Standard Operation Procedure，SOP）；专项合规审计；合规管理体系审核；设计审计/审核、记录审计/审核过程、完善底稿、出具报告；逻辑分析技能、法律分析技能；培训、沟通、说理能力；情绪管理、员工心理健康管理等。

中国企业文化促进会合规管理委员会、北京中标信达认证服务有限公司等作为牵头单位制定并颁布了《企业合规师职业技能标准》（T/CECIA 05—2022）[1]，也正是基于这个标准，笔者写了本书。

第四节　合规创造价值（一）

ISO 37301:2021 在引言中对合规创造价值做了非常精辟的描述：

致力于长期成功的组织有必要结合相关方的需求和期望来建立并维护合规文化。因此，对于此类组织而言，合规不仅是实现成功和持续发展的基础，也

---

[1] 中标信达：《中标信达牵头制定〈企业合规师职业技能标准〉》，载"中标信达"公号，https://mp.weixin.qq.com/s/MRXJja0d1V5Kl4RS_kBZoA（最近参阅时间 2022 年 10 月 28 日）。

是一个机遇。

合规是一个持续的过程，是一个组织履行其义务的结果。合规的可持续性体现在将合规融入组织的文化以及员工的行为和意识中。在保持合规管理独立性的同时，最好将其与组织的其他管理过程、业务需求和程序相结合。

一个全面有效的合规管理体系，能表明组织承诺并致力于遵守相关法律、监管要求、行业准则、组织标准、良好治理标准、普遍接受的最佳实践、道德和社区期望。

组织的合规之道是由领导层秉承核心价值观以及运用普适的良好治理，结合道德要求和社会准则形成的。将合规融入组织员工的行为中，依赖于各级领导层和组织清晰的价值观，以及确认和落实促进合规行为的措施。如果不能确保组织各层级都遵守要求，则可能存在不合规风险。

在许多司法领域，法院在决定对违法行为作出适当处罚时，会通过考虑组织的合规管理体系建立情况来判断该组织的合规承诺。因此，在监管执行和司法判决的过程中参考本文件，或将其作为一个基准。

通过推行具有约束力的价值观和实施适当的合规管理，组织越发相信其可以有效维护自身诚信，避免或尽量减少违反组织合规义务的行为。因此，诚信和有效合规是组织实现良好勤勉管理的关键要素。同时也有助于组织履行社会责任。

本文件的目标之一是协助组织发展和传播积极的合规文化。同时，组织应将有效及可靠的合规风险管理视作一种值得追求和利用的机遇，因其能够为组织提供下列优势：

——增加商业机会、助力可持续发展；

——保护并提升组织的声誉和信誉；

——考虑各相关方的期望；

——表明组织致力于切实有效管理其合规风险的决心；

——提升第三方对组织能够取得持续成功的信心；

——最大限度地降低违规行为发生的风险及相应的费用和声誉损失。

"合规创造价值以及合规怎样创造价值"是本书的主题和主要内容。下面通过对 A 公司首席法务官的一个专访①，就"合规创造价值以及合规怎样创造价值"做一个铺垫。

一、合规工作的开展

采访者：您这些年在合规管理体系建设上投入了很多精力，也积累了很多实践经验，能谈谈您对合规工作的认识吗？

被访者：公司的合规建设需要确立长远的目标，要建立与公司业务实践相匹配合规管理体系。在这个目标下，公司每年可以从四个维度对合规工作进行评价：第一是合规文化建设，第二是合规资金投入，第三是合规制度建设，第四是合规专业能力提升。

在合规文化建设上，董事长和总裁每年联名签发面向全体员工的管理层承诺声明，高级管理层也不定期地通过录制合规视频或发布合规寄语的方式向员工传递合规声音，每年年底各位高管都与他对口提供合规支撑的合规总监一起签署合规承诺书并且内部公示，这可以展示管理层支持合规的态度；同时，每年可组织上至高管、下至一线员工的面授和线上形式相结合的合规培训；设计一些年轻化、形式新颖的合规意识提升活动以吸引更多员工参与；设计"合规创造价值"标识，并应用在公司内部与合规相关的活动中。当然，还可以有其他多措并举的文化意识提升活动。

在合规资源投入上，可以从两个方面来评价。第一是从业人员数量。基于公司对于合规建设长期投入和发展的需求，公司法律合规专职人员在数量上持续保持较高的比例。第二是法律合规资金投入。公司保持将一定比例的净利润投入包括合规人员人力资金、数字化工具采购和开发、外部律所与咨询公司的费用中。公司董事会和管理层在法律资源投放上的认知高度统一，是公司合规能力建设的重要一环。

在合规制度建设上，为了减少业务活动中人为错误的发生，首先要在出口管制、反商业贿赂和数据保护上明确合规红线，从而基本保证公司不会发生系统性的合规风险。推进合规规则体系架构的建设，将外部的法律法规结合公司经营的风险偏好转译成内部的合规管理规范，搭建从政策、手册到合规管控

---

① 由陈立彤律师专访。

全景的规则体系,确保规则的可实施、可执行、可落地。所有员工可根据其业务活动场景按图索骥,找到对应的合规管控要求和指引,这样就能最大限度解决员工在遇到一般性合规问题时的困惑,减少人为错误的发生,让合规专业人员有更多时间去解决更复杂的问题。

二、合规 2.0 应当怎么做

采访者:合规 2.0 的目标,要朝更加精准化、精细化的方向发展,因为合规在一开始的时候不可避免地要投入很多人力、物力、财力,把大家发动起来。无论在合规管理工作中,还是在律师工作中,忽视细节都不行,而"眉毛胡子一把抓",对重大信息、重大风险丧失敏感性也不行。那么对合规 2.0,精准化的发展,公司有什么思路呢?

被访者:可以这样形容,公司前期盖了个合规的"毛坯房","毛坯房"建起来很快,但是"精装修"需要很长时间。我们需要结合合规战略,在合规文化建设、合规资金投入、流程制度建设和合规专业能力上持续提升,完成"精装修"。首先要做的是能力提升,因为能力是决定我们最后能否把房子装修好的关键因素。第一阶段要求先学会审美,知道哪个设计师做的图纸好看、实用;第二个阶段就是,当这些设计达不到企业要求时,企业在某些维度上自行设计;第三个阶段就是完全自主设计,这是战略发展方向。

理想中的状态是让合规"润物细无声",如在合规培训方面,不再是硬性要求所有人接受合规培训考试,通过线上微课,公司不必再去大规模组织集中上课。同时将合规培训、能力测评与任职资格相结合,确定每一个岗位对应的合规能力要求是几级,合规考试不通过就不能进行岗位晋升。这些措施在文化层面上让所有人都觉得合规无须被刻意反复强调,从而使合规融入日常工作流程。

当然,这些还需要合规专家中心(Center of Expertise, COE)、业务单元(Business Unit, BU)合规团队和合规联络员(Compliance Point of Contacts, CPOC)组成的能力中心用很长时间去做案例指导。COE 聚焦规则和制度的研究;BU 合规团队最了解业务单位,知道业务单位有哪些共同点,如何去实施 COE 的要求;CPOC,就是散落在全公司各单位的合规联络员,他们的任务就是"上传下达",要把下面一些场景性的问题传上来,然后再把总部的要求传下去。

问题传上来很容易,但把要求完整传下去很难,特别是场景性的要求、指引。比如合规扫描,很多人就会问模糊性扫描到何种程度,手册并没有规定得那么细。场景性的问题就需要靠 CPOC 上传到 BU 合规再上传到 COE,然后由 COE 下发指引性的文件,最终形成案例汇编,这是流程制度希望达到的效果。同时我们可以进一步把这些规则体系全部数字化。

三、合规管理中如何应对跨境文化管理

采访者:在合规管理体系全球化的建设过程当中,还有哪些可以和我们分享的?

被访者:公司的全员合规培训材料可以提供多种语言的选择,比如可以实现在合规学习视频下面选字幕,提供多种语言的选择。外籍员工超过一定比例时,需要关注文化冲突和语言的问题。未来法务的趋势是真正地实现全球化管理。

采访者:说到这里,先问下您觉得应怎么管理外籍人员?

被访者:公司需启动国际化战略。在这个过程中,需要高度关注跨文化的管理,鼓励中方和外籍员工之间求同存异,在互相尊重各自文化的前提下,充分沟通,化解因文化背景不同带来的矛盾。但出现跨语言、文化的协同的时候,还是会有一定的障碍。

采访者:什么障碍呢?

被访者:法务团队人员年龄和经验上的差距,再叠加文化不同,在沟通和管理上一定会产生问题。所以公司在提拔管理干部上应不区分中方还是外籍,只关注员工的专业能力。对一些外籍员工,给他的职业晋升提供阶梯,不再只是当一个专家或顾问,而是让他去带团队。当然,这也是挺有挑战的。

采访者:挑战体现在什么地方?

被访者:第一个就是文化不同带来的冲突。年龄和经验上的差异,可以通过沟通解决,但是文化背景不同导致的冲突往往危害更大。一些员工做事情喜欢曲线思维,习惯迂回,但是一些员工更喜欢直线思维,开门见山。当两种不同文化相遇的时候就可能出现一些冲突。所以需要一直强调在文化上大家要求同存异。

第二个是本地化管理。跨国企业在国际化刚开始时,通过外派员工的方式来管理当地的业务。随着国际化程度的加深,可以开始让本地的外籍员工承担更重要的工作职责，既降低经营成本提高管理效率，也更能获得客户和东道国的信任。

采访者：有些公司不愿意鼓励员工举报，担心造成不好的影响，举报热线和邮箱也是形同虚设。您怎么看这个担心？

被访者：其实不用担心，从合规体系良性发展的角度来讲，举报是必不可少的问题识别方法。

合规体系建设是一个长期的过程，不会一蹴而就，在建设和完善过程中需要不断地进行测试和验证，而合规举报就是最好的完善和帮助，可以利用集体的力量实现合规"共治"，通过每个员工来检验、检测合规体系是否行之有效。合规举报也是使组织和流程活动更健康的一种方式，无论问题大小，通过举报都能够获得源源不断的反馈，使问题在萌芽阶段就被消灭掉，帮助公司降低合规风险。

采访者：合规举报机制是向公司内部举报吗？

被访者：公司可以设置多种途径的线索收集方式。与此同时，为了打消举报人对打击报复的担忧，除了内部举报渠道，也可委托某律师事务所建立第三方举报平台。第三方举报平台由该律所独立运营，举报人可以选择匿名或者实名方式举报，举报人的信息绝对保密，公司的合规稽查部只会接收到举报的内容，并开展独立的不受任何干扰的调查。

四、如何理解合规价值和合规品牌价值

采访者：将法务投入视为长期战略性的投资，这个思路非常好。做合规，最后要进行绩效评价，包括两部分，一方面是负面绩效降低，如受处罚、投诉以及一些不合规事项的次数降低；另一方面是正面的，即合规要与业务增长直接正相关。二者建立联系不容易，但在有的行业可以很直观地感受到。比如在航空业，安全指数及恶性事故发生率，这些指标都可以量化。那么对公司的高投入，是否有量化的回收指标？没有的话，这些投入又要如何跟企业业务发展建立正相关的联系呢？

被访者：这是任何公司高层投入法律性工作时都会去考虑的问题。我们常说合规创造价值，最初会有很多声音质疑合规到底创造什么价值，价值是否等于金钱性的收入？是否也会像咨询服务一样收费？

我们认为不发生合规事件，并且公司的商业可持续性能力在增强，这就是合规创造的两个价值，对外就是合规为公司塑造的品牌。

品牌最大的价值并不在于用怎样的价格去衡量它，而是当客户一听到这个品牌的名字，都会认为没有品质问题。一些公司所处的行业对合规的要求比较高，很多海外运营商，尤其是大型跨国运营商，对合作伙伴的合规诉求很强烈，设置极高的合规准入门槛。比如，跨国运营商甲公司，它有自己的一套包括知识产权、合规、企业道德等在内的治理体系，这个治理体系也外延成为甲公司对合作伙伴的要求和成为其商业伙伴的一个前提条件。商业伙伴之间实际上有一套标准去限定公司间能否合作，这其实是合规对商业最大的促进。我们负责销售以及企业战略的人在与海外运营商的合规负责人的交流过程中发现，原来合规专业之间的对接会让客户感觉到企业整体能力的提升，这是第一方面。

第二方面就是美誉度。公司的美誉度很大一部分来源于商业的可持续性，以及由此带来的营收增长，这就是正向联系。美誉度来源于品牌所传递的价值。越来越多的品牌传递的价值就是安全，如汽车领域，一提到某些品牌就会让人联想到安全，因为它的品牌的内核价值就是安全。我觉得可以从这两个方面理解在企业内部做合规与企业收益之间的关联。

五、如何度量合规的价值

采访者：企业要实现产值上个台阶的时候，一定要有时间的积累。而且一定是历史长期积累，公司才拥有成为百年老店的可能。我们的合规管理体系进一步发展，做得也越来越好，真正体现了它的生产力价值。我的问题是，在企业产值实现跨越式增长过程中，合规的作用能否量化？

被访者：企业经营的基本状态，是销售在前面追逐利润，总部的职能管理或者风险管理在后面跟着。您刚才量化的想法，我们现在把它称为业务持续管理（Business Continuity Management，BCM）。这套机制其实是可以量化的。如果有大数据来做统一性管理，分析整个行业里企业被处罚的平均周期是多久，再去分析被处罚的原因，如果我们能让一个企业在平均周期之内不被处罚，最起码合格了，超越平均周期就算优秀，合规工作给企业带来的利润直接就能体现。当然这只是一个初步的想法。

第五节　合规创造价值（二）

作为我们对企业合规师的系列访谈之一，我们对 B 公司大中华区合规官刘某进行了专访[①]。

一、不做内控的财务不是一个好合规

内控和合规的区别在哪里？对此，刘某认为：内控是在具体业务流程上去落实具体的风险控制点，所以它是一个最后控制实施的环节。而对于合规来说，虽然现在追求"大合规"的理念，要覆盖公司运营全流程，但实际上不可能做到面面俱到，所以合规在每一家公司都有符合自己定位的重点领域，合规官的角色更多是针对这些重点领域，从防范风险的角度出发，制定一些政策、原则和要求，后续内控根据这些合规的要求和原则，落实到具体的业务控制流程过程当中。对这两个职责的定位来说，这是一个前后衔接的过程。风控包括的风险类别会更多，如财务风险、运营风险等，这些风险通常不在合规风险管理的范围之内。所以在工作负责的重点上，这两个岗位是有所不同的。

二、合规必须是一个团队，而非单打独斗

刘某向我们介绍她作为 B 公司合规官的特殊性——因为中国市场对 B 公司的业务非常重要，所以大中华区是唯一按区域设置合规组织的地区，其他国家或地区都是按照业务设置合规组织。她的岗位是负责 B 公司在华所有业务单元的合规事务，也包括支持中国区的非控股公司合规体系的建设。刘某需要与这些非控股公司建立密切的沟通，提供如何搭建合规管理体系的建议。B 公司对所有的非控股企业都明确提出一些合规方面的原则性要求，包括基本合规管理制度、合规专职岗位设置、诚信文化培训与沟通、对第三方的诚信管理、董事会/最高决策层对合规管理工作的直接监督等。

作为合规官，刘某最满意的是在中国地区建立了一个互通有无的合规人员交流的网络。通过这个网络，她能够与所有控股及非控股公司的合规团队进行密切、持续的交流，如每年组织中国合规会议、可持续发展对话，定期或不定

---

① 由陈立彤律师专访。

期与各公司合规团队单独交流，参与各公司重要合规活动，以及通过微信或者邮件及时分享一些合规方面的发展动态和最佳实践等。通过这种持续、深入、友好的沟通，能够在合作当中互相信任、互相帮助、互相学习并共同进步。

三、合规师仅有考试是不够的

企业合规师成为国家正式认可的职业之一，是对合规专业人才队伍培养的重大推动，一系列后续的培训和认证也会跟进。对于现在国内急需的合规人才，合规界方方面面可能会合力提供一些更好、更快的解决途径。

应把合规师的考试、培养和继续教育有机地结合起来。换言之，合规师仅靠考试是不行的。仅仅在纸面上答对了几道题就能成为合规师会拉低合规师的门槛。当然，合规师作为一个职业毕竟是一个新鲜事物，合规师的职能、定位和理解需要一个从无到有、从不清楚到慢慢清楚的过程。就目前而言，了解合规的人越来越多，这是非常好的趋势。这不仅是对合规事业发展，同样也是对合规人员职业发展的重大利好。刘某认为，合规师还需要一定的抗压能力，丰富的工作经验、足够的知识储备和较强的沟通能力。

四、一个合规官需要什么样的领导力

合规官须有能力带领团队成长，并且完成企业赋予这个团队的目标。刘某认为，领导的责任不仅仅是给员工分派任务，更重要的是，作为一个领头人，在完成团队目标的同时，每个团队成员也能有所成长。

刘某认为主动定期做自我反思是提升领导力的主要途径。可以通过学习观察一些自己比较认可的、优秀的领导来实现成长，最初的成长都是从模仿和学习开始的。除此之外，收集反馈也是一个很好的方式。

对于团队新员工成长问题，刘某有以下三点建议。

首先，要用一个包容的心态去对待工作场景中的人和事，要能够接受不同的意见，甚至是不喜欢的人或不喜欢的意见。其次，职场新人在应对大大小小的挫折时，要有一个更积极的心态。最后，可以学一些心理学方面的知识。

五、积极整改，把被动变为主动，把风险变成机遇

2010年到2012年，与监管部门达成和解，承诺接受监管整改的过程结束之后，B公司确实花了很大力气搭建完整的合规管理体系，后来也得到了认可。现在B公司应该是为数不多的在集团董事会里设置一个专门的董事成员负责合规和法务的企业。这显示了B公司对合规工作的重视。另外，B公司的合规组织

架构是相对比较完整的，至少在汽车行业，B公司在合规管理方面是走在前列的。过去这些年，B公司的合规管理体系也在主动地提升，不断地优化。比如，最初搭建合规管理体系还是专注于反腐败，但后来合规管理的领域在不断拓展，反洗钱、反垄断、技术合规，以及现在的数据合规，都是B公司一步一步在做的工作，包括主动完善合规管理的能力、优化管理的工具、提高管理的水平。公司在持续不断地对合规职能进行投入，这是刘某认为做得不错的地方。

刘某认为，对于有监管整改过程经验的企业，一般会经历一个阶段，在被监管整改的过程结束之后，大家潜意识里会对合规管理有一些抵触和排斥，甚至会持续很长一段时间。因此，在做整改的时候，从一开始就要避免一些过度生硬和粗暴的方式，否则一旦给人留下非常生硬刻板的印象，就要花很长的时间和努力才能扭转。

具体的整改措施包括很多方面，如数字化也是合规整改的一个重要内容。B公司有一个硬性规定——"NO DD[①]，NO Business"，即如果没有做完尽职调查，是不可以开展任何业务的。B公司有做尽职调查系统，尽职调查的群体不同，做法也不一样。以B公司针对经销商的尽职调查为例，由合规部门管理整个流程，由业务部门来启动，大部分信息是由业务部门提供的，也有第三方的数据库。针对供应商，B公司也有另一个稍微不同的尽职调查做法。这些都主要由合规部门主导。对于并购的项目，可能基本上是依靠和外部专业的律师团队共同合作去完成。

目前在公司总部有一支专门的团队，支持法务和合规团队开发一些数字化工具。当然，不仅仅局限于合规管理，各个管理领域都越来越数字化。

最后，对于企业合规师成长，刘某也提了建议，要保持好奇心，不断学习；主动面对挑战，持续自我成长。

思考题：
1. 合规创造价值体现在哪几个方面？
2. 企业合规师如何创造价值？
3. 您对合规创造价值如何量化有何建议？

---

① Due Diligence，尽职调查。

第二章　企业合规师

企业合规师是 2021 年 3 月 18 日人力资源和社会保障部会同国家市场监督管理总局、国家统计局向社会正式公布的职业之一。这是《中华人民共和国职业分类大典》（2015 年版）颁布以来发布的第四批新职业。《中华人民共和国职业分类大典》（2022 年版）中，"企业合规师"的职业编码为 2-06-07-14。

第一节　企业合规师概述

从企业合规师的名称就可以看出，企业合规师首先立足于企业，为企业服务。换言之，其工作重点是合规建设与合规管理。

一、企业合规师的定义

根据《中华人民共和国职业分类大典》（以下简称《职业大典》），"企业合规师"为："从事企业及企业内部成员行为符合法律法规、监管要求、行业规定和道德规范等合规管理和监督的工作人员。"换言之，企业合规师是从事企业合规建设、合规管理的创新型、复合型专业人才。

二、企业合规师的工作范围

根据《职业大典》，企业合规师的主要工作范围为：
1. 制订企业合规管理战略规划和管理计划；
2. 识别、评估合规风险与管理企业的合规义务；
3. 制订并实施企业内部合规管理制度和流程；
4. 开展企业合规咨询、合规调查，处理合规举报；
5. 监控企业合规管理体系运行的有效性，开展评价、审计、优化等工作；
6. 处理与外部监管方、合作方相关的合规事务，向服务对象提供相关政策解读服务；
7. 开展企业合规培训、合规考核、合规宣传及合规文化建设。

三、企业合规师与合规岗位

ISO 37301：2021 中"Compliance function"被翻译为"合规团队",也有翻译为"合规岗位"——我们在本教程中用合规岗位这个翻译——其在 ISO 37301：2021 下被定义为："对合规管理体系运行负有职责、享有权限的一个人或一组人。"[①] 而企业合规师在《职业大典》中被定义为："从事企业及企业内部成员行为符合法律法规、监管要求、行业规定和道德规范等合规管理和监督的工作人员。"

ISO 37301：2021 在"合规岗位"定义中所说的"合规管理体系运行",其核心就是《职业大典》对企业合规师定义中所说的"从事企业及企业内部成员行为符合法律法规、监管要求、行业规定和道德规范等合规管理和监督的工作人员"。因此 ISO 37301：2021 对"合规岗位"的定义与《职业大典》对"企业合规师"的定义从内涵上来说是基本一致的,但也不是没有区别。(详见本教程第一章)

ISO 37301：2021 中"合规岗位"的范围要远远大于《职业大典》中"企业合规师"的范围——"企业合规师"在《职业大典》中被明确定义为职业;在 ISO 37301：2021 中,企业中对合规管理体系运行负有职责、享有权限的一个人或一组人都是合规岗位——这些合规岗位不完全是企业合规师,其完全可以是分布在企业合规三道防线上"对合规管理体系运行负有职责、享有权限的"其他岗位,包括业务岗位(如有些企业在业务岗位中所设置的"合规大使")。

四、企业合规师与风控

风控在有些企业中被设定为一个岗位,而企业合规师与风控的关系,离不开合规管理与风险管理的关系(详见本教程第八章)。风险管理的概念先于合规管理,但合规管理开始渐渐涵盖风险管理,其中一个重要原因就是外规内化。合规不仅要遵从外部的法律法规,还要遵从为了管控各类风险(包括企业所面临的全面风险)而在企业内部设立的各种规章制度。从这个角度来说,"合规管理"的概念在外规内化、建章立制、风险控制部分开始与"风险管理"或者

---

① ISO 37301：2021《合规管理体系 要求及使用指南》第 3.23 条。

"风控"相融合。我们在介绍"风险管理"的时候已经离不开"合规"或者"合规管理"。基于此,风控与合规或者风控岗位与企业合规师在不少企业中已经渐渐开始融合。换言之,外规内化下的"大合规"与"大风控"开始融合——"大合规"是目的(不仅要遵从法律法规,还要符合内化的外规);"大风控"是手段。

关于企业合规师与风控的关系,或者合规管理与风险管理的关系,仁者见仁智者见智,有一种观点认为:合规管理与风险管理审视风险和采取的方法不同,一个侧重微观,一个侧重宏观。这种说法异于我们上面所说的外规内化下的"大合规"与"大风控"开始融合的观点,但我们收录在此以供参考:

> 合规管理与风险管理都是现代公司治理不可或缺的一部分。二者之间的区别在于:ISO 31000:2018 界定的风险管理是指针对风险所采取的指挥和控制协调的活动。《中央企业全面风险管理指引》所称的全面风险管理,指企业围绕总体经营目标,通过在企业管理的各个环节和经营过程中执行风险管理的基本流程,培育良好的风险管理文化,建立健全全面风险管理体系,包括风险管理策略、风险理财措施、风险管理的组织职能体系、风险管理信息系统和内部控制系统,从而为实现风险管理的总体目标提供合理保证的过程和方法。由此可见,合规管理与风险管理审视风险和采取的方法不同,一个侧重微观,一个侧重宏观。[①]

五、企业合规师与内控

内控在不少企业也同样被设定为一个岗位。为了更好地理解内控,我们首先需要了解什么是"内部控制"。"内部控制"的概念主要见诸财政部会同证监会、审计署、银监会、保监会于 2008 年 5 月 22 日制定并印发的《企业内部控制基本规范》(财会〔2008〕7 号),自 2009 年 7 月 1 日起在上市公司范围内施行。值得一提的是,财政部等部门在"财会〔2008〕7 号"发文时也明确鼓励非上市的大中型企业执行。在该规范下,"内部控制"被定义为:"由企业董事会、

---

① 中国企业报:《首席合规官的首要职责及合规管理体系建设与法务管理、内部控制、风险管理关系处理》,载"合规"公号,https://mp.weixin.qq.com/s/0b-jaPpGwh9IIeJ4GpVHLQ(最近参阅时间 2022 年 10 月 23 日)。

监事会、经理层和全体员工实施的、旨在实现控制目标的过程。"①"内部控制"的目标是："合理保证企业经营管理合法合规、资产安全、财务报告及相关信息真实完整，提高经营效率和效果，促进企业实现发展战略。"②（关于合规与内控的关系，详见本教程第九章）。从前述对内控的描述来看，内部控制首先是来自财务领域的一个概念，而相应的内部控制措施很多是财务控制措施。相应地，内控的岗位也往往见诸财务部门。

我们要了解企业合规师与内控的关系，同样地，我们先要了解合规管理与内部控制的关系。对此，同样也是仁者见仁智者见智，但下面的这个说法与我们在上面的理解是一致的，我们也收录在此以供参考：

合规管理与内部控制的联系：都是现代公司治理不可或缺的一部分。再看二者的区别：内部控制是由企业董事会、监事会、经理层和全体员工实施的，旨在实现控制目标的过程。目标是合理保证企业经营管理依法合规、产权归属清晰安全、财报信息真实完整，提高经营效率和效果，促进企业实现发展战略。合规管理是指企业以有效防控合规风险为目的，以提升依法合规经营管理水平为导向，以企业经营管理行为和员工履职行为为对象，开展的包括建立合规制度、完善运行机制、培育合规文化、强化监督问责等有组织、有计划的管理活动。可见二者的内涵、应对的风险及设定的目标不同：合规更多的是把企业经营管理行为和员工履职行为纳入合规管理体系，内控更多的是通过流程控制手段保障财务报告和产权管理的可靠性。③

六、企业合规师与法务

法务基本上是每一个企业都要设置的岗位。很多企业既设置法务岗，同时也设置合规岗，而合规岗向法务岗汇报也是常态。虽然在不少集团企业，各地区的合规官直接向集团总部的合规官汇报，但在总部，首席合规官向首席法务

---

① 《企业内部控制基本规范》第3条。
② 《企业内部控制基本规范》第3条。
③ 中国企业报：《首席合规官的首要职责及合规管理体系建设与法务管理、内部控制、风险管理关系处理》，载"合规"公号，https://mp.weixin.qq.com/s/0b-jaPpGwh9IIeJ4GpVHLQ（最近参阅时间2022年10月23日）。

官汇报也是常态。《中央企业合规管理办法》中虽然设定了首席合规官,但该首席合规官却由总法律顾问兼任:"中央企业应当结合实际设立首席合规官,不新增领导岗位和职数,由总法律顾问兼任,对企业主要负责人负责,领导合规管理部门组织开展相关工作,指导所属单位加强合规管理。"[①] 即便如此,合规与法务,或者企业合规师与法务还是有很大区别的,这个区别首先可以从《职业大典》中企业合规师的定义和工作范围略见一斑。我们再以常见的"合同事务"为例,法务把工作聚焦于合同本身(如合同条款、合同的履行、合同的争议解决等),但企业合规师则需要关注合同全生命周期所存在的风险,对其予以识别、评价与控制,如下表所示:

表 2-1 企业合规师的识别评价与控制

环节		业务	法务	合规
选聘供应商		+		
招投标		+		
合同订立			+	
合同签署		+		
合同执行		+		
争议解决			+	
合规风险管理	反贿赂风险管理			+
	反垄断风险管理			+
	网络安全与数据治理			+
	其他合规风险			+
应对政府调查				+
危机处理				+

当然,不是所有的企业都是按照上面的设置分配职责,有的企业会按照自身的偏好在法务与合规之间分配责任,如有的企业把反垄断风险管理的职责分配给法务处理,还有的企业把网络安全与数据治理的职责交由 IT 处理。企业合规师与法务的区别与企业合规师与其他岗位的区别相比可能是最小的,我们在此也收录对这种区别的一种解读:

---

① 《中央企业合规管理办法》第 12 条。

企业合规师与法务的关系。区别之一是性质不同：合规是文化理念，更是系统体系，强调嵌入企业经营管理，强调用管理的方法解决问题，管业务必须管合规；法务侧重于具体案件的解决和具体事项的处理。区别之二是内容不同：合规之规是广义之规、全域之规、动态之规，除了法律法规、强制性标准、监管规则、国际条约惯例和合同法下的协议等有义务遵守的要求之外，还包括公司章程、内部规章和价值观承诺等道德规范，合规师除了要掌握法律法规知识、技能外，还需要掌握大量的企业管理知识和其他职业技术技能型的基础管理工具；法务主要是前者，依据法律法规和法律专业知识履责。二者的联系不言而喻：法务的工作之一是制定标准，提供专业支持，以及在纠纷处理中发现合规风险点，填补漏洞；合规管理则是用管理的方法将标准嵌入流程，事先防范法律纠纷，并在纠纷和案件发生后提供有力证据为组织争取不起诉、免责、从宽或者减轻刑罚。①

七、企业合规师与审计

如果说企业合规师与其他岗位有交集的话，企业合规师与审计应当是很少有交集或者完全没有交集的两个岗位，其最主要的原因是企业合规师与审计分属不同的防线——企业合规师作为合规岗位，属于第二道防线，着重事前防控，而审计属于第三道防线，注重事后审查。

审计是一项独立客观的经济监督、确认和鉴证活动。2018年实施的《审计署关于内部审计工作的规定》将与合规管理密切相关的内部审计职责范围从"财政收支、财务收支、经济活动"扩展到"内部控制、风险管理"，并提出重大决策部署跟踪审计、公司发展规划和发展战略审计、公司三重一大决策程序审计、公司年度业务计划执行情况审计、境外审计等要求。合规管理与审计（主要是内部审计）的区别有三个方面：一是解决问题不同，合规管理主要是解决企业经营管理行为和员工履职行为是否符合内外部规范，审计主要是解决企业经营管理行为是否达到预期效果。二是性质不同，合规着眼于现在和未来，讲求运行性，审计着眼于过去和现在，讲求保证性。三是角色不同，合规管理

---

① 中国企业报：《首席合规官的首要职责及合规管理体系建设与法务管理、内部控制、风险管理关系处理》，载"合规"公号，https://mp.weixin.qq.com/s/0b-jaPpGwh9IIeJ4GpVHLQ（最近参阅时间2022年10月23日）。

属第二道防线，承前启后，连接第一道防线——业务条线和第三道防线——审计。二者的联系有两个方面：审计工作主要是评估合规有效性、提供财务专业支持，合规管理工作主要为审计提供法律支持。

八、企业合规师与财务

财务部门的工作涉及企业经营，关系着企业的经济命脉，国家关于企业财务活动也有着一系列的法律和规章制度。虽然财务有着内部控制体系，如内部会计控制是为企业提高会计信息质量，保护资产的安全、完整，确保有关法律法规和规章制度的贯彻执行等而制定和实施的控制方法、措施和程序。但财务容易陷入财务的细节里，缺乏整体布局思路。因此，企业合规师既要有全局观和系统性的思考，又需要深入了解具体问题所在；既要有整体结构性，从顶层设计上考虑企业的商业模式，也要关注细枝末节，考虑业务流程、具体的账目、成本代价的细节、税务问题等。

九、企业合规师与业务部门

从合规管理的角度来说，企业合规师与业务部门分属不同的防线，在很多情况下业务属于合规管理的第一道防线，因为按照损失减少原则的经济学原理（详见本教程第十四章），在很多情况下，业务部门对于很多风险防控是第一责任人——在企业合规师和业务岗位及其他责任人当中，往往是业务岗位能够用最小的成本控制损失的发生，所以业务岗位作为责任人有时排在企业合规师的前面。当然，同样根据损失减少原则，作为责任人，企业合规师完全有可能排在业务岗位前面成为第一责任人，试举一例如下。

对于某个不常见的合规风险（如域外的合规风险），以及新涌现的合规风险（如出口管制），这些风险的识别对于不谙法律和合规管理的业务人员来说是一项不可能完成的任务，因此如果没有企业合规师或者法务先行努力，业务部门对这些风险的防控根本就无从谈起，所以对于一个没有被识别出来的风险进行管控的第一责任人往往是合规师或者兼任合规的法务，而不能把责任推到业务部门身上。

第二节　职业技能等级认定

国务院于2019年年底就决定分步取消水平评价类技能人员职业资格，推行社会化职业技能等级认定，将技能人员水平评价由政府认定改为实行社会化等级认定，接受市场和社会认可与检验。因此，企业合规师作为水平评价类技能人员职业资格也由政府认定改为实行社会化等级认定，接受市场和社会认可与检验。

国务院总理李克强2019年12月30日主持召开国务院常务会议，决定分步取消水平评价类技能人员职业资格，推行社会化职业技能等级认定；确定促进社会服务领域商业保险发展的措施，更好地满足群众需求；部署推进步行街改造提升，优化商业环境促进消费扩大。

会议指出，按照党中央、国务院部署，深化"放管服"改革，将技能人员水平评价由政府认定改为实行社会化等级认定，接受市场和社会认可与检验。这是推动政府职能转变、形成以市场为导向的技能人才培养使用机制的一场革命，有利于破除对技能人才成长和弘扬工匠精神的制约，促进产业升级和高质量发展。会议确定，从2020年1月起，除与公共安全、人身健康等密切相关的消防员、安检员等7个工种依法调整为准入类职业资格外，用一年时间分步有序将其他水平评价类技能人员职业资格全部退出国家职业资格目录，不再由政府或其授权的单位认定发证；同时，推行职业技能等级制度，制定发布国家职业标准或评价规范，由相关社会组织或用人单位按标准依规范开展职业技能等级评价、颁发证书。已发放的水平评价类技能人员职业资格证书继续有效。会议要求稳妥推进现有职业资格实施机构职能调整，做好工作衔接。加强涉及评价质量、收费等的事中事后监管。[1]

对此，人力资源和社会保障部办公厅于2020年7月20日颁布《关于做好水平评价类技能人员职业资格退出目录有关工作的通知》（人社厅发〔2020〕80号）。在该通知中，人力资源和社会保障部办公厅指出：

---

[1]《李克强主持召开国务院常务会 决定分步取消水平评价类技能人员职业资格 推行社会化职业技能等级认定等》，载中国政府网，http://www.gov.cn/xinwen/2019-12/30/content_5465222.htm（最近参阅时间2022年10月30日）。

一、要深刻理解和领会取消水平评价类技能人员职业资格、推行社会化职业技能等级认定的重要意义。将技能人员水平评价由政府认定改为实行社会化等级认定，接受市场和社会认可与检验，这是推动政府职能转变、形成以市场为导向的技能人才培养使用机制的一场革命，有利于破除对技能人才成长和弘扬工匠精神的制约，促进产业升级和高质量发展。各级人力资源社会保障部门和有关部门、行业组织要从加强技能人才培养、使用、评价、激励工作大局出发，稳妥有序推进技能人才评价制度改革，将水平评价类技能人员职业资格分批有序退出目录，不再由政府或其授权的单位认定发证，转为社会化等级认定，由用人单位和相关社会组织按照职业标准或评价规范开展职业技能等级认定、颁发职业技能等级证书，支持服务技能人才队伍建设。

……

四、加强职业资格证书管理。要规范实施职业技能鉴定，保证鉴定质量，严格职业资格证书发放，严禁违规、突击发放证书。退出目录前已发放的职业资格证书继续有效，可作为持证者职业能力水平的证明。

五、做好职业技能等级认定工作。要认真总结职业技能等级认定试点工作，大力推行职业技能等级认定。要推动各类企业等用人单位全面开展技能人才自主评价，遴选发布社会培训评价组织并指导其按规定开展职业技能等级认定、颁发职业技能等级证书，支持劳动者实现技能提升。

六、对与公共安全、人身健康、生命财产安全等密切相关的水平评价类技能人员职业资格，有关单位要抓紧配合做好相关法律法规制定修订工作，依法将其调整为准入类职业资格。人力资源社会保障部门职业技能鉴定中心要加快职能转变，加强职业技能等级认定工作的质量监管，做好公共服务。有关单位职业技能鉴定中心可结合实际探索向社会培训评价组织转型。

第三节　企业合规师的价值观

《企业合规师职业技能标准》（T/CECIA 05—2022）对企业合规师的价值观进行了规制[①]。

---

① 《企业合规师职业技能标准》第6章。

表 2-2　企业合规师价值观

价值观	内容描述
职业道德	企业合规师应当秉承廉洁、诚实、公平、公正等正向的职业道德规范做好合规管理工作。
勤勉尽责	企业合规师应当本着恪尽职守、认真负责的态度做好合规管理工作。
公序良俗	企业合规师在合规管理工作中应当敬重和遵守公序良俗。
文化意识和敏感性	企业合规师应当对合规管理中所涉及的相对方的文化背景、文化差异有足够的敏感度，避免因合规文化的差异而降低合规管理的效率和有效性。
客观中立	企业合规师在合规管理过程中应当保持客观中立，避免先入为主等不客观、不中立的行为。

第四节　企业合规师级别认定标准

2022 年 6 月 10 日，中国企业文化促进会合规管理委员会、北京中标信达认证服务有限公司等作为牵头单位制定并颁布了团体标准《企业合规师职业技能标准》。该标准的引言对制定该标准的目的和认定标准做了介绍。①

2021 年 3 月 18 日，人力资源和社会保障部会同国家市场监督管理总局、国家统计局等部委向社会正式发布了企业合规师等新职业信息。

为了帮助企业合规师获取与提升职业技能，中国企业文化促进会合规管理委员会牵头制定了《企业合规师职业技能标准》。对此，中国企业文化促进会合规管理委员会邀请了众多的来自不同行业、专业和领域的合规专家参加了该标准的制定，并就标准的制定发起了广泛的调研，本标准的制定充分地反映了调研的结果。

根据人力资源和社会保障部等部委对企业合规师的定义，本标准把企业合规师的职业技能定位于与管理活动紧密相关的知识、技能和价值观。本标准提及了一些专业知识（如法律基础知识）对于合规管理活动的重要性，但没有在标准中列举企业合规师必须掌握哪些专门的法律知识。除了法律知识外，还有

---

① 《企业合规师职业技能标准》第 7 章。

很多专业知识（比如财务知识、信息技术知识等）本标准也没有提及。企业合规师在合规管理中遇到这些知识或技能盲区时，可以并应善于获得企业法务、财务、信息技术及其他部门以及外部专业人士的支持。

一个企业合规师有很多技能必须掌握，本标准所选取的职业技能标准与企业合规师合规风险管理的职能紧密相关，包括但不限于对风险的识别、评估、管控、应对等。

本标准不仅强调专业管理知识和技能的学习，还强调道德诚信、勤勉尽责等价值观的培养，这些都构成了企业合规师职业技能不可分割的一部分。

对于企业合规师所要掌握的专门的知识、技能和价值观，比如一个企业所特有的战略、策略、发展规划、业务模式等，本标准就内容不作要求，但企业合规师可以通过本标准所要求的沟通技能建立并加强与业务部门的沟通，从而准确把握企业合规风险并进行管理，为业务提供个性化的、贴近实务的合规咨询服务。

最后，本标准还强调了经验积累与持续学习对于企业合规师的重要性。必要的考试是不可缺少的，而企业合规师绝对不是通过一两次考试考出来的。必须不断地学习，不断地提高自己的职业技能，才能真正地做好一名企业合规师。

总而言之，希望本标准能够为企业合规师职业技能标准的获取与提升提供帮助。我们也将不断关注社会各界对本标准的反馈，从而把本标准越做越好。

该职业技能标准对企业合规师所需要掌握的技能作了明确的规定[①]，也构成了本教程的主要内容。

该职业技能标准对企业合规师级别的认定标准作了规定，如下表所示。

表2-3　企业合规师级别认定标准

级别	认定标准	备注
初级企业合规师	（一）参加培训 初级企业合规师应当系统地参加合规知识、技能及价值观的学习、培训。	

[①] 《企业合规师职业技能标准》第4章、第5章。

续表

级别	认定标准	备注
初级企业合规师	（二）接受测评 初级企业合规师应当就其所接受的有关知识、技能及价值观接受理论知识测评并通过相应的书面考试。	企业合规师的知识和技能已经参加过类似测试的，应当可以免于测试。比如，律师可以免测基础法律知识，已经获得在中国认证认可协会备案的管理体系审核员证书的可以免测管理体系审核员技能。
	（三）参与实习 通过有关知识、技能及价值观的测评并通过相应考试的初级企业合规师候选人应当在通过考试前或在通过考试后在其企业或者通过其他的渠道参与至少一年的企业合规师实习工作，并就其实际工作能力参加并通过有关实际工作经验相关测评。	参与实习的岗位包括合规管理、法务、内控、风险管理、审计、专业律师、合规认证、管理体系审核/认证等。
	（四）受颁证书 参加培训、接受测评、参与实习并通过测评的候选人可以由相应的培训机构进行初级企业合规师人才评价。	
中级企业合规师	通过有关知识、技能及价值观培训并通过测评的企业合规师，如果在这之前及/或之后具备了三年以上合规管理实际经验并通过实际工作经验测评的可以由相应的培训机构进行中级企业合规师人才评价。	
高级企业合规师	通过有关知识、技能及价值观培训并通过测评的企业合规师，如果在这之前及/或之后具备了六年以上合规管理实际经验并通过实际工作经验测评的可以由相应的培训机构进行高级企业合规师人才评价。	

第五节 企业合规师对标

为了更好地对标企业合规师，我们通过对 C 公司商业道德及合规战略能力发展负责人沈某的专访[1]来给大家做进一步的介绍。

企业合规师作为一个职业新鲜出台，合规界无不欢欣鼓舞，当然也不乏

---

[1] 由陈立彤律师专访。

"合规师是背锅侠"的调侃甚至疑虑。带着这个问题以及其他问题，笔者对沈某进行了访谈。

一、"合规的鸟儿没虫吃"？

据沈某介绍，C公司的法务与合规业务在各个国家的分支机构是分开的，法务有法务的汇报线，合规有合规的汇报线。她本人曾担任C公司合规部的中国区负责人，确保包括生产、研发以及市场推广在内的所有业务条线在中国区的合规运营。

对于行业内一些人"合规的鸟儿没虫吃"的看法，她认为，中资企业也好，外资企业也好，如果要基业长青，无论是在中国市场，还是国际市场运营，合规经营不是选择题，而是一道必答题。合规管理也早被视同为与业务管理、财务管理并驾齐驱的企业管理三大支柱之一。合规是企业稳健发展的内在需求，外商在华投资企业要在中国这一机会与挑战并存的世界第二大经济体取得持续性的业务发展，必须重视中国的法律法规及行业普遍认同的行为准则，保障中国患者和广大消费者的根本利益。

二、合规师是"背锅侠"？

沈某说，从概率学上来讲，"合规师是背锅侠"这样的现象不可避免地客观存在着。打个比方，如果我们立志成为一名悬壶济世的医师，在诊断、治疗病人的过程中，就存在被感染的可能性。类似的，任何一家企业的总裁，业务部/合规部负责人，肩上都承担着责无旁贷的管理责任。当公司的一些重要商业项目落地时，一旦执行上出现偏差，就有可能导致项目本身乃至公司运营出现合规风险。因此，可以想象，包括国家/地区合规官在内的各大企业高管，在特定的条件和情况下，在长期的职业生涯中，从概率上讲，皆有可能成为"背锅侠"。

尽管如此，沈某说，新时代的合规官也应当有自己的职业操守，并不会仅仅因为职业上可能存在成为"背锅侠"的风险而放弃初心，不再捍卫企业运营的最高商业道德标准。

对于企业合规师正式加入了人力资源和社会保障部的《职业大典》，沈某谈到，国家正式宣布企业合规师这一职业只是第一步，要让各行各业真正发自内心地重视企业合规运营，还任重而道远。

三、合规师需要持续提高技能

沈某认为，一名优秀的合规师，首先要对新的商业模式永远保持高度的好奇心。其次他/她应该要尽快理解并掌握新业务的流程操作，并有能力及时辨识出新业务模式中的哪些环节可能给公司或组织带来实际和/或潜在的合规风险。最后，进一步辨识出合规风险的高、中、低程度，帮助业务部门理解和寻求解决方案。因此，快速的学习能力是企业合规师需要具备的一项重要技能。

另外，优秀的合规官往往还需要有高效的口头和书面的沟通能力——如何深入浅出地用听众能理解的语言，阐述一个政策或法规，所谓"知其然知其所以然"。

再次，保持中立和客观，这是一名称职企业合规师的优秀底色。不可否认，企业的合规官是被赋予职业权力的，如何慎用公司赋予的职位权力，不滥用权力，才是考核每一名企业合规师合格与否的真命题。

当然，沈某还提到，要成为一位优秀企业合规师，必不可少的是，具有对工作的坚持与热爱。

第三章　首席合规官

国务院国资委发布的《中央企业合规管理办法》于2022年10月1日生效，《中央企业合规管理办法》有很多重要规定，其中最重要的也许莫过于对首席合规官的设置、规范和期望。

第一节　首席合规官的历史沿革

我国法律关于首席合规官的规定最早可追溯到2010年3月8日发布的《融资性担保公司管理暂行办法》，其第24条要求"跨省、自治区、直辖市设立分支机构的融资性担保公司应当设立首席合规官和首席风险官"，其他涉及首席合规官的规定也多为规范金融领域的法律文件。①

针对企业合规且对首席合规官进行了明确规定的主要有以下两项文件，一是2018年由发展改革委、外交部、商务部、人民银行、国资委、外汇局、全国工商联共同印发的《企业境外经营合规管理指引》，二是前文提及的《中央企业合规管理办法》。《企业境外经营合规管理指引》规定："……企业可结合实际任命专职的首席合规官，也可由法律事务负责人或风险防控负责人等担任合规负责人。首席合规官或合规负责人是企业合规管理工作具体实施的负责人和日常监督者，不应分管与合规管理相冲突的部门……"②《中央企业合规管理办法》设置首席合规官的规定见诸第12条："中央企业应当结合实际设立首席合规官，不新增领导岗位和职数，由总法律顾问兼任，对企业主要负责人负责，领导合规管理部门组织开展相关工作，指导所属单位加强合规管理。"本书将以《中央企业合规管理办法》规定的首席合规官为对象，进行论述。

要想对首席合规官的发展过程有一个全面的认识，就必然要提及《中央企业合规管理指引（试行）》和 ISO 37301:2021。《中央企业合规管理指引（试

---

①　《理财公司内部控制管理办法》《中国银保监会信托公司行政许可事项实施办法》《中国银保监会非银行金融机构行政许可事项实施办法》《融资性担保公司公司治理指引》等。

②　《企业境外经营合规管理指引》第11条。

行）》于 2018 年 11 月 2 日发布，其与《中央企业合规管理办法》均由国务院国资委制定。国务院国资委政策法规局负责人就《中央企业合规管理办法》答记者问时指出，"《中央企业合规管理办法》以国资委令的形式印发，通过部门规章对中央企业进一步深化合规管理提出明确要求，与《中央企业合规管理指引（试行）》相比更加突出刚性约束，内容更全、要求更高、措施更实。具体来讲，一是明确合规管理相关主体职责。按照法人治理结构，规定了企业党委（党组）、董事会、经理层、首席合规官等主体的合规管理职责……"[1]《中央企业合规管理指引（试行）》未对首席合规官作出直接规定，只是规定中央企业相关负责人或总法律顾问担任合规管理负责人，[2]《中央企业合规管理办法》则是明确首席合规官由总法律顾问兼任。[3]

ISO 37301:2021 由国际标准化组织 ISO/TC309 技术委员会编制，由国际标准化组织在 2021 年 4 月 13 日发布和实施，适用于全球任何类型、规模、性质和行业的组织。国务院国资委政策法规局负责人就《中央企业合规管理办法》答记者问时提道："2021 年国际标准化组织印发的《合规管理体系 要求及使用指南》（ISO 37301:2021）明确规定，应当指定一人对合规管理体系运行负有职责、享有权限。"[4] 国务院国资委政策法规局负责人在介绍中央企业设立首席合规官的情况时提及 ISO 37301:2021 的有关规定，可见 ISO 37301:2021 在国务院国资委制定《中央企业合规管理办法》的过程中起到了非常重要的作用，首席合规官的设立也体现了国内立法与国际标准的衔接。

第二节　首席合规官的使命

中央企业是我国国民经济的重要支柱，是落实全面依法治国战略的重要主

---

[1] 《国务院国资委政策法规局负责人就〈中央企业合规管理办法〉答记者问》，载国务院国有资产监督管理委员会官网，http://www.sasac.gov.cn/n2588020/n2588072/n2590860/n2590862/c26039075/content.html（最近参阅时间 2022 年 10 月 23 日）。

[2] 《中央企业合规管理指引（试行）》第 9 条。

[3] 《中央企业合规管理办法》第 12 条。

[4] 《国务院国资委政策法规局负责人就〈中央企业合规管理办法〉答记者问》，载国务院国有资产监督管理委员会官网，http://www.sasac.gov.cn/n2588020/n2588072/n2590860/n2590862/c26039075/content.html（最近参阅时间 2022 年 10 月 23 日）。

体。2022年是中央企业"合规管理强化年",设立首席合规官既是中央企业"合规提升年"的重大举措,也是国内国际双循环企业的必然选择。[1]

关于国务院国资委在《中央企业合规管理办法》设立首席合规官这个职位的原因,可以从国务院国资委政策法规局负责人就《中央企业合规管理办法》答记者问中得到答案。国务院国资委政策法规局负责人就《中央企业合规管理办法》答记者问时指出:"在中央企业设立首席合规官,是强化合规管理工作的一项重要举措。从国际大企业实践看,设立首席合规官是世界一流企业的普遍做法,首席合规官作为企业核心管理层成员,全面领导合规管理体系建设与运行,发挥了积极作用。从中央企业实际看,近年来中央企业合规管理工作取得积极进展,但顶层设计和统筹依然不够,工作协同有待进一步强化。为此,一些企业已经设置了首席合规官并取得良好效果。2021年国际标准化组织印发的《合规管理体系 要求及使用指南》(ISO 37301:2021)明确规定,应当指定一人对合规管理体系运行负有职责、享有权限。世界银行、经合组织等国际组织鼓励企业设立首席合规官,并作为评估合规管理水平的重要指标。因此,在中央企业设立首席合规官,既有利于进一步明确合规管理职责、落实责任,统筹各方力量更好推动工作,也展现了中央企业对强化合规管理的高度重视和积极态度,对推动各类企业依法合规经营具有重要示范带动作用。综合以上考虑,我们在《中央企业合规管理办法》中提出,中央企业应当结合实际设立首席合规官,领导合规管理部门组织开展相关工作,指导所属单位加强合规管理。"[2]

从上述答记者问中可知,首席合规官肩负着领导中央企业开展合规管理的重大使命。一个勤勉尽责的首席合规官能够帮助中央企业构建一流的合规管理体系,提升中央企业的合规经营能力。设立首席合规官是加强中央企业合规经营水平的重要举措,首席合规官应当在中央企业合规管理工作中发挥顶层设计和统筹的重要作用,带领中央企业按照合规要求优化制度体系,保障合规管理体系的稳健运行。

---

[1] 中国企业报:《首席合规官的首要职责及合规管理体系建设与法务管理、内部控制、风险管理关系处理》,载"合规"公号,https://mp.weixin.qq.com/s/0b-jaPpGwh9IIeJ4GpVHLQ(最近参阅时间2022年10月23日)。

[2] 《国务院国资委政策法规局负责人就〈中央企业合规管理办法〉答记者问》,载国务院国有资产监督管理委员会官网,http://www.sasac.gov.cn/n2588020/n2588072/n2590860/n2590862/c26039075/content.html(最近参阅时间2022年10月23日)。

第三节　首席合规官的工作要求

首席合规官需要做好中央企业的合规管理工作，帮助中央企业构建一套行之有效的合规管理体系，通过制度安排，保障合规管理机制的稳健运行。为落实中央企业的合规管理工作，首席合规官需要履行以下工作职责。

一、负责企业顶层合规设计和统筹

首席合规官需要肩负起企业顶层合规设计和统筹的重任，首席合规官所要担负的这个责任，在《中央企业合规管理办法》中没有直接体现，但可见诸国务院国资委政策法规局负责人就《中央企业合规管理办法》答记者问。国务院国资委政策法规局负责人在答记者问时提道："从中央企业实际看，近年来中央企业合规管理工作取得积极进展，但顶层设计和统筹依然不够，工作协同有待进一步强化。为此，一些企业已经设置了首席合规官并取得良好效果。"[1] 从上述答记者问中可得知，首席合规官需要把握全局，针对中央企业所处的行业领域和经营的业务范围，确定中央企业合规建设的总体规划。同时，首席合规官作为企业核心管理层成员，需要统筹规划各个方面、各个层次和各个要素，根据中央企业的自身规模和实际发展状况，分配并协调建立、运行和持续改进合规管理体系所需要的各项资源。

二、领导合规管理部门组织开展相关工作，指导所属单位加强合规管理

《中央企业合规管理办法》第 12 条规定："中央企业应当结合实际设立首席合规官，不新增领导岗位和职数，由总法律顾问兼任，对企业主要负责人负责，领导合规管理部门组织开展相关工作，指导所属单位加强合规管理。"[2] 根据《中央企业合规管理办法》的相关规定，可以对第 12 条的内容做进一步理解。

---

[1] 《国务院国资委政策法规局负责人就〈中央企业合规管理办法〉答记者问》，载国务院国有资产监督管理委员会官网，http://www.sasac.gov.cn/n2588020/n2588072/n2590860/n2590862/c26039075/content.html（最近参阅时间 2022 年 10 月 23 日）。

[2] 《中央企业合规管理办法》第 12 条。

（一）对企业主要负责人负责

国际标准 ISO 37301:2021 确定了合规治理三原则，即直接接触原则、独立性原则和权限适当原则。《中央企业合规管理办法》第 12 条要求首席合规官对企业主要负责人负责，体现了对 ISO 37301:2021 直接接触原则的采纳，即首席合规官需要从治理层面（公司制企业即董事会）直接接触主要负责人并对其负责。该规定明确了首席合规官的负责对象，使合规治理工作中的关系进一步清晰。

（二）领导合规管理部门组织开展相关工作

首先需要明确的是，首席合规官的职责是领导合规管理部门组织开展相关工作，侧重于领导，而非具体地开展这些工作。

同时，为了更好地落实首席合规官的领导工作，有必要对合规管理部门的职责有所了解。《中央企业合规管理办法》第 14 条第 1 款规定了合规管理部门的职责，即"中央企业合规管理部门牵头负责本企业合规管理工作，主要履行以下职责：（一）组织起草合规管理基本制度、具体制度、年度计划和工作报告等。（二）负责规章制度、经济合同、重大决策合规审查。（三）组织开展合规风险识别、预警和应对处置，根据董事会授权开展合规管理体系有效性评价。（四）受理职责范围内的违规举报，提出分类处置意见，组织或者参与对违规行为的调查。（五）组织或者协助业务及职能部门开展合规培训，受理合规咨询，推进合规管理信息化建设"。由以上规定可知，合规管理部门牵头负责企业的合规管理工作，首席合规官需要在此基础上，发挥领导作用。

（三）指导所属单位加强合规管理

需要注意的是，《中央企业合规管理办法》对相关概念进行了规定。《中央企业合规管理办法》第 3 条规定："本办法所称合规，是指企业经营管理行为和员工履职行为符合国家法律法规、监管规定、行业准则和国际条约、规则，以及公司章程、相关规章制度等要求。本办法所称合规风险，是指企业及其员工在经营管理过程中因违规行为引发法律责任、造成经济或者声誉损失以及其他负面影响的可能性。本办法所称合规管理，是指企业以有效防控合规风险为目的，以提升依法合规经营管理水平为导向，以企业经营管理行为和员工履职行为为对象，开展的包括建立合规制度、完善运行机制、培育合规文化、强化监督问责等有组织、有计划的管理活动。"由此可见，首席合规官需要负责的合规管理涵盖了多个方面的内容，是一项综合性极强的工作。

三、就重大决策事项合规性提出明确意见，在合规审查意见上签字

首席合规官应当就重大决策事项的合规性提出明确意见并在合规审查意见上签字，这个规定见诸《中央企业合规管理办法》第 21 条。该条规定："中央企业应当将合规审查作为必经程序嵌入经营管理流程，重大决策事项的合规审查意见应当由首席合规官签字，对决策事项的合规性提出明确意见。业务及职能部门、合规管理部门依据职责权限完善审查标准、流程、重点等，定期对审查情况开展后评估。"该规定实际上是"赋予了首席合规官违法违规违纪的一票否决权，将总法律顾问从管理层面跃升至治理层面，即从参与决策的偏事后救济的顾问角色转变为直接对主要负责人负责的有决策权的治理要职，负责统筹协调、协同乃至统领管理基础工具及其他各类管理体系的一体化融合"[1]。

《中央企业合规管理办法》第 10 条规定："中央企业主要负责人作为推进法治建设第一责任人，应当切实履行依法合规经营管理重要组织者、推动者和实践者的职责，积极推进合规管理各项工作。"《中央企业合规管理办法》在把中央企业主要负责人作为推进法治建设第一责任人的同时，又规定了第 21 条，把首席合规官列为合规管理的第一责任人（事实上的），为中央企业主要负责人在法治建设中排忧解难。那么在实务中，首席合规官有没有更好的办法将其职责进一步分解下去，做到精细化合规管理呢？答案是有的，其也存在于 ISO 37301：2021 中。

区别于 ISO 37301:2021 以前的版本 ISO 19600:2014，ISO 37301:2021 的版本增加了"责任人"的概念，其附录 A.6.2 条"合规目标和达到目标的策划"规定：应确定实现目标所需的行动（即什么）、相关的时间进程（即何时）和责任

---

[1] 中国企业报：《首席合规官的首要职责及合规管理体系建设与法务管理、内部控制、风险管理关系处理》，载"合规"公号，https://mp.weixin.qq.com/s/0b-jaPpGwh9IIeJ4GpVHLQ（最近参阅时间 2022 年 10 月 23 日）。

人（即谁）并应定期监视、记录、评估和更新目标的状态和进度。[1] 在实务中，我们又可以根据相关经济学原理进一步识别责任人并对其进行排序。

在识别合规责任人时，可以把多个合规责任人按照其合规义务或者潜在合规责任的大小做一个排序。排序的依据是损失减少原则，是指一个有效率的司法体系，应该规定当分担责任的当事人很多时，让能够以最低代价来减少损失的一方承担责任[2]。同理，一个有效率的合规体系，应该是在众多义务执行人中分摊责任时，让能够以最低代价来减少甚至避免损失的一方作为首要的合规责任人并承担主要责任。比如，在行贿风险管理的过程中，行贿风险的合规责任人可能包括：销售部门的主管和业务人员（其在销售的过程中可能私下通过财物等手段获得或者保有业务）、合规总监（其负责审查所有与政府官员往来时发生的费用）、财务总监（其负责审批费用的报销）。这三类人当中，能够用最小的代价来减少行贿风险带来损失的一方应当是销售部门的工作人员——其不去行贿，一分钱不花，合规成本最低，而其他两方合规责任人对行贿风险的防控需要公司花费人力、物力及财力进行审查而且效果可能还很差（因为合规官或财务人员毕竟与商业伙伴不直接接触）。因此，销售部门的主管和业务人员应当列为首要合规责任人并承担主要责任。

四、牵头处理重大合规风险事件，妥善应对危机事件

首席合规官还应当是处理重大合规风险事件的牵头人，妥善应对重大合规风险事件。该规定见诸《中央企业合规管理办法》第22条："中央企业发生合规风险，相关业务及职能部门应当及时采取应对措施，并按照规定向合规管理部门报告。中央企业因违规行为引发重大法律纠纷案件、重大行政处罚、刑事案件，或者被国际组织制裁等重大合规风险事件，造成或者可能造成企业重大资产损失或者严重不良影响的，应当由首席合规官牵头，合规管理部门统筹协调，相关部门协同配合，及时采取措施妥善应对。中央企业发生重大合规风险事件，应当按照相关规定及时向国资委报告。"在实务中，要想妥善处理重大合规风险事件，首席合规官既要有战略定力，也要有战术素养。

---

[1] ISO 37301：2021《合规管理体系 要求及使用指南》附录 A.6.2 条。
[2] ［美］盖多·卡拉布雷西：《事故的成本：法律与经济学的分析》，北京大学出版社 2008 年版，第 51 页。

第四节　首席合规官的能力要求

当今世界各国越发重视企业的合规性问题，尤其是对于一流企业而言，合规经营水平成为评价其企业实力的重要考量因素，首席合规官的设立顺应了时代发展的趋势。《中央企业合规管理办法》对中央企业经营的合规性提出了更高的要求，首席合规官作为合规管理建设的关键角色，需要具备相应的能力，为中央企业的合规经营保驾护航。

一、扎实的专业能力

拥有扎实的专业技能是首席合规官开展合规管理工作的基础。《中央企业合规管理办法》第 12 条规定："中央企业应当结合实际设立首席合规官，不新增领导岗位和职数，由总法律顾问兼任……"合规管理是以有效防控合规风险为目展开的，防范法律风险更是中央企业风险防控的重中之重。因此，首席合规官由本就具备法律专业知识的总法律顾问担任再合适不过。

但是，首席合规官并不只是一个法律类岗位，除了法律技能以外，首席合规官还应当具备其他专业技能。例如，由于首席合规官负有领导中央企业构建合规体系的责任，而一套科学有效的合规体系往往涉及法律、审计和其他专业知识，因此，为保证合规管理体系的稳健运行，首席合规官还应当具备内部审计、合规审计和统筹等技能。

二、优秀的领导能力

首席合规官作为中央企业的核心管理层成员，需要具备优秀的领导能力，指导中央企业合规管理制度的建设，从而建立起完善的合规制度体系。根据《中央企业合规管理办法》第 12 条的规定，首席合规官应当"领导合规管理部门组织开展相关工作，指导所属单位加强合规管理"。在中央企业合规管理框架中，首席合规官处于领导地位。因此，首席合规官的合规工作应该侧重于宏观指导，这是首席合规官区别于其他合规岗位的特点之一。

首席合规官需要不断提升领导能力，具备大局意识，在建设合规管理体系的过程中，全面筹划部署，推进合规管理工作。首席合规官肩负着领导中央企业开展合规管理工作的重任,需要对合规制度和流程进行合规性评价,并提出指导性意见。首席合规官需要将合规管理与企业经营、行业情况紧密结合,根据《中央企业合规管理办法》的要求主持构建一套合规管理体系,推动中央企业治理机制的进一步完善。

三、出色的危机应对能力

《中央企业合规管理办法》第22条规定:"中央企业发生合规风险,相关业务及职能部门应当及时采取应对措施,并按照规定向合规管理部门报告。中央企业因违规行为引发重大法律纠纷案件、重大行政处罚、刑事案件,或者被国际组织制裁等重大合规风险事件,造成或者可能造成企业重大资产损失或者严重不良影响的,应当由首席合规官牵头,合规管理部门统筹协调,相关部门协同配合,及时采取措施妥善应对。中央企业发生重大合规风险事件,应当按照相关规定及时向国资委报告。"由此可见,首席合规官应当帮助中央企业化解合规风险,解决合规问题。

首席合规官应当具备妥善处理危机的能力。首席合规官不仅需要对企业重大事项进行合规审查,做到事前防范,还需要负责事中控制和事后救济,组织或参与对违规事件的调查,提出处理建议,解决问题。

当然,首席合规官应当具备的能力并不局限于前文所提到的几个方面,对于构建合规体系、防范合规风险和处理合规危机等方面有助力作用的能力,都属于首席合规官应当积极提升的能力。《中央企业合规管理办法》为首席合规官提供了巨大的合规管理舞台,同时也赋予了首席合规官更多的责任,首席合规官任重而道远。

第五节 首席合规官的能力提升

首席合规官在帮助中央企业构建合规管理体系、防控经营风险和化解合规危机等方面发挥着巨大的作用,是中央企业合规管理工作中的关键角色。首席合规官在助力中央企业持续改进合规体系的同时,也应当不断提升自己的能力。首席合规官可以通过多种途径提高能力,下文将对其中几种方式展开介绍。

一、教育培训

在已经具备的知识的基础上，首席合规官应当查缺补漏，接受其他相关知识、技能和价值观的培训。在寻找培训资源时，应当优先选择具有针对性的、符合首席合规官职责要求的精准培训，即补短板。接受教育培训的目的在于，通过系统学习，提升业务素质和工作能力，学以致用，进而提升首席合规官的合规管理能力。

二、工作训练

首席合规官在开展合规管理工作的过程中会积累大量经验，这些经验是首席合规官提升业务素质和工作能力的重要来源。实践工作是"第一手"学习材料，首席合规官在合规管理工作中获得的合规管理实践经验具有很高的价值。通过工作训练，深入第一线，首席合规官能够加深对合规设计、风险防控和危机应对等合规工作的认识，积累经验，进而增强合规管理能力。

三、参加相关行业组织

首席合规官提升能力的途径还包括参加相关行业组织。行业组织是业内的交流合作平台，汇集了大量行业动态和外界难以获得的资讯，是信息的汇聚地。首席合规官可以通过参加相关领域的行业组织，与业内人士沟通交流，开阔眼界，拓展思路，提高获取信息的效率。首席合规官需要综合储备各类知识，参与行业组织能够帮助首席合规官拓宽知识来源，进而推动能力的提升。

第六节　首席合规官对标（一）

为了让大家对首席合规官这个职务有更多直观的了解，我们在本节用D公司大中华区首席合规官艾某的专访来向大家予以介绍。

说起合规，从业多年的艾某依旧充满着赤诚——"我热爱这份工作，且很幸运，因为它和我的价值观完全吻合。我们的价值观往往会决定我们的目标和行为。有句话说，'工作的成就感，在很大程度上取决于工作与自己价值观的契合度'，对此我非常认同。因此，即使有其他职业选择时，我也会坚持做合规。"

艾某表示："合规官不论工作背景如何，无论是医学、财务、采购、审计，还是法学专业背景，都可以做好合规工作。而做好合规管理工作的原动力就是对这份职业的热情、执着，以及对合规的敬畏之心。"

在《D公司业务原则》中，我们都可以看到这样一个金字塔（见下图）。塔底就是合规，是D公司发展一切业务都需遵循的最高标准。

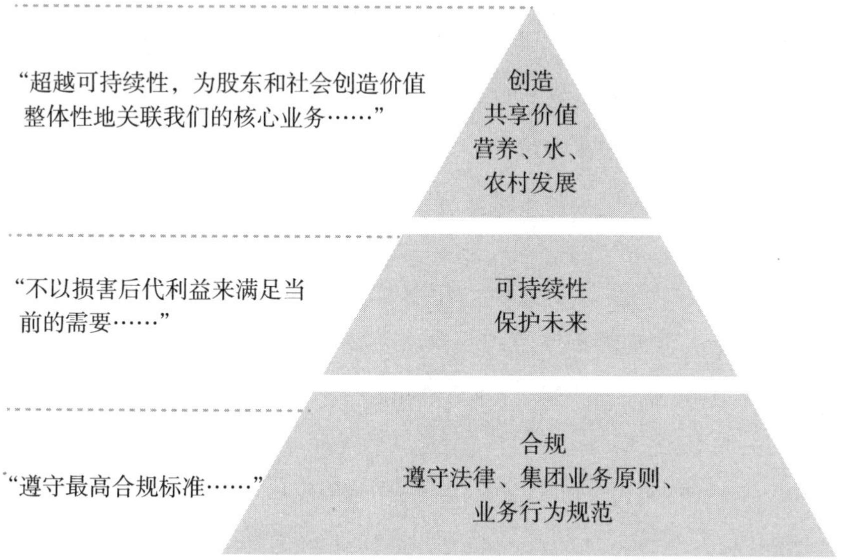

"超越可持续性，为股东和社会创造价值整体性地关联我们的核心业务……"　　创造共享价值　营养、水、农村发展

"不以损害后代利益来满足当前的需要……"　　可持续性　保护未来

"遵守最高合规标准……"　　合规　遵守法律、集团业务原则、业务行为规范

图 3-1　D 公司"金字塔"图

艾某介绍说，D公司内部很多文件都明确指出，"合规是开展一切业务不可妥协的基石"。谈及合规管理体系，艾某向我们展示了D公司合规管理体系的七大支柱，从政策的制定到教育培训，从监督执行到事后审计，从举报和调查到惩戒和预防，可谓面面俱到。"我们每年都有新的目标、新的项目。即使公司的资源没有增加，我们的合规工作仍然根据行业的发展，每年都在做加法。"

与许多大型跨国公司一样，D公司也一直在执行多个合规项目。在众多的合规项目和努力中，艾某格外看重合规文化的建设，为此，D公司设立了"合规日"及"合规大使项目"，并通过管理层视频和企业内部刊物积极打造和宣传合规文化，提升合规知晓度。"合规文化就是绝大多数员工（尤其是管理层）从内心认同合规，心里认同了才能形成积极优良的文化。只有达到了内心的认同，员工才会心甘情愿地去做到合规。"同时，这也是合规管理中的一大挑战，因为不同的想法和观念总会发生碰撞，而如何将这种碰撞变为认同，就是对合规人员智慧的考验。在这个过程中，必须要做一些决定，有时甚至是艰难的决定。在艾某眼中，"这既是挑战，也是合规的魅力所在。我认为这也是合规专业人员最核心的能力之一"。

的确，合规不是简单地制定规则、发布文件，如何落实合规管理制度才是最重要，也是最艰难的部分之一。合规需要的是坚持不懈地执行，从各级管理团队到公司的一线员工；而对于D公司这样拥有几万名员工的大企业，如何将合规落实到每一位一线员工身上（包括工厂的操作工人），无疑是一项巨大的挑战。

由于不同岗位的员工众多，不同岗位的风险点又各不相同，合规的教育和培训也需各有侧重。为更有效地解决这一难题，艾某带领团队在过去的几年中花费大量的精力去探索有效的途径，利用即时通信技术，通过网络和手机端的呈现，力求落实到每位员工的沟通。功夫不负有心人，D公司的合规培训覆盖率每年都在增加。

合规的一个基本特点就是主动。合规管理制度覆盖率和执行率如果要逼近100%，各级管理层都要以身作则，积极主动，合规人员更应如此。"合规就是这样，（在一个企业内部）你不主动去找别人，别人可能很少主动找你。所以不断跟进是少不了的。"如今，真正想要做好合规，除了最基本的基于风险评估的合规政策和培训，还必须有创新意识，更重要的是对这份职业的敬畏之心。

谈到创新，艾某特别介绍道，D公司是一个非常鼓励创新的公司。D公司每年都有隆重的年度创新颁奖典礼，几乎涵盖业务的所有方面，包括产品创新，生产、技术创新，服务创新，业务流程创新，新业务模式的创新等。同样，合规若没有创新，也必然不能跟上公司和行业的发展，就不能更好地积极支持公司业务的健康、快速发展。这包括支持业务流程的改善、合规风险管理的解决方案、沟通的有效性等。

第七节　首席合规官对标（二）

为了帮助大家进一步了解首席合规官的合规工作经验，我们在本节用对E公司大中华区的前合规官李某所做的专访[①]来向大家做一个介绍。

---

① 由陈立彤律师专访。

很多朋友都希望有机会了解大型企业的合规体制建设。这一次，我们采访的 E 公司拥有庞大的体量、有遍布全球各区域的分公司、有 IT 行业客户信息保护的难题，在错综复杂的合规风险面前，究竟是怎样的合规工作和管理体系保证了公司安全运行？

问题一：公司合规部门的结构是怎样的呢？

很多人会好奇，像 E 公司这样庞大的企业，合规部门组织架构与分工是怎样的？李某对此进行了解释。简单来说，可以通过"一横一纵"的原则来理解 E 公司合规部门的组织架构。在纵向关系上，合规部门分为两个部分，一是法律部门与合规办公室，二是总部办公室与区域办公室。而在横向关系上则是合规官与其他企业部门的联动，形成了独特的"小团队、大合作"的工作模式。

（一）纵向的结构

首先，从纵向关系上来看，公司中设有专门负责合规的办公室（Office of Legal Compliance），它隶属于公司的法律部。从总体上来说，合规办公室的主要职能有二，一个是防范合规风险，另一个是对各类举报进行调查。

而在全球的每个区域，公司一般会设置一位到两位区域合规官，主要负责当地区域有关重大项目、复杂交易、兼并收购等重大业务活动的合规建议和咨询工作。除此以外，占较大比重的工作是受理投诉和调查，合规官会通过大量调查发现问题，改进合规管理体系，提升合规文化。

公司的区域合规官在汇报工作时也有不同于其他岗位的特征。区域合规官的汇报通常会有两条汇报线。

第一条是实线：区域合规官直接向当地的法律部负责人汇报，当地的法律部再向总公司的法律部汇报。

第二条是虚线：在业务层面，合规部门的所有调查活动都是直接与总部的合规部门沟通的。法律部门这条线本身独立，他们会向上级法律部门并最终向总部的总法律顾问汇报。从各个国家、各个区域到总部，尽管合规部门设置在法律部门，但它自己另有一条独立的汇报线——工作上很多内容的交流分享，区域合规官都直接和总部的合规部门沟通，共同解决其面临的合规问题。

李某介绍说："我认为这样的设计是具有很大优势的，因为区域合规官通常更多是解决当地面临的一些问题。比如，我们在不同国家面临着很多不同的风险与挑战，各国有自己的法律监管体系与思维方式，必须要有专门的、了解这一区域的人来从事区域合规官的职务。这样在处理一些复杂重大的合规风险的时候，可以让我们从全球的角度去考虑问题，从而最大限度保护公司的利益。"

（二）横向的结构

横向的结构说的其实是合规官主要负责牵头，让很多其他的部门一起参与进来，共同管理，这也是所谓"小团队、大合作"的工作模式。"小团队"说的是人员精减，"大合作"指的是合规官会与企业其他部门进行广泛的联动。合规官会跟人力资源部门、法务部门、财务部门、内控部门、内审部门，以及业务部门等进行合作。所以合规工作绝不仅仅是由合规部门来承担，而是由各个部门共同来承担合规管理，管控风险。

合规工作需要三道防线联动，相关部门和岗位共同合作。在具体的合规工作中涉及很多要求，以"真实的交易"这个合规要求为例，绝不仅是虚假交易的问题，还涉及反洗钱、反恐怖、反贿赂、反欺诈的问题。很显然，财务部门在涉及钱的问题上，运用财务控制手段来管控风险，其能力和经验远远要比合规官强得多。又如，在公司员工的管理方面，人力资源显然比合规官拥有更丰富的经验。如何在合规风险管控过程中做到"小团队、大合作"，视情况不同而不同，核心问题是要通过合作，充分发挥各个相关部门的主动性、能动性、积极性，把三道防线的作用充分地发挥出来，才是硬道理。

问题二：作为合规官，能否举例说说如何发挥合规的价值和作用呢？

（一）如何更好地保护客户的隐私

对于IT公司来说，它们几乎不会跟终端的客户打交道，而是主要与渠道商打交道。所以涉及隐私安全的问题时，有时公司难以管控的原因点就在于收集个人信息的往往不是公司本身，而是渠道商等第三方公司。所以多年之前，公司就在法律部门设立了隐私保护官的岗位，专门应对相关风险。隐私保护官会找出渠道商可能有的合规风险场景，并相应地进行风险评估，对可能的风险点都有相对应的管控流程。另外，公司还会通过人工智能技术，利用大数据对合规风险进行全面监控，并把这些风控措施嵌入业务流程中，从而提高风险管控的充分性和有效性。

例如，公司在《通用数据保护条例》（GDPR）规则出台前就已经开始对相关风险进行全面分析，确保公司能满足GDPR各方面的合规要求，并对应到各个业务场景。在大家的共同努力下，确保了公司所提供的云端产品能够最大限度上满足客户对 GDPR 的合规要求。

当然，隐私保护不仅仅是 GDPR 这一点，还有很多其他方面。以电子邮件风险防控为例，发邮件的人希望只有接收邮件的人能够看到修改，其他任何人都不能看到，而公司的软件就有这种功能——发件人可以选择邮件加密，这样只有指定接收的人才能看到邮件。在传输的过程中，哪怕邮件被截留，其他任何人打开看都是一堆乱码，看不到任何内容。如果接收邮件的对象在收到邮件之后转发给另外的同事，同事并没有被授权可以查看邮件内容，他也不能打开邮件。

（二）如何帮助设计风控模型

从风控模型设计的角度而言，合规官的作用，就像建造房子时的设计师；合规官有很多风控管理经验，但开发软件不是合规官的专长，把经验以及工作要求转换成 IT 工程师能听得懂的语言，帮助他们开发合规管理软件，是合规官在风控模型设计中的职责。

问题三：在合规工作中，都有哪些常见的难点呢？

（一）难点：合规有效性

李某认为，合规最关键的难点是要解决有效性问题，而以下两个难点又是解决有效性这个难点的难点。

第一个难点是合规方法"水土不服"——有些管控方法在 A 国是有效的，但在 B 国不一定有效，如何选择恰如其分的风险管控方法就成了一个大难题。另外，区域合规官有时还面临着如何与总部沟通的问题。

第二个难点是对第三方的合规管理。一般来说，企业对其内部员工是有话语权和影响力的，但企业与第三方仅仅是上下游的合同关系，缺乏强制性的管控措施。让第三方能够遵循你的思路、遵循公司的合规管理要求来防范合规风险，在很大程度上是一个难题。

（二）难点：数字化

数字化是合规管理的必由之路，它会出现在企业的各个环节、方方面面。正如我们所说的那样，第三方相关的风险管控非常具有挑战性，而企业能够接受这个挑战的最好工具之一就是数字化——企业对于与第三方打交道的那些数据，包括每年对第三方进行评估的数据，下单时的交易数据，每次下单的时间，申请折扣的次数，以谁的名义申请折扣，付款的情况等都必须予以记录、留档。

接着，企业对这些数据要进行整合，如打通数据库进行人工智能分析，从而让数据揭示出与第三方相关的趋势和规律。再接着，经过流程设计，通过内部数据的筛选，对第三方公司进行分析。

问题四：合规管理的重要性究竟体现在什么地方？

随着不断做大，企业如何做好风险管控，维护良好的声誉，甚至增加美誉度则变得至关重要，这也正是合规官可以大显身手的时候。

合规管理要平衡短期利益和长期利益，让员工明白应该考虑的不仅仅是眼前这一单交易，还要考虑公司的长远发展，而强劲的合规管理恰恰可以为公司持续性的发展保驾护航。

第四章 合规是对合规义务的履行

ISO 37301:2021《合规管理体系 要求及使用指南》（以下简称"ISO 37301:2021"）把合规（Compliance）定义为："履行组织的全部合规义务"。[1] 换言之，对合规义务的履行构成 ISO 37301:2021 中的合规。《中央企业合规管理办法》也同样秉承了 ISO 37301:2021 "履行合规义务即合规"的底层逻辑对合规进行定义："企业经营管理行为和员工履职行为符合国家法律法规、监管规定、行业准则和国际条约、规则，以及公司章程、相关规章制度等要求。"[2]

ISO 37301:2021 第 3.25 条把"合规义务"（Compliance obligations）定义为"组织强制性地必须遵守的要求，以及组织自愿选择遵守的要求。" ISO 37301:2021 在附录 A.4.5 对前述"合规义务"又进一步提供了"使用指南"：

3.25
合规义务 compliance obligations
组织（3.1）强制性地必须遵守的要求（3.14），以及组织自愿选择遵守的要求。
4.5 合规义务
组织应系统识别来源于组织活动、产品和服务的合规义务，并评估其对运行所产生的影响。组织应建立过程以：
a) 识别新增及变更的合规义务，以确保持续合规；
b) 评价已识别的变更的义务所产生的影响，并对合规义务管理实施必要的调整。
组织应维护其合规义务的文件化信息。
A.4.5 合规义务
组织宜将合规义务作为建立、开发、实施、评价、维护和改进其合规管理体系的基础。组织强制遵守的要求包括：
——法律法规；

---

[1] ISO 37301:2021《合规管理体系 要求及使用指南》第 3.26 条。
[2] 见《中央企业合规管理办法》第 3 条规定。

——许可、执照或其他形式的授权；

——监管机构发布的命令、条例或指南；

——法院判决或行政决定；

——条约、公约和协议。

组织自愿选择遵守的要求包括：

——与社会团体或非政府组织签订的协议；

——与公共权力机构和客户签订的协议；

——组织的要求，如方针和程序；

——自愿的原则或规程；

——自愿性标志或环境承诺；

——与组织签署合同产生的义务；

——相关组织的和产业的标准。

组织宜按部门、职能和不同类型的组织性活动来识别合规义务，以便确定谁受到这些合规义务的影响。

获取关于法律和其他合规义务变更信息的过程包括：

——列入相关监管部门收件人名单；

——成为专业团体的会员；

——订阅相关信息服务；

——参加行业论坛和研讨会；

——监视监管部门网站；

——与监管部门会晤；

——与法律顾问洽商；

——监视合规义务来源（如监管声明和法院判决）。

组织宜采取基于风险的方法，即组织宜首先识别出与业务相关的最重要的合规义务，然后关注所有其他合规义务（帕累托原则）。

适宜时，组织宜确立并维护一个单独文件（如登记册或日志），列出其所有合规义务，并确立定期更新该文件的过程。

除列出合规义务外，该文件还宜包括但不限于：

——合规义务的影响；

——合规义务的管理；

——与合规义务相关的控制；

——风险评估。

随着 ISO 37301:2021（及其以前的版本 ISO 19600:2014）的颁布，合规义务成为合规及其合规管理的最基本、最核心的概念之一，是建立、开发、实施、评价、维护和改进其合规管理体系的基础。

第一节　法律法规构成合规义务的核心

ISO 37301:2021 在附录 A.4.5 进一步为合规义务提供了"使用指南"，在众多的"强制遵守"的合规义务中，把"法律法规"排在第一项。《中央企业合规管理办法》中没有提及"合规义务"，但在第 3 条对"合规"的定义中，同样把"符合国家法律法规"列为众多符合项中的第一项——"合规，是指企业经营管理行为和员工履职行为符合国家法律法规、监管规定、行业准则和国际条约、规则，以及公司章程、相关规章制度等要求"。合规义务的这个特点决定了合规、合规管理以及合规管理体系项目具有如下特点：

一、对法律法规的遵从构成合规的底层逻辑

对法律法规的遵从构成合规的底层逻辑可以在众多的合规项目中初见端倪。国家药品监督管理局有关人员对药品安全的如下论述也很能说明问题。

保证食品药品安全，保障公众身体健康，是全社会的共同责任。对于监管部门和监管人员而言，食品药品安全，究竟是事实意义上的安全，还是法律意义上的安全，或者两者兼有呢？

事实安全，也称自然安全、结果安全……

法律安全，也称形式安全，是指食品药品符合法律法规以及标准规定。从法律意义的角度看，不符合法律法规和标准规定的食品药品就是不安全的产品。如超过保质期的食品药品、回收的食品药品、应当取得许可而未取得许可生产的食品药品，因存在实质性缺陷而被召回的食品药品等，即使这些产品消费后没有给消费者身体健康造成任何损害，也不得上市销售。

食品药品属于事关人体健康和生命安全的特殊产品，所以必须对食品药品安全实施最严格的监管。法律安全是食品药品安全的第一关。超过保质期的产品、回收的产品、无证生产的产品，没有通过法律这一关，不论其内在质量如何，均不得上市销售。从食品药品监管法律来看，对生产销售不符合法律安全的食品药品，往往给予最严厉的处罚。因为生产销售这类产品，大都属于主观故意，恶性程度重、影响坏、危害大。如果消费者个人冒险消费超过保质期的产品、法律禁止消费的产品，其应当自行承担风险责任。

安全具有辩证性、相对性、动态性，是一个体现哲学特点的法学概念。由于法律法规和相关标准的相对滞后，现实生活中有时存在着个别在法律上安全而在事实上不安全的食品药品，这一现象在世界各国都有一定程度的存在。这时，法律法规和标准应当与时俱进，及时修改完善。

从执法者的角度看，对食品药品安全的判断依据就是法律法规和标准。符合食品药品法律法规和标准就是法律意义上的安全，除非有证据足以证明该食品药品存在安全风险。

食品药品不仅要符合法律安全，而且要符合事实安全。只有这样才能有效保障公众身体健康和生命安全。食品安全是不能通过消费环节进行检验的。因为不安全的食品一经消费，就会对消费者的健康安全产生影响。在现代社会，从社会安全、公共安全的角度出发，法律安全是前提，达不到法律安全的食品药品，执法人员可以直接做出处理，无须进行定性检验。对不符合法律安全的食品药品进行检验以判定是否合格，那是走入了误区，结论往往也是荒谬的。[①]

二、合规离不开专业法律人士提供专业法律意见

对法律法规的遵从构成合规的底层逻辑，因此合规离不开专业法律人士提供专业法律意见，以反贿赂反舞弊为例，其下的合规义务包括很多法律法规，如《刑法》《反不正当竞争法》以及其他的法律法规和众多的部门规章。对于很多合规主体而言，对其所适用的合规义务除了中国的法律法规，还包括很多其他国家的法律，如美国的《反海外腐败法》、英国的《反贿赂法》、法国的《萨宾法案》等。相关企业作为合规主体要精准地解读这些合规义务，其必须要有

[①] 徐景和：《在事实与法律之间》，载《中国医药报》2018年2月28日，第3版。

专业的法律人士对这些法律做精准的解读。

我们再以反洗钱合规风险为例，银行等金融机构加大对反洗钱合规管理体系的建设是一个系统工程，但不管怎样，银行等金融机构对于合规、合规管理与合规管理体系的建设离不开对法律的专业解读。对此，我们可以借助 2016 年发生在瑞士的一起有关银行洗钱的刑事案件予以说明。

在看这个刑事案件之前，让我们看一看瑞士对于银行涉及洗钱的刑事责任是怎样规定的。瑞士《刑法》第 102 条规定，如果一个企业包括银行在经济活动当中产生了犯罪行为，那么这个企业应当承担刑事责任，企业可能因此被罚款高达 500 万瑞士法郎。企业承担刑责又分为两种情况：一种企业刑责叫作二级责任（Second-degree liability）（见瑞士《刑法》第 102.1 条），是指一个企业如果在其组织架构上有缺陷，而导致它没有能够发现违法犯罪行为，如果该违法犯罪行为不能归责于一个特定的自然人（Specific natural person），那么，该企业要为该违法犯罪行为承担刑事责任。另一种刑事责任，叫作真实、累积或同时责任（Genuine, cumulative or concurrent liability）（见瑞士《刑法》第 102.2 条）。如果一个企业包括银行未能在组织层面上采取所有的合理的措施来防止一个白领犯罪（包括洗钱）的发生，那么该企业应当承担刑事责任。

对这两个条款的正常解读应当是这样的：如果一个银行没有采取所有的合理措施来防止其银行有洗钱的白领犯罪的发生，那么这个银行就应当承担真实或累积或同时的刑事责任；如果一个银行没有采取措施来发现洗钱行为，那么这个银行就应当承担二级刑事责任。从这个角度来说，二级刑事责任在法律上叫作严格责任（Strict liability），也就是说，只要银行发生了洗钱，而银行没有发现，那么银行就应当承担责任。但是，瑞士发生的这起案件，颠覆了人们对这个严格责任的理解。

案件是这样的：有个人在银行的柜台提取了 460 万瑞士法郎的存款，后来有证据表明该存款是赃款。检察机关认为，银行的职员（包括出纳和合规官）没有触犯刑事责任，因为他们没有洗钱的主观故意。但是，检察机关仍然以洗钱罪对银行提起了刑事检控。第一审法院判银行有罪，但是第二审法院推翻了一审刑事判决，认为银行无罪。瑞士最高法院在 2016 年 10 月 11 日支持了二审法院的无罪判决。

如果说该银行没有触犯瑞士《刑法》第 102.2 条，从而应当承担真实、累积或同时的刑事责任，似乎比较容易理解，毕竟银行的职员（包括出纳和合规官）没有犯有关洗钱的白领犯罪。

但如果说该企业不用承担二级刑事责任似乎有点说不过去，因为根据瑞士《刑法》第102.1条规定，一个企业如果在其组织架构上有缺陷，而导致它未能发现违法犯罪行为，如果该违法犯罪行为不能归责于一个特定的自然人，那么，该企业要为该违法犯罪行为承担刑事责任。根据这个条款，我们来看本案，银行没有能够发现洗钱行为，该行为的确也不能归责于哪一个特定的自然人，银行当然要承担责任了，最起码是二级刑事责任。但律师的辩护意见是，洗钱行为有可能归责于一个非特定的自然人（Generic natural person）。换言之，银行没有发现该洗钱行为，同时该疏忽是归责于一个非特定的自然人，那么银行才能承担责任。既然检方未能证明该疏忽归责于一个非特定的自然人，那么银行就不应当承担二级刑事责任。最后这个意见被法院采纳了。

这个案子告诉我们这样一个道理：合规在攻防两端，或者说在合规端与监管端都离不开对法律的精准解读，否则没有规矩不成方圆就是一句空话，用合规打造金色盾牌也无从说起。

三、在特定法域下保护好客户的法律特权

合规离不开专业法律人士提供专业法律意见，还可以从某些特定法域下客户的法律特权予以说明。如美国《联邦证据规则》中第501条到第510条集中规定了"律师-当事人特权"（Attorney-client privilege）：当事人具有可以拒绝公开或者阻止其他人公开为了给当事人提供法律服务而进行秘密交流的内容的特权——这个特权任何人都不能剥夺。

这一制度看似保护了"坏人"的秘密，但符合更大的公共利益（Greater good）——在"律师-当事人特权"之下，当事人对律师可以绝对坦诚，也许有个别"坏人"因此逃脱了法律的制裁，但也可以让律师在无损耗地掌握了客户全部信息的基础之上充分地维护客户的利益——从而让所有律师的所有客户的整体利益能够得到充分的保护。

为用好"律师-当事人特权"，律师在与客户（在美国的企业）交流（反之亦然）的所有文件、邮件一开始的醒目处都要标记"Attorney-Client Privilege"，以此告知将来潜在的政府机关调查人员这份文件或邮件是受法律保护的、不应

当成为政府调查的标的物。从这一点来说,对于我国一些国际化企业,其在特定法域下的特殊权益保护,细节上就需要律师做足做到位。

四、需要律师就特定法律事项提供专业服务

合规是对合规义务的遵从,合规风险是违反合规义务的可能性和后果。因为法律法规构成合规义务的基础和核心,而企业必须遵从的法律法规非常多,因此可以说合规风险对于企业而言无处不在,贯穿于企业全生命周期,在这种情况下如果没有律师,甚至没有专业律师来处理,势必会给企业带来或加大其所面临的风险,以下面两个案子为例,一个是关于传统的兼并收购尽调不实引发的风险,企业没有聘请律师从而给企业带来风险;另一个是合规尽调不实给企业带来的风险,企业所聘请的律师因为疏忽没有做到勤勉尽责而给客户和自己所带来的风险。虽然这两个案子所呈现的风险特征不同,但其说明了同一个问题:专业律师提供专业法律服务必不可少。

【案例1】甲公司收购A国乙公司手机业务失败

为了进一步提升自身的研发能力与渠道优势,2004年4月26日,甲公司宣布与A国乙公司正式签订"股份认购协议",以合作组建一家从事手机及相关产品和服务的研发、生产及销售的合资企业。这一跨国并购事件备受瞩目。该合资公司成立后,甲公司国内外手机的年销售量将达到2000万部,一跃成为中国手机销量第一、全球排名前列的手机生产制造商。但好景不长,当合资公司开始运营后,双方在业务整合和文化整合方面都出现了问题。随着文化冲突的加剧,业务整合的失败,合资公司的经营状况迅速恶化,出现严重危机,人才大量流失,公司出现巨额亏损。2005年5月17日,甲公司公布合资企业解体,至此甲公司想通过合并后利用乙公司的技术和品牌使自己占领国际手机市场的目标彻底落空,并购整合失败。

甲公司收购乙公司失败的重要原因,是甲公司对并购尽职调查不够重视。其在并购启动前没有聘请专门的机构展开全面的尽职调查,相反,甲公司仅在企业内部组建了一个尽职调查小组进行调查活动。受限于自身的调查能力与专业的知识储备,甲公司仅对乙公司手机业务做了最基本的了解,尤其是对劳资风险没有做出合理的评估,因此做出了不适用于乙公司的经营策略。

首先，在销售方面，甲公司与乙公司的销售方式存在巨大的差异。乙公司看重市场开发与销售渠道建设，销售人员着重做市场分析，决定花钱请哪些经销商来推销；而甲公司雇用很多销售人员直接去做终端销售，对销售人员的要求不高，待遇也不高。甲公司按习惯方式运作，并购之初就想立即改变乙公司的销售方式，而没有承接原有业务模式，最大限度地保留被并购企业的业务现状。所以某公司一开始的业务整合就遭到乙公司的拒绝。

其次在文化方面，文化整合之初，甲公司没有采取接纳学习对方文化的方式，让员工相互了解学习对方的文化，在并购后的整合中多"整"少"合"。仅仅把自己的企业文化强硬地塞进来，把并购企业的文化挤出去，这让乙公司原有员工深感不适，导致销售人员大量辞职。并购后亏损日益严重，在2004年第四季度，合资公司就出现了巨额亏损。

不难看出，不仅仅在并购，企业在做出任何重大的投资决策时都要高瞻远瞩，放眼未来，不能因为眼前聘请专业的第三方调查机构成本巨大而忽视其重要性。对投资市场进行更为彻底的调查，更好地制定融入当地市场的策略，降低产品进入时的壁垒和成本，才能使之更好地实施本土化战略，为企业实现当地设计、当地生产以及当地销售奠定良好的基础。

【案例2】美国丙公司未进行FCPA[①]尽职调查，损失近400万美元

美国丙公司因为在收购B国公司前未进行FCPA尽职调查而吃亏不浅。2011年10月，美国证券交易委员会（United States Securities and Exchange Commission, SEC）以该美国公司对B国某集团的非法支付提起调查，随后该美国公司与SEC达成了关于FCPA违规的和解方案。起因是2002年该美国公司收购一家B国公司时没有发现该公司存在一个允许向有关人员给予回扣以得到订购合同的书面文件。根据和解方案，该美国公司同意按FCPA会计及内部控制条款规定接受SEC的停止违法的行政命令，并上缴360万美元的非法所得和利息，以及20万美元的罚款。

事实上，早在某国际律师事务所作为2005年收购方的代理律师进行尽责调

---

① 美国《反海外腐败法》（Foreign Corrupt Practices Act）。

查时就已经发现了这个回扣文件,但没有给予重视或没有意识到相关的贿赂风险而疏于警告该美国公司。该美国公司也对该律师事务所提起了诉讼。该美国公司在起诉书中表明其当年为了收购这家 B 国公司花了 900 万美元,因此是这家律师事务所的失职导致其损失,故要求该所赔偿其为了与 SEC 和解而支付出的 380 万美元。

与上述公司案件相反,有收购方因为在收购前做了双反尽责调查,并及时采取了补救措施,从而避免了相关处罚。美国司法部于 2003 年 1 月 15 日发布的司法建议(Opinion procedure)公布了这样一个案例:收购方经过尽责调查,发现目标公司存在违反 FCPA 的行为。在收购前,收购方为了确保其不会因为目标公司的违法行为而承担责任,主动报告了其调查结果及对相关责任人员的处罚,并进一步加强了合规监督和内部控制系统。与此相适应,政府方同意不处罚该收购方。

第二节 合规义务包括强制遵守的和自愿选择遵守的

合规义务包括强制遵守的和自愿选择遵守的。

强制遵守的合规义务以法律法规为主,但不是所有的法律法规都是强制的,有政策性的法律法规是非强制的。

自愿选择遵守的合规义务中比较常见的是标准,但标准也有强制适用的。对此,GB/T 35770—2022/ISO 37301:2021《合规管理体系 要求及使用指南》在附录 NA(资料性)第 NA.1.4 就强制性标准提供了"补充使用指南":强制性标准在我国也构成组织强制遵守的合规义务。强制性标准是我国标准体系中一类特殊的标准,一经发布、必须执行,如 GB 18384—2020《电动汽车安全要求》、GB 40554.1—2021《海洋石油天然气开采安全规程 第 1 部分:总则》、GB 18599—2020《一般工业固体废物贮存和填埋污染控制标准》等。

合同义务也是一种合规义务。对此,ISO 37301:2021 在附录 NA(资料性)第 NA.1.5 就合同安排所产生的义务提供了"补充使用指南":根据 A.4.5,组织自愿选择遵守的要求包括"组织的合同安排产生的义务"。这是一种基于契约形成的"合规义务",这种合规义务来自组织的合作伙伴通过合同条款提出的合规方面的要求。组织一旦选择与这样的合作伙伴进行交易,该组织就要遵守与这个合作伙伴订立的合同所产生的合规义务。合同安排所产生的义务有两种情形：第一种情形是合同条款中直接列明的各项义务；第二种情形是合同条款中纳入法律法规的强制性要求，使得法律法规的强制性要求成为合规义务。

需要注意的是，我国组织在签署国际业务合同时，宜谨慎识别和控制因纳入外国法律所带来的合规义务与合规风险。这些外国法律可能与我国法律法规的某些强制性规定相违背。一旦签署含有这样条款的合同，我国组织就需要考虑这些条款所援引和纳入的具有域外效力的外国法律以及基于我国法律法规产生的合规义务与合规风险。

第三节　外规内化是合规的核心环节

合规不仅要符合强制性的合规义务，如法律法规（外规），还要遵循组织自愿选择遵守的要求，如"组织的要求，如方针和程序"[①]（内规）。这些内规包括组织的方针和程序，在很大程度上对应了外规如法律法规的要求。因此，在实务当中，外规内化是外部合规义务转变为内部合规义务的一个核心环节，缺少了这一环节，合规管理就会内外脱节。那么，如何做好外规内化也就成为合规管理的必修课。

【示例】××公司外规内化管理规定

一、什么是外规内化

把外部的法律法规及时换成公司内部适用的管理规定，包括国家现行有效的法律法规、行政法规、部门规章、地方性法规、地方政府规章以及其他规范性文件；党内法规；行业准则及标准等。

二、外规内化的原则

准确及时：外规要准确、及时地予以识别、转换；识别、转换不能有遗漏、不能有延迟。

适用务实：外规内化时要与公司的业务紧密关联、与公司风险管控紧密关联、与公司的合规特点紧密关联。

落地到位：外规内化应当嵌入企业内部流程、及时宣贯、落实到人。

---

① ISO37301：2021《合规管理体系要求及使用指南》，附录A.4.5条。

三、外规内化的流程

识别（作为外规的合规义务）

上报（新的外规合规义务上报到法律事务部）

分解（分解风险、风险源、风险场景；选择已有控制措施、完善已有控制措施、设计新的控制措施，识别责任人）

落实（责任人、重大风险按损失减少原则设置第一、第二或第三责任人）

审计（审计部门根据本制度审计外规内化是否落实）

四、识别（作为外规的合规义务）

（一）外规合规义务分类

把外规合规义务按类分组，比如原材料采购、销售等。

（二）识别职责的划分

把外规合规义务的识别落实到公司的相关部门（以下简称识别部门），比如原材料采购外规合规义务落实到采购部门、销售外规合规义务落实到销售部门。对于识别职责有交叉的外规部分，由法律事务部协同相关部门共同确定识别职责。

（三）识别路径和来源

识别部门要进一步识别出本部门所负责识别的合规义务的渠道和来源（比如××网站），并建立动态关注机制。识别部门应安排专人每个工作日按时关注资讯，第一时间了解外规的变化情况，并定期在部门内部进行汇总、学习、交流，同步将外规变化情况通报至××法律事务部。

五、上报

识别部门上报新的外规合规义务到法律事务部；法律事务部指导下述分解流程。

六、分解

由识别部门分解风险、风险源、风险场景、控制措施、责任人报法律事务部审阅、核实、定稿。

针对外规合规义务/风险，识别部门要选择已有控制措施、完善已有控制措施、设计新的控制措施，并建议相关责任人。

可参见本书第五章中的雁阵表。

七、落实

法律事务部负责落实前述流程。

八、审计

审计部门根据本制度审计外规内化是否落实。

第四节 合规义务包括禁止性合规义务和控制性合规义务

合规义务包括强制遵守的（如法律法规）和自愿选择遵守的（如相关标准）。实务中，合规义务还可以区分为"禁止性合规义务"和"控制性合规义务"。如此区分有如下重要原因：首先，作为"合规要求"的合规义务往往太过笼统，从而难以执行，因此在合规实务中一个公司往往得把这些用法律或标准用语表达出来的合规义务根据公司的具体情况解析成实操性非常强的手册用语。其次，ISO 37301:2021 中所说的合规义务主体是公司（或者其他组织），但这些主体是法律上虚拟的人或者单位，是不能够实际履行或操作任何义务的，因此在实务中必须把合规义务进一步细化并落实到自然人，做到"守土有责"。最后，把细化了的合规义务进一步区分为禁止性合规义务和控制性合规义务对于合规审计工作来说非常重要——在合规审计中，我们往往就禁止性合规义务做实质性测试；就控制性合规义务做控制性测试。

一、禁止性合规义务

禁止性合规义务的来源是"合规要求"中禁止性的规定——公司应当结合本公司的实际情况将这些禁止性的规定所适用的"风险场景"识别出来。

以《反垄断法》中的"转售价格维持"为例，《反垄断法》第 18 条第 1 款明确规定：禁止经营者与交易相对人达成下列垄断协议：（一）固定向第三人转售商品的价格；（二）限定向第三人转售商品的最低价格；（三）国务院反垄断执法机构认定的其他垄断协议。但是，从合规管理实操的角度来看，这些法律规定不够具体。一个公司往往需要根据公司的实际情况从这些适用于所有公司的原则性的规定中识别出对公司适用的"风险场景"。以下是某快销品行业的企业针对"转售价格维持"所梳理的适用于自己公司的"风险场景"：

（1）与经销商、零售商的协议中规定经销商、零售商应按照某一价格销售或不得低于某一价格销售；

（2）要求（通过书面、口头还是暗示）经销商、零售商按照某一价格销售或不得低于某一价格销售；

（3）对经销商、零售商的价格调整进行干涉，因其价格原因而停止供货、解除合同、取消返利、折扣、费用或采取其他惩罚措施；

（4）在内部文件或对外文件、邮件往来中涉及对经销商销售价格或零售商零售价格的控制，使用"破价""红线价"等涉嫌价格管控的词语；

（5）在发现经销商、零售商销售价格低于预期时，向其发出书面函件、电子邮件或进行口头警告，在与经销商、零售商人员的对话中涉及价格控制内容；

（6）与经销商或零售商商定转售价格、促销价格或要求经销商或零售商在进行价格调整前取得我们组织同意；

（7）代经销商与零售商商定供货价格；

（8）因为经销商、零售商"破价"或"低于建议价格"销售而对他们予以处罚；

（9）强制经销商、零售商执行建议转售价格或建议零售价格或对他们施加压力，使他们不得不这么做（比如，反复地将建议价格发给经销商、零售商，以至于看起来是在威胁他们）。将建议转售价格或建议零售价格变为固定价格或最低价格；

（10）以设置转售价格浮动空间、利润率的形式固定经销商、零售商的销售价格或设置价格下限。

相应地，公司为了避免涉嫌转售价格维持，可以根据上述风险场景，进一步设定明细化了的禁止性合规义务，或者公司的员工所不能触碰的红线：

（1）不得在与经销商、零售商的任何形式的协议中规定经销商、零售商应按照某一价格销售或不得低于某一价格销售；

（2）不得要求（不论是书面、口头还是暗示）经销商、零售商按照某一价格销售或不得低于某一价格销售；

（3）不得对经销商、零售商的价格调整进行干涉，不得因其价格原因而停止供货、解除合同、取消返利、折扣、费用或采取其他惩罚措施；

（4）不得在任何内部文件或对外文件、邮件往来中涉及对经销商销售价格或零售商零售价格的控制，不得使用"破价""红线价"等涉嫌价格管控的词语；

（5）不得在发现经销商、零售商销售价格低于预期时，向其发出书面函件、电子邮件或进行口头警告，不得在与经销商、零售商人员的对话中涉及价格控制内容；

（6）不得与经销商或零售商商定转售价格、促销价格或要求经销商或零售商在进行价格调整前取得我们组织同意；

（7）除非获得经销商书面授权且明确声明经销商对价格有最终决定权，不得代经销商与零售商商定供货价格；

（8）不得因为经销商、零售商"破价"或"低于建议价格"销售而对他们予以处罚；

（9）不得强制经销商、零售商执行建议转售价格或建议零售价格或对他们施加压力，使得他们不得不这么做（比如，反复地将建议价格发给经销商、零售商，以至于看起来是在威胁他们）。不得将建议转售价格或建议零售价格变为固定价格或最低价格；

（10）不得以设置转售价格浮动空间、利润率的形式固定经销商、零售商的销售价格或设置价格下限。

二、控制性合规义务

控制性合规义务是指为了防止风险的发生，在提高经营效率、有效整合资源的基础之上，所建立的风险防控的流程并设立的内部控制措施。禁止性合规义务与控制性合规义务的一个重大区别就在于前者以不准做什么为主；而控制性合规义务是以应当或者必须做什么为主。

ISO 37301:2021 第 8.2 条中所说的"控制和程序"与控制性义务紧密相关："组织应实施控制以管理其合规义务和相关合规风险。应对这些控制进行维护、定期评审和测试，以确保其持续有效。"

我们之所以把上述的"控制措施"称为义务，是为了更好地把控制措施与负责实施这些措施的责任人直接关联起来，从而在合规管理工作中做到"守土有责"。因为在实务中，无论是"控制"还是"程序"，都必须由相应的责任人落实。对于责任人来说，这些"控制和程序"是他们必须贯彻执行的工作内容，是一个公司实现合规目的的必要条件。如果公司不能把控制措施落实到具体责任人身上，则意味着合规工作形同虚设，长此以往就会出现问题，甚至给公司带来大麻烦。试举一例，某公司为了防止行贿行为的发生，制定有内控制度：

凡是跟政府官员之间往来的费用都必须经过公司的合规官审批之后才可以发生并进而报销。这里所说的"审批"就是控制措施，把费用提交给合规官进行审批是申请人必须履行的义务；对申请事项进行审查也是合规官所必须履行的义务，我们在本书中均将其称为合规责任人。没有履行该控制性合规义务不一定会直接导致公司违法违规被处罚，但因为没有履行该控制性合规义务，就会让风险管控失效，从而加大合规风险发生的可能性。

我们同样以上文中提及的某快销品企业关于禁止转售价格维持的合规政策为例，该企业为了避免涉嫌转售价格维持，规定了十项禁止性合规义务。为了把这些禁止性合规义务落实到位，公司的合规部门同时设置了如下控制措施，比如：法务必须对公司的销售人员进行《反垄断法》培训，并对这十项合规义务逐条予以解释和说明；销售部门每一个季度都要在销售工作会议上和每一个销售人员一起复习这十项合规义务；法务必须严格对照上述十项合规义务来审查经销合同。

第五节　合规是众多合规管理体系合力的结果

合规是众多合规管理体系合力的结果。企业合规很少从零开始，虽然在实务中很多企业说它们从来没有做过合规，但它们所做的很多合规专项或者合规管理体系其实早就在助力合规。对此，ISO 37301 在附录 A.1.1 概述中也明确指出："组织能够选择将合规管理体系作为一个单独的体系来实施，但理想情况是将其与其他管理体系一起实施，如风险、反贿赂、质量、环境、信息安全和社会责任等。对此，组织能参考 ISO 31000、ISO 37001、GB/T 19001、GB/T 24001 和 GB/T 22080 及 ISO 26000。"

ISO 37301：2021 与其他标准的关系被有人描述为伞面和伞骨的关系。ISO 37301:2021 作为一个治理型的标准就像一把大伞覆盖整个企业，为企业遮风挡雨，而其他各个专项合规标准就是支撑起整把大伞的一根根伞骨——有了伞骨，伞面才会得到有力的支撑，才能打开得彻底、充分、持久。

第六节　合规义务重在及时识别、准确理解

为了保证合规义务的及时更新，一个公司应当及时跟进、学习并了解对其

所适用的法律法规、标准等合规义务，并把其中的禁止性合规义务解析出来。同时，一个公司还应当加强与其他公司和组织（尤其是同行业的公司和组织）的交流，做好对标等工作。换言之，企业要识别的控制性措施或者控制性合规义务不仅仅局限于公司内部，还可能来自公司外部的最佳合规实践。

我们以某快销品企业的禁止转售价格维持政策为例，该企业为了避免涉嫌转售价格维持，规定了十项禁止性合规义务。为了把这些禁止性合规义务落实到位，公司的合规部门同时设置了培训等控制措施，但公司的转售价格维持现象还是屡禁不止。公司的合规人员通过同行业对标，发现其他企业对于屡教不改的相关人员，会采取扣发奖金等措施对其进行处罚，并起到了非常好的风险管控效果，对此公司也应当考虑把这些行之有效的最佳实践纳入公司的控制措施或者控制性合规义务中去。

在对合规义务进行维护时，公司必须采取谨慎的态度，吃透企业所适用的法律、法规、标准、制度等，而不是不加分析、囫囵吞枣，以免给公司的合规工作带来麻烦，甚至风险。

思考题：
1. 合规义务如何分类？
2. 如何做好外规内化？
3. 如何区分禁止性合规义务与控制性合规义务？

第五章　合规是管理科学

海恩法则是德国飞机涡轮机的发明者帕布斯·海恩提出的一个经典法则。他认为，每一起重大事故背后，必然有 29 次轻微事故和 300 起先兆以及 1000 起事故隐患，为了避免重大事故的发生，企业必须事先做好排查工作，从而做到防微杜渐。海恩法则用合规语言来表达就是识别、评价与控制合规风险。具体而言，为了做好合规管理工作，我们要把企业所面临的风险以及引发风险的风险源一一识别出来，并在相应的评价维度下进行评价，从而得出各个风险的风险值，最后按照风险值的大小把风险按轻重缓急进行排序并予以相应控制。合规风险的识别、评价与控制是一个企业就其自身所面临的合规风险做好合规管理工作的基本步骤。

第一节　风险及相关要素

风险或合规风险包含很多要素，除了我们在第四章所提到的合规义务，还包括风险源、风险情况、责任人等。

一、风险与合规风险

2021 年 4 月 13 日 ISO 国际标准化组织颁布的 ISO 37301:2021《合规管理体系 要求及使用指南》以及 2022 年 10 月 12 日发布的中国国家标准《合规管理体系 要求及使用指南》（GB/T 35770—2022/ISO 37301:2021）（除非另指，以下统称"ISO 37301:2021"）第 3.7 条把风险（Risk）定义为"不确定性对于目标的影响"，第 2.12 条把"合规风险"（Compliance risk）定义为"因未遵守组织合规义务而发生不合规的可能性及其后果"。

《中央企业合规管理办法》第 3 条把"合规风险"定义为："企业及其员工在经营管理过程中因违规行为引发法律责任、造成经济或者声誉损失以及其他负面影响的可能性。"

ISO 37301:2021 在附录"A.4.6 合规风险评估"中指出：合规风险的特征是不遵守组织合规方针与义务的可能性和后果。合规风险包括固有合规风险和剩余合规风险。固有合规风险是指组织在未采取任何相应合规风险处理措施的非受控状态下所面临的全部合规风险。剩余合规风险是指组织现有的合规风险处理措施无法有效控制的合规风险。

二、风险源及其代码

ISO 37301:2021 正文与《中央企业合规管理办法》都没有对"风险源"进行定义，但 ISO 37301:2021 在附录"A.4.6 合规风险评估"中明确指出："合规风险识别包括合规风险源的识别和合规风险情况的界定。组织宜根据部门职责、岗位职责和不同类型的组织活动，识别各部门、职能和不同类型的组织活动中的合规风险源。组织宜定期识别合规风险源，并界定每个合规风险源对应的合规风险情况，开发合规风险源清单和合规风险情况清单。"

"风险源"在实践中也被称为"风险点"，是指一个公司内部可能引发合规风险的各个因素，包括但不限于可以直接导致风险发生的部门或岗位，也包括造成人员伤害、疾病、财产损失或工作环境破坏或这些情况组合的根源或状态。以识别企业行贿风险的风险源为例，在进行风险识别时被当作风险源识别出来的往往是一个公司的销售部门和市场部门，因为这些部门可能为了完成销售和市场推广业绩的压力而行贿，但有时也包括其他部门，比如公共关系部门在和有权部门或岗位打交道时被索贿。

引发风险发生的风险源或风险点除了部门或岗位外，视风险不同，还可能包括其他重要控制节点。比如，当在做环境与健康安全合规审计时，要检查所有危险品的堆放是否都有二次围堰，以防止危险品泄漏时，因没有围堰阻挡而直接流入或被雨水冲入下水，从而造成水源污染的情况。没有二次围堰、二次围堰有缺陷的或者没有预防措施都是不合规的。在这种情况下，"没有二次围堰的××仓库""二次围堰有缺陷的××仓库"也会成为该公司环境与健康安全合规风险的风险源。

风险及风险源代码可以帮助检索合规风险与风险源，特别是当一个公司面临的合规风险与风险源的清单较长，或者当一个公司有很多分支单位，比如分公司或子公司，尤其是有海外公司需要用不同的语言进行交流的时候，如果能够采取相同的代码来指代同样的风险和风险源，就能让大家在对话和交流时提高检索的效率并减少发生歧义的可能性。

三、风险情况

相比较 ISO 37301:2021 以前的版本 ISO 19600:2014，ISO 37301:2021 又加入了"风险情况"（Compliance situation）的概念，也有的翻译成"风险场景"。企业在识别合规风险的时候，还应当把"风险情况"识别出来，对此 ISO 37301:2021 在 A.4.6 中就"合规情况"进一步提供了"使用指南"："合规风险识别包括合规风险源的识别和合规风险情况的界定。组织宜根据部门职责、岗位职责和不同类型的组织活动，识别各部门、职能和不同类型的组织活动中的合规风险源。组织宜定期识别合规风险源，并界定每个合规风险源对应的合规风险情况，开发合规风险源清单和合规风险情况清单。"

四、责任人

相比较 ISO 37301:2021 以前的版本 ISO 19600:2014，ISO 37301:2021 在附录 A.6.2 中提到了"责任人"：

目标宜以一种可测量其结果的方式来明确。

合规目标举例：至少每年向相关人员提供合规培训。

宜确定实现目标所需的行动（即"什么"）、相关的时间表（即"何时"）和责任人（即"谁"）。宜根据要求定期监视、记录、评估和更新目标的状态和进度。

从上面的附录内容中，我们可以看到"责任人"是为了满足实现"合规目标及其实现的策划"而确定的责任主体。合规义务落实到具体的执行人（也是责任人），既符合合规风险管理的精准化要求，又可避免因合规管理职责不清、权责不分而导致的互相扯皮推诿。

确定合规责任人，不仅能够帮助企业合理配置合规资源，而且可对合规责任人不履行或怠于履行合规义务的后果有一个预判。如果合规责任人清楚地知道自己所需要承担的责任，合规工作的开展将会事半功倍。但是，当一个合规责任人不清楚哪些事情该做，哪些事情不该做的时候，就如同身处雷区而不自知，会给自己和公司埋下隐患。

因此，我们在评估合规风险，亦即在识别、分析和评价其合规风险时，还应当加入"责任人"的概念，在识别"合规风险""风险源"等元素时，还应当把"责任人"也识别出来，并按照一定的经济学原理进行排序。

第二节　识别合规风险

"识别风险"与"评价风险"在合规标准中往往被合并为"风险评估"这一个步骤。ISO 37301:2021 中所明确的"合规风险评估"这个步骤，包括"识别、分析和评价其合规风险"[①]。由国务院国有资产监督管理委员会令第 42 号于 2022 年 8 月 23 日公布并自 2022 年 10 月 1 日起施行的《中央企业合规管理办法》第 13 条，明确了中央企业业务及职能部门承担合规管理主体责任。其主要职责之一就是建立健全本部门业务合规管理制度和流程，开展合规风险识别评估，编制风险清单和应对预案。

一、帕累托原则

"合规义务"是 ISO 37301:2021《合规管理体系 要求及使用指南》下的一个核心概念——ISO 37301:2021 下很多其他概念，如"合规风险"与"合规义务"紧密关联——合规风险是"因未遵守组织合规义务而发生不合规的可能性及其后果"[②]，因此识别"合规义务"是识别"合规风险"的基础性工作。识别出来的"合规义务"就像一枚硬币一样，对"合规义务"做到了遵从就像是硬币的正面：合规；对"合规义务"做不到遵从就像是硬币的反面：不合规。

一个企业所要适用的"合规义务"很多，要把一个企业所要适用的合规义务全部识别出来很困难。换言之，我们在实务中对合规义务的识别不能"眉毛胡子一把抓"，对此，ISO 37301:2021 在附录 A.4.5 中就"合规义务"的识别提到"帕累托原则"并提供"使用指南"。

"帕累托原则"，英文是 Pareto principle，也被称为 80/20 法则、关键少数法则、八二法则。该法则以意大利经济学家维尔弗雷多·帕累托的名字命名。帕累托于 1906 年提出了著名的关于意大利社会财富分配的研究结论：20%的人口掌握了 80%的社会财富。这个结论对大多数国家的社会财富分配情况都成立，同时对合规管理也适用——20%的合规义务引发了 80%的合规风险。换言之，

---

① ISO 37301:2021《合规管理体系 要求及使用指南》第 3.26 条。
② ISO 37301:2021《合规管理体系 要求及使用指南》第 3.24 条。

20%的合规义务充当了引发"合规风险"的关键少数。

那么在实务当中,如何把"合规义务"当中的关键少数给识别出来呢?对此,ISO 37301:2021 在附录 A 中也提供了"使用指南":"组织宜采取基于风险的方法,即组织宜首先识别出与业务相关的最重要的合规义务,然后关注所有其他合规义务(帕累托原则)。[①]"这里所说的"基于风险的方法"是指:无论是发生在企业内部还是外部,合规风险(特别是那些重大风险)也是识别"合规义务"的风向标——在企业内外部存在的合规风险,特别是那些已经实证了的合规风险(亦即风险事件)可以帮助我们顺藤摸瓜识别出有哪些"合规义务",特别是哪些"合规义务"当中的关键少数对企业适用,并引发重大合规风险。

二、识别合规风险的路径

(一)从合规义务识别固有合规风险

就如何识别合规风险,ISO 37301:2021 第 4.6 条给出了相关路径:组织应通过将其合规义务与活动、产品、服务以及运行的相关方面关联,来识别合规风险。所以我们识别合规风险的第一步往往是通过目标企业所在行业、所生产的产品或提供的服务、所用的销售模式等结合目标企业所适用的合规义务来识别其固有合规风险以及风险相关要素。合规义务就像一枚硬币,如果这个硬币的一面是合规,那么它的另一面就是违规。合规义务得到遵守就是合规;得不到遵守就是违规。

以汽车行业在《反垄断法》下的合规风险为例,通过 4S 店分销的整车厂存在纵向垄断协议风险,但直销的整车厂基本就不存在相应风险。

再以汽车行业在《个人信息保护法》下的合规风险为例,因为整车厂以 B2C(Business-to-Consumer,商业对消费者)业务为主,不管其用分销的模式还是直销的模式,都会大量收集消费者个人信息,因此都存在个人信息保护法合规风险。虽然整车厂都存在个人信息保护法合规风险,但因为采用 4S 店分销的整车厂其所收集的个人信息是通过 4S 店收集,而 4S 店与整车厂分属不同的法人单位,个人信息从 4S 店转移到整车厂必须事先获得个人信息主体的同意,而采用直销模式的整车厂则不存在个人信息在不同主体之间转移的问题。因此,采

---

① ISO 37301:2021《合规管理体系 要求及使用指南》附录 A.4.5 条。

用 4S 店分销的整车厂和采用直销模式的整车厂，其个人信息保护法合规风险会呈现不同的风险特征和风险敞口。

从上面的例子我们可以看出，一个企业在做合规风险识别的时候，其自己或者外部服务供应商就该企业所适用的合规义务，结合该企业的业务活动、产品、服务往往会形成一个固有合规风险清单、帮助企业有效地对照、勾选其所面临的固有合规风险。下面是一个重大合规风险清单。

表 5-1　×××重大合规风险清单

序号	风险识别区			风险描述与来源		后果严重程度	发生可能性	风险值	管理部门
	合规风险一级	合规风险二级	风险源		合规义务来源				
1	合同管理风险	合同订立	各部门／全体员工	×××订立合同过程中知悉的商业秘密或者其他应当保密的信息无论合同是否成立，不得泄露或者不正当地使用。否则，造成对方损失的，应当承担赔偿责任。	根据《民法典》第501条规定，公司在订立合同过程中知悉的商业秘密或其他应当保密的信息，无论合同是否成立，不得泄露或者不正当地使用。	高	低	高	
2	合同管理风险	合同订立	各部门／全体员工	××订立的合同内容不得违反法律、行政法规的强制性规定，否则合同无效。	根据《民法典》第153条规定，公司订立的合同内容不得违反法律、行政法规的强制性规定。	高	低	高	
3	合同管理风险	合同订立	各部门／全体员工	×××订立的合同不得违背公序良俗，否则合同无效。	《民法典》第153条：公司订立的合同不得违背公序良俗。	高	低	高	
4	合同管理风险	合同订立	各部门／全体员工	×××订立的合同不得与相对人恶意串通，损害他人合法权益，否则合同无效。	《民法典》第154条：公司订立的合同不得与相对人恶意串通，损害他人合法权益。	高	低	高	

续表

序号	风险识别区			风险描述与来源		后果严重程度	发生可能性	风险值	管理部门
	合规风险一级	合规风险二级	风险源		合规义务来源				
5	合同管理风险	合同订立	各部门／全体员工	依法应当审批的合同，×××在订立时应当依据法律规定履行报批手续。否则，可能承担违反履行报批手续义务的责任。	根据《民法典》第502条规定，依法应当审批的合同，公司在订立时应当依据法律履行报批手续，未依照法律、行政法规的规定，办理合同批准等手续，合同不发生法律效力。	高	低	高	
6	合同管理风险	合同订立	各部门／全体员工	×××相关部门的员工，未经授权不得以×××名义订立合同。	根据《民法典》第503条规定，无权代理人以被代理人的名义订立合同，被代理人已经开始履行合同义务或者接受相对人履行的，视为对合同的追认。	高	低	高	
7	合同管理风险	合同订立	各部门／全体员工	×××相关部门的员工不得超越授权权限订立合同。	根据《民法典》第504条规定，公司相关部门的员工不得超越授权权限订立合同。	高	低	高	
8	合同管理风险	技术合同登记	各部门／全体员工	进行登记的技术合同应采用书面形式，否则无法登记。	根据《技术合同认定登记管理办法》第9条规定，当事人申请技术合同认定登记，应当向技术合同登记机构提交完整的书面合同文本和相关附件。合同文本可以采用由科学技术部监制的技术合同示范文本；采用其他书面合同文本的，应当符合《民法典》合同编的有关规定。采用口头形式订立技	中	低	中	

续表

序号	风险识别区			风险描述与来源	后果严重程度	发生可能性	风险值	管理部门
	合规风险一级	合规风险二级	风险源	合规义务来源				
				合同的，技术合同登记机构不予受理。				
9	合同管理风险	技术许可合同	各部门／全体员工	技术许可合同不得有限制技术竞争与发展的内容。	根据《民法典》第864条规定，技术转让合同和技术许可合同可以约定实施专利或者使用技术秘密的范围，但是不得限制技术竞争和技术发展。	低	中	中
10	合同管理风险	技术许可合同	各部门／全体员工	技术许可合同应采用书面形式。	根据《民法典》第863条规定，技术转让合同包括专利权转让、专利申请权转让、技术秘密转让等合同。技术许可合同包括专利实施许可、技术秘密使用许可等合同。技术转让合同和技术许可合同应当采用书面形式。	低	低	低
11	合同管理风险	合同的变更与转让	各部门／全体员工	根据合同性质不得转让或者按照当事人的约定不得转让或者依照法律规定不得转让的合同不得进行转让。	根据《民法典》第545条规定，债权人可以将债权的全部或者部分转让给第三人，但是有下列情形之一的除外：（一）根据债权性质不得转让；（二）按照当事人约定不得转让；（三）依照法律规定不得转让。当事人约定非金钱债权不得转让的，不得对抗善意第三人。当事人约定金钱债权不得转让的，不得对抗第三人。	中	低	中

续表

序号	风险识别区			风险描述与来源		后果严重程度	发生可能性	风险值	管理部门
	合规风险一级	合规风险二级	风险源	合规义务来源					
12	合同管理风险	合同权利义务终止	各部门／全体员工	知道或应当知道解除事由之日起一年内或经对方催告后合理期限内，不得放弃基于我方利益应当行使的解除权。	根据《民法典》第564条规定，知道或应当知道解除事由之日起一年内或经对方催告后合理期限内，不得放弃基于我方利益应当行使的解除权。	中	低	中	
13	合同管理风险	合同权利义务终止	各部门／全体员工	合同相对人不履行合同义务或者履行合同义务不符合约定的，不得放弃追究其继续履行、采取补救措施或者赔偿损失等违约责任。	根据《民法典》第577条规定，合同相对人不履行合同义务或者履行合同义务不符合约定的，不得放弃追究其继续履行、采取补救措施或者赔偿损失等违约责任。	中	低	中	
14	合同管理风险	合同权利义务终止	各部门／全体员工	我方因不可抗力不能履行合同的，应当履行通知义务，减轻可能对对方造成的损失，并在合理期限内提供证明。	根据《民法典》第590条规定，我方因不可抗力不能履行合同的，应当履行通知义务，减轻可能对对方造成的损失，并在合理的期限内提供证明。	中	低	中	

（二）从固有风险识别剩余风险

固有合规风险清单是企业自己或者是外部服务供应商识别合规风险的基础，但识别合规风险光靠一个固有合规风险清单是不够的，企业还必须识别出剩余风险。剩余风险是指组织现有的合规风险处理措施无法有效控制的合规风险。剩余风险往往由以下几种情况构成。

1. 固有合规风险清单中不存在的风险

合规的企业都是相似的，不合规的企业却各有各的不合规，很多重大合规风险往往并不存在于既有的固有合规风险清单中，需要通过访谈等措施进一步追问从而识别出固有合规风险清单中不存在的风险。这些风险相较于固有合规风险清单中的风险往往不具有典型性，导致现有的合规风险处理措施无法予以有效控制，从而构成剩余风险。

2. 风险要素产生变化从而导致风险产生变化

固有合规风险清单中的风险即使被勾选，但风险源、风险场景、责任人等风险要素未必相同，因此，这些新组合出来的合规风险往往因为其风险特征与原有的合规风险清单中的风险大相径庭，导致现有的合规风险处理措施无法予以有效控制，从而构成剩余风险。例如，公司员工受贿风险的风险源往往是采购部门，但因为有一些公司所销售的产品供不应求，导致销售部门存在着寻租空间，从而构成了员工受贿风险的风险源，因此以销售部门为风险源的员工受贿风险也应当看成剩余风险。

3. 控制措施不力导致合规风险失控

剩余风险是指组织现有的合规风险处理措施无法有效控制的合规风险。因此，我们在判断一个风险是不是剩余风险时，还得看合规风险处理措施相对于风险敞口是否匹配，如果不匹配，那么相应的合规风险也应当纳入剩余风险当中。

从固有风险识别剩余风险，不仅是进一步识别风险控制措施能否有效地控制合规风险的关键步骤，更是下一步评价风险的关键步骤。换言之，识别相关风险是否存在控制措施，控制措施是否有效、是否冗余、是否还有提升空间，可以为下一步的风险评价打好基础。

(三) 用其他风险识别方法进行验证

为了确保合规风险识别是充分的，我们还可以通过其他方法来验证我们对合规风险的识别是否完备，这些方法包括但不限于：基于案例证据的方法（检查表法以及对历史案例的辨析、评估）；系统性的团队方法（一个专家团队遵循系统化的过程，通过一套结构化的提示和问题来识别风险）；数据统计归纳推理方法（危险与可操作性分析方法、现金流分析法）；操作技术分析法（利用各种支持性的技术来提高风险识别的准确性和完整性，包括头脑风暴法、场景模拟等）；合规风险源间接识别法（通过识别合规风险源来找到合规风险的方法，包括但不限于利益冲突、制度缺陷、技术缺陷及监控缺失）；合规义务梳理识别法（通过识别梳理合规义务来逆向找到合规风险的方法）；权力识别分析法（利用权力清单在组织内部生产经营活动中的分布规律，基于岗位职责或者流程环节进行分析）等。在本书中，我们推荐使用风险实证识别法和合规义务识别法。

以案例证据的方法为例，我们可以通过已经发生了的事实，比如公司内外部的案例学习、尽职调查的结果、经过核实的来自公司内外部的举报、公司内部的审计发现、公司自我检查发现的问题等来验证我们已经完成的风险识别是否完备。这些案例证据不仅来自公司内部，也可能来自公司外部，特别是同行业其他公司所触发的合规风险往往也是该公司自身可能存在的风险，从而成为其风险实证的案例来源。

三、识别风险的工具

对于风险识别的结果，我们往往需要相应的工具予以体现。在实务中，我们可以用相关工具（如表5-2所示雁阵表）来整合上述合规风险各要素，包括"风险源""合规义务""风险情况""责任人"。

表5-2 雁阵表

			禁止性合规义务/合规风险			
		风险源	风险源	风险源		
	合规风险场景1	合规风险场景2	合规风险场景3	合规风险场景4	合规风险场景5	
控制性合规义务1	控制性合规义务2	控制性合规义务3	控制性合规义务4	控制性合规义务5	控制性合规义务6	控制性合规义务7
第一责任人	责任人	责任人	责任人	责任人	责任人	责任人
第二责任人	责任人	责任人	责任人	责任人	责任人	责任人

首先，以合规专项来归口控制性合规义务，进而管控禁止性合规义务/合规风险。

其次，以合规管理体系认证来归口控制性合规义务。

根据上述雁阵表，我们可以得出合规管理下风险防控的基本逻辑：哪个"责任人"得履行什么样的"控制性合规义务"，在什么样的"合规风险情况"或者场景下防止什么样的"风险源"违反"禁止性合规义务",从而引发"合规风险"。

围绕着"合规风险"识别结果,我们还可以使用或者设计其他工具加入风险要素,以做好合规管理工作,比如某集团公司重大合规风险蛛网图。

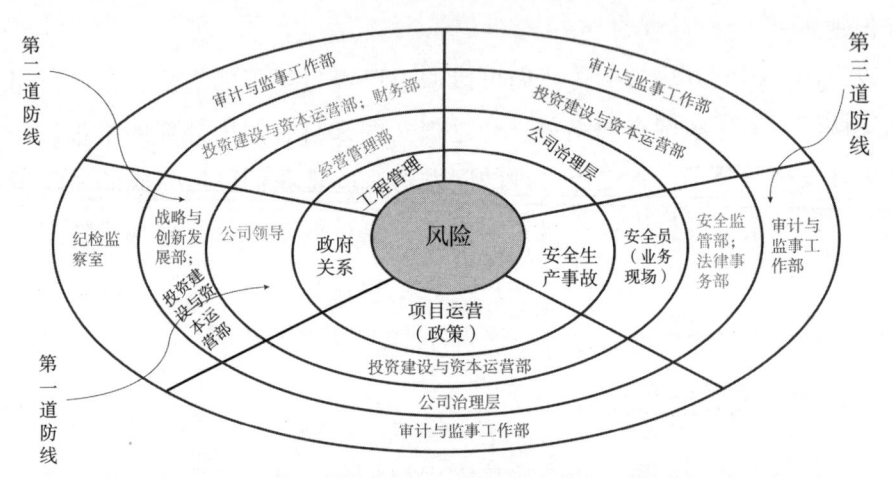

图 5-1 某集团公司重大合规风险蛛网(三道防线)

上述蛛网图所要解决的是一个公司如何通过集团层面的相应部门、二级公司乃至三级公司的相应部门合力组建三道防线做好相应风险的风险防控。以"安全生产事故风险"为例,靠近最核心的三级子公司的"安全员(业务现场)"为第一道防线,从内向外的二级公司的"安全监管部;法律事务部"为第二道防线,而处在最外圈的集团公司的"审计与监事工作部"为第三道防线。

第三节 评价合规风险

评价风险是指,企业对已经识别出的风险从风险源引发风险的频率、风险发生的严重程度以及风险发生的可能性这三个维度进行评估以确认合规风险的风险敞口或风险值。

一、评价风险的目的

风险评价的目的是通过评价风险的三个维度来计量风险的风险值。在实务中，用来评价风险敞口或者风险值的维度不是一成不变的，对有些风险的评价也未必非要考虑"风险源引发风险的频率"这个维度，但基本上都要考虑"风险造成损害的严重程度"以及"风险发生的可能性"这两个维度。

风险值是指风险源引发风险的频率、风险造成损害的严重程度以及风险发生的可能性的综合量值。风险值在实践中也被形象地称为风险敞口，指一个风险在多大程度上会使得公司暴露在风险当中。形象地说，风险敞口就像一个人身上的伤口，伤口越大，那么给这个人带来的危险也就越大；同理，风险敞口越大，那么给公司带来的风险也就越大。风险评价既是一个公司对风险值予以测量的过程，也是对众多风险进行管控时分配人财力等风险管控资源的依据。

二、评价风险的维度

评价风险的维度指衡量风险值的维度，通常包括风险源引发风险的频率、风险造成后果的严重程度，以及风险发生可能性。

1. 风险源引发风险的频率

风险源隐含在一个公司的业务活动中，公司内部隐含风险源的业务活动频率越高，其引发风险的频率也就越高。

衡量系数可以将风险源频率大小作为取值范围，比如按照1—6系数的标准来衡量：1或2代表风险源频率低；3或4代表风险源频率中等；5或6代表风险源频率最高。

各个公司使用的衡量标准也各不相同，比如有的公司规定：

（1）每年发生一次、两次业务活动的和每季度发生一次、两次业务活动的，为低频；

（2）每月发生一次、两次业务活动的，为中频；

（3）每月发生三次及以上业务活动的，为高频。

2. 风险造成后果的严重程度

衡量风险敞口或风险值的一个重要维度是风险造成后果的严重程度。

风险造成后果的严重程度的衡量系数取值范围可以按照1—6系数来衡量：1或2代表后果严重程度小，如不会触发刑事责任、经济损失低于预先设定的阈值、给组织造成的名誉损失较低等；3或4代表后果严重程度中等；5或6代表后果严重程度最大,如会触发刑事责任、经济损失高于预先设定的阈值、给组织造成的名誉损失较大等。

对风险造成后果的严重程度的衡量标准因风险的不同而不同,因公司的具体性质和规模大小而异。常见的衡量标准包括但不限于以下内容:

(1) 是否会触发刑事责任;

(2) 经济损失大中小的阈值分别是什么;

(3) 给组织造成名誉损失的可能性大小。

3. 风险发生的可能性

衡量风险敞口或风险值的另一个重要维度是风险发生的可能性。

风险发生的可能性的衡量系数可以按照1—6系数的标准来衡量:1或2代表可能性小,如监管部门执法严厉程度不高、同行业发生类似案件的情况不多、目标单位制定有完善的内控制度并严格实施该内控制度等;3或4代表可能性中等;5或6代表可能性最大,如监管部门执法非常严厉、同行业发生过许多类似案件、组织内部已经有人举报、被检查单位未制定内控制度或虽制定有内控制度却没有严格实施等。

对风险发生可能性的衡量标准因风险的不同而不同,因公司的具体性质和规模大小而异。常见的衡量标准包括但不限于以下内容:

(1) 监管部门执法严厉程度;

(2) 同行业发生类似案件的频率;

(3) 被检查单位是否制定有完善的内控制度并严格实施该制度。

从风险源引发风险的频率、风险造成的危害结果以及风险发生的可能性这三个维度对风险进行评估后,我们可以获取风险的风险值。风险敞口或风险值是把风险源引发风险频率系数乘以衡量风险严重程度的系数,再乘以衡量风险可能性的系数所得到的结果,即风险敞口=风险源频率×风险严重程度系数×风险可能性系数。按照1—216的标准取值范围来衡量:1—8代表风险小;9—124代表风险中等;125—216代表风险高。

实务中,我们往往通过表5-3来对风险进行识别与评价。

表 5-3　合规风险识别与评价框架

风险识别区			风险情况	禁止性合规义务	合规责任人		控制性合规义务	合规责任人		风险评价区		
风险代码	风险名称	风险源代码	风险源	案例案件以及其他风险实证来源	合规义务来源	第一合规责任人	第二合规责任人	合规义务来源	第一合规责任人	第二合规责任人	风险源引发风险的频率	后果严重程度	发生可能性	风险值

第四节　识别并排序合规责任人

我们在识别合规风险时，还必须识别出合规风险管理当中的一个要素：履行合规义务的责任人，从而满足合规风险管理的精细化要求，避免因合规管理职责不清、权责不分而导致的互相扯皮推诿。

确定合规责任人，不仅能够帮助企业合理配置合规资源，而且可对合规责任人不履行或怠于履行合规义务的后果有一个预判。如果合规责任人清楚地知道自己所需要承担的责任，合规工作的开展将会事半功倍。但是，当一个合规责任人不清楚哪些事情该做，哪些事情不该做的时候，就如同身处雷区而不自知，并给自己和公司埋下隐患。

在识别合规责任人时，可以把多个合规责任人按照其合规义务或者潜在合规责任的大小做一个排序。排序的依据是损失减少原则（Loss reduction principle），是指应该规定当分担责任的当事人很多时，让能够以最低代价来减少损失的一方承担责任①。同理，一个有效率的合规体系，应该是在众多责任人中分摊责任时，让能够以最低代价来减少甚至避免损失的一方作为首要的合规责任人并承担主要责任。比如，在行贿风险管理的过程中，行贿风险的合规责任人可能包括：销售部门的主管和业务人员（其在销售的过程中可能私下通过财物等手段获得或者保有业务）、合规总监（其负责审查所有与政府官员往来时发生的

---

① Guido Calabresi, the Costs of Accidents: a Legal and Economic Analysis, at p.51.

费用)、财务总监(其负责审批费用的报销)。这三类人当中,能够用最小的代价来减少行贿风险带来损失的一方应当是销售部门的工作人员——其践行合规诚信义务,不去行贿,一分钱不花,合规成本最低,而其他两方合规责任人对贿赂风险的防控需要公司花费人力、物力及财力进行审查而且效果可能还很差(因为合规官或财务人员毕竟与商业伙伴不直接接触)。因此,销售部门的主管和业务人员应当列为首要合规责任人并承担主要责任。

思考题:

风险评价既是我们在做合规管理时的一个重要流程,同时也是方法论——用风险评价的方法来分析风险能在很大程度上帮助我们理解一些有关合规管理现象。试举一例,某公司的供应商遴选由采购部门负责,但基于公司的合规整改方案改由合规部负责,这也导致了合规部进退两难——合规部与公司的供应商没有业务交流,对供应商不熟悉,导致供应商的选拔难产,影响了业务的开展,这导致合规部被诟病;合规部迫于业务压力,在对业务不熟悉的情况下,对供应商进行了"盲选",导致供应商的水平参差不齐,这也导致了合规部被责难。请用"损失减少原则"来分析让合规官遴选供应商的不合理性。

第六章　合规是管理体系

　　合规管理体系的重要性离不开承载这些体系的标准所起到的作用，而标准所起到的作用在《习近平致第39届国际标准化组织大会的贺信》中得到了很好的体现。该贺信指出了标准的重要性：

　　标准是人类文明进步的成果。从中国古代的"车同轨、书同文"，到现代工业规模化生产，都是标准化的生动实践。伴随着经济全球化深入发展，标准化在便利经贸往来、支撑产业发展、促进科技进步、规范社会治理中的作用日益凸显。标准已成为世界"通用语言"。世界需要标准协同发展，标准促进世界互联互通。

　　中国将积极实施标准化战略，以标准助力创新发展、协调发展、绿色发展、开放发展、共享发展。我们愿同世界各国一道，深化标准合作，加强交流互鉴，共同完善国际标准体系。

　　标准助推创新发展，标准引领时代进步。国际标准是全球治理体系和经贸合作发展的重要技术基础。国际标准化组织作为最权威的综合性国际标准机构，制定的标准在全球得到广泛应用。希望与会嘉宾集思广益、凝聚共识，共同探索标准化在完善全球治理、促进可持续发展中的积极作用，为创造人类更加美好的未来作出贡献。[1]

　　标准是人类文明进步的成果，而合规管理体系标准也同样如此。

　　就合规管理体系而言，一个成功且可持续发展的企业，一定有它鲜明的核心价值观，全员遵守的行为规范，与企业性质规模相匹配的且行之有效的管理体系，德才兼备协同一体的管理团队，爱岗敬业诚实守信的合格员工，长期积淀形成的企业文化，以及完善的检查、审计审核、绩效考核、纠错、改进机制和措施。这些规范、制度或措施，可以有效地保护企业，使企业行稳致远、健康发展。

　　一群有能力守规矩的人组成的团队，加上一套科学严谨的合规管理体系，可以增强企业的免疫力和自愈力，也可以提升组织的信誉，增强第三方对组织

---

[1]《习近平致第39届国际标准化组织大会的贺信》，载央广网，http：//news.cctv.com/2016/09/12/ARTIDZ2yjkm7SOSCWeSAm7nq160912.shtml（最近参阅时间2022年10月29日）。

的信心，规避或降低企业在运行中的各种风险。

合规管理体系可以规范员工的行为，也可以规范工作流程，更可以减少管理层决策失误。优质的合规创造价值，保障发展。合规管理体系可由法律法规、部门规章、公司章程、内部文件、管理办法、命令、工作流程等文件具体表述。当合规管理升华为企业合规文化，企业精神上的传承和价值取向，潜移默化在每个员工的思想行动中，即使将来企业内外部环境发生重大变化，该企业也会一如既往地按照合规管理体系要求、顺畅的工作流程、工作制度继续向前良性发展，而不会发生"一着不慎，全盘皆输"的局面。

完善的合规管理体系的建立和有效使用，可以使管理者更加全面精准地识别合规义务，管控合规风险，从风险中发现机会，在机会中规避风险，提升发现机遇和驾驭风险的能力；可以使最高管理者脱离烦琐且具体的事务，专注重大方针目标的实现。

国务院国资委以及一些地方国资委充分认识到了合规管理的重要性，并对合规管理体系建设提出建议并指明方向。2022年4月29日，国务院国资委党委召开扩大会议。会议要求，扎实抓好防控风险工作，严肃财经纪律，依法合规经营，支持引导国有资本有序健康发展。要坚决打好国企改革三年行动收官战，建立完善中国特色现代企业制度，进一步推动国有经济布局优化和结构调整，不断激发企业动力活力，加快建设世界一流企业。国务院国资委还于2022年4月19日指出，国务院国资委将进一步加大中央企业合规管理的推进力度，指导中央企业着力打造事前制度规范、事中动态监管、事后监督问责的全覆盖、全链条的合规管理体系。①

2022年4月20日，广东省国资委提出："省国资委按照'分类推进，推动试点'的工作方式，指导监督省属企业对标 ISO 37301 国际标准，高标准、严要求地开展'合规管理强化年'各项工作，做到成熟一个贯标一个，力争通过三年努力，全部省属企业通过 ISO 37301 贯标认证。"②

---

① 《国资委：四方面推动中央企业合规管理体系建设》，载人民网，https：//baijiahao.baidu.com/s？id=1730524764948600513&wfr=spider&for=pc（最近参阅时间2022年11月5日）。

② 广东省人民政府国有资产监督管理委员会：《关于印发〈省属企业"合规管理强化年"行动方案〉的通知》，载广东省人民政府国有资产监督管理委员会官网，http：//gzw.gd.gov.cn/gkmlpt/content/3/3931/mpost_3931656.html#1330（最近参阅时间2022年10月17日）。

至于如何成体系地建立合规管理，或者如何建立合规管理体系，我们可以参照 ISO 37301:2021《合规管理体系 要求及使用指南》以及由国务院国有资产监督管理委员会令第 42 号于 2022 年 8 月 23 日公布并自 2022 年 10 月 1 日起施行的《中央企业合规管理办法》来予以说明。

第一节　建立合规管理体系的必要性

2021 年 4 月，北京师范大学中国企业家犯罪预防研究中心与中国刑法学研究会等机构发布了《企业家刑事风险分析报告 2020》[1]。该报告显示：在 2019 年 12 月 1 日至 2020 年 11 月 30 日上传的刑事判决案例中，共检索出企业家犯罪案例 2635 件，企业家犯罪 3278 次。在 3278 次企业家犯罪中，性质明确的 3265 次。其中，国有企业家犯罪数为 234 次，约占企业家犯罪总数的 7.14%；民营企业家犯罪数为 3011 次，约占企业家犯罪总数的 91.85%；外商及港澳台企业家犯罪数为 20 次，约占企业家犯罪总数的 0.61%。

在 3278 次企业家犯罪中，共涉及犯罪企业家 3095 人。在 3095 名犯罪企业家中，性质明确的有 3082 人。其中，犯罪的国有企业家人数为 187 人，约占犯罪企业家总人数的 6.07%；犯罪的民营企业家人数共 2876 人，约占性质明确的犯罪企业家总人数的 93.32%，犯罪的外商及港澳台企业家人数为 19 人，约占性质明确的犯罪企业家总人数的 0.61%。

除去外商及港澳台和性质不明确的共计 33 件案例外，剩余企业家犯罪案例 2602 件、企业家犯罪数量 3245 次和犯罪企业家人数 3063 名作为该报告的研究对象。在 3245 次企业家犯罪中，国有企业家犯罪数为 234 次，约占 7.21%，民营企业家犯罪数为 3011 次，约占 92.79%。在 3063 名犯罪企业家中，犯罪的国有企业家人数为 187 人，约占 6.11%，犯罪的民营企业家人数共 2876 人，约占 93.89%。

看到这么多企业和企业家尤其是民营企业家犯罪数和民营企业家犯罪人数占比高达 9 成以上时，我们在深感震撼和遗憾的同时，也扼腕叹息！

---

[1] 北京师范大学中国企业家犯罪预防研究中心：《企业家刑事风险分析报告（2020）》，载《河南警察学院学报》2021 年第 4 期。

有没有什么方法能够真正地为民营企业/民营企业家排忧解难？答案是有。那就是搭建合规管理与合规管理体系——合规管理要求企业建立与合规相关的管理体系，把企业所面临的风险予以系统地识别、评价并管控，从而缩小企业所面临的合规风险敞口，同时可以减轻公司因为违规而可能面临民事、行政或者刑事责任——打造企业的金色盾牌。

为了鼓励民营企业/民营企业家合规，做好刑事风险防控，2020年3月，最高人民检察院在六个基层检察院率先部署了企业刑事合规不起诉改革的试点工作，随后，全国各地相继开展了相关探索。2020年1月，最高人民检察院在全国检察长会议上要求："一方面，要以更大的力度保护民营企业和企业家合法权益，切实做到依法能不捕的不捕、能不诉的不诉、能不判实刑的就提出适用缓刑建议。另一方面，也要有力推动民营企业筑牢守法合规经营底线。"① 该要求体现了我国对企业刑事合规的激励机制推进发展的决心。

2021年4月，最高人民检察发布《关于开展企业合规改革试点工作的方案》，启动了第二期企业刑事合规不起诉改革试点，标志着改革步入了新阶段。在这一背景下，对于企业犯罪，尤其是包括涉税犯罪在内的没有明显违反伦理道德的法定犯，试点单位充分贯彻了"少捕、慎诉"原则，并形成了一些具有代表性的案例。企业刑事合规不起诉制度作为企业合规中较为亮眼的成果已经迈出了实质性的一步。

2021年6月3日，最高人民检察院、司法部、财政部、生态环境部、国务院国有资产监督管理委员会等《关于建立涉案企业合规第三方监督评估机制的指导意见（试行）》发布。该指导意见就如何具体开展涉案企业合规不起诉工作进行了具体规定——理论界方兴未艾的企业合规正在从企业内部的治理措施逐渐转化为影响司法实践的外部司法要素，为企业和企业家保驾护航提供了有力的保障。

贸易有进出口、投资有走出去，但合规已经没有了边界。中国企业在中国境外的违规、违法行为也会导致境外监管机构的处罚或其他相应的民事或刑事责任，而这些责任所带来的风险在企业的国际化进程中会被成倍地放大，因为

---

① 《能不捕的不捕、能不诉的不诉 保护民营企业合法权益》，载央视网 http：//jingji.cctv.com/2020/01/19/ARTIjbScKBuJoWMBiXNar5yf200119.shtml（最近参阅时间2022年11月29日）。

广大企业不得不直面不同的法律和司法环境,用不同的语言与具有不同文化背景的人员,包括与政府官员打交道。要解决这些问题,我们既需要知晓白纸黑字的法律规定,同时也需要学习其他企业的最佳实践,甚至要吸取它们的教训,更为重要的是,我们还要善于利用合规管理的国际通用标准来建设并提升合规管理水平。

2021年4月13日,国际标准化组织颁布了ISO 37301:2021《合规管理体系要求及使用指南》。作为全球A类国际标准,ISO 37301:2021为企业合规带来重大利好。其中包括,为各类组织有效地识别、评价和控制风险,作为各类组织自我声明符合的依据、作为认证机构开展认证的依据、作为政府机构监管的依据、作为司法机关对违规企业量刑与监管验收(比如合规不起诉)依据。

ISO 37301:2021标准吸收了合规管理科学的最佳实践,其目标就是帮助企业将风险管控落到实处,试举几例:

—重视对合规义务的全面识别,不仅仅要识别出强制性合规义务下的合规风险(比如行政处罚、业务终止、声誉减损、上市不能、经济制裁、员工舞弊、利益冲突、合同违约、刑事风险等),还要识别出选择性适用的合规义务下的合规风险(比如为了管控前述风险而选择适用的反贿赂标准、反垄断标准、网路安全数据治理标准等等),从而对合规岗位及专业人员提出全面的技能提升要求;

—强调把控制措施嵌入业务流程,对风险的识别、评估与控制做到准快好省;

—注重合规从高层做起,搭建良好的合规治理体系以及合规管理能力的提升;

—看重合规文化的建设,不仅要我合规,还要做到我要合规;

—重视合规创造价值,让合规实实在在为企业弥补短板、为企业多打粮食而做出贡献。

第二节 合规管理体系概览

合规管理不成体系,就会漏洞百出,而要有效地堵住这些漏洞,就必须成体系地建立合规管理体系。那么,合规管理体系包含哪些要素呢?一个成建制的合规管理体系有哪些内容呢？我们可以从 ISO 37301:2021 和其他管理体系标准中略见一斑。

一、ISO 37301:2021

ISO 37301:2021 是由国际标准化组织 ISO/TC309 技术委员会编制，由国际标准化组织在 2021 年 4 月 13 日发布和实施，适用于全球任何类型、规模、性质和行业的组织。作为 A 类管理体系标准，ISO 37301:2021 标准发布后，替代了 ISO 19600:2014《合规管理体系 指南》（对应的中国标准为 GB/T 35770—2017）。两项 ISO 标准均基于相同的架构、以风险导向为基础的方法，并注重整体的合规管理系统，但是，只有 ISO 37301:2021 可以用作第三方认证的准则。ISO 37301:2021 规定了组织建立、运行、保持和改进合规管理体系的要求，并提供了使用指南，为各类组织提高自身的合规管理能力提供系统化的方法。它采用的 PDCA（Plan 计划、Do 执行、Check 检查、Act 改进）理念完整覆盖了合规管理体系建立、运行、保持和改进的全流程，基于合规治理原则，为组织建立并运行合规管理体系、传播积极的合规文化提供了整套解决方案，具体言之：

（一）组织环境

环境系组织赖以生存的基础。环境既包括法律法规、监管要求、行业准则、良好实践以及道德标准，又涉及组织自我设定以及公开声明遵守的规则。ISO 37301:2021 从以下四个方面确定了识别和分析组织环境的要求：

1. 确定影响组织合规管理体系预期结果能力的内部以及外部因素；
2. 确定并理解相关方及其需求；
3. 识别与组织的产品、服务或活动相关的合规义务、评估合规风险；
4. 确定反映组织价值、战略的合规管理体系及其边界和适用范围。

（二）领导作用

领导对于合规管理而言具有根本性、引领性作用，ISO 37301:2021 对组织的治理机构、最高管理者等如何发挥领导作用作出了明确规定：

1. 治理机构和最高管理者应当展现出对合规管理体系的领导作用和积极承诺；
2. 遵循合规治理原则；

3. 培育、制定并在组织各个层面宣传合规文化；

4. 制定合规方针；

5. 确定治理机构和最高管理者、合规团队、管理层以及员工相应的职责和权限。

（三）策划

组织应当对企业可能面临的潜在情形以及后果予以预测，并采取一定方式确保合规管理体系能够实现预期效果，防范并减少负面影响，进而持续改进工作。ISO 37301:2021 要求企业策划以下内容：

1. 于各部门及层级上建立恰当的合规目标，策划实现合规目标需建立的过程。

2. 综合考虑组织内外部环境问题、合规义务和合规目标，策划应对风险和机会的措施，并将这些措施纳入合规管理体系；

3. 有计划地对合规管理体系进行修改。

（四）支持

支持是合规管理的重要保障。公司对合规管理体系的有效支持能够使公司合规管理体系有效运行。ISO 37301:2021 要求企业采取以下措施：

1. 确定并提供包括财务、工作环境以及基础措施等资源支持；

2. 招聘能胜任且具备遵循合规要求的员工，制订纪律处分等纪律管理措施以规制违反合规要求的员工；

3. 定期开展合规管理培训，进而提升员工合规意识；

4. 开展内部与外部沟通与宣传；

5. 创建、控制和维护文件化信息。

（五）运行

所谓运行，是指企业立足于执行层面，在对企业合规管理体系予以策划后，义务合规实施与合规战略的过程。ISO 37301:2021 从以下四个方面对运行进行了规定：

1. 实施为满足合规义务、实施合规目标所需的过程以及应当采取的措施；

2. 建立并实施过程的准则、控制措施，定期检查并测试对应的措施，留存相应记录；

3. 建立举报程序，鼓励员工通过内部自查自纠进而善意报告不合规事件；

4. 建立调查程序，充分评估、调查、了解可疑和已发生的违反合规义务的情况。

（六）绩效评价

绩效评价是对合规管理体系运行所作出的有效评价。在绩效评价方面，ISO 37301:2021 作出如下规定：

1. 监视、分析和评价既有合规管理体系的有效性；
2. 有计划地展开内部审核；
3. 定期开展管理评审。

（七）改进

改进是指对合规管理体系运行中所发生的不合规情况作出反应、评价，并决定是否予以修正，发现导致不合规情况的原因，进而避免再次发生或在其他地方发生，以确保企业处于动态持续有效的合规状态之中。

在改进方面，ISO 37301:2021 作出如下规定：

1. 企业应当持续保证合规管理体系的适用性、充分性与有效性；
2. 对于已经发生以及未发生的不合规现象采取控制或纠正措施。

二、《中央企业合规管理办法》

2022 年 8 月 23 日，国务院国有资产监督管理委员会（国务院国资委令第 42 号）公布《中央企业合规管理办法》，并自 2022 年 10 月 1 日起施行。《中央企业合规管理办法》虽然不长，但对中央企业的合规管理从体系上进行了规制。

表 6-1 《中央企业合规管理办法》主要内容

章节	内容	主要内容
第一章	内容	对合规、合规风险和合规管理进行了定义，并规定了合规管理工作应当遵循的原则。
第二章	组织和职责	规定了党委（党组）、董事会、经理层、主要负责人、合规委员会、首席合规官、业务及职能部门、合规管理部门、纪检监察机构和审计、巡视巡察、监督追责等部门的职责。

续表

章节	内容	主要内容
第三章	制度建设	规定了企业应当建立健全合规管理制度；合规管理基本制度；有关反垄断、反商业贿赂、生态环保、安全生产、劳动用工、税务管理、数据保护等重点领域，以及合规风险较高的业务具体制度或者专项制度；涉外业务重要领域专项合规管理制度。
第四章	运行机制	企业应当建立合规风险识别评估预警机制、将合规审查作为必经程序嵌入经营管理流程；对合规风险及时采取应对措施并向合规管理部门报告；中央企业发生重大合规风险事件，应当按照相关规定及时向国资委报告；建立违规问题整改机制；设立违规举报平台；对涉嫌违纪违法的，向纪检监察等相关部门或者机构移交；完善违规行为追责问责机制；建立健全合规管理与法务管理、内部控制、风险管理等协同运作机制；定期开展合规管理体系有效性评价，将合规管理作为法治建设重要内容，纳入对所属单位的考核评价。
第五章	合规文化	企业应当将合规管理纳入党委（党组）法治专题学习，推动企业领导人员强化合规意识，带头依法依规开展经营管理活动；建立常态化合规培训机制，制订年度培训计划，将合规管理作为管理人员、重点岗位人员和新入职人员培训必修内容；加强合规宣传教育，及时发布合规手册，组织签订合规承诺，强化全员守法诚信、合规经营意识；引导全体员工自觉践行合规理念，遵守合规要求，接受合规培训，对自身行为合规性负责，培育具有企业特色的合规文化。
第六章	信息化建设	加强合规管理信息化建设，结合实际将合规制度、典型案例、合规培训、违规行为记录等纳入信息系统；定期梳理业务流程，查找合规风险点，运用信息化手段将合规要求和防控措施嵌入流程，针对关键节点加强合规审查，强化过程管控；加强合规管理信息系统与财务、投资、采购等其他信息系统的互联互通，实现数据共用共享；利用大数据等技术，加强对重点领域、关键节点的实时动态监测，实现合规风险即时预警、快速处置。
第七章	监督问责	因合规管理不到位引发违规行为的，国资委可以约谈相关企业并责成整改；造成损失或者不良影响的，国资委根据相关规定开展责任追究；对在履职过程中因故意或者重大过失应当发现而未发现违规问题，或者发现违规问题存在失职渎职行为，给企业造成损失或者不良影响的单位和人员开展责任追究。
第八章	附则	中央企业结合实际制定完善合规管理制度，推动所属单位建立健全合规管理体系；地方国有资产监督管理机构参照本办法，指导所出资企业加强合规管理工作。

三、其他合规管理标准

ISO 37301:2021 是通用性标准,换言之,该标准不是专用性的。通用性的标准不区分产业、专业、功能或企业,而专用性的或特殊性的标准则有所区分。

表 6-2　合规管理标准分类

分类标准	标准示例
按专业分类	ISO 37001:2016 Anti-bribery management systems requirements with guidance for use《反贿赂管理体系 要求及使用指南》
按功能分类	ISO 37002:2021 Whistleblowing management systems — Guidelines《举报管理体系 指南》
按产业分类	《证券公司和证券投资基金管理公司 合规管理办法》《证券公司合规管理实施指引》
按企业分类	《中央企业合规管理办法》

第三节　从执法机构的角度看体系

如何成体系地搭建合规管理体系,除了 ISO 37301:2021 之外,我们还可以从国外一些执法机构的角度来看它们对合规体系的理解,并以此借鉴和探索如何建立合规管理体系,从而让企业能脚踏实地地去发展。2019 年 4 月 30 日,美国司法部刑事处公布了更新版的《公司合规程序评价》(Evaluation of Corporate Compliance Programs)[①],引起了各国合规专业人士的关注。

该版本是 2017 年 2 月 8 日颁布版本的更新版,从多角度对如何评价企业合规程序给予了指导。合规是生产力,创造价值;合规是金色盾牌,让企业少被罚,不被抓。那么,在实务中,这个金色盾牌该怎么打造?2017 年版本解决了这个问题。

[①] 注:Compliance Programs 应当翻译成"合规程序"还是"合规计划"有争议。因为 Plan 翻译成"计划",Program 翻译成"程序"似乎更好。

表 6-3 《公司合规程序评价》(2017 年版) 评价企业合规程序一览

评价项目	评价内容
对潜在不当行为的分析和整改	公司如何对相关不当行为进行根本原因分析?
	之前是否有机会发现相关不当行为?
	公司实施了哪些具体改变以确保将来不再发生相同或类似的问题?
高级和中层管理人员	高层领导如何通过自身的言行鼓励或者阻止这类不当行为?
	高层领导和其他利益相关方采取了哪些具体行动展现他们对合规的承诺,包括采取的整改措施?
	董事会能够获得什么样的专业合规帮助?
自主权和资源	合规部门是否参与不当行为相关的培训及相关决策?
	合规职能部门与公司其他战略职能部门相比如何?
	合规和内控人员是否具备其职责所要求的适当经验和资格?
	合规和相关控制部门是否直接向董事会汇报工作?
	如何基于公司的风险特征对合规和相关控制部门的人员和资源分配进行决策?
	公司是否将全部或部分合规职能外包给外部公司或顾问?
政策和流程	公司制订和执行新的政策和程序的流程是什么?
	谁负责整合政策和程序?
	哪些控制失效或者缺乏哪些原本可以发现或阻止不当行为的控制措施?
风险评估	公司使用什么方法识别、分析和解决其所面临的特定风险?
	公司为发现相关类型的不当行为收集和使用过哪些信息或参数?
	公司的风险评估流程是如何解释显现的风险的?
培训与沟通	相关控制部门的员工接受过哪些培训?
	培训使用的形式和语言是否适合目标培训对象?
	高级管理人员采取哪些措施让员工知悉公司对已发生的不当行为所持有的立场?
	公司为员工提供哪些合规政策指导资源?
保密报告和调查	公司是如何收集、分析和使用来自其报告机制的信息的?
	公司如何确保调查范围的适当性、调查的独立性和客观性、调查实施和记录的恰当性?
	公司是否通过调查确认根本原因、系统漏洞以及问责失效?
激励和处罚措施	公司针对不当行为有哪些纪律处分措施以及何时实施这些措施?
	奖惩措施是否在整个公司得到公平一致的实施?
	公司对合规和道德行为有何激励机制?

续表

评价项目	评价内容
持续改进、定期测试和审查	通过哪些类型的审计可以发现与不当行为相关的问题？
	公司是否审核并审计过不当行为相关领域的合规制度，包括测试相关控制措施，收集并分析合规数据以及约谈员工和第三方？
	公司更新风险评估机制以及审核合规政策、流程和操作实践的频率如何？
第三方管理	公司的第三方管理流程如何适应其所发现的企业风险的性质和级别？
	使用相关第三方的商业理由是什么？
	公司如何从合规风险角度考虑和分析第三方的激励模式？
	对涉及不当行为的第三方进行的尽职调查是否发现危险信号以及是如何解决的？
并购	尽职调查过程中是否发现不当行为或者不当行为的风险？
	合规部门如何参与兼并、收购及整合流程？
	公司对于尽职调查过程中发现的不当行为或不当行为风险有什么追踪和整改流程？

与 2017 年版本相比，2019 年更新版的《公司合规程序评价》更加务实、落地且有实操性，其旨在帮助检察官在是否且如何做出检控及处理决定时参考如下标准：一个公司的合规程序在该公司的违法犯罪行为发生时是否有效、在多大程度上有效；一个公司的合规程序在检察官提起检控决定或者解决方案时是否有效、在多大程度上有效，从而帮助检察官决定合适的处理办法：(1) 解决方案或监控方式；(2) 罚金（如有）；(3) 公司刑事解决方案中含有的合规义务（如监管计划或者报告义务）。

在评价一个公司的合规程序时，一个检察官要问三个基本问题：

表 6-4 评价公司合规程序，检察官的基本问题

序号	问题（中文）	问题（英文）
1	公司的合规程序是否设计有方？	Is the corporation's compliance program well designed?
2	该程序的实施是否实打实、不弄虚作假？换言之，该程序是否被有效地落实到位？	Is the program being applied earnestly and in good faith? In other words, is the program being implemented effectively?
3	在实务中"公司的合规程序在发挥着作用吗"？	"Does the corporation's compliance program work" in practice?

检察官司法手册中的"起诉商业组织的原则"阐述了检察官在对公司进行调查、决定是否起诉、谈判或其他协议时应考虑的具体因素。（JM 9-28.300）。这些因素包括"公司在犯罪时以及在被起诉时合规程序的充分性和有效性"，以及公司"为实施充分有效的公司合规程序或改进现有合规程序"所做的补救措施。JM 9-28.300（引用 JM 9-28.800 和 JM 9-28.1000）。此外，量刑指南建议，在计算组织机构适当的刑事罚金时，应考虑该公司是否在不当行为发生时制定了有效的合规程序。参见 U.S.S.G § 8B2.1、8C2.5（f）和 8C2.8（11）。而发布的题为"刑事部门事务中检察官的选择"的备忘录（以下简称"Benczkowski 备忘录"），指出检察官在作出决议时应考虑"公司是否在合规程序和内部控制上进行了重大投资和改进"，以及"合规程序和内部控制的补救改进是否已经过测试，以证明它们将预防或发现日后的类似不当行为"，以确定是否有适当的监控。

本文件旨在协助检察官作出正确判断，以确定公司的合规程序在犯罪时是否有效、在何种程度上有效，以及在起诉或决议时是否有效，进而确定（1）决议或起诉的适当形式；（2）罚金（如有）；（3）公司在刑事决议中履行的合规义务（如监事、报告义务）。

由于公司合规程序必须在刑事调查的特定背景下进行评估，刑事部门没有使用任何严格的公式来评估公司合规程序的有效性。我们认识到，每一家公司的风险概况和降低其风险的解决方案都需要详细且具体的评估。因此，我们对每一种情况都做出了个性化的决定。然而，在做出个性化决定的过程中，我们可能会问一些共同的问题。正如检察官司法手册所指出的，检察官应提出以下三个"基本问题"：

一、公司的合规程序是否设计良好？

二、这个程序是否得到了认真、真诚的执行？换句话说，该程序是否得到有效实施？

三、在实践中"公司的合规程序是否有效"？

参见 JM § 9-28.800。

在回答这三个"基本问题"中的每一个时，检察官可能都会根据刑事部门常见的与评估公司合规程序相关的内容，来对该公司各方面的表现进行评估。下面的示例主题和问题既不是清单也不是固定公式。在任何特定情况下，下文所述的主题和问题可能并不都是相关的,鉴于所涉的特定事实,其他主题和问题可能更为突出。虽然我们已经将主题归纳到这三个基本问题之下,但我们认识到,有些主题必然不止属于一个类别。

一、公司的合规程序是否设计良好?

"评估任何程序的关键因素是,该程序的设计是否足够有效,以最大限度预防和发现员工的不当行为,以及公司管理层是否在执行该程序,或在暗中鼓励或迫使员工从事不当行为。"

因此,应该检查"合规程序的全面性",以确保公司不仅明确表明了对不当行为的零容忍,而且制定了适当的政策和程序(从作业的责任、培训到系统的激励机制和纪律)来确保合规程序完全融入公司业务流程和员工手册。

(一)风险评估

评估一家公司是否有完善的合规程序的出发点是从商业的视角,了解该公司的业务、了解公司如何识别、评估和定义其风险概况,以及该程序在多大程度上对风险进行了适当的审查、投入了多少资源。

应考虑该程序是否"旨在发现某一公司业务中最有可能发生的特定类型的不当行为"和"复杂的监管环境"。例如,排除其他因素,则应该考虑公司是否能分析和解决各类不同风险,包括业务的位置、产业部门、市场的竞争力构成、监管环境、潜在客户和业务合作伙伴、与外国政府事务、向外国官员使用第三方礼物、旅行和娱乐费用和慈善及政治捐款所形成的各种风险。

还应当考虑风险评估的有效性、根据这种风险评估应该如何调整企业合规程序,以及其标准是否"定期更新"["组织机构应定期评估犯罪行为风险,并应采取适当的举措设计、实施或修改(合规程序)的每项要求,以降低犯罪行为风险"]。

可以相信基于风险的合规程序的质量和有效性,该程序将适当的注意力和资源用于高风险交易,即使它无法防止低风险地区的违规行为。因此,应考虑将风险调整的指标"根据经验教训对公司合规程序进行修订。"

-风险管理过程——公司采用什么方法来识别,分析并处理它所面临的特定风险?该公司收集了哪些信息或度量标准来帮助检测存在问题的不当行为类型?

这些信息或度量如何影响公司的合规程序？

-风险特定的资源配置——公司是否投入了不成比例的资源将大量时间用于监管低风险领域，而非高风险领域，如支付给第三方顾问的可疑款项、可疑交易活动或给经销商和分销商过多的折扣？公司是否对高风险交易（如与高风险国家政府组织签订大额合同）提出更高的要求，进行严格的审查，而不是把重点放在更温和、更常规的接待和娱乐活动方面？

-更新和修订——风险评估是否现行并定期进行审查？根据经验教训，政策及程序是否进行了更新？这些更新是否对不当行为或合规程序的其他问题发现的风险做出了解释？

(二) 政策与程序

任何精心设计的合规程序都需要策略和程序。这些策略和程序既要符合道德规范的内容和效果，也应致力于降低公司在风险评估过程中确定的风险。作为一个门槛，应该检查公司是否有一套行为准则，其中包括公司承诺完全遵守适用于所有公司员工的相关联邦法律。因此，还应该评估公司是否制定了政策和程序，将合规文化融入其日常运作中。

-设计——公司在设计和执行新版政策与程序时，流程是怎样的？设计时是否考虑了程序的实时更新？参与政策与程序设计的主体是谁？在推出新的公司业务部门前是否有前置的商讨程序？

-全面——政策与程序能够反映包括法律及监管环境变化在内的企业风险范围，并且能够对此提供解决途径吗？公司为了监管与执行政策与程序，采取了哪些措施？

-可及——公司如何将自己的政策与流程传达给所有的员工和相关第三方？如果公司设有外国子公司，对于外国员工而言是否存在语言或其他障碍？

-运营整合责任——负责整合政策与流程的主体是谁？政策与流程在推广时是否能够确保员工理解？通过公司的内控程序，政策与流程在哪些具体方面得到了加强？

-把关——在公司控制程序中，向把关者（如有审核权限或认证职责的员工）提供了什么样的指引和培训？把关者是否知道要关注哪些不当行为？他们是否清楚需要提高警惕的节点及方式？

(三) 培训与交流

恰当且符合公司情况的培训和交流是优秀合规程序的另一个标志。

所以,应当对公司采取的步骤进行评估,以确保政策与程序已融入组织,如为董事、经理、相关员工以及其他需要培训的代理人和商业伙伴提供定期培训和认证。应当评估,公司是否以符合受众规模、水平或专业的方式传递了信息。举例来看,有些公司向员工提供了解决现实问题的实用建议或案例研究和/或指导员工如何在需要的时候根据具体情况获取道德意见。另外,公司培训是否涵盖了过往的合规事件、公司是否有衡量培训课程有效性的方式,也是应当评估的事项。

总而言之,应当检查公司是否在实践中向员工传达了合规程序,员工是否在实践中理解了该程序。只有这样,才能作出合规程序是否"真正有效"的判断。

-以风险为基础——相关控制部门的员工接受了什么培训?公司是否向高风险及起到控制作用的员工提供了恰当的培训(包括用来解决不当行为所在领域风险的培训)?负责监管的员工是否接受了不同培训或补充培训?公司是如何决定接受培训的主体以及培训内容的?

-培训的形式/内容/效力——培训的形式及语言是否适合受众?培训是线上还是线下(或者两者兼有)的?公司选择某种培训形式的理由是什么?培训内容是否包括从以前的合规事件中吸取的经验教训?公司如何判断培训的有效性?员工接受培训后,公司是否会安排考核?公司如何解决员工全部或部分通不过考核的情况?

-关于不当行为的沟通——为了让员工清楚公司对于不当行为的态度,高级管理层采取了何种措施?当员工因未能遵守公司政策、程序及控制手段(如对不当行为的类型进行匿名)被公司解雇或惩处时,公司内部通常是如何进行沟通的?

-指引的可用性——员工在提供关于合规政策的指引时可获取哪些资源?公司如何评估其员工是否知道何时寻求建议,以及他们是否愿意这样做?

(四) 疑虑报告体系和调查程序

一个精心设计的合规程序应当建立一个有效且可信的疑虑报告机制。通过这个机制，员工可以通过匿名或秘密报告的方式，向公司报告违反公司行为准则、公司政策的行为以及可疑或已经存在的不当行为。应当评估，公司在处理举报时是否采取了积极主动的措施来创造一个不惧报复的工作氛围，是否规定了提交报告的合适程序以及保护举报者的流程。应当评估，公司的调查程序是否包括将举报转交给适当的部门、及时完成彻底调查以及采取适当的后续行动及纪律规定的内容。

疑虑报告体系能够在很大程度上证明，"一个公司的公司治理机制能否有效发现及防范不当行为"（当"一个系统包含有允许匿名或疑虑的机制，机构员工及其代理人可以在不惧报复的前提下报告潜在或业已存在的犯罪行为或就此寻求指引"时，一个有效的工作合规程序已经就位并且经过公示了）。

-报告体系的有效性——公司是否设有匿名报告机制，如果没有，为什么？公司是如何向员工宣传这一报告机制的？报告机制被使用过吗？公司是如何处理报告机制收到的指控的？公司的合规职能部门能否获悉关于报告和调查的全部信息？

-合格人员在合理范围内组织调查——公司是如何决定哪些报告或危险信号是值得进一步调查的？公司如何保障调查是在合理范围内进行的？公司采取哪些步骤来确保调查的独立性和客观性，如何确定调查的展开是合适且被恰当记录的？公司如何决定谁来调查，谁做决定？

-调查响应——公司为确保响应能力是否设置了相关时间指标？公司是否设有程序来监控调查结果并且确保对任何调查发现或建议做出的响应是负责的？

-资源和结果追踪——报告和调查机制是否有充分的资金支持？公司如何收集、跟踪、分析和使用报告机制中的信息？公司是否会根据报告及调查结果，对不当行为或其他合规危险信号进行定期的模式分析？

（五）第三方管理

一个设计良好的合规程序应当对它的第三方关系进行以风险为基础的尽职调查。尽管尽职调查的程度会因公司或交易的规模及性质有所不同，但应当评估，公司是否对第三方合作伙伴的资质和关系有所了解，包括经常被用作隐瞒不法行为的代理人、顾问和分销商。不当行为包括在国际商业交易中行贿外国官员。

还应当评估，公司是否了解第三方合作伙伴的声誉，第三方与外国官员的关系（如有）以及在交易中需要第三方的商业理由。比方说，公司与第三方签署的合同是否有具体描述第三方服务内容的条款，第三方是否确实在履行服务，第三方因此获得的报酬水平与该行业及该地理区域的工作报酬是否相符。需要进一步评估，公司通过第三方合作伙伴提供的新版尽职调查、培训、审计和/或年度合规认证，对第三方的关系是否进行了持续监控。

总之，一个公司对第三方进行的尽职调查工作是评估公司合规程序的一个重要因素，以确定该程序是否确有能力"发现公司业务线中最有可能发生的特定不当行为类型"。

－以风险为基础的整合程序——公司的第三方管理程序如何与公司识别出的企业风险的性质及级别相对应？该对应程序如何与相应的采购程序及供应商管理程序相结合？

－合适的控制——公司使用第三方是否确定有合适的商业理由？如果第三方曾参与了潜在的不当行为，决定继续使用第三方的商业理由是什么？就公司与第三方签订的合同而言，条款是否明确了第三方的具体服务事项，收费条款是否合适，第三方是否按照合同执行了服务内容，第三方收费与所提供的服务是否相称？

－关系管理——为了防止第三方引发合规风险，公司是如何考虑第三方的薪酬及激励结构的？公司如何监管它的第三方合作伙伴？公司对第三方的账簿和账户是否有审计的权利，如有，公司是否在过去行使过这一权利？公司如何通过培训的方式告知第三方与经理相关的合规风险及管理办法？公司通过何种方式激励第三方实施合规和道德行为？

－实际行动和结果——公司是否对第三方尽职调查中识别到的危险信号进行追踪？对于未通过公司尽职调查或被终止合作的第三方，公司是否进行跟踪，公司是否采取措施来确保这些第三方不在日后被雇用或重新雇用？如果经调查第三方曾参与不当行为，在尽职调查中或雇用后被识别到危险信号，公司是怎么处理的？是否有类似的第三方因合规问题被中止、终止或审计？

（六）并购（M&A）

一个设计良好的合规程序应当对所有收购目标进行全面的尽职调查。并购前的尽职调查能够帮助收购方更准确地评估每一个目标的价值，并就伴随目标而来的腐败或不当行为的成本进行协商。有缺陷或不完整的尽职调查会导致目标公司的不当行为持续发生，对一个企业的盈利能力及声誉造成损害，并有承担民事及刑事责任的风险。

一个公司能够对它的收购目标进行恰当且详尽的审查表明，该公司合规程序的实施能够有效加强内部控制并对企业各层级的不当行为进行纠正。

-尽职调查程序——尽职调查能否识别不当行为或不当行为的风险？对被收购/合并实体进行风险审查的主体是谁？并购尽职调查的程序一般包括哪些内容？

-并购整合——合规职能是如何融入合并、收购和整合程序中的？

-将尽职调查与实施相联系的程序——公司对尽职调查中被识别到的不当行为/不当行为风险采取了何种追踪和纠正的程序？公司在新实体中实施合规政策和流程的程序是什么？

二、该程序是否得到有效实施？

如果不能严格执行和有效落实，那么在实践中，即便是一个精心设计的合规程序也可能是不成功的。需要去调查合规程序究竟是"纸上工程"，还是"以有效的方式进行了酌情实施、审查和修订"。除此以外，还应当判断"公司是否有充足的员工来对合规工作的结果进行审计、记录、分析和运用"；应当判断"公司的员工是否充分了解合规程序并确信公司程序作出的承诺"（一个有效的合规程序的标准包括："公司的合规文化，员工应当意识到任何的犯罪行为，即便是调查中潜在的犯罪行为，也不会被容忍"）。

（一）中高级管理层的承诺

合规体系、政策和程序之外，对公司而言很重要的就是要创造和培养遵守道德及法律的企业文化，有效的合规程序需要公司领导做出高层级承诺，承诺自上而下地实施合规文化。

公司的最高领导——董事会和高管——为企业的其他部门定下了基调。应当检验高级管理层是否清楚地表达了公司的道德规范，以明确且毫不含糊的措辞传达、传播并通过实例表明公司严格遵守了这些规范。此外，还应当检验公司的中级管理层是如何反过来加强了这些标准并鼓励员工遵守这些标准的（公司的"管理人员应当熟知合规及道德程序的内容及程序，并对其进行合理监督"；"高层人员……应当确保组织拥有有效的合规及道德程序"）。

-高层行为——高层领导如何通过言语或行为鼓励或阻止了合规（包括调查中涉及的不当行为类型）？他们采取了何种具体行动来显示他们在公司合规工作及补救措施中的领导力？他们是如何为下属员工展现模范作用的？在拓展新业务或追求更高收益时，管理人员是如何应对更大的合规风险的？管理人员是否为了实现业务目标鼓励员工实施不道德行为或者阻止合规人员有效履行他们的职责？

-共同承诺——为了证明他们对合规或合规人员的承诺，高层领导和中层管理人员（如业务及运营经理、财务、采购、法务、人事）采取了什么行动和补救措施？在面对竞争利益或业务目标时，这些人员是否坚持了他们的承诺？

-监督——董事会成员具备哪些合规专业知识？董事会及外部审计人员是否召开过具有合规与控制职能的高管会议或私人会议？在对不当行为所在的领域进行监督时，董事会及高级管理层审计了哪类信息？

（二）自主权和资源

有效的实施还要求负责合规程序日常监督的人员具有足够的权威和地位来采取行动。首先，应当评估合规程序的结构。此外，应当解决合规职能部门人员及资源的充足问题，尤其是负责合规程序的人是否：（1）在组织中有足够的级别；（2）有充足的人力资源来有效执行必需的审计、记录和分析工作；（3）从管理层获取足够的自主权，如与董事会或董事会审计委员会直接接触的权利。对企业而言，上述因素根据每个公司的规模、结构和风险状况有所不同。"大公司……相较于小公司而言，通常应当投入更多的流程操作和更多的资源"，"小公司可能不需要那么多的形式和资源"。无论如何，若想要一个合规程序真正起到作用，合规人员就必须得到公司内部授权。

应当评估，"内部审计职能的实现是否由一个足以确保其独立性和准确性的层级来负责"。这一评估能够证明的是，合规人员是否实际被授权并且在公司的定位是"有效发现和预防不当行为"。应当评估，"公司分配给合规工作的资源"，"合规人员的素质和经验，如他们能否理解和识别构成潜在风险的交易及活动"以及"合规职能部门的权威性和独立性，董事可获得的合规专业知识"（评估"管理者是否在公司内部建立了一个合理设计的信息及报告系统，这个系统能够为管理层和董事提供及时、准确且充分的信息，帮助他们就与法律相关的合规问题作出知情决定"）；（负责日常运作的人员应当有足够的资源、适当的权威以及与管理层或一个合适的管理小组直接接触的机会）。

－结构——公司的合规职能部门（如法律部门、业务部门或向首席执行官/董事会直接报告的独立部门）是什么？合规职能部门向谁报告？合规职能部门由指定的首席合规官或公司内部的另一名高管负责，该名负责人是否在公司内有其他角色？合规人员是只承担合规责任，还是在公司内还承担其他非合规责任？为什么公司选择当前的合规结构？

－级别和地位——在地位、薪酬水平、层级/头衔、隶属关系、资源和与重要决策者接触方面，公司的合规职能部门与其他战略职能部门相比有什么不同？合规和相关控制职能部门员工的更替率是多少？合规在公司的战略和运营决策上扮演了什么角色？在具体案件中，公司对合规问题是如何反应的？是否有交易因合规问题被停止、修正或进一步审查？

－经验和资历——合规和控制职能部门的员工是否具备与他们的职责和责任相适应的经验和能力？随着时间的推移，经验和能力的水平是否发生变化？谁来考核合规职能部门员工的绩效？考核流程是什么？

－资金和资源——是否有足够的合规员工来对合规工作的结果进行审计、记录、分析并采取行动？公司是否对合规工作投入了足够的资金？合规及控制职能部门在向公司要求资源时是否曾被拒绝，如果有，理由是什么？

－自主权——合规及相关的控制职能部门能否向董事会和（或）审计委员会直接报告？合规及相关的控制职能部门与董事开会的次数？高级管理层成员是否在会议上出现？公司如何确保合规及控制职能部门员工的独立性？

－外包合规职能——公司是否将全部或部分合规职能外包给外部公司或顾问？如果是，为什么？谁负责监督或联络外部公司或顾问？外部公司或顾问对公司信息的访问级别是多少？如何评估外包过程的有效性？

（三）奖励措施及纪律

有效实施合规程序的另一个标志是建立合规奖励机制和合规惩戒机制。应评估公司是否有明确的纪律程序、是否在整个组织内始终如一地执行这些程序、是否确保惩戒程序与不当行为相称。无论从事不道德行为的员工的职位或头衔如何，都应该评估组织向员工传达的信息是否达到"不道德行为将不会得到容忍，并会迅速地让违规人承担相应后果"的程度。["公司的合规程序应通过以下方式始终得到执行和改善：（A）根据公司的合规与道德程序，制定并实施适当的奖励制度；（B）从事犯罪行为和未采取合理步骤以预防或发现犯罪行为的适当惩戒的制度。"]

举例来说，一些公司发现，在适当的情况下，在公司内部惩戒制度可以产生一定的威慑作用。与此同时，一些公司还发现，提供一些激励措施（如人员晋升、奖励以及为改进和发展合规项目或展示道德模范作用而提供的奖金）可以推动公司合规。一些公司甚至将合规作为管理奖金的重要衡量标准，并/或将对公司合规工作的贡献作为职位晋升的一种根据。

－人力资源程序——谁参与对不当行为作出的惩罚决定，包括决定涉案的不当行为的类型？是否对每一个不当行为都遵循相同的过程，如果不是的话，为什么？员工被惩戒的实际原因是否传达给员工？如果没有的话，为什么？是否存在限制信息传达的相关法律或调查原因，或是否提供了"托词式"的原因，保护企业免受指控揭发或外部审查？

－适用上的一致与平等——惩戒措施和奖励措施是否在整个组织内得到公平和一致的应用？是否有相似的不当行为得到不一样的对待，如果有，为什么？

－奖励制度——公司是否考虑过奖励制度对公司合规的影响？公司如何激励合规和道德行为？公司是否存在基于合规与伦理原因而采取的具体行动的例子（如得到晋升或拒绝给予奖励）？谁决定包括奖金在内的薪酬，以及与合规问题有关的人员的惩戒和晋升？

三、在实践中"公司的合规程序是否有效"？

起诉商业组织的原则要求检察官评估"公司违规时和作出指控决定时，合规程序的充分性、有效性"。鉴于首次被调查后的后顾性，检察官在公司发生不当行为后，评估合规项目时必须回答的最困难的问题之一是，该项目在不当行为发生时是否得到有效运行，特别是在不当行为没有立即被发现的情况下。

在回答这个问题时，不当行为的存在本身并不意味着不当行为发生时合规程序没有奏效或没有效果（"未能预防或检测到违法行为并不意味着该程序在预防和制止不当行为方面通常没有效果"）。事实上，"公司应当认识到，没有任何合规程序能够完全阻止公司员工的所有不当行为"。当然，如果合规程序确实有效地识别了不当行为，包括能够及时纠正和自我报告，那么这种情况是表明公司的合规程序正在有效地工作的一个强有力的指标，表明公司的合规程序正在有效地工作。

在评估公司发生不当行为时，合规程序是否有效地起到作用时，应确认公司是否发现不当行为、如何发现不当行为、在调查可疑的不当行为时有哪些合适的调查资源可以运用，以及公司补救措施的性质和彻底性。

为了确定公司的合规程序在作出起诉决定或决议时是否有效，应考虑该程序是否随着时间的推移而演变，以应对现有和不断变化的合规风险。还应考虑，该公司是否进行了充分和实际的根源性的原因分析，以了解是什么导致了不当行为，以及为防止今后发生类似事件而需要采取的补救措施的程度。

例如，在众多有影响的因素中，应当考虑"公司是否在公司合规程序和内部控制系统方面投入较大的资源和进行改善"和"对合规程序和内部控制制度的补救性的改善措施是否经过测试，能够证明这种改善措施将防止或检测在未来类似的不当行为"。"Benczkowski 备忘录"的第 2 部分（查看"如果公司的合规程序和控制在决议时被证明是有效的，并且资源充足，那么可能就不需要监控了"）。

（一）对合规程序的持续改进、定期测试和评审

有效的合规程序的一个标志是其公司对程序的改进和发展。在实践中，管控措施的实施必然会暴露出风险领域和潜在的调整需求。随着时间的推移，公司的业务、经营环境、客户的性质、法律的相关规定以及适用的行业标准也会发生变化。因此，应该考虑该公司是否在审查其合规程序以确保它没有过时的方面作出了有效的努力。一些公司会对员工进行调查，以衡量企业的合规文化、评估合规程序的规制力度是否发挥其应有的作用，并/或进行定期审计，以确保合规程序的良好运行，尽管评估程序的性质和频率可能取决于公司的规模和复杂性。

此外，可以对公司作出促进合规程序的改进与可持续性发展所作出的努力进行奖励。在评估一个特定的合规项目是否在实践中有效时，应考虑"根据公司在合规过程中吸取的教训对公司合规程序进行修订"（查看"审计合规程序以确保其有效性"）。同样应该关注公司是否采取了"合理的措施"，以"确保遵守组织的合规和道德程序，包括监控和审计，以发现犯罪行为"，以及是否"定期评估合规程序实施的有效性"。像这样积极主动的努力不仅可以在受到任何决议或检控时得到回报（如在量刑指南中规定，可以补救信贷或较低的适用罚款范围），而且更重要的是，可以避免今后出现类似问题。

－内部审计——确定内部审计将在何处和多久进行一次，审计的程序是什么？制定该程序依据的基本原理是什么？如何进行内部审计？如何审计可以发现与不当行为相关的问题？是否进行了审计？结果如何？定期向管理层及审计委员会报告过哪些有关的审计结果及补救进度？管理层和董事会如何跟进？内部审计多久对高风险领域进行一次评估？

－控制测试——公司是否对与不当行为相关的合规程序进行了审核？放到更常见的情况中，公司对控制、合规数据的收集和分析，以及对员工和第三方的访谈进行了哪些测试？如何报告结果和跟踪操作项？

－不断更新——公司多久对风险评估进行更新，并审查公司合规政策、程序和实践？公司是否进行了差距分析，以确定是否在其政策、控制或培训中有没有充分关注特定的风险领域？公司采取了哪些步骤来确定政策/程序/实践是否适用于特定的业务部门/子公司？

－合规文化——公司对公司的合规文化多久衡量一次？是如何衡量的？公司是否寻求各级员工的意见，以确定他们是否理解高级和中级管理层对合规的承诺？公司在衡量合规文化方面采取了哪些措施？

（二）对不当行为的调查

合规程序有效运作的另一个标志是，存在一个运作良好、资金充足的机制，可以对公司、员工或代理人的任何不当行为受到指控或怀疑时进行及时和彻底的调查。有效的调查结构还应具备记录公司响应的既定手段，包括所采取的任何惩戒措施或补救措施。

－由具有资质的人员在合适的范围内进行调查——公司如何确保调查的范围

是适当的，独立、客观、适当地进行，并进行了适当的记录？

－对调查的回应——公司的调查是否被用于确定根本原因、系统漏洞和责任缺失，包括对监督经理和高级管理人员的调查？对调查结果作出回应的程序是什么？调查结果最高可以提交到公司的哪个层级？

（三）分析和纠正任何潜在的不当行为

最后，在实践中有效运作的合规程序的一个标志是，公司能够在多大程度上对不当行为进行周密的根本原因分析，并及时和适当地纠正，以解决根本原因。

在评估合规程序的有效性时，应该反思"违法行为的程度和普遍性；涉案职工的人数、级别；违法行为的严重程度、持续时间、发生频率；公司采取的所有的补救措施，包括对以前合规程序中发现的不当行为进行纪律处分，并根据吸取的教训对公司合规程序进行修订"（根据《反海外腐败法》公司执行政策，"为进行及时和适当的补救并获得充分的信任"，公司应论证"根本原因分析"，并在适当情况下"进行补救以解决根本原因"）。

应该对"公司采取的任何补救措施，例如，对之前合规程序中发现的过去的违反者采取纪律处分"进行考虑（查看"对员工进行适当的惩戒，包括那些由于直接参与或监督不力而被公司认定应对不当行为负责的员工，以及对不当行为发生地有监督权力的员工"和"任何表明公司承认不当行为的严重性，为不当行为承担责任，以及实施相关措施以减少此类不当行为再次发生的风险，包括确定未来风险的措施"）。

－根本原因分析——公司对问题中的不当行为的根本原因的分析结果是什么？是否发现了任何系统性问题？公司内部谁参与了分析？

－先前的弱点——是哪一步管控措施失效了？如果政策或程序本应禁止不当行为，它们是否得到了有效执行，并且是否享有这些政策和程序所有权职能的工作人员予以被追责？

－付款系统——涉案的不当行为是如何获得资金的（如采购订单、员工报销、折扣、零用现金）？哪些程序可以防止或检测到对这些资金的不当使用？这些程序是否得到了改进？

－供应商管理——如果供应商涉及不当行为，供应商选择的过程是什么？供应商是否经历过这个过程？

-以前的迹象——是否有机会事先发现相关的不当行为，如识别确定相关控制失败的审计报告或受到指控、投诉或调查？该公司是如何分析这些机会为何被错过的？

-补救措施——公司做了哪些具体的改变来降低将来发生相同或类似风险的可能性？哪些具体的补救措施解决了根本原因和错失的机会分析中确定的问题？

-问责制——公司针对不当行为采取了哪些惩戒措施？这些措施是否及时？管理人员是否对在其监督下发生的不当行为负责？公司是否考虑过对监管不力人员采取纪律处分？公司对员工纪律处分记录（如纪律处分的数目及种类）与所涉及的行为类别有何关系？公司是否曾因员工行为不端而解雇或以其他方式对其进行处罚（如减少或取消奖金、发出警告信等）？

第四节　合规管理体系制度建设

合规管理体系建设常见的工作步骤如下：

1. 组织环境

序号	合规模块	项目名称	目的	输出	负责人/部门	义务人/部门
1	人力资源管理和员工背景调查	员工背景调查	通过严格的背景调查，提前发现候选人（入职员工）可能存在的问题，在用人上严把风险关，避免给公司造成潜在的合规风险。	员工入职信息表；访谈员工之前就职单位主管，询问员工工作情况和离职原因（及其他输出项目）。	人力资源部	人力资源部
2		招聘/晋升/换岗制度	公司应采用适当的方式，把行为准则及公司其他合规政策中的要求，纳入员工招聘、晋升和换岗流程中，以做到人力资源方面的严格合规，避免出现舞弊现象和劳动纠纷等不利风险。	招聘审查分级制度；对潜在雇员应聘的职位进行分析，确认其职位合规风险的高低，设置不同程度的审查要求（根据部门和义务具体确定以及其他项目）。	管理层	人力资源部和合规部
3		利益冲突申报	及时发现员工外部活动与所在任职岗位，或员工家庭成员与政府官员或部门的关系可能造成的潜在利益冲突，避免舞弊和欺诈风险。	招聘：制定一份披露员工与政府官员或部门关系（一般为家庭成员），以及是否存在利益关系的其他外部商业利益关系的申明文件，要求员工如实填写，并由人力主管评估确认，这些关系与公司的商业利益不存在冲突。	人力资源部	全体

续表

序号	合规模块	项目名称	目的	输出	负责人/部门	义务人/部门
4	人力资源管理和员工背景调查	调整人员权限	保证公司内部做到权责一致，防止出现权责不对应、权力被滥用的情况。	公司应当即日并定期梳理内部治理结构，各部门也应当对自己内部的分工、责任和权力分配进行审查调整，确保权责一致，重要职权和义务能够受到有效监督和制约，避免滥权专权。	管理层	人力资源部
5		离任审计制度	为防止员工离任后难以对任职期间的不合规行为进行调查、举证和追责，公司应当在员工离职时对其进行离任审计，尤其需要加强对于因违法违规违纪而离任员工的离任审计。	针对职务侵占的审计：（详见重点审计环节）。	人力资源部	人力资源部、合规部、财务部、离职员工所在部门的部门主管和直接负责人
6	保证定期培训与宣贯	入职培训	确保员工充分认识合规要求，帮助公司建立合规文化，确保全员合规。	人力部门应当定期邀请所有新入职的员工（包括实习生和劳动/劳务派遣人员）参加新员工培训。在培训会上，可以邀请合规部的合规专员对公司的合规要求和合规政策进行一个整体介绍。	人力资源部	人力资源部和合规部合规培训专员

第六章 合规是管理体系 | 129

续表

序号	合规模块	项目名称	目的	输出	负责人部门	义务人部门
7	保证定期培训与宣贯	定期合规培训会议	同上	除新入职员工培训外，合规部应当定期开合规培训会议，建议如下：每月在公司部门主管会议上预留合规情况报告和总结环节；每季度召开一次部门主管合规培训会议，对公司进行培训；每年针对公司全员合规开展至少1~2次的全员合规培训。	合规部	合规主管和合规培训专员
8		重大事件/政策宣贯		针对重大突发事件（公司内部案件或者行业典型案例）和相关法律法规的重大变动，合规部门应当及时将相关重要信息通过部门主管会议或者全员参与的培训会形式进行宣传贯彻。	合规部	合规部
9	建立密级和保密制度	信息分级和保密	保护公司秘密，避免对《保守国家秘密法》《反不正当竞争法》《刑法》等法律法规的违反，或因泄密而造成公司商业秘密泄露，进而造成损失。	针对不同的信息，应当首先将信息按照国家秘密、商业秘密、竞争情报、个人信息、重要数据进行分类。	合规部	全体
10		文档化管理	规范公司管理流程，以应对潜在合规需求或相关纠纷。	需要文档化的内容包括：合规管理体系之目标、结构和内容。	全体	全体

2. 领导与支持

序号	合规模块	项目名称	目的	输出	负责人/部门	义务人/部门
1	管理层构建治理架构	明确管理层职责	合规管理的顶层设计，确定公司合规方针，确定公司合规原则，建立公司合规文化。	建立和维护公司的核心价值观。	管理层	管理层
2		设立合规岗位	设立专人专岗负责公司合规事宜。	建议公司设立专职合规官负责公司相关合规事宜。	管理层	人力资源部和合规部
3		预算与资源配置	确保公司在合规领域投入相对足够的资源，用以保障公司的合规管理工作。	设置专门的合规岗位，每年为合规工作预留工作预算，支持合规岗位的内部调查，为合规工作提供协调和领导。	管理层	管理层、财务部、人力资源部
4		合规治理原则	合规工作的顶层设计，确立公司合规文化建设方向。	参见第五部分：合规管理基本原则。	管理层、合规部	管理层、全体

3. 风险识别评价

序号	合规模块	项目名称	目的	输出	负责人/部门	义务人/部门
1		编制合规义务清单	在明确公司权责的基础之上,进一步明确公司承担的合规义务。确定相关合规义务人,制定清晰明了、权责一致的合规义务清单,明确具体风险和合规义务人。	通过沟通,深入了解公司合规管理的现状。	合规部	全体
2	编制重大合规义务清单及业务清单	第三方风险识别	及时识别第三方合规风险。	针对不同群体,制定相应的风险识别评估表格。	合规部	全体,重点是业务线和风控线
3		识别重大合规风险	及时、定期地就重大合规义务和风险向管理层进行提示。	拟定"重大合规义务提示"文件,列明公司重大合规义务,加强重点合规管理。	合规部	全体,重点是业务线
4		评价合规风险值	建立风险评估体系,按照优先级给各类风险进行评级,以便有效配置合规管理资源。	确定从风险源频率、风险造成损害的严重程度以及风险发生的可能性三个维度综合评价风险值。	合规部	全体

续表

序号	合规模块	项目名称	目的	输出	负责人/部门	义务人/部门
5	跟踪外部标准、做好对标工作	动态维护合规义务	公司应制定相应的流程以及时跟踪法律、法规、规范和其他合规义务的出台和变更，以确保合规的持续性。组织应具备相应的流程，评估相关变化所带来的影响，并实施合规管理义务变更。	公司合规义务维护人应当确保自己在相关监管机构的收件人列表中。	合规部	合规部、法务部
6	建立举报和内部调查制度	举报机制	通过举报系统收集相关违规违纪信息，防微杜渐，扼杀滋生不合规的"温床"。	设置邮箱，开通举报热线和电子邮箱，接收来自公司内外的实名或匿名举报信息。	管理层、合规部、人力资源部	全体
7		调查机制	设立系统全面的调查机制，处理来自公司内部和外部的举报线索。	针对所有举报线索进行调查。	合规部	管理层、合规部、人力资源部和财务部

4. 风险控制

序号	合规模块	项目名称	目的	输出	负责人/部门	义务人/部门
1	反舞弊合规管理	反舞弊合规管理	开展反舞弊合规管理业务，帮助公司规避贪污、受贿、行贿等违规违纪风险。	制定《公司行为准则》《礼品和邀请规定》《赞助和捐赠》等文件，明确相关纪律政策。	合规部	全体

续表

序号	合规模块	项目名称	目的	输出	负责人/部门	义务人/部门
2		尽职调查	充分了解第三方，识别潜在合规风险，管控第三方不合规给公司造成的损失。	方法包括问卷调查、访谈和研讨会，以及对已知舞弊事件的分析等。	合规部、法务部	全体
3		合同约束条款	通过合同条款的形式，明确传达公司的合规文化，提升公司形象，避免舞弊和欺诈风险。	在合同中设置保密条款。	合规部、法务部	重点是业务线
4	尽职调查与第三方风险管理	持续管理监控	动态地管理第三方合规风险。	建立合作方合规风险预警机制，动态地掌握合作伙伴的风险提示；建议公司可以考虑将第三方风险控制业务批量外包给外部律师或法律顾问进行监管。	合规部、业务线各部门	合规部、业务线各部门
5		外部沟通	通过外部沟通在合规政策方面与第三方同步一致，落实贯彻风险管理的主动，穿透和联合管理三原则，避免出现合规风险敞口。	沟通相关方包括但不限于：监管机构、客户、承包商、供应商、房东、投资方、紧急服务提供方、非政府组织、邻居、外部律师或法律顾问、外部审计团队等。	合规部	合规部
6		年度审计	动态审计第三方，若发现问题应当及时处理，规避相关法律风险。	应当每年针对已经入库的供应商、采购方进行合规审计评价，对于存在较大不合规风险的商业合作伙伴应当及时处理。	合规部	合规部、财务部、业务线各部门

续表

序号	合规模块	项目名称	目的	输出	负责人/部门	义务人/部门
7	销售和采购业务管理和控制	招标制度	规范招投标制度，避免舞弊和欺诈风险。	制定《公司招标指引手册》。	采购部、合规部和法务部	采购部
8		投标制度		制定《公司投标指引手册》。	销售部、合规部和法务部	销售部
9		内部沟通	建立公司内部交流系统，保证信息上传下达的通畅和及时。	建议公司建立公司通信系统，能够保证全体员工、各部门之间的通常交流，避免因为交流而出现不合规行为。	合规部、后勤部	全体
10		报销和发票管理	加强财务审计，规避职务犯罪风险，避免舞弊和欺诈风险。	核查原始报销凭证，核查发票所反映的内容真实与否，加强对于可疑项目和重点环节的核实与审查。	合规部、财务部	财务部
11		重点审计	通过对重点环节加强审计，发现公司内部合规存在的漏洞，及时识别、评价、分析，控制合规风险敞口。	注意电子财务序时账的应用，同时可以通过Excel等辅助工具对相关的科目、报销人员、报销时间等信息进行筛查，从而发现疑点。	合规部、财务部	财务部

第六章 合规是管理体系 135

续表

序号	合规模块	项目名称	目的	输出	负责人/部门	义务人/部门
12	内部授权审批和合同管理	授权与审批	明确公司对于员工代理行为的授权与审批，建立层级报告和审批管理制度，避免出现无权代理给公司造成损失的舞弊和欺诈风险。	建立5级审批制度：员工—部门主管—财务主管—法务/合规主管—管理层；实质审查授权内容，授权范围和受托人实际权力，避免权力的滥用和错用。	管理层、合规部、法务部	全体
13		公章印鉴制度	明确公章使用范围和相关人员权限，避免公章被滥用，避免出现欺诈和舞弊风险。	收集公司各部门的公章印鉴样式，并明确公章保管人、部门和位置。	合规部、法务部	全体
14		重大事项报告制度	为了更好地识别、预警风险，应当建立公司重大事项报告制度。	将报告事项按照时间紧急程度和牵涉程度的值大小进行分级，达到一定紧急程度的重大事项应当及时上报，并由部门主管、管理层进一步决定。	管理层、合规部	全体
15		合同管理制度	合同订立后，双方可能会变更合同内容，包括数量、价款、时间、付款期限等，可能引起纷争；为应对相关纠纷，应当保存相关的合同文本原件。	设立合同编号制度，由法务部统一编号管理。	合规部、法务部	法务部

续表

序号	合规模块	项目名称	目的	输出	负责人/部门	义务人/部门
16	违规行为和人员内部处理制度	违规处理	及时处理违规行为，控制合规风险，及时止损。	公司应当按照合规管理模块，建立应急风险管理机制，处理紧急发生的合规风险。	合规部	风控线各部门
17		正向激励机制	设立公司内部的正向激励机制和负向处罚机制，奖惩分明，提升公司管理水平，有针对性地解决合规风险，灌输合规意识，实现全员合规。	若员工行为公司增加了业绩、创收，或者避免、减少或者追回了经济损失，或者避免、挽回了公司的信誉损失，维护了公司在市场上的美誉度，保障或保护了公司在市场竞争中的份额或机会等，增加了公司的交易机会等，公司应制定具体的"奖励办法"，针对具体情况给予不限于人奖励，奖励的方式包括但不限于：发放奖金、提供晋升机会等，并根据实际情况决定公开或不公开表彰及奖励。	管理层，合规部，人力资源部	全体

续表

序号	合规模块	项目名称	目的	输出	负责人/部门	义务人/部门
18	违规行为和人员内部处理制度	负向处罚机制	同上	若员工行为减损了公司的业绩，创收，或者直接造成了经济损失，贬低了公司的信誉损失，或者损害了公司的美誉度，直接损失了公司在市场上的美誉度，原本应当享有的公平交易机会等，公司应当制定的"处罚办法"，处罚具体情况给予人处罚；针对具体情况给予人处罚的方式包括但不限于：克扣奖金，剥夺晋升机会，开展内部调查，停职，留用察看，解除劳动关系等，并根据实际情况决定公开或不公开批评和处罚。	管理层，合规部，人力资源部	全体
19	建立应对法律纠纷与监管处罚的应急管理程序	政府关系管理	建立并维护与政府相关部门的沟通渠道和良好互动，并及时获取监管与合规的最新动态和信息，迅速应政府的监管，调查和处罚，争取营造配合政府的良好公司形象，最大限度规避因不合规而导致政府方面的风险因素。	负责政府申报材料编写，跟进项目执行，验收，协助与政府相关部门沟通。	合规部，公共关系部	合规部，法务部，公共关系部

续表

序号	合规模块	项目名称	目的	输出	负责人/部门	义务人/部门
20	建立应对法律纠纷与监管处罚的应急管理程序	法律纠纷处理	及时、充分处理法律纠纷，善于运用非诉讼争议解决机制（如调解和解和仲裁），降低公司纠纷解决成本，管控公司法律纠纷造成损失的风险敞口，尽量减少相关争议纠纷给公司造成的损失。	完善合同争议解决条款。	合规部、法务部	合规部、法务部

5. 合规体系自检和调整

序号	合规模块	项目名称	目的	输出	负责人/部门	义务人/部门
1	合规管理体系效果评审与改进	监控合规体系	设计并实施运行的监控和测试，随着持续的执行可以获得对合规管理体系的评价结果，而评价结果仅在取决于量化的指标，有效指标仅可以针对合规体系设计的有效性进行搭建，也可以针对体系的运行情况进行构建。	设立一个动态的、基于风险的、独立的合规管理体系测试流程；测试程序应当包括定期选择样本，对样本进行评估，样本包括企业开展的业务、产品、服务、通信和其他领域。	合规部	合规部

续表

序号	合规模块	项目名称	目的	输出	负责人/部门	义务人/部门
2		合规审计	合规审计流程是合规审计过程持续地予以文件化的一个过程，同时引导合规审计人员与合规审计对象之间不断地加强彼此之间的交流，以保证合规审计在高质量的基础之上得以完成。	合规专项审计离不开合规基础工作，包括但不限于公司制定有各项合规政策和制度（包括合规内控制度）（参见《集团公司合规手册》），了解并能够确定合规审计领域和范围（参见《合规检查标准指引》），并制定有合规义务清单（参见《合规风险识别、评估及管理指引》）。	合规部	合规部、财务部、人力资源部
3	合规管理体系效果评审与改进	汇报与评审	治理机构、管理层和合规团队应确保能够及时有效并持续充分地了解合规管理体系绩效，包括所有相关的不合规，并及时和积极地推动这一原则：组织鼓励和支持充分且坦诚报告的文化。	设定适当的报告准则和义务（视公司具体情况而定）。	管理层、合规部	全体
4		调整与改进	公司应当设法持续改进合规管理体系的适用性，充分性和有效性，应当将合规报告中对已收集到的信息进行的分析和相应评价作为识别公司合规绩效改进机会的依据。	未能避免或发现一次性不合规并不一定意味着合规管理体系预防和发现不合规总体无效，纠正措施宜适合于发生的不合格和或不合规造成的影响，企业宜保留文件化信息，作为以下方面的证据或参考。	管理层	合规部、人力资源部、业务线各部门

思考题：

1. 为什么要建设合规管理体系？
2. 合规管理体系建设的常见步骤是什么？
3. 国务院国资委对合规管理体系建设有什么要求？

第七章　合规是合规文化

企业合规文化是企业文化的重要组成部分，它来源于企业的生产经营活动。企业合规文化既表现在物质之中，又超然于物质之外，是物质文明和精神文明的结晶，是推动企业合规发展的不竭动力。

合规文化是合规管理的基石，是保障合规管理体系有效运行的重要支撑。《中央企业合规管理办法》对合规文化的建设非常重视，并用整整一个第五章对"合规文化"进行了阐述。1SO 37301:2021《合规管理体系　要求及使用指南》在引言中开宗明义："为获得长远发展，组织必须基于利益相关方的需求和期望，建立并维护合规文化。""合规的可持续性体现在将合规融入组织文化，以及员工的行为意识"。最后归结为"合规管理体系的目标之一是协助组织培育和传播积极的合规文化"。《合规管理体系　要求及使用指南》正文第3.28条将合规文化定义为："贯穿整个组织的价值观、道德规范、信仰和行为，并与组织结构和控制系统相互作用，产生有利于合规的行为规范。"

第一节　什么是合规文化

"合规文化"（Compliance culture）在 ISO 37301:2021 第3.28条中被定义为："贯穿整个组织的价值观、道德规范、信仰和行为，并与组织结构和控制系统相互作用，产生有利于合规的行为规范。"

ISO 37301:2021 第5.1.2条对"合规文化"做了进一步阐述：

5.1.2
组织应在其内部各个层级建立、维护并推进合规文化。

治理机构、最高管理者和管理者应证实，对于整个组织所要求的共同行为准则，其做出了积极的、明示的、一致且持续的承诺。

最高管理者应鼓励创建和支持合规的行为，应阻止且不容忍损害合规的行为。

要想发展合规文化，治理机构、最高管理层和其他管理层应在整个组织范围内的各个层面推行一套公开发布的共同行为准则，率先垂范，为发展合规文化做出积极、显著的努力，并始终如一持续进行。所以，一个组织是否真正地看重合规，要看这个组织是否把合规仅停留在纸面上，还是实实在在把合规文化的建设落到实处，还得看这个组织最高管理层在鼓励合规的过程中所扮演的角色，是否确保把合规融入更广泛的组织文化以及文化变革的计划中。除了最基本的基于风险评估的合规政策和培训以外，还必须有创新意识，以及对这份职业的敬畏之心。合规若没有创新，必然不能跟上公司和行业的发展，就不能更好地、积极地支持公司业务的健康、快速发展，合规文化也就不能长久地创造价值。

第二节 合规文化有什么价值

对于合规文化具备什么样的价值，GB/T 35770—2022/ISO 37301:2021《合规管理体系 要求及使用指南》在附录 NA（资料性）补充使用指南中做了进一步阐述：

NA.2 合规文化
NA.2.1 合规文化的价值
合规文化通常由贯穿于整个组织的价值观、道德规范、信仰和行为构成，与组织结构和控制系统相互作用，产生有利于实现组织的使命、愿景和合规目标的一系列行为规范。合规文化反映了组织的治理机构、最高管理者、各级管理层、员工和其他相关方应对合规风险的意识和态度，是合规管理体系不可或缺的重要组成部分。
合规文化的价值在于：
——提供原则性指引，应对合规风险。在制定合规管理体系应对合规风险的同时，组织宜宣贯自己的价值观、道德规范和信仰，并据此建立原则性指引，以员工手册、行为准则或其他形式呈现出来，使得组织内外部人员在具体规定不清、不全甚至没有具体规定或灰色地带的情况下，根据原则性指引，开展活动，及时应对合规风险。

——增强主动合规。良好的合规文化可以正面影响人的行为，提升认同感和主动合规意识；有助于组织/各层级及时发现不合规行为并自主采取补救措施。

——提升合规管理有效性，促进实质性合规。组织通过将支持合规文化发展的因素在合规方针中体现，以及与合规管理体系的其他要件共同作用，使得合规文化渗透到组织的各个层级和领域，实现预期合规结果。

一、合规文化是生产力，也是金色盾牌

我们经常说，文化决定了一个文化主体和组织的最终走向，但如果说合规文化如同鸡肋一样食之无肉、弃之有味，那么合规文化就是一个可有可无的东西。

但实践告诉我们，合规文化是有用的，合规文化（以及合规本身）是生产力，能帮助企业创造利润；合规文化是金色盾牌，让大家不被抓、少被罚。

合规文化不是可有可无的鸡肋，而是生产力。当一个组织，比如一个企业，具备合规价值观，合规意识便会渗透到其生产经营活动的方方面面，并习惯性地成为其经营决策的基础。虽然，合规有时候会让一个企业在短期内貌似吃了亏，但从长远来看，合规会给企业带来好处，甚至成为企业的一个经济增长点。

合规文化是金色盾牌，是指合规文化具有趋利避害的功能和作用。一个企业在追逐利益最大化的同时，只有将合规文化融入企业管理的方方面面，时刻注意对法律法规政策的遵守，才能有效控制风险，行稳致远。

二、合规文化让合规成为"下意识"，从"要我合规"转变到"我要合规"

下意识，即人的不自觉的行为趋向或受到外界影响不受控制做出的自然反应。下意识控制人的整个身体，而且，只要不发生冲突，它便对身体的所有功能、状况和感受有着绝对的控制。

下意识是人在长期生活中的经验、心理作用、本能反应以及心理和情感的暗示等不同的精神状态在客观行为上的反映。下意识行为往往是由本能、性情或其他"人"本身的先天因素引起的，如我们在遇到危险时，总会下意识地产生"趋利避害"的想法，这是人进行自我保护的本能。

合规文化也是合规主体及其工作人员在长期合规实践中的经验、心理作用、本能反应以及心理和情感的暗示等不同的精神状态在客观行为上的反映。合规主体在面对一个有关合规的事件或风险时，在公司合规文化或者合规主体下意识的影响下，它和/或它的员工会不受控制地做出一些自然反应。企业建立合规其实不是靠奔走相告，而是靠每个员工尤其是关键岗位的人员都真正认识到，自身应该具备哪些合规的知识、技能和认知。将企业从"人治"转变成"法治"，把企业法务的思维从事后危机应对向全面的事前风险治理去牵引，这应该是公司管理人员最大的职业追求。

同理，如果一个公司习惯了不合规，并形成了不合规的文化，那么这个公司和/或它的员工不受控制地做出不合规的自然反应——不合规的下意识便自然而然地接管了合规的下意识。当合规文化建设达到一定的程度时，合规意识便会成为一个合规主体的下意识——组织或者公司的员工便会以廉洁为己任，变被动合规为主动合规，如果缺少了合规下意识的保驾护航，再好的合规制度也会沦为形式。当一个组织或企业建设好合规文化的时候，合规就会成为一个自然习惯。

三、合规文化是抵制"潜规则"的利器

"潜规则"，是相对于"明规则"而言的，顾名思义，就是看不见的、没有明文规定的、约定成俗的、却又是广泛认同、通常起作用的、人们往往"遵循"的一种规则。人们常常默默恪守、心照不宣地维护"潜规则"，因为谁不遵循这种"规则"，谁就会受到这种"规则"的排斥、惩罚，所以一般人都很"惧怕"这种"潜规则"。

当一些潜规则实际存在时，我们就必须用合规的文化来改变它。这种改变不是一朝一夕就能够完成的，必须通过长期推进的合规文化来潜移默化，做到"润物细无声"。

四、合规是底线，文化无上限

合规有底线。ISO 37031:2021 指出合规是"履行组织的全部合规义务"。从这个角度来说，合规是对法律、组织的规章制度等所规定的义务的履行，违反义务的后果就是责任和惩罚。所以合规之"规"是我们行为规范的底线。我们做

一个比喻：当兵不能当逃兵，这是士兵职责的底线，突破了这个底线就要被处罚。

合规文化没有上限。对于一个组织和企业来说，仅规定行为规范的底线是不够的，因此，不能光有不当逃兵的士兵，还必须有士兵勇敢作战——一支军队除了要有"当兵不能当逃兵"的底线之外，还必须拥有"不畏牺牲"的情怀，才能更有战斗力。类似的，一些精神与情怀，既是合规文化的一部分，也是一个好的合规管理体系所应当拥有的全息影像。

所以合规有底线，但合规文化却没有上限。合规要解决底线问题、扎牢篱笆、少出问题，甚至不出问题，但以诚信为本的合规文化还应当彻底解放并充分发挥诚信的力量，让合规文化成为生产力，成为企业发展的利器。当然，要做到这一点是一个系统工程（这个系统工程不仅仅是合规的问题，还有其他问题如公司治理），但是，如果我们的合规着力点永远停留在"当兵不能当逃兵"的状态，进而忘记了弘扬合规的诚信文化，更为糟糕的是，我们可能都不相信诚信的力量时，要想做好合规工作无疑是一个很难完成的任务。

五、合规是百年老店最大的智慧

当一个组织或一个公司希望或者努力长久经营下去，甚至成为百年老店的时候，它就不可避免地会经历大大小小的不同风险。有的风险源自时间跨度长，平常看似小概率的风险，随着时间的推移也会变成大概率事件。有的风险源自地域跨度广，当一个跨国企业的业务延伸到合规大环境比较恶劣的地域，在"劣币驱逐良币"的时候，也不可避免地会给一个组织和公司带来风险。如何避免这个风险，关键还在于合规。一方面通过合规来做预防；另一方面靠合规渡过危机，从而保证一个百年老店经久不衰。

美誉度是品牌传递的价值，也是百年老店的金字招牌。5G技术的应用突破了传统意义上与运营商之间的项目合作，许多公司均在5G创新应用上开展合作并签署战略合作协议。挑选合作公司时，一个公司很可能因为其他公司某一方面美誉度很高，而选择与之合作。这不是简单对技术、报价或者商务方案的评价，而是对一个企业管理能力的综合评价。

真正把合规做成企业核心文化的一部分，进而去提升公司的商业美誉度，就是合规创造的价值。

六、帮助中国企业用"合规"的面貌走向世界

合规已经是一个跨国界的问题,引入指南并发展合规文化有助于建立和完善企业的合规管理体系和文化,从而帮助中国企业按照全球规则参与全球竞争,走向世界。中国企业"走出去"必须适应当地的环境、符合当地的法律规定。这个指南对于中国全面适用,而非有限适用。因为在合规的轨道上跟国际接轨,大家需要用同一个语言来对话,这样对接起来更容易。

对于推行国际化经营策略的企业来讲,要在合规轨道上与国际接轨,关键是让外派员工发挥出应有的作用,那么企业必须组织员工进行跨文化学习,使其具备跨文化交往和文化管理的知识以及驾驭文化差异的能力,克服文化差异给交流和管理带来的障碍。在合规管理中如何应对跨境文化管理也是企业面临的主要问题。

首先要关注文化冲突和语言的问题:为全员合规培训材料提供多种语言的选择、在合规学习视频下面提供多种语言的字幕选择。

其次要在提拔管理干部上一视同仁:多关注员工的专业能力,赋予外籍员工和中方员工相同的权力去管理团队,提供职业晋升阶梯。

再次要强调在文化上的求同存异:中方员工在外派前要了解东道国的文化背景;和外籍员工沟通时,不要出现对专业素养方面的偏见。

然后要加强本地化管理:减少通过外派中方员工的方式来管理当地的业务,让本地的外籍员工承担更重要的工作职责。这样,既降低了经营成本、提高了管理效率,同时也更能获得客户和东道国的信任。

最后要建立举报机制:从合规体系良性发展的角度来讲,举报是必不可少的问题识别方法。将举报机制融入公司的合规文化之中,营造全员参与、全员监督的文化氛围,形成自下而上的合规意识,增强员工对合规文化的认同。

七、营造公平的竞争环境,杜绝"劣币驱逐良币"

"劣币驱逐良币"的现象可以通过合规培训与认证得以改善。比如,培训的要求之一就是大企业要对供应商进行合规审查,可以带动一批企业合规标准的提升。企业应该先根据"指南"建立起合规体系,再反过来影响其他组织。再如,有些律师和咨询机构也缺乏合规的做事标准,其也可以通过"指南"的培

训和认证受益于强化合规管理。

中资企业也好，外资企业也罢，如果要基业长青，在中国市场乃至国际市场运营，合规经营不是选择题而是一道必答题。合规管理也早被视同与业务管理、财务管理并驾齐驱的企业管理三大支柱之一。合规是企业稳健发展的内在需求，外商在华投资企业要在中国这一机会与挑战并存的世界第二大经济体中取得持续性的业务发展，必须重视中国当地的法律法规，以及行业普遍认同的行为准则，以保障广大消费者的根本利益。

第三节　如何建立推广合规文化

一、ISO 37301:2021 下对合规文化的培育

对如何建立、维护、推广和实施良好的合规文化，GB/T 35770—2022/ISO 37301:2021《合规管理体系 要求及使用指南》在附录NA（资料性）补充使用指南中做了进一步阐述：

NA.2.2 合规文化的建立、维护、推广和实施
建立、维护、推广和实施良好合规文化宜考虑以下几个方面：
——最高层定调并以身作则；
——管理层推动且言行一致；
——团队内良好的合规氛围；
——同事间、相关方正面影响。
组织宜依赖于最高层和管理层运用价值观、道德规范和信仰等塑造合规文化，并以身作则积极推行；宜形成鼓励合规、不容忍不合规的团队氛围，以及对不合规行为进行一致性处理；鼓励和推动同事以及与相关方间合规价值观的传递和影响。
合规文化宜通过合规管理体系的实施反映出来，组织才能有效应对合规风险，降低不合规发生的可能性，实现合规目标。

从以上表述可以看出合规文化是合规管理体系的重要组成部分,具有举足轻重的地位和作用。合规文化有效性是可以评价的。合规文化建设是企业合规师的一项重要工作。合规文化是合规管理的灵魂,它贯穿于合规管理体系整个过程,可以规范人的意识和行为,是合规之"道"。说到底,合规管理是对合规义务、合规风险进行评价管控,是对责任人行为的具体管理,是一门系统性的管理科学。而由道德、诚信、价值观、信仰等要素组成的合规文化与合规管理体系各要素相辅相成,相得益彰。可以以文化人,从价值观、道德层面规范约束人的合规意识和行为。先进合规文化的力量是巨大的,那么企业应如何进行合规文化建设?

(一)对于整个组织所要求的共同行为准则,治理机构最高管理者和各管理层应作出积极的、明示的,一致且持续的承诺。[①]

也就是说,企业的最高管理者应根据企业的性质、经营理念、愿景,明确提出与企业合规方针一致的,能够体现企业合规文化的价值观和核心理念,即企业合规文化的宗旨,该宗旨是高度概括精练的企业合规共同准则。比如,中国招商局的"合规从高层做起,全员主动合规,合规创造价值";华为公司的"坚持诚信经营,恪守商业道德,遵守所有适用的法律法规"。这些宗旨在一定时期内是企业应该一直遵守的公开承诺。该宗旨就是企业合规文化的方针或者目标标题。就像作文章要有题目,方可围绕题目作文章。

(二)要将合规管理融入企业合规文化

合规管理体系是一套管理方法和管理手段,它一定要融入企业合规文化之中。如果不能将两者有机地融合,那它将是生硬的生产经营管理条例、挂在墙上的标语口号,不可能有效地防控企业风险。利益面前,如果没有对法律法规政策的遵守和对伦理道德底线的守护,就会迷失自我,犹如野马脱缰,风险随时都可能发生。合规文化荒芜,企业道德和信念丧失,为追逐利益最大化而不择手段,明星企业、上市公司也会一夜之间大厦倾倒,董监高锒铛入狱。所以说,没有合规文化支撑的管理体系犹如无根之木、无源之水,企业是不会行稳致远的。

---

① ISO 37301:2021《合规管理体系 要求及使用指南》第 5.1.2 (2) 条。

(三) 组织应在其内部各个层级建立维护并推广合规文化[①]

企业各层级、各职能部门因实际业务不同，合规义务、合规风险、合规目标也不一样，反映在合规文化建设上也各有侧重。这就要求各层级、各业务部门培育与企业合规文化方针一致的，契合本层级、本部门合规目标，能够反映本层级、本部门特色的合规文化，为企业整体合规文化建设作出贡献。

要树立全员合规的文化理念，先进的合规文化具有强大的渗透力和教化作用，可以预防或消除合规风险于无形。各层级、各部门要以人为本，充分发挥员工的主观能动性，全员参与合规文化建设。让合规的理念、合规文化渗透到每个员工的潜意识中，从被动的要我合规升华到主动的我要合规。营造充满朝气积极向上的合规文化氛围，让每个员工都成为合规文化建设的参与者、践行者。以合规文化为纽带，上下同心形成强大的凝聚力和向心力，使每个员工都能感受到自己是企业合规建设不可或缺的，都能在参与中实现自我价值，与企业共命运同荣辱从而产生强烈的责任感、使命感、成就感、荣誉感、归属感。

(四) 开展丰富多彩的文化活动和合规文化培训

用丰富多彩的文化活动宣传和表现企业的合规文化，通过"寓教于乐"的文化活动，使员工了解领会企业合规文化的内涵，通过文化活动陶冶情操，提升员工精神境界。开展人生观价值观宣讲讨论以及法律法规合规文化培训，使员工明荣辱，知敬畏。韩非子说过"小过不生，大罪不至"。海恩法则提示大事故是由轻微小事故及事故先兆引起的。所以合规文化合规意识的培训要从员工的行为细节抓起，防微杜渐，"勿以恶小而为之"。用鲜活的案例说明大事故是由轻微小事故累积引发的，小违规也会带来大麻烦。充分发挥党团、工会、妇联、社团组织与一线员工密切联系的优势，进行道德诚信宣讲，使全体员工知法、守法、合规。让道德诚信、礼义廉耻深入每个员工心中。

[①] ISO 37301:2021《合规管理体系 要求及使用指南》第 5.1.2 (1) 条。

（五）最高管理者应鼓励倡导和支持合规行为，应阻止且不容忍损害合规的行为[1]

合规文化要有褒奖和惩处的作用。最高管理者应率先垂范带头遵守合规义务，积极培育合规文化，引领和支持合规文化建设。要评选道德模范合规典型，树立全体员工学习的榜样，将合规文化人格化。对遵纪守法、诚实守信、努力工作的先进员工要给予物质和精神上的奖励和地位上的提升。坚决阻止且不容忍损害合规的行为，应让道德诚信缺失、违法违规的员工，受到法律上的追究，物质上的惩罚，地位上的丧失，舆论上的谴责。弘扬正气，营造积极向上的合规文化。

（六）学习、借鉴、交流、创新

企业的合规文化各具特色，合规文化是不可复制的，也不会一蹴而就。企业合规文化是企业在生产经营活动中长期积淀而形成的，是在学习借鉴交流中不断发展完善的，是企业的软实力。所以，企业要通过学习世界上先进的合规文化理念，汲取合规文化精华。借鉴其他优秀企业合规文化建设的经验做法，与监管机构、社会大众、第三方进行合规文化交流，不断完善企业的合规文化。要与时俱进，在继承中创新发展合规文化。

（七）网络文化

现代社会已进入数字化、一网联天下的时代。要发挥互联网时空和受众广泛的优势进行合规文化建设。企业可以开办网上学校、论坛、图书馆，进行线上合规管理、合规文化培训。也可将最高管理者的合规承诺、管理层与员工的合规文化交流情况等展示在网络上。畅通网络投诉举报、横向纵向沟通交流渠道，接受社会监督和批评。网络的便利可以使员工畅所欲言，随时提出合规疑虑、个人诉求，以及改进合规工作的方法建议。群策群力才能为合规文化建设作出贡献。

---

[1] ISO 37301:2021《合规管理体系 要求及使用指南》第 5.1.2 (3) 条。

（八）宣传、推介

企业的合规文化关乎企业的合规形象和美誉度。合规文化不仅要在企业内部大力宣传、发挥作用，还要通过各种传播媒介、企业的公共活动、员工的日常工作交流等各种渠道，向第三方和社会大众积极传播推介企业的合规文化，树立企业遵纪守法、道德诚信的良好形象，提升企业的美誉度。

（九）带动第三方合规文化建设

基于已识别的合规风险，组织应依照程序对代表其行事，并对可能给其带来合规风险的第三方进行培训，提高其合规意识。[①]

一个企业有许多的第三方，第三方的合规成熟度、合规意识、合规文化良莠不齐。必须提高第三方的合规意识，带动第三方一起合规，方可预防或消除第三方带来的合规风险。要树立大合规理念，保持全域全员所有第三方的合规。要将第三方纳入合规培训计划，帮助其完善合规文化，也可将自己的合规理念、合规文化传递给第三方。与第三方形成休戚与共的命运共同体，与第三方一起营造和谐、合规、合作共赢的营商环境。

（十）跨境企业的合规文化建设

改革开放以来，特别是国家提出"一带一路"倡议以后，众多国企、民企走出国门，参与到全球经济大循环之中。因文化差异，可能发生企业合规文化境外水土不服的问题。在合规管理中如何应对跨境合规文化管理？应该说，要鼓励中方和外籍员工之间求同存异，在相互尊重各自文化的前提下，充分沟通，化解因文化背景不同带来的矛盾。再加上对所在国家法律法规的遵守，宗教信仰的尊重，价值观和道德观的包容理解，努力实现东西方文化交融，建设符合人类命运共同体的合规文化，这大概就可作为大部分跨境企业合规文化建设的重心。每一位走出国门的高管和员工都要成为中国境外合规文化的建设者、实践者，都要成为中外文化交流者、中国先进文化的宣传推广者、国家形象的代表者。

[①] ISO 37301:2021《合规管理体系 要求及使用指南》第 7.2.3（2）条。

二、《中央企业合规管理办法》下对合规文化的建设

《中央企业合规管理办法》第五章对"合规文化"的规定主要体现在如何建立、推广合规文化方面：

第五章　合规文化

第二十九条　中央企业应当将合规管理纳入党委（党组）法治专题学习，推动企业领导人员强化合规意识，带头依法依规开展经营管理活动。

第三十条　中央企业应当建立常态化合规培训机制，制定年度培训计划，将合规管理作为管理人员、重点岗位人员和新入职人员培训必修内容。

第三十一条　中央企业应当加强合规宣传教育，及时发布合规手册，组织签订合规承诺，强化全员守法诚信、合规经营意识。

第三十二条　中央企业应当引导全体员工自觉践行合规理念，遵守合规要求，接受合规培训，对自身行为合规性负责，培育具有企业特色的合规文化。

合规不仅是领导的事情，如果合规的理念没有延伸到一个组织的各个层面、没有深入人心，那么对于这个组织来说，它的合规文化建设就是失败的。所以，判断一个组织的合规文化建设是否成功，我们要看合规文化建设的广度和深度。如该组织的员工是否认识到合规义务与他们的个人活动以及所在业务部门的活动密切相关；组织的各个阶层人员，根据需要"负责"纠正其相应阶层的不合规行为，并采取行动；合规职能部门的角色以及目标得到重视；支持并鼓励员工向其对应的管理层提出关注的合规问题。

合规是一件需要调动全部力量，真正实现人人有责的事情。传统的自上而下的宣贯模式是远远不够的，去听新人对企业合规的声音，是推广合规文化、使合规管理体系不断完善的重要举措。一方面，新人就像一张白纸，管理者多与新人进行交流，可以让合规意识更好地扎根于员工心中。另一方面，现在的年轻人越来越有创意，听到新人对公司合规的声音，进而纪录到公司的合规体系中去，才能使公司的整个合规体系以及合规文化深入公司的每一批员工心中、每一个岗位上。

合规可称之为企业基业长青之道；而"致中和，天地位焉，万物育焉"的

状态恰恰是合规的价值。那么如何度量合规创造的价值进而推广合规文化呢？我们要从以下三个方面入手：

首先，判断企业是否合理把握"利润最大化"。利润最大化是企业的基本目标，而不是唯一目标。经营者不断追逐利润的发展规律是不断变化的，如果没有人拉着追逐利润的"马"，它必定会脱缰。所以，一定需要有人在后面拉好缰绳，确保它在正确的跑道上，让它能跑得更稳一些，提醒企业在特定地区从事商业活动的风险。

其次，看企业是否建立量化业务持续管理机制。企业经营的基本状态，就是销售在前面追逐利润，总部的职能管理或者风险管理在后面跟着。如果有大数据来做统一性管理，分析整个行业中企业被处罚的周期是多久，再去分析被处罚原因。如果能让企业在平均周期之内不被处罚，便已经合格；若超出平均时间，则为优秀，合规工作给企业带来的利润直接就能有所体现。

最后，看企业是否重视法务。企业的法务未来会给企业带来现金性的回报，越来越多的国内企业开始重视知识产权并且咨询相关问题。企业法务的能力外输，跟律所、咨询机构不是抢生意，而是互补关系，因为术业有专攻，企业法务一定最了解企业和所在行业，能将外部的规则或意见转变为企业的语言或思维，而律所掌握的核心能力却是企业法务不具备的。所以，未来的法律市场，企业法务有可能会成为一股不同于外部咨询机构的力量，二者相互结合共同推动法律服务市场的发展。

第四节 合规文化建设对标

为了更好地对标合规文化建设，我们在本节用对 F 公司前法务与合规负责人陈某的专访节录[1]来向大家做一个介绍，让大家对首席合规官有一个更加直观的认识。

在陈某看来，法律人的思维方式和企业家的思维方式在很多地方是相反的，而这种不同思维方式的交流、碰撞和融合恰恰是一件很有意义和有趣的事情。

---

[1] 由陈立彤律师专访。

"我希望自己的眼界并不局限在一个比较小的圈子里，局限在法律人更多的风险视角和悲观视角上。在和企业家的交流中，我会更多地感触于'拥抱变化'的重要性。然后我们一同努力实现合规前提下的商业目标。包括在企业中，当你和市场部的人打交道，和HR（人力资源）打交道，接触不同专业领域的人。这些交流和合作最终能够帮助你更好地实现全面性的自我提升，并转化为业务上的能力。"

2010年，陈某任某知名制药公司高级法务经理，并开始系统性地接触和开展合规工作。应该说，某知名制药公司在合规方面走在行业的前列，但企业合规也不乏挑战。陈某就职期间，某知名制药公司的合规工作就曾面临修整完善的重大关口。应对危机事件，他们上手甄别和停止了所有有争议的赞助，进一步加强了对举报系统的建设，并采取了一系列措施对医药代表的不合规行为进行着重管控。在陈某和其他团队成员的共同努力下，某知名制药公司的合规管理体系有了改善和加强。

"我们会通过突击检查员工电脑等方式深入调查。尽管对员工的惩罚和解雇使公司面临法律上的劳动合同风险，但我们还是以合规为目标坦然接受了更多的挑战。"在后续员工劳动仲裁的问题上，陈某也全程跟进和处理。面对复杂棘手的劳动纠纷，他总能找到人性化的方式妥善解决。

进入F公司之后，陈某一手建立了法务和合规部门，并带领团队在合规建设工作上开展了诸多创新性的工作，"我们一直在追求变化，追求创新机制下的合规实效"。

陈某在合规方面的思考和探索是颇多的，尤其在如何将合规落到实处方面有着丰富的实践经验。陈总带领团队在F公司建立起了东、西、南、北、中的区域合规团队，让合规落实到销售的一线去。在员工培训方面，抛开单一的培训讲座式宣贯，他们大胆创新，推出了APP（手机应用软件）合规小游戏、咨询热线、常态化测试等积分模式，对于得分前十名的工作人员，由群众投票评选出各个部门的合规文化大使，并在公司年会上颁发奖杯、给予现金奖励。走在F公司的各个工作区，你会看到合规文化大使的海报张贴在非常显眼的位置，从而更好地了解到合规文化在F公司是怎样深入人心的。

在陈某看来，合规是一件需要调动全部力量，真正实现人人有责的事情。"传统的自上而下的宣贯模式是远远不够深入的。"陈总特别提到了和F公司

'90后'的新人一起吃饭、交流，去听新人们对企业合规的声音。"新人就像一张白纸，我们希望通过这种交流让合规意识更好地扎根在员工的心中。另外，现在的年轻人越来越有创意，听到这些新人对公司合规的声音，表达到我们的合规体系中去，才能使我们的整个合规体系深入公司的每一批员工心中、每一个岗位上。"

在此之前，F公司的法务和合规部门会"自作聪明"地采取群发邮件甚至是将电脑锁屏设置为合规政策宣贯的方式来让员工关注公司的合规制度，但通过午餐会收集的反馈，他们了解到年轻的销售人员更多地使用手机客户端，并非频繁地在公司APP上关注销量指标。陈总随即带领团队将合规的信息和文章以碎片化、易获取、趣味性高的方式整合到了这个APP上，让F公司的合规文化更好地走入了员工的日常视野和工作中。

思考题：
1. 合规文化是什么？
2. 合规文化的作用是什么？
3. 合规文化的价值体现在哪些方面？

第八章　风险管理

风险管理的概念先于合规管理，但合规管理开始渐渐涵盖风险管理，其中一个重要的原因就是外规内化。合规不仅要遵从外部的法律法规（见第四章），还要遵从为了管控各类风险（包括企业所面临的全面风险）而在企业内部所设立的各种规章制度（见第五章）。从这个角度来说，"合规管理"概念在外规内化、建章立制、风险控制部分开始与"风险管理"相融合。换言之，我们在介绍"风险管理"的时候已经离不开"合规"或者"合规管理"。同样，我们在介绍"风险管理""合规"与"合规管理"时，也离不开对"内控"或者"内部控制"的介绍（见第九章）。

第一节　"风险管理"知识框架

如上所述，要介绍"风险管理"，我们最好把它与"合规管理""内部控制"的概念放在一起通过比较予以一体化介绍。因此，要了解风险管理的知识体系，我们必须至少了解如下内容，其中包括"合规管理""内部控制"：

——ISO 31000:2018《风险管理指南》[1]；

——《企业风险管理 与战略和业绩的整合（2017）》（2017 *Enterprise Risk Management-Integrating with Strategy and Performance*）[2]；

——ISO 37301:2021《合规管理体系 要求及使用指南》[3]；

——GB/T 24353-2009《风险管理 原则与实施指南》；

——GB/T 26317-2010《公司治理风险管理指南》；

——GB/T 27914-2011《企业法律风险管理指南》；

——GB/T 27921-2011《风险管理 风险评估技术》；

---

[1]　国际标准化组织（International Standardization Organization）于2018年2月15日发布。

[2]　由COSO于2017年发布。COSO即Committee of Sponsoring Organizations of the Treadway Commission的缩写，中文译为反虚假财务报告委员会发起组织，有时也被直译为美国科索委员会（如财政部2013年出版的第二版《企业内部控制框架》中即采用直译方式）。

[3]　国际标准化组织（International Standardization Organization）于2021年4月13日发布。

——GB/T 23694-2013《风险管理 术语》；

——国资委《关于全面推进法治央企建设的意见》（国资发法规〔2015〕166号）；

——《中央企业全面风险管理指引》（国资发改革〔2006〕108号）；

——《企业内部控制基本规范》（财会〔2008〕7号）；

——《中央企业合规管理办法》（国资发法规〔2022〕42号）；

——《2020年中央企业内部控制体系建设与监督工作有关事项》（国资厅发监督〔2019〕44号）；

——国资委《关于加强中央企业内部控制体系建设与监督工作的实施意见》（国资发监督规〔2019〕101号）。

在ISO 31000:2018中，"风险"被定义为"不确定性对目标的影响"[1]。

风险包括"企业风险"，其在《中央企业全面风险管理指引》中被定义为："未来的不确定性对企业实现其经营目标的影响"[2]，而企业风险又被区分为：战略风险、财务风险、市场风险、运营风险、法律风险。以能否为企业带来盈利等机会为标志，风险可以分为纯粹风险（只有带来损失一种可能性）和机会风险（带来损失和盈利的可能性并存）[3]。

ISO 37301:2021的核心是对"合规风险"进行管控；"合规风险"在ISO 37301:2021中被定义为："不遵守组织合规义务造成的不合规可能性和后果"[4]，但ISO 37301:2021对于风险的定义与《企业风险管理 与战略和业绩的整合（2017）》对风险的定义一样："风险"是不确定性对目标的影响[5]。

"企业风险管理"在《企业风险管理 与战略和业绩的整合（2017）》中被定义为："组织在创造、保持和实现价值的过程中，结合战略制定和执行，赖以

---

[1] ISO 31000:2018与ISO 37301:2021对于风险都是如此定义。ISO 37301:2021《合规管理体系 要求及使用指南》第3.7条。

[2] 《中央企业全面风险管理指引》第3条。

[3] 《中央企业全面风险管理指引》第3条。

[4] ISO 37301:2021《合规管理体系 要求及使用指南》第3.24条。

[5] ISO 31000:2018与ISO 37301:2021对于风险都是如此定义。ISO 37301:2021《合规管理体系 要求及使用指南》第3.7条。

进行管理风险的文化、能力和实践。"①

"风险管理"在 ISO 31000:2018《风险管理指南》中被定义为："指导和控制组织风险的协调活动。"②

"合规"在 ISO 37301:2021 中被定义为："履行组织的全部合规义务。"③ 合规在《中央企业合规管理办法》中被定义为："企业经营管理行为和员工履职行为符合国家法律法规、监管规定、行业准则和国际条约、规则，以及公司章程、相关规章制度等要求。"④

"内部控制"在《企业内部控制基本规范》中被定义为："由企业董事会、监事会、经理层和全体员工实施的、旨在实现控制目标的过程。内部控制的目标是合理保证企业经营管理合法合规、资产安全、财务报告及相关信息真实完整，提高经营效率和效果，促进企业实现发展战略。"⑤

第二节　"风险管理"的风险

从"风险管理"的知识框架中，我们看到 ISO 31000:2018 下的"风险"构成了风险管理伞状架构的伞面，其他标准或者规范基本沿用 ISO 31000:2018 中有关"风险"的定义，同时加上各自标准或规范的特点，从而形成了风险管理伞状架构的伞骨，共同撑起了"风险管理"这把大伞。参见下表：

表 8-1　风险：不确定性对目标的影响

合规风险				公司治理风险	企业风险					其他风险
例一：行贿风险	例二：反垄断风险	例三：网案及数据治理风险	例四：出口管制风险	其他风险	略	战略风险	财务风险	市场风险	运营风险	法律风险	略

---

① 关于企业风险管理的定义变化最为彻底，直接摒弃了第一版的定义，将风险管理工作直接从"一个流程或程序"提升到"一种文化、能力和实践"，用以实现组织创造、保持和实现价值。但是，其也从定义上模糊了风险管理和内部控制的关系。
② ISO 31000:2018《风险管理指南》第 3.2 条。
③ ISO 37301:2021《合规管理体系 要求及使用指南》第 3.26 条。
④ 《中央企业合规管理办法》第 3 条。
⑤ 《企业内部控制基本规范》第 3 条。

按照分类的不同，风险管理的风险呈现出不同的表现或者表达方式。从这个角度来说，风险分类本身也是风险管理的一个重要管理程序和手段。风险分类，就是根据风险分析的目的不同，按照一定的标准，对各种不同的风险进行区分的过程。对风险进行科学的分类，首先是不断加深对风险本质认识的需要。通过风险分类，可以使管理者更好地把握风险的本质及变化的规律。其次，对风险进行分类，是对企业风险实行科学管理、确定科学控制手段的必要前提。

由于对风险分析的目的不同，可以按照不同的标准，从不同的角度对风险进行分类。根据分析所涉及的范围和划分标准的不同，企业风险还可以从以下几个方面来划分。

一、按风险因素的性质划分

风险名称	风险描述
自然风险	由于自然因素的不确定性给企业带来的风险，如洪水、风暴、地震等均属此类风险。这种风险通常是灾难性的，多数情况是人力无法抗拒的。
经济风险	与企业生产经营活动相联系的各种经济因素的不确定性给企业带来的风险称为经济风险。这种风险是企业经常遇到的，它既可以给企业创造获益机会，也可以使企业承受损失。
政治风险	这是指由政治因素变动对企业构成的风险。既包括国际政治形势，也包括国内政治、政策的改变。
技术风险	技术风险是指由于科学技术的发展，而给企业带来的风险，这种风险通常是积极的，可为企业发展提供机会，但如果企业不能及时抓住机遇，墨守成规，也可能蒙受风险损失。

二、按风险形成的原因划分

风险名称	风险描述
主观风险	是指由于主观决策上的原因构成的风险，是由主观认识的局限性造成的。
客观风险	是指由于客观原因的影响而构成的风险。客观风险不是由企业主观因素引起的，但企业可以根据客观条件的变化及时准确地预测客观情况的变化趋势，以便及时采取应变措施，力求保证企业长久立于不败之地。

续表

风险名称	风险描述
说明	主观与客观是一组相对的概念，站在企业立场上的客观条件，对于国家来说，很可能是主观条件。因而，所谓客观风险的不可控性也是相对的，对于企业不可控的客观风险，有些是对于国家的可控风险。

三、按风险的范围划分

风险名称	风险描述
局部性风险	这是指在某一局部范围内存在而未波及全局的风险。
全局性风险	这是指在一个整体内涉及全局性的风险。

四、按风险程度划分

风险名称	风险描述
轻度风险	这是风险程度最低的，在一般情况下即使有风险，也不会对整体产生大的影响。
中度风险	这比轻度风险要大，这种风险虽然未达到左右整体的程度，但会对整体产生明显的影响。
高度风险	也称为重大风险或严重风险。这种风险一旦发生，就会使企业整体陷于困境，必须经过一定的时间才能恢复正常状态，严重时能造成企业无法生存，置企业于死地而不再逢生。

五、按风险存在的方式划分

风险名称	风险描述
潜在型风险	风险作为一种可能性存在着，并已估计到风险的程度和范围，但这种可能性尚未变成现实性。
延缓型风险	由于有利条件的增强，使不利因素的影响暂时受到抑制，因而风险的发生相比原来的预估时间有所推迟，但风险尚未排除。
突发性风险	主要是由偶发事件引起的风险，是人们事先没有估计到并在没有思想准备的情况下出现的。
转移型风险	由于客观条件的改变，而使构成风险的因素发生作用方向改变，从而导致风险向别的主体转移。

续表

风险名称	风险描述
竞争性风险	竞争性风险是指由于企业间的竞争,而彼此对对方构成的风险,这种风险形成的后果,主要是由企业的竞争能力和策略决定的,风险存在的范围广,形式复杂,企业应予以足够的重视。

六、按风险控制的程度划分

风险名称	风险描述
可控制风险	是指人们对风险形成的原因和条件认识得比较清楚,并能通过采取相应的措施,把风险控制在一定的范围内。
不可控制风险	这主要是由于自然因素和外界因素的影响而构成的风险,人们对这种风险形成的原因和条件认识不清,或者即使对构成这种风险的原因和条件认识比较清楚,也无力改变外界的条件,因而失去控制能力。

七、按企业经营类型划分

风险名称	风险描述
维持型风险	是指企业在不增加新的投入,维持原有经营规模条件下所遇到的风险。
扩展型风险	是指企业追加新的投入,扩大规模或提高质量的条件下所遇到的风险。
开拓型风险	是指企业的生产经营活动超出原有范围,或者企业改变原来的经营方向,向新领域开发所遇到的风险。
开放型风险	是指在开放条件下,企业在对外发生经济联系过程中所遇到的风险。

八、按风险效应来划分

风险名称	风险描述
纯风险	是企业在不改变原有经营条件和维持原有经营状况下所遇到的风险。这种风险的结果只有风险损失,而不会带来风险效益。
投机风险	这是企业在其进行生产经营活动中由于进行某种探索,使原有经营条件有所改变的情况下所遇到的风险。这种风险的结果,可能造成损失,也可能带来效益。

九、按风险责任承担来划分

风险名称	风险描述
国家风险	主要是指在开放条件下国家在进行国际贸易、国际信贷等方面所遇到的风险。国家对国内风险应承担的部分，也属于国家风险。
企业风险	是指企业在经营活动中应承担的风险。
个人风险	也叫私人风险，是指由个人承担的那部分风险。

十、按风险的内容划分

风险按其内容可以分为：

- 市场风险；
- 技术风险；
- 生产风险；
- 信贷风险；
- 资源风险；
- 环境风险；
- 涉外风险；
- 人事风险；
- 事故风险；
- 制度改革风险；

……

十一、按决策要求划分

风险名称	风险描述
可接受风险	人们在对某一项风险进行决策时，是否愿意承受这一风险，取决于这种风险的可能后果与决策者的主观意愿。如果这种风险可能给企业带来较大的风险收益，尽管也可能使企业蒙受风险损失，只要收益大于损失，且收益可能性较大，而损失可能性较小，那么，企业可以认为这种风险是可接受的。当然，这种风险是否可以接受，最后应由企业决策者来决断。

续表

风险名称	风险描述
不可接受风险	任何人从主观上来说都不愿蒙受风险损失，这就是所谓风险厌恶倾向。人们对风险的厌恶程度随风险损失的可能性增大而增强。当风险损失的可能性大于风险收益的可能性时，人们就不能主动承担这种风险，这种风险也就成为不可接受风险。
注：可接受风险与不可接受风险的界限不是绝对的，它受时间、企业自身条件和决策者素质等因素影响。从短时期看，属于不可接受风险，但从长时期分析，可能属于可接受的风险；在一个实力较小的企业看来是不可接受的风险，但对一个实力很强的企业却可能是可接受风险；在一个比较保守的决策者看来是不可接受的风险，而对于一个开拓精神较强的决策者却是可接受的。如此等等，说明划定其界限的困难。	

对风险的上述分类，仍然不能包括风险分类的全部。根据风险分析的目的和具体要求，还可以从不同的角度，对企业风险类别进行具体划分。对于不同企业进行风险分析，其风险分类应各具特色。

第三节 "风险管理"的目标

风险管理有其具体目标，其目的是减少风险敞口或者是降低风险值，把风险降至企业可以承受的程度。但是，合规目标应当与组织的战略方向保持一致，换言之，一个企业绝对不能为了做合规而做合规，为了制定制度而制定制度，参见下表：

表8-2 标准或规范中的战略目标

标准或规范	条目	战略目标
ISO 31000:2018	介绍	风险管理是反复优化的，有助于组织制定战略、实现目标和做出明智的决策。
2017年《企业风险管理 与战略和业绩的整合》执行摘要	第7页	Manage the risks associated with its strategy and business objectives（管理与其战略和业务目标相关的风险）。
ISO 37301:2021	第5.1.1条	合规目标应当与组织的战略方向保持一致。
《中央企业全面风险管理指引》	第1条	增强企业竞争力，提高投资回报，促进企业持续、健康、稳定发展。

续表

标准或规范	条目	战略目标
《中央企业全面风险管理指引》	第7条	风险管理总体目标： (1) 确保将风险控制在与总体目标相适应并可承受的范围内； (2) 确保内外部，尤其是企业与股东之间实现真实、可靠的信息沟通，包括编制和提供真实、可靠的财务报告； (3) 确保遵守有关法律法规； (4) 确保企业有关规章制度和为实现经营目标而采取重大措施的贯彻执行，保障经营管理的有效性，提高经营活动的效率和效果，降低实现经营目标的不确定性； (5) 确保企业建立针对各项重大风险发生后的危机处理计划，保护企业不因灾害性风险或人为失误而遭受重大损失。
《中央企业合规管理办法》	第1条	为深入贯彻习近平法治思想，落实全面依法治国战略部署，深化法治央企建设，推动中央企业加强合规管理，切实防控风险，有力保障深化改革与高质量发展……
其他	略	

一、风险管理在战略上应与战略目标保持一致

风险管理在战略上应当与企业战略目标一致，首先要考虑战略选择所带来的冲击，其次要考虑战略和业绩所可能招致的风险，最后要考虑脱离战略的可能性，在这个基础之上，企业的使命、愿景和核心价值才能转换成业绩提升，这在《企业风险管理 与战略和业绩的整合（2017）》[①] 中得到了非常好的体现，具体可见下图：

图 8-1 企业的使命、愿景和核心价值到业绩提升的转换（中文）

---

① COSO：《企业风险管理 与战略和业绩的整合（2017）》执行摘要（2017 Enterprise Risk Management-Integrating with Strategy and Performance Executive Summary）第 1 页。

下图是我们对上图所做的翻译：

使命、愿景和核心价值 =>	可能性战略脱离	战略、商业目标及业绩	战略选择带来的冲击	=> 业绩提升
	给战略和业绩带来的风险			

图 8-2　企业的使命、愿景和核心价值到业绩提升的转换（中文）

风险管理是为了实现企业的战略目标，这个要求看似比较虚，但是它在实务当中所起到的作用非常大。我们很多企业在做风险管理工作包括合规管理工作的时候都需要制定一系列的制度和文件。在这个过程中，如果能够时刻关注到企业的战略目标，其所制定的制度和文件就具有非常明确的目标导向，而不会为了制定制度而制定制度。我们在这里举一个民企冲击世界500强的例子，它们的合规管理目标与其战略目标紧密相关。

某民营企业集团公司位列2022中国企业500强、2022中国制造业民营企业130强，拟定战略目标冲击世界500强。随着该战略目标的制定，该企业明确提出重新构建企业合规管理体系建设、加强公司治理的工作任务。合规管理体系建设不仅在集团公司本身，还必须延伸到下级子公司，尤其是集团公司即将兼并收购的企业——在收购前要做好尽调，包括合规尽调，兼并后要做好整合，包括合规管理整合。

合规管理整合包括很多内容，其中就有制度整合。制度整合体现为并购双方人事、财务、营销和开发等职能制度的优势互补过程。通常，并购方会将本公司优秀的管理制度移植到目标公司，以改善其内部管理效率。同时，并购方还会充分利用目标公司优良的制度以弥补自身不足。对于那些组织健全、制度完善、管理规范、财务状况良好的企业，并购方可继续沿用其管理制度，以便保持制度的稳定性和连续性，在这些制度中，反贿赂、反腐败合规制度以及其他制度显得尤为重要。

二、风险管理在技术上与企业的重大目标相关联

那么，风险管理如何在技术上与企业的重大目标相关联呢？如何避免制度很多，但有用的没几个呢？那就是制定一个制度必须满足下列四项基本原则（"制度制定四原则"）：

(1) 该制度要实现一个重要的企业目的；
(2) 该制度必须与实现这个目的有重大关联；
(3) 该制度不能逢检尽检；
(4) 该制度必须应检必检。

以上四个原则来自这样一个案件，B国某市立法限制在该市卖酒精含量为3.2%的淡啤酒给年龄低于21岁的男性和年龄低于18岁的女性，有关行政立法的目的是减少年轻男性的酒驾行为。这个行政法规的用意是好的。但是，有关机构认为该行政法规存在问题：规定必须要实现一个重要的目的且其必须与实现这个目的有重大关联性。一方面，该市的18岁到21岁的年轻男性当中，只有2%的人有酒驾行为。如果行政法规因为这个年龄段中仅2%的酒驾率而禁止这个年龄段中所有的男性不能买淡啤酒，那么这个行政法规对于那些想买啤酒且又不醉驾的人而言打击面太大，属于"逢检尽检"；另一方面，行政法规只是禁止前述男性买啤酒，但是没有直接禁止其驾驶时揣着该啤酒或喝了啤酒。换言之，该行政法规与禁止酒驾没有重大的关联性，或者说该禁止的没有禁止，没有做到"应检必检"。

比如，有企业规定：只要有一个人违规，这个人所在部门所有人的年终奖将全部取消。事实上，这个措施在实务中也没有能够得到实施，而只要领导打个招呼所有人的奖金又全部恢复。对照上述"制度制定四原则"，前述这个制度最起码没有满足后两项：该制度不能逢检尽检——一个人违规，其所在部门所有人的年终奖将全部取消，这打击面显然过大。该制度必须应检必检——违规的人没有受到与其违规相对应的处罚，则属于该禁止的没有禁止，该处罚的没有处罚。

风险管理或者风险管理制度应当与哪些目标相关联呢？这在《COSO内部控制整合框架（2013）》的魔方图[①]中可以略见端倪：

[①] SCCE以及HCCA，企业风险管理丨合规风险管理：应用COSO ERM框架（Enterprise Risk Management ｜ Compliance Risk Management: Applying the COSO ERM Framework），第10页。SCCE是指公司合规与道德协会（Society of Corporate Compliance and Ethics）；HCCA是指卫生保健合规协会（Health Care Compliance Association）。

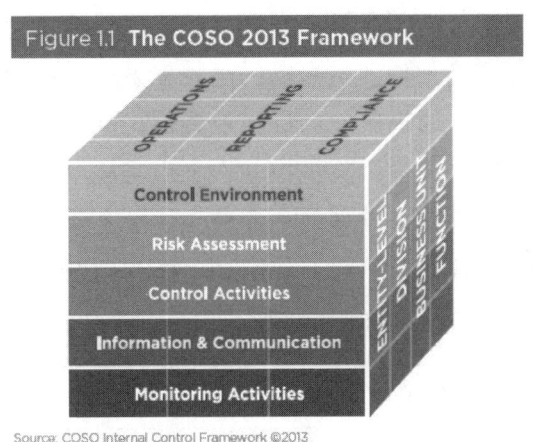

图 8-3 《COSO 内部控制整合框架（2013）》魔方图

企业常见的三个重大目标参见魔方的顶层，它们分别是运营（OPERATIONS）、财报（REPORTING）、合规（COMPLIANCE）。风险管理措施、制度建设等一定要围绕着这三个重大目标展开，那些禁止性的措施和制度建设尤其如此。

第四节 "风险管理"的筹划

风险筹划是针对企业业务中所碰到的重大风险，尤其是对难以克服的系统性风险的管理作出规划，在合规管理的基础之上，通过调整产品线、业务模式、业务发展地域等，就风险回避、损失控制、风险转移和风险保留制定方针并指明方向。合规风险筹划与企业的业务战略规划紧密关联、相辅相成，可以说是业务战略规划的一部分。

一、为什么要做风险筹划？

风险筹划与企业的业务战略规划有着共同的战略目标：保证企业业务长期稳定增长、成就百年老店。企业要实现业务战略规划中的这些目标，会遇到不可逾越或貌似不可逾越的重大风险。对于这些重大风险，企业的高层一定能清楚地感受到，毕竟"春江水暖鸭先知"，但有时对于这些风险却无可奈何，一方面因为业务模式已经形成，企业积重难返；另一方面也心存侥幸心理，拖一时算一时。但如果这些风险不解决，一方面会给企业埋下重大隐患，导致千里长堤毁于蚁穴，几十年辛苦的基业可能在短时间内轰然倒塌，这对于那些已经具有相当规模的企业来说是一件非常可惜的事情；另一方面企业的重大风险，尤其是系统性风险，如果不通过企业高层在业务层面战略规划、制定方针、指明方向、做出决策，企业要进行风险管控基本上也是隔靴搔痒、事倍功半。从这个角度说，作为企业业务战略规划的一部分，如果企业是一艘大船，企业合规风险筹划要像声呐一样找出暗礁，要像雷达一样找到航道上的冰山，保证企业这艘大船避开障碍，成功到达胜利的彼岸。

二、风险筹划面对的风险有哪些？

风险筹划应当涵盖下列风险：

（1）严厉刑事、行政处罚风险：严厉的刑事、行政处罚，对企业会产生根本性影响。以长春某生物科技有限责任公司问题疫苗案为例，2018年10月，长春某生物科技有限责任公司被处没收违法所得18.9亿元，处金额三倍罚款72.12亿元，罚没款共计91亿元，并于2019年11月8日申请破产。[①] 而在这之前的2019年3月12日，最高人民检察院检察长在其于十三届全国人大二次会议上作的最高人民检察院工作报告中表示，长春某生物科技有限责任公司问题疫苗案最高人民检察院挂牌督办，吉林检察机关依法批捕18人[②]。

（2）重大政策风险：社会环境的变化，政策导向的变化，也会对企业的兴衰存亡产生重要影响。

（3）企业治理失败风险（企业家取代企业；"法人"离不开"法定代表人"或"实际控制人"）：企业的发展更多依赖于个人，而非岗位与机制。我们很多企业就是如此，掌舵者一旦出问题，无论是对企业形象还是生产经营，都会产生非常负面的影响。比如，无锡尚德从曾经的世界第一光伏设备厂商到如今成为失信被执行人，最终由他人接管，就是没有处理好企业治理失败风险的典型案例。

[①]《药监部门对长春某公司作出多项行政处罚 其中罚没款91亿元》，载人民网，http://health.people.com.cn/n1/2018/1016/c14739-30345161.html（最近参阅时间2022年12月6日）。

[②]《依法批捕某公司问题疫苗案18人》，载最高人民检察院官网，https://www.spp.gov.cn/spp/zdgz/201903/t20190312_411378.shtml（最近参阅时间2022年10月17日）。

三、合规风险筹划风险解决路径

有了业务发展目标和合规管理目标后,企业目前的情况距离达到目标还有哪些事要做?有哪些风险要处理?针对这些问题,企业应当根据自身状况着力解决以下三个问题:

(1) 企业未来 5 年、20 年、50 年的目标各是什么;

(2) 目前和将来的重大风险有哪些;

(3) 从现在到解决这些风险的路径及解决方案。

比如,一个企业在 10 年内业务要从目前的人民币 50 亿元增长到人民币 500 亿元,业务存量和增量相关的产品、地域、销售模式是什么?是否存在着重大的法律合规风险、政治风险及政策风险?如是,风险是哪些?风险管控的策略是什么?

总之,通过合规风险筹划,企业可以有效降低各环节风险发生的可能性,实现业务长期稳定增长,最终成就百年老店。同时,合规风险筹划作为企业业务战略规划的一部分,成为企业生产经营的金色盾牌,避免因合规工作不到位而面临的各式风险,真正实现"合规就是生产力"。

四、工作方案

工作方案包括如下内容:

(1) 识别出的企业面临的重大甚至不可逾越的风险有哪些;

(2) 对如何管控这些风险进行充分讨论并拿出切实可行的解决方案,包括管控风险的方向、方法、路径,以及业务调整;

(3) 企业的实际控制人在与供应商充分讨论的基础上做出初步合规风险筹划;

(4) 企业实际控制人对战略规划进行酝酿和论证,最终形成《风险筹划方案》。

第五节 "风险管理"的外规内化

合规(Compliance)在 ISO 37301:2021 中被定义为:"履行组织的全部合规义务"。[1] 合规义务既包括外部的组织应当强制遵守的要求(如法律法规),同时

---

[1] ISO 37301:2021《合规管理体系 要求及使用指南》第 3.26 条。

也包括组织自愿选择遵守的要求（如方针和程序、与客户签订的协议、与组织签署合同产生的义务等）[1]。从外部强制遵守的要求到组织自愿选择遵守的要求，其实涵盖了外规内化的过程。换言之，为了更好地遵守外规，组织及其内部员工也必须遵守内化了的内部方针、程序和控制措施等。

《中央企业全面风险管理指引》第16条在规定法律风险初始信息收集时，明确提到应当收集"影响企业的新法律法规和政策"（外规）和"该企业签订的重大协议和有关贸易合同"（内规）。《中央企业合规管理办法》第19条规定："中央企业应当根据法律法规、监管政策等变化的情况，及时对规章制度进行修订完善，对执行落实情况进行检查。"

关于"外规内化"，详见本书第二章、第四章。

第六节 "风险管理"的体系化管理

《企业风险管理 与战略和业绩的整合（2017）》将"企业风险管理"定义为："组织在创造、保持和实现价值的过程中，结合战略制定和执行，赖以进行管理风险的文化、能力和实践。"[2] 而"管理风险的文化、能力和实践"的组合也就是体系化的概念——《企业风险管理 与战略和业绩的整合（2017）》的框架图对此做了非常好的诠释。

Governance & Culture	Strategy & Objective-Setting	Performance	Review & Revision	Information, Communication, & Reporting
1. Exercises Board Risk Oversight
2. Establishes Operating Structures
3. Defines Desired Culture
4. Demonstrates Commitment to Core Values
5. Attracts, Develops, and Retains Capable Individuals	6. Analyzes Business Context
7. Defines Risk Appetite
8. Evaluates Alternative Strategies
9. Formulates Business Objectives	10. Identifies Risk
11. Assesses Severity of Risk
12. Prioritizes Risks
13. Implements Risk Responses
14. Develops Portfolio View	15. Assesses Substantial Change
16. Reviews Risk and Performance
17. Pursues Improvement in Enterprise Risk Management	18. Leverages Information and Technology
19. Communicates Risk Information
20. Reports on Risk, Culture, and Performance

图8-4 "管理风险的文化、能力和实践"体系化的概念

---

[1] ISO 37301:2021《合规管理体系 要求及使用指南》附录A.4.5。

[2] 关于企业风险管理的定义变化最为彻底，直接摒弃了第一版的定义，将风险管理工作直接从"一个流程或程序"提升到"一种文化、能力和实践"，用以实现组织创造、保持和实现价值。但是，其也从定义上模糊了风险管理和内部控制的关系。

以下是对上图的翻译：

治理与文化	战略与目标设置	业绩	评审与修订	信息交流与报告
1. 实施董事会风险监督 2. 设立运行架构 3. 设定向往的文化 4. 展示对核心价值观的遵从 5. 吸引、培养并留住人才	6. 分析商业环境 7. 设定风险偏好 8. 评价替代性战略 9. 确定商业目标	10. 识别风险 11. 评估风险严重程度 12. 对风险排序 13. 实施风险应对 14. 开发组合视角	15. 评估重大变化 16. 评审风险和业绩 17. 不断提升企业风险管理	18. 运用信息及技术 19. 交流风险信息 20. 报告风险文化及业绩

风险管理体系化，这不仅是上述 COSO 风险管理整合框架的需求，也是 ISO 31000:2018 国际风险管理标准的要求，对此，ISO 31000:2018 也通过相应的流程图予以体现：

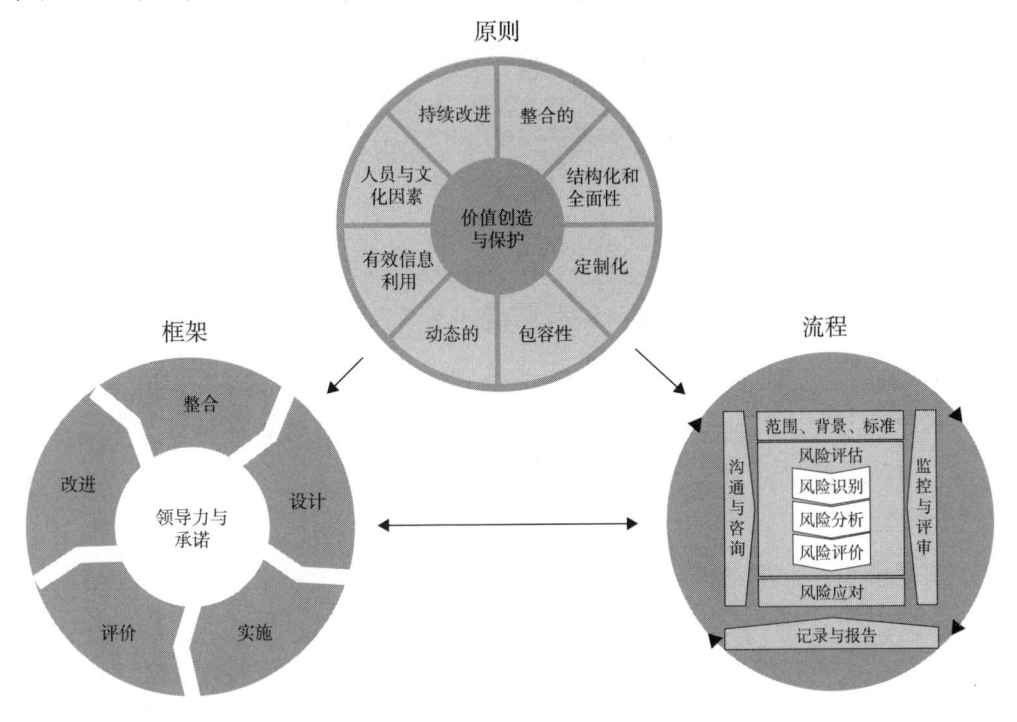

图 8-5　ISO 31000:2018《风险管理指南》

企业风险管理应当体系化，合规风险管理同样如此，对此，ISO 37301:2021 也提供了相应的流程图：

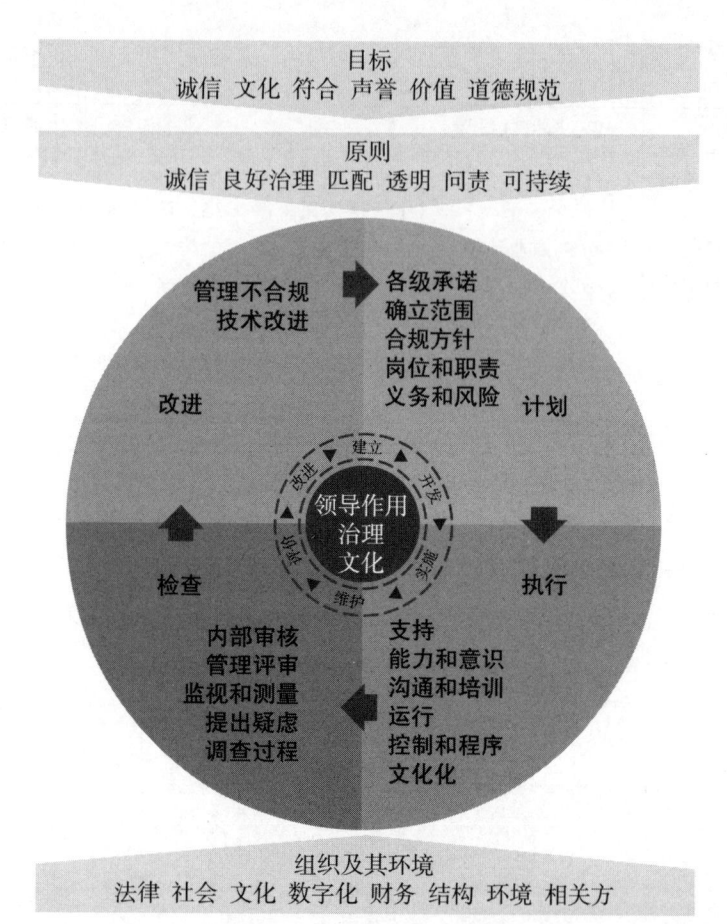

图 8-6 ISO 37301:2021《合规管理体系 要求及使用指南》流程图

"风险管理"体系化在 ISO 37301:2021 当中得到了集中体现。其覆盖了合规管理体系建立、运行、保持和改进的全流程,提供了合规管理体系的整套解决方案。具体可参见本书第六章第二节。

实务模版:

某企业风险管理政策

1. 目的

通过明确企业风险管理的基本原则、运作机制、主要的组织和部门及其角色、职责和权力,以构建并实施企业风险管理体系,从战略规划到执行过程中,减少风险、增加机会、提升绩效。

2. 适用范围

本政策适用于某投资控股有限公司及其全球范围内直接或间接控制的公司，及其所属各部门、各区域、各驻外机构。

3. 风险分类、分层及应对

3.1 定义

风险：指未来的不确定性对公司实现其经营目标的影响，是企业运营中客观存在的，是在企业的战略规划、外部环境、运营模式及财务系统中识别出来的。

重大风险：是未来可能对竞争格局、声誉、财务状况和经营成果、长远利益产生重大影响的事件。下文所提及的风险均指重大风险。

3.2 风险按照主要成因归纳成但不限于以下四种类别：

战略风险：是指市场、产品和投资规划或决策等能力有限而影响整个企业中长期生存能力、竞争力、发展方向、战略目标、效益的重要风险，如竞争格局风险等。

外部风险：是指外部环境风险及法律法规遵从风险，如政治和政策风险、法律和法规遵从、自然灾害等。

运营风险：是指企业在运营过程中由于内部运作、人力和技术能力的有限性导致运营失败、达不到预期运营目标、造成损失的风险，如业务连续性风险等。

财务风险：是指由于受多种因素的影响，导致公司资金资产损失、财务结构失衡等对公司当期或长期经营结果和声誉产生影响的风险，如客户信用风险、资本架构风险等。

3.3 风险层级：

3.3.1 企业级风险

未来可能对整个企业集团的竞争格局、声誉、财务状况和经营成果或长远利益产生重大影响的事件，企业级风险往往跨领域（BG/SBG/区域/各责任中心）。

3.3.2 领域级风险

未来可能对某特定领域（BG/SBG/区域/各责任中心）的竞争格局、声誉、财务状况和经营成果、长远利益产生重大影响的事件。

3.3.3 风险层级调整

领域级风险当其影响程度重大或影响范围涉及多个领域时也可能上升为企业级风险；企业级风险当其影响降低时也可能下降为领域级风险。

3.4 风险应对的主要措施有：

风险规避：是指考虑到影响预定目标达成的诸多风险因素，结合决策者自身的风险偏好和风险承受能力，做出中止、放弃某种决策方案或调整、改变某种决策方案的风险处理方式。

风险降低：是指采取措施降低风险发生的可能性或影响度，或同时降低两者。

风险转移：是指将风险及其可能造成的损失全部或部分转移给他人。常见的方法包括购买保险产品、从事避险交易或外包某项业务。

风险接受：承担风险，不采取措施去干预风险发生的可能性和影响度。

4. 基本原则

4.1 风险管理是业务部门的固有职责，业务部门在获得收益的同时，需承担风险；

4.2 风险管理要与业务管理相结合，特别是在计划和决策过程中；

4.3 风险管理应当从企业整体利益出发，进行跨部门协同管理；

4.4 积极应对风险可能意味着机会，消极应对风险则可能带来损失；

4.5 风险管控的目标并不是一味地将风险降至为零，而是根据风险偏好将风险控制在企业可接受范围内。

5. 实施风险管理的角色、职责和权力

董事会、财经委员会、Risk Leader[①]、Risk Owner[②]、企业风险管理部、各业务单元 CFO（首席财务官）是风险管理的关键角色，其职责和权利如下：

5.1 董事会

董事会作为负责企业经营和管理的最高权力机构，在风险管理中发挥重要作用，其职责如下：

5.1.1 确定高管基调，每年至少一次通过发文、联合声明、宣誓等形式强调风险管理的重要性，建立并不断完善整个企业的风险管理环境；

5.1.2 授权财经委员会负责企业重大风险和合规遵从管控并听取其汇报，必要时进行重大事项决策。

5.2 财经委员会（以下简称财委会）

在董事会授权下作为风险管理的日常决策机构，对识别和管理企业级风险、

[①] 风险领导者，指跨领域企业级风险第一责任人。
[②] 风险所有者，指所负责领域风险管理的第一责任人。

指导各领域（BG/SBG/区域/各责任中心）的风险管理负责。其主要职责如下：

5.2.1 培育企业风险管理文化；

5.2.2 确定风险管理工作战略、规划、路标；

5.2.3 审议公司风险管理的框架、政策；

5.2.4 决定企业级风险排序，审批企业风险地图及其变更；

5.2.5 审议企业级风险的风险偏好、企业所承受风险的容忍度，报董事会审批；

5.2.6 确保高层领导卷入企业级风险管理，将风险管理纳入业务管理体系；

5.2.7 审议公司业务连续性的执行情况；

5.2.8 专题研究和审视、决策涉及公司重大影响的风险；

5.2.9 根据需要审批企业级风险管控的专项预算；

5.2.10 向董事会报告企业级和各领域的风险管控状况。

5.3 Risk Leader

原则上由公司高级管理者担任，财委会按企业风险地图提名，CEO 任命，为跨领域企业级风险第一责任人，领导各相关部门完成该项风险管理工作，其个人绩效承诺（PBC）包含风险管理。其主要职责如下：

5.3.1 从公司整体角度，联合相关部门综合评估风险影响，分析风险根因；

5.3.2 分解企业级风险的管控责任，指定 Risk Owner；

5.3.3 组建跨领域的风险管理工作组，确保风险管控的有效性；

5.3.4 决定风险管控的目标、范围及里程碑计划，并实施监控；

5.3.5 向财委会汇报该风险的管控状况，确保企业级风险被控制在可接受范围内。

5.4 Risk Owner

原则上由各领域（BG/SBG/区域/各责任中心）主管担任，是所负责领域风险管理的第一责任人，其个人绩效承诺（PBC）包含风险管理。其主要职责如下：

5.4.1 对公司获利或声誉有影响的风险承担管理责任，需要将风险控制在可接受范围内；

5.4.2 各级管理者应将风险管理与业务紧密结合，在战略规划中识别和评估风险，在业务规划中研究并执行风险管理的对策，并在日常运作中监控这些措施的有效性；

5.4.3 及时向财委会或 Risk Leader 汇报本领域内风险及管控状况；

5.4.4 确保本领域员工理解和正确执行风险管理策略；

5.4.5 参与年度企业风险地图制定。

5.5 企业风险管理部（ERM）

协助财委会及 Risk Leader 管控企业级风险，是各领域（BG/SBG/区域/各责任中心）风险管理的 Partner。其主要职责如下：

5.5.1 对所监管的企业级风险管理框架、相关流程及风险管理项目进行阶段性回顾，协助财委会向董事会汇报；

5.5.2 定期汇总各领域（BG/SBG/区域/各责任中心）识别的重大风险，并进行综合评估形成初始的企业风险地图，报财委会审批；

5.5.3 协助财委会和 Risk Leader 履行风险管理职责，将风险管理纳入其战略及运作中，包括建立恰当的风险管理项目及对策；

5.5.4 定期评估各领域（BG/SBG/区域/各责任中心）的风险管理执行情况，监控其风险管理的有效性，并促进风险管理能力持续提升；

5.5.5 开发风险管理的统一方法、流程和运作机制；

5.5.6 接受财委会指派，组织及指导跨领域深度风险分析项目（Deep Dive），评估及制订企业级风险管控方案；

5.5.7 协助各领域风险管理团队在风险识别、评估、分析、监控、报告及指标测评中实现最佳实践；

5.5.8 通过培训、工具及业务支持等方式协助建立企业风险管理文化并提升员工对企业风险管理的理解；

5.5.9 向重大风险涉及的委员会，如战略规划委员会、人力资源委员会、审计委员会等汇报风险管理事宜。

5.6 各业务单元 CFO

作为各领域风险管理的支撑主体，协助本领域 Risk Owner 承担日常风险管理职责。

5.6.1 CFO 是财务风险管理的责任主体，同时负责推动、监控和报告业务风险管理运作情况；

5.6.2 CFO 履行风险管理职责，在风险管理中扮演重要角色，是风险管理框架中的关键要素，尤其在运作质量保证、法律及合规遵从、财务及运作信息准确等方面确保企业风险管理的有效性。

6. 运作机制

6.1 企业级风险管控

6.1.1 每年度对重大风险进行包括优先级排序在内的综合评估，经财委会批准形成风险地图；

6.1.2 财委会确定企业级风险应对策略，并提名 Risk Leader；

6.1.3 Risk Leader 组建跨部门企业级风险管控工作组，按风险管理流程进行风险识别、综合评估和根因分析，制订应对计划并实施，持续监控并形成报告；

6.1.4 Risk Leader 例行就风险管控状况向财委会报告。

6.2 风险管理嵌入 SP/BP 流程

在战略规划和业务规划中识别、评估、应对、监控和报告风险，在做决策时充分考虑风险因素，在执行过程中包含风险应对措施。

6.2.1 在战略规划中进行风险识别、评估并排序，定义总体管控目标和应对策略；

6.2.2 在业务规划中进行根因分析、制定风险应对措施、指定风险责任人及制定预算；

6.2.3 在规划执行和日常运营中实施风险应对措施，监控风险控制状况，定期向 Risk Owner 报告。

6.3 深度风险分析（Deep Dive）

深度风险分析项目适用于跨业务领域、根因复杂的企业级风险，由财委会批准立项，来源于 Risk Leader 申请或财委会直接指定。

6.3.1 企业风险管理部协助 Risk Leader，组织相关业务部门成立深度风险分析项目组，分析风险根因，形成应对方案；

6.3.2 风险应对方案经财委会批准后，Deep Dive 关闭，转正常风险管控，由 Risk Leader 与业务部门实施并向财委会报告。

7. 风险测评

按照风险暴露、风险管控的结果衡量各相关部门风险管理的绩效，测评指标包括但不限于风险敞口、KRI、计分卡、风险管理成熟度等，对于直接影响财务结果的风险通常使用风险敞口来测评，对不直接影响财务结果的风险通常采用评估应对计划进展的方式测评。

7.1 风险敞口（Risk Exposure）

是指未加保护的风险，即因债务人违约行为、内部管理不善、外部遵从等导致的可能承受风险的总量。比如，应收账款指当期各账期（包括未到期部分）应收账款余额总和，含本金以及在此基础上产生的利息、罚金等其他费用。

7.2 KRI（Key Risk Indicator，关键风险指标）

通过定性和定量的指标来测评风险暴露和风险应对策略的有效性。KRI 由 Risk Owner 制定、维护和监控，且必须得到 Risk Leader 和财委会的认可，应尽量将已有指标嵌入现有的管理体系中。

7.3 风险管理计分卡

用于衡量业务部门风险管理的有效性，由企业风险管理部从以下几个方面对业务部门进行评估：(1) 组织结构和职责；(2) 在企业级风险管理中的业务参与程度；(3) 战略规划中的风险识别；(4) 业务计划中的风险规划；(5) 监控和问责。

7.4 风险管理成熟度

用于衡量企业整体风险管理的能力，由企业风险管理部和各业务部门从政策、流程、组织、绩效、IT 工具和决策等多维度进行年度自评。财委会对自评综合结果进行评审，提出改进建议并进行绩效评估。

思考题：

1. 作为一家企业高级合规师，你能否在不参考任何文件的情况下，说出贵企的五年规划、十年规划？
2. 企业常见的三个重大目标分别是运营（Ooperations）、财报（Reporting）、合规（Compliance）。贵司是否还有其他重大目标？
3. 贵司是否实施过全面风险管理？有什么具体输出？

第九章 控制、风险控制与内部控制

第一节 控制

"控制"概念贯穿于合规管理、风险管理、风险控制与内部控制全过程。ISO 31000:2018《风险管理指南》第3.8条把"控制"定义为：

保持和/或调整风险的措施。

注1：控制包括但不限于保持和/或修改风险的任何流程、政策、设备、实践或其他条件和/或行动。

注2：控制可能并不总是能发挥到预期或假定的调整效果。

ISO 37301:2021《合规管理体系 要求及使用指南》对控制没有定义；ISO 37301:2021 第8.2条就"确立控制和程序"规定："组织应实施控制以管理其合规义务和相关合规风险。应对这些控制进行维护、定期评审和测试，以确保其持续有效。"ISO 37301:2021 在附录 A.8.2 中进一步对"控制"提供"使用指南"，对"控制"提出要求并进行了列举：

A.8.2 确立控制和程序

组织需要有效的控制，以确保组织的合规义务得以履行，不合规得以防止、发现和纠正。控制的设计宜足够严格，以促进在特定的组织活动和运行环境中实现合规义务。在可能的情况下，这种控制宜嵌入组织的正常过程之中。

控制包括：

——清晰、实用且易于遵守的文件化运行方针、过程、程序和工作指示；

——系统和例外报告；

——批准；

——分离不相容的岗位和职责；

——自动化过程；

——年度合规计划；

——人员绩效计划；

——合规评估和审核；

——证实的管理层承诺和模范行为，以及其他促进合规行为的措施；

——就员工的预期行为（标准、价值观、行为准则）进行积极、公开和频繁的沟通。

虽然ISO 37301:2021对控制没有定义，但因为ISO 31000:2018是ISO 37301:2021的参考文献之一[1]，因此ISO 37301:2021下的"控制"与ISO 31000:2018的"控制"采用的是同一个概念。

第二节　风险控制

"风险控制"是企业运营管理中常用的一个词语。有的企业，尤其是国企或者央企，还设置了"风控部"。追本溯源，这与国务院国资委于2006年6月6日发布的《中央企业全面风险管理指引》（国资发改革〔2006〕108号）有很大的关联。

为了确保国有资产保值增值和企业持续、健康、稳定发展，指导企业开展全面风险管理工作，进一步提高企业管理水平，增强企业竞争力，促进企业稳步发展，国务院国资委制定了《中央企业全面风险管理指引》。

指引中所说的企业风险，是指未来的不确定性对企业实现其经营目标的影响。企业风险一般可分为战略风险、财务风险、市场风险、运营风险、法律风险等；也可以能否为企业带来盈利等机会为标志，将风险分为纯粹风险（只有带来损失一种可能性）和机会风险（带来损失和盈利的可能性并存）[2]。围绕着全面风险管理，《中央企业全面风险管理指引》在以下条款中提及"风险控制"。

---

[1] ISO 37301:2021《合规管理体系 要求及使用指南》参考文献第［13］条。
[2] 《中央企业全面风险管理指引》第3条。

表 9-1 《中央企业全面风险管理指引》有关"风险控制"的内容

《中央企业全面风险管理指引》		解读分析
条款	有关"风险控制"内容	
7	第七条 企业开展全面风险管理要努力实现以下风险管理总体目标： （一）确保将风险控制在与总体目标相适应并可承受的范围内……	是风险管理的工具之一
26	本指引所称风险管理策略，指企业根据自身条件和外部环境，围绕企业发展战略，确定风险偏好、风险承受度、风险管理有效性标准，选择风险承担、风险规避、风险转移、风险转换、风险对冲、风险补偿、风险控制等适合的风险管理工具的总体策略，并确定风险管理所需人力和财力资源的配置原则。	风险控制是风险管理的一种策略
27	一般情况下，对战略、财务、运营和法律风险，可采取风险承担、风险规避、风险转换、风险控制等方法。对能够通过保险、期货、对冲等金融手段进行理财的风险，可以采用风险转移、风险对冲、风险补偿等方法。	风险控制与风险承担、风险规避、风险转换同样是风险管理的方法之一
30	企业应定期总结和分析已制定的风险管理策略的有效性和合理性，结合实际不断修订和完善。其中，应重点检查依据风险偏好、风险承受度和风险控制预警线实施的结果是否有效，并提出定性或定量的有效性标准。	风险控制是预警线工具
33	企业制定风险解决的内控方案，应满足合规的要求，坚持经营战略与风险策略一致、风险控制与运营效率及效果相平衡的原则，针对重大风险所涉及的各管理及业务流程，制定涵盖各个环节的全流程控制措施；对其他风险所涉及的业务流程，要把关键环节作为控制点，采取相应的控制措施。	风险控制是与运营相对应的
36	企业应以重大风险、重大事件和重大决策、重要管理及业务流程为重点，对风险管理初始信息、风险评估、风险管理策略、关键控制活动及风险管理解决方案的实施情况进行监督，采用压力测试、返回测试、穿行测试以及风险控制自我评估等方法对风险管理的有效性进行检验，根据变化情况和存在的缺陷及时加以改进。	风险控制自我评估与压力测试、返回测试、穿行测试一样可以对风险管理的有效性进行检验
61	企业应在内部各个层面营造风险管理文化氛围。董事会应高度重视风险管理文化的培育，总经理负责培育风险管理文化的日常工作。董事和高级管理人员应在培育风险管理文化中起表率作用。重要管理及业务流程和风险控制点的管理人员和业务操作人员应成为培育风险管理文化的骨干。	风险控制点是与风险控制相关的岗位

续表

《中央企业全面风险管理指引》条款	有关"风险控制"内容	解读分析
65	企业应建立重要管理及业务流程、风险控制点的管理人员和业务操作人员岗前风险管理培训制度。采取多种途径和形式,加强对风险管理理念、知识、流程、管控核心内容的培训,培养风险管理人才,培育风险管理文化。	风险控制点是与风险控制相关的岗位
综合	"风险控制"是风险管理的策略,也是方法。围绕"风险控制"可以设置诸如"警戒线"一类的工具、围绕"风险控制"岗位可以聘用相关风险管理人员。	

从上述分析所得出的结论,我们可以看到:"风险控制"是风险管理的策略和方法。围绕"风险控制"可以设置诸如"警戒线"一类的工具、围绕"风险控制"岗位可以聘用相关风险管理人员。虽然《中央企业全面风险管理指引》没有对"风险控制"进行定义,但指引中所说的"风险控制"与 ISO 31000:2018 下的"控制"基本是一个意思:保持和/或调整风险的措施。

《中央企业全面风险管理指引》下的风险管理措施,除了"风险控制"之外,还包括风险承担、风险规避、风险转换(用以应对战略、财务、运营和法律风险),同时还包括风险转移、风险对冲、风险补偿等方法(用以应对通过保险、期货、对冲等金融手段进行理财的风险)[①],对此,我们可以用下列图示来表示风险管理措施与各个措施之间的关系:

表 9-2　风险管理措施与各措施的关系

《中央企业全面风险管理指引》	风险管理措施	风险控制
		风险承担
		风险规避
		风险转换
		风险转移
		风险对冲
		风险补偿

---

① 《中央企业全面风险管理指引》第 26 条。

第三节　内部控制

"内部控制"的概念主要见之于财政部会同证监会、审计署、银监会、保监会于2008年5月22日所制定并印发的《企业内部控制基本规范》（财会〔2008〕7号），自2009年7月1日起在上市公司范围内施行。值得一提的是，财政部等部门在"财会〔2008〕7号"发文时也明确鼓励非上市的大中型企业执行。

在该规范下，"内部控制"被定义为："由企业董事会、监事会、经理层和全体员工实施的、旨在实现控制目标的过程。"[①]"内部控制"的目标是："合理保证企业经营管理合法合规、资产安全、财务报告及相关信息真实完整，提高经营效率和效果，促进企业实现发展战略。"[②]

另外，《企业内部控制基本规范》第5条明确了"内部控制"的五个要素，分别是：

（一）内部环境。内部环境是企业实施内部控制的基础，一般包括治理结构、机构设置及权责分配、内部审计、人力资源政策、企业文化等。

（二）风险评估。风险评估是企业及时识别、系统分析经营活动中与实现内部控制目标相关的风险，合理确定风险应对策略。

（三）控制活动。控制活动是企业根据风险评估结果，采用相应的控制措施，将风险控制在可承受度之内。

（四）信息与沟通。信息与沟通是企业及时、准确地收集、传递与内部控制相关的信息，确保信息在企业内部、企业与外部之间进行有效沟通。

（五）内部监督。内部监督是企业对内部控制建立与实施情况进行监督检查，评价内部控制的有效性，发现内部控制缺陷，应当及时加以改进。

从《企业内部控制基本规范》就"内部控制"所提供的概念、目的和要素，我们可以看出"内部控制"与"控制"和"风险控制"有很大的不同。"控制"

---

① 《企业内部控制基本规范》第3条。
② 同上。

和"风险控制"是风险管理的措施；而"内部控制"是过程、是要素性的体系。"控制"和"风险控制"的目的是管理风险，但"内部控制"的目的是"合理保证企业经营管理合法合规、资产安全、财务报告及相关信息真实完整，提高经营效率和效果，促进企业实现发展战略"。

表 9-3 "控制""风险控制"与"内部控制"的区别

类别	目的	内涵	是否成体系	行业性质
控制	管理风险	措施	一般指代措施，不自成体系	通用
风险控制				
内部控制	合理保证企业经营管理合法合规、资产安全、财务报告及相关信息真实完整，提高经营效率和效果，促进企业实现发展战略	体系	自成体系，体系要素包括：内部环境、风险评估、控制活动、信息与沟通、内部监督	财务性质的

第四节 风险管理、内部控制与合规管理的关系

"风险管理""内部控制"与"合规管理"（与法务管理）三者在国务院国资委所发布的《中央企业合规管理办法》中被明确是相互平行的关系。这三者的平行关系在《中央企业合规管理办法》第 26 条中得到了很好的体现："中央企业应当结合实际建立健全合规管理与法务管理、内部控制、风险管理等协同运作机制，加强统筹协调，避免交叉重复，提高管理效能。"

如前所述，《中央企业全面风险管理指引》规范了风险管理，《企业内部控制基本规范》规范了"内部控制"，我们用下表展示"风险管理""内部控制"与"合规管理"（与法务管理）之间的平行关系，并展示了其背后的办法、指引和规范之间的关系。

表 9-4 "风险管理""内部控制""合规管理"与"法务管理"之间的平行关系

《中央企业全面风险管理指引》	风险管理	风险控制
		风险承担
		风险规避
		风险转换
		风险转移
《中央企业合规管理办法》		风险对冲
		风险补偿
	法务管理	
	合规管理	
	内部控制	《企业内部控制基本规范》

值得一提的是，内部控制、内控、风险控制在实务中经常会被混用。而在《中央企业全面风险管理指引》中，从头到尾都在讲"风险控制"是风险管理的措施之一，但该指引的第33条、第34条突然跳出"内控"，其表示如下：

第三十三条　企业制定风险解决的内控方案，应满足合规的要求，坚持经营战略与风险策略一致、风险控制与运营效率及效果相平衡的原则，针对重大风险所涉及的各管理及业务流程，制定涵盖各个环节的全流程控制措施；对其他风险所涉及的业务流程，要把关键环节作为控制点，采取相应的控制措施。

第三十四条　企业制定内控措施，一般至少包括以下内容：

（一）建立内控岗位授权制度。对内控所涉及的各岗位明确规定授权的对象、条件、范围和额度等，任何组织和个人不得超越授权做出风险性决定；

（二）建立内控报告制度。明确规定报告人与接受报告人，报告的时间、内容、频率、传递路线、负责处理报告的部门和人员等；

（三）建立内控批准制度。对内控所涉及的重要事项，明确规定批准的程序、条件、范围和额度、必备文件以及有权批准的部门和人员及其相应责任；

（四）建立内控责任制度。按照权利、义务和责任相统一的原则，明确规定各有关部门和业务单位、岗位、人员应负的责任和奖惩制度；

（五）建立内控审计检查制度。结合内控的有关要求、方法、标准与流程，明确规定审计检查的对象、内容、方式和负责审计检查的部门等；

（六）建立<u>内控</u>考核评价制度。具备条件的企业应把各业务单位风险管理执行情况与绩效薪酬挂钩；

（七）建立重大风险预警制度。对重大风险进行持续不断的监测，及时发布预警信息，制定应急预案，并根据情况变化调整控制措施；

（八）建立健全以总法律顾问制度为核心的企业法律顾问制度。大力加强企业法律风险防范机制建设，形成由企业决策层主导、企业总法律顾问牵头、企业法律顾问提供业务保障、全体员工共同参与的法律风险责任体系。完善企业重大法律纠纷案件的备案管理制度；

（九）建立重要岗位权力制衡制度，明确规定不相容职责的分离。主要包括：授权批准、业务经办、会计记录、财产保管和稽核检查等职责。对内控所涉及的重要岗位可设置一岗双人、双职、双责，相互制约；明确该岗位的上级部门或人员对其应采取的监督措施和应负的监督责任；将该岗位作为内部审计的重点等。

这里的"内控"也正如该指引第 34 条一开始所说的那样，只是"内控措施"而已，而不是《企业内部控制基本规范》中被定义为"由企业董事会、监事会、经理层和全体员工实施的、旨在实现控制目标的过程"的"内部控制"体系。

第五节 合规管理下的控制与风险控制

风险识别、评价的后续工作之一是风险控制。

《中央企业全面风险管理指引》第 33 条明确指出："企业制定风险解决的内控方案，应满足合规的要求，坚持经营战略与风险策略一致、风险控制与运营效率及效果相平衡的原则，针对重大风险所涉及的各管理及业务流程，制定涵盖各个环节的全流程控制措施；对其他风险所涉及的业务流程，要把关键环节作为控制点，采取相应的控制措施。"

风险控制在 ISO 37301:2021 第 8.2 条有关"建立控制和程序"的具体表述为："组织应实施控制以管理其合规义务和相关合规风险。应对这些控制进行维护、定期评审和测试，以确保其持续有效。"

一、控制的节点

《中央企业全面风险管理指引》要求把关键环节作为控制点并采取相应的控制措施。所以在业务流程当中找准控制节点是做好、做准风险控制的关键。

不同的业务流程有不同的控制节点，我们以商账风险管理为例，其所包括的控制节点可能包含如下数十个：

- 新客户建档；
- 新客户授信；
- 现场走访；
- 客户评级；
- 信用政策；
- 额度和账期；
- 关联客户管理；
- 合同审批（框架协议和单一合同）；
- 放货、冻结和解冻（控制点、单控制点和双控制点）；
- 现款现结；
- 担保与行权；
- 信用保险；
- 催收；
- 假逾期修正；
- 真实风险敞口反应；
- 预警（交易数据预警、现场走访预警和社会公开数据预警）；
- 争议解决；
- 付款计划；
- 发票核销；
- 对账；
- 诉讼；
- 坏账；
- 灰黑名单管理；
- 项目授信；

- 风控绩效；
- 老客户年度授信；
- 授信总量控制；
- 风险报告（事件驱动的风险报告和时间节点驱动的风险报告）。

二、控制要素

国资委于2006年6月6日颁布的《中央企业全面风险管理指引》第34条明确指出："企业制定内控措施，一般至少包括以下内容：

（一）建立内控岗位授权制度。对内控所涉及的各岗位明确规定授权的对象、条件、范围和额度等，任何组织和个人不得超越授权做出风险性决定；

（二）建立内控报告制度。明确规定报告人与接受报告人，报告的时间、内容、频率、传递路线、负责处理报告的部门和人员等；

（三）建立内控批准制度。对内控所涉及的重要事项，明确规定批准的程序、条件、范围和额度、必备文件以及有权批准的部门和人员及其相应责任；

（四）建立内控责任制度。按照权利、义务和责任相统一的原则，明确规定各有关部门和业务单位、岗位、人员应负的责任和奖惩制度；

（五）建立内控审计检查制度。结合内控的有关要求、方法、标准与流程，明确规定审计检查的对象、内容、方式和负责审计检查的部门等；

（六）建立内控考核评价制度。具备条件的企业应把各业务单位风险管理执行情况与绩效薪酬挂钩；

（七）建立重大风险预警制度。对重大风险进行持续不断的监测，及时发布预警信息，制定应急预案，并根据情况变化调整控制措施；

（八）建立健全以总法律顾问制度为核心的企业法律顾问制度。大力加强企业法律风险防范机制建设，形成由企业决策层主导、企业总法律顾问牵头、企业法律顾问提供业务保障、全体员工共同参与的法律风险责任体系。完善企业重大法律纠纷案件的备案管理制度；

（九）建立重要岗位权力制衡制度，明确规定不相容职责的分离。主要包括：授权批准、业务经办、会计记录、财产保管和稽核检查等职责。对内控所涉及的重要岗位可设置一岗双人、双职、双责，相互制约；明确该岗位的上级部门或人员对其应采取的监督措施和应负的监督责任；将该岗位作为内部审计的重点等。"

内部控制的内容在具体的业务流程中视业务的不同而有所不同，以我们在第四章第四节中所提到的某快销品企业防止转售价格维持为例，该企业为了避免涉嫌转售价格维持，规定了十项禁止性合规义务。为了把这些禁止性合规义务落实到位，公司的合规部门同时设置了如下的控制措施，如法务必须对公司的销售人员进行《反垄断法》培训，并对这十项合规义务逐条予以解释和说明；销售部门每一个季度都要在销售工作会议上和每一个销售人员一起复习这十项合规义务；法务必须严格对照上述十项合规义务来审查经销合同。这些就是相应节点上的具体控制措施。

三、控制的要求

控制或者风险控制，无论是流程、节点还是措施不求繁多，但求有效。正如任正非曾在质量与流程IT管理部员工座谈会上提出的"流程是为作战服务，是为多产粮食服务"管理哲学。

笔者想起两个小故事能够很好地诠释风控不求繁文缛节，但求有效。一个故事：有一个法国炮兵在参加操练的时候，发现他和其他战友不一样，其他人都在忙着操作，如捧炮弹、推炮弹、卸弹壳等，但是只有他干站在原地不动。他就问上级为什么，上级说没有为什么，炮兵手册就是这么写的。这个炮兵觉得不可理解，然后就去查炮兵手册的历史渊源。他发现这个手册发源于拿破仑时代，那个时代的大炮都是用马、驴或者骡子拉的。为了防止这些牲口受惊，必须派一个士兵站在旁边拉住缰绳。虽然现在已经不用牲口来拉大炮了，但是这个炮兵手册的操作流程却没有修改。

另一个故事：一个生产肥皂的工厂，肥皂从出厂运到零售商店的时候，会出现空盒的现象。为解决这个问题，工厂领导就把技术人员叫过来，要求他们进行整改。工厂的工程师画了一个非常复杂的图纸，需要投资很多资金来解决这个问题。工厂的领导说这个投资太多了没法弄，但工程师说我也没有其他办法，得花这个钱才能解决问题。这时旁边扫地的清洁工听到了说我可以解决这个问题。清洁工建议在这个流水线的末端边上架上一个电风扇，电风扇开通后可以直接把流水线上的空盒吹走，这样既不费力气，也不费钱还解决了问题。

这说明了在流程、节点及控制措施上要做到准确、务实、有效，而不是越多越好、越复杂越好。另外，控制的流程、节点及控制措施要做到准确、务实、有效还取决于其他很多因素：

首先，对风险的识别、评价必须做到及时、准确，否则内部控制无论在流程、节点及控制措施上都会错位、无的放矢。这一点对处于国际化进程中的企业来说尤其重要，因为企业一旦走出国门，其所面对的法律环境就会发生显著的变化，如果对风险的识别、评价发生偏差，其后续的风险管控一定也会发生偏差。

其次，风险控制还和企业自身的管控能力紧密相关，这个能力包括控制规划能力、流程及节点的辨识能力、制度规定的设计能力，甚至是与IT相关的信息管理能力。所以一个公司要想加强风险控制的能力，不仅要关注外因，还得苦练内功。

最后，风险控制还得与业务的发展动向和进程紧密相关，随着业务的变化而变化。以我们给某客户所制定的《智能网联网络渗透风险识别、评价与控制指引（节选）》为例，我们以合规风险管理体系为基础，结合无人驾驶的特殊性，提出"以直接利益相关方为管理核心，穿透间接利益相关方"的双层风险管理架构，实现无人驾驶肇事风险的全链条闭环管理，并提出风险管控三原则，即主动管理原则、联合管理原则、风险穿透原则。

主动管理原则是指相对于被动应对无人驾驶肇事风险，更应侧重于主动出击管理风险。现有的主流风险应对措施无外乎合作协议中的责任分担条款、向保险公司购买的责任保险等，但这些风险分担、转嫁措施只能在肇事风险发生后起效，无法真正弥补肇事后果。在民事赔偿之外，无人驾驶肇事风险还将引发公关危机、行政责任甚至刑事责任。

联合管理原则是指无人驾驶运营项目的各直接利益相关方应建立跨组织的联合管理制度，而不是让各利益相关方"单打独斗"。目前，无人驾驶运营项目通常由多家不同类型的组织（包括企业和个人开发者）共同参与、运营，彼此利益相关，一旦发生肇事风险，都将受到负面影响。因此，各利益相关方在无人驾驶肇事风险管控方面的整体目标是一致的。另外，无人驾驶肇事事故的成因覆盖面广，研发、生产、运营等各环节中的任何疏漏，如车辆本身质量不达标、摄像头等传感设备失灵、车内驾驶员注意力不集中等，都可能引发严重的交通事故。仅仅做好内部风险无法保证其他环节、其他利益相关方不出现问题。

因此，各利益相关方不仅有共同的目标，同时也有必要联合一致，共同管理风险。

风险穿透原则是指在涵盖直接参与运营项目的利益相关方之外，还应将虽不直接参与运营，但其提供的技术、产品、服务参与运营的间接利益相关方纳入风险管理体系。举例来说，如软硬件集成商是无人驾驶肇事风险的直接利益相关方，为其提供摄像头、传感器的硬件供应商和提供软件技术支持的开发团队就属于间接利益相关方。间接利益相关方的重要之处在于：其提供的技术、产品、服务的质量将极大程度地影响肇事风险的大小，同时，对无人驾驶运营项目的优化、整改也需要由其负责实际执行。因此，无人驾驶肇事风险管理需穿透到间接利益相关方，并由与之直接合作的直接利益相关方负责落实风险管理要求……

第六节　合规管理与法务管理、内部控制、风险管理协同运作

2021年11月1日，国务院国资委发布了《关于进一步深化法治央企建设的意见》，要求中央企业深入学习贯彻习近平法治思想，落实中央全面依法治国工作会议部署，进一步推进中央企业法治建设，提升依法治企能力水平，助力"十四五"时期深化改革、高质量发展。该意见第7条明确要求各央企：着力健全合规管理体系。持续完善合规管理工作机制，健全企业主要负责人领导、总法律顾问牵头、法务管理机构归口、相关部门协同联动的合规管理体系。发挥法务管理机构统筹协调、组织推动、督促落实作用，加强合规制度建设，开展合规审查与考核，保障体系有效运行。强化业务部门、经营单位和项目一线主体责任，通过设置兼职合规管理员、将合规要求嵌入岗位职责和业务流程、抓好重点领域合规管理等措施，有效防范、及时处置合规风险。探索构建法律、合规、内控、风险管理协同运作机制，加强统筹协调，提高管理效能……对此，《中央企业合规管理办法》第26条又作了进一步强化："中央企业应当结合实际建立健全合规管理与法务管理、内部控制、风险管理等协同运作机制，加强统筹协调，避免交叉重复，提高管理效能。"因此，合规管理与法务管理、内部控制、风险管理的融合机制成为广大央企、国企着力健全合规管理体系的一个工作项。

一、合规管理与法务管理、内部控制、风险管理协同运作的目的

国务院国资委《关于进一步深化法治央企建设的意见》明确地指明了法律、合规、内控、风险管理协同运作的目的是达到"加强统筹协调,提高管理效能"。该目的在《中央企业合规管理办法》第 26 条中被明确为"加强统筹协调,避免交叉重复,提高管理效能"。

"法律、合规、风险、内控"一体化管理体系,可以在原独立的法律风险管理体系、合规管理体系、全面风险管理体系及内部控制体系的基础上建立深度融合、协调运转的风险一体化管理体系,这也是企业经营管理体系的重要组成部分。将企业法务管理体系、合规管理体系、风险控制管理体系和内控管理体系,通过有机协调,合为一个管理体系进行运作,可以形成一个有机整体。构建"法律、合规、风险、内控"一体化管理体系有助于精简管理机构、优化管理流程、减少管理环节、节约资源、提高管理效率。通过对"法律、合规、风险、内控"四大体系框架和构成要素的分析、整合,可以形成一套一体化管理框架,使企业合规建设实现事前、事中、事后措施环环相扣。将合规管理与法务管理、内部控制、风险管理等诸多要素整合,形成"N 位一体"的综合性管控体系逐渐成为多数企业的共识。[①]

二、合规管理与法务管理、内部控制、风险管理协同运作的基础

风险管控是合规管理与法务管理、内部控制、风险管理协同运作的基础,参见下表:

[①] 谢潜、卢荣婕:《"法律、合规、风险、内控"一体化管理的必要性及路径》,载《民主与法制时报》2021 年 11 月 25 日,第 6 版。

表 9-5 "合规管理""法务管理""内部控制"与"风险管理"的风险管控对象

《中央企业全面风险管理指引》	风险管理	识别风险 =》 评价风险 =》 控制风险	战略风险	风险控制	
				风险承担	
			财务风险	风险规避	
				风险转换	
			市场风险	风险转移	
				风险对冲	
			运营风险	风险补偿	
			法律风险		
《中央企业合规管理办法》	法务管理		法律风险		
	合规管理		合规风险		
	内部控制		合规风险	合理保证企业经营管理合法合规	《企业内部控制基本规范》
			资产安全风险	合理保证资产安全	
			财务报告失实风险	合理保证财务报告真实完整	
			相关信息失实风险	合理保证相关信息真实完整	

我们从上表可以看到合规管理与法务管理、内部控制、风险管理有各自的风险管控对象，但也存在交叉重叠。

从各自管控的风险角度来看，风险管理管控战略风险、财务风险、市场风险、运营风险、法律风险；法务管理管控法律风险；合规管理管控合规风险；内部控制管控合规风险、资产安全风险、财务报告失实风险、相关信息失实风险[1]。

从上表所呈现交叉重叠的角度来看，风险管理与法务管理都包括法律风险；合规管理与内部控制都包括合规风险。

从表所没有呈现交叉重叠的角度来看，因为合规风险是违反合规义务的可能性和后果，而合规义务又包括法律在内的强制性合规义务，因此合规管理也涵盖了风险管理及法务管理当中的法律风险——合规管理与全面管理和法务管

---

[1] 《企业内部控制基本规范》第 3 条。根据该规范第 3 条的规定，"内部控制"的目标是："合理保证企业经营管理合法合规、资产安全、财务报告及相关信息真实完整，提高经营效率和效果，促进企业实现发展战略。"

理在法律合规义务遵从上存在重叠。又因为内部控制也包括对合规风险的管理，那么合规管理与内部控制在合规风险管控部分也有重叠。

另外，合规管理与法务管理、内部控制、风险管理还有一个重大的交叉重叠没有呈现，那就是合规风险所锚定的合规义务中包括组织自愿选择遵守的要求，且该要求还包括"组织的要求，如方针和程序"①，且又因为法务管理、内部控制、风险管理协同运作中都包括"组织的要求，如方针和程序"（也是我们所说的"内规"），那么对法务管理、内部控制、风险管理协同运作中的"组织的要求，如方针和程序"的遵从（亦即对"内规"的遵从）也是合规管理的组成部分，因此从这个角度来说，合规管理与法务管理、内部控制、风险管理在遵从"内规"的角度上高度重叠。

既然合规管理与法务管理、内部控制、风险管理在法律合规义务遵从上存在重叠，合规管理与内部控制在合规风险管控部分有重叠，合规管理与法务管理、内部控制、风险管理在遵从"内规"的角度上也有重叠，企业做好合规管理在很大程度上就为合规管理与法务管理、内部控制、风险管理协同运作打好了基础，这也是国务院国资委在《关于进一步深化法治央企建设的意见》中把"法律、合规、内控、风险管理协同运作"的要求放在第7条"着力健全合规管理体系"当中来一同进行阐述之原因。同时也是《中央企业合规管理办法》第 26 条，在合规管理与法务管理、内部控制、风险管理等协同运作机制中，把"合规管理"放在首位的原因之一。

三、合规管理与法务管理、内部控制、风险管理协同运作的核心

法律、合规、内控、风险管理协同运作的核心是厘清各个岗位风险管理职责、构建三道防线、精准识别责任人。

国务院国资委在发布《中央企业合规管理办法》后，国务院国资委政策法规局负责人就《中央企业合规管理办法》答记者问时就三道防线做了进一步的解释："按照法人治理结构，规定了企业党委（党组）、董事会、经理层、首席合规官等主体的合规管理职责，进一步明确了业务及职能部门、合规管理部门和

---

① ISO 37301:2021 附录 A.4.5 条。

监督部门合规管理'三道防线'职责。"[1] 在实务当中，三道防线在法律、合规、内控、风险管理协同运作中起到了重大的作用。为了进一步发挥三道防线既统筹协调又提高管理效能的作用，企业还应当做好两个工作：一是厘清各个岗位风险管理职责，做到"守土有责"；二是精准识别责任人，确保各个责任人不互相推诿。

关于精准识别责任人，确保各个责任人不互相推诿这个问题我们在本书的第三章做了介绍。我们在这里就厘清各个岗位风险管理职责的问题作进一步的介绍。

厘清各个岗位风险管理职责是对企业岗位职责的进一步补充。企业在制定岗位风险管理职责的时候可以把 ISO 37301:2021 当中有关合规管理的要素，包括但不限于合规义务、责任人等融入进来，以下面的知识产权管理岗合规风险管理职责实务模板为例：

知识产权管理岗合规风险管理职责

一、职责设定及考核部门

岗位名称	知识产权管理	所属部室	科研生产部
设定重要岗位合规风险管理职责		纪检监督部	
		本岗位的直接上级	
考核重要岗位合规风险管理职责		人力资源部	
		本岗位的直接上级	
本合规风险岗位设置目的	本风险管理职责说明是对科研生产部知识产权管理岗位就风险管理所做的补充，其根本目的是厘清该岗位就×××所可能面临的合规风险特别是知识产权合规管理领域所应当承担的合规管理职责，从而在本岗位做好合规风险管理的同时，为×××从整体上管理好合规风险并优化×××的合规管理体系打下坚实的基础。		

二、本岗位职责相关的合规依据

1.《中华人民共和国民法典》；

---

[1] 《国务院国资委政策法规局负责人就〈中央企业合规管理办法〉答记者问》，载中国政府网，http://www.gov.cn/zhengce/2022-09/19/content_5710634.htm（最近参阅时间2022年11月22日）。

2.《中华人民共和国刑法》；

3.《中华人民共和国科学技术进步法》；

4.《中华人民共和国促进科技成果转化法》；

5.《中华人民共和国著作权法》；

6.《中华人民共和国专利法》；

7.《中华人民共和国著作权法实施条例》；

8.《中华人民共和国专利法实施细则》；

9.《规范商标申请注册行为若干规定》；

10.《关于规范专利申请行为的若干规定》；

11.《国家知识产权局知识产权信用管理规定》；

12. 国务院《知识产权对外转让有关工作办法（试行）》；

13. 国资委《关于加强中央企业知识产权工作的指导意见》；

14. 国资委、知识产权局《关于推进中央企业知识产权工作高质量发展的指导意见》；

15.《企业知识产权管理规范》；

……

三、本岗位风险管理职责

（一）维护/更新强制性禁止性合规义务

关注本岗位所适用的合规依据的变化情况，具体渠道包括国家知识产权局、国家市场监督管理总局等监管部门的官网、微信公号等，在新法律法规出台后的一周内组织内部学习，识别合规义务，并将识别情况与合规部门沟通。

（二）熟悉本岗位易发的合规风险及相关风险场景

确定合规义务主要的适用领域，结合×××十大风险确定合规风险名称。

（三）维护/更新控制性合规义务

针对强制性/禁止性合规义务，在×××已有制度文件中明确控制措施，并在工作中关注控制措施是否执行以及执行的效果。利用岗位的财务权限及业务权限及时向制度制定部门提出相关建议。

（四）识别、设计、优化控制措施及控制模块

针对成本知识产权管理等外部强制性监管要求相对较多的职责领域，每季度梳理现有工作流程及主要防范的合规风险及防范情况。

（五）加强本部门合规文化建设

本岗位应积极作出合规承诺，表达自身行为与集团公司、×××内部的规章制度、行业准则与商业惯例等所一致的决心，积极、明确执行和遵守集团公司和×××的价值观，以身作则，监督、指导并领导下属开展合规工作，鼓励下属向自己提出合规问题。

（六）应对或者协助纪检监督部应对风险事件

接到部门内部反映的不合规事件时，应当牵头进行内部调查，发现有违纪违规行为的，应当移交纪检监督部门。面对纪检监督部门的合规调查时，应积极配合，据实陈述所了解的情况，协调部门内部人员完成调查。对需要追责的风险事件，给出针对自己下属人员的处理建议，提交上级部门参考。

四、本岗位合规管理注意事项

（一）在科技创新场景下的禁止性合规义务

1. 不得虚报、冒领、贪污、挪用、截留用于科学技术进步的财政性资金或者社会捐赠资金。

2. 不得利用财政性资金和国有资本购置大型科学仪器、设备后，不履行大型科学仪器、设备等科学技术资源共享使用义务。

3. 不得进行危害国家安全、损害社会公共利益、危害人体健康、违背科研诚信和科技伦理的科学技术研究开发和应用活动。

4. 不得虚构、伪造科研成果，发布、传播虚假科研成果，或者从事学术论文及其实验研究数据、科学技术计划项目申报验收材料等的买卖、代写、代投服务。

5. 从事科学技术活动，不得违反科学技术活动管理规范。

6. 不得骗取或协助他人骗取国家科学技术奖励。

7. 不得违反保密义务或者违反×××（权利人）有关保守商业秘密的要求，披露、使用或者允许他人使用其所掌握的商业秘密。

8. 未经单位允许，不得泄露本单位的技术秘密，或者擅自转让、变相转让职务科技成果。参加科技成果转化的，不得违反与×××的协议，在离职、离休、退休后约定的期限内从事与原单位相同的科技成果转化活动。

9. 不得以唆使窃取、利诱胁迫等手段侵占他人的科技成果，侵犯他人合法权益。

10. 在科技成果转化活动中不得弄虚作假，采取欺骗手段，骗取奖励和荣誉称号、诈骗钱财、非法牟利。

（二）在专利管理场景下的禁止性合规义务

1. 对发明人或者设计人的非职务发明创造专利申请，任何单位或者个人不得压制。

2. 发明和实用新型专利权被授予后，除《专利法》另有规定的以外，任何单位或者个人未经专利权人许可，都不得实施其专利，即不得为生产经营目的制造、使用、许诺销售、销售、进口其专利产品，或者使用其专利方法以及使用、许诺销售、销售、进口依照该专利方法直接获得的产品。

3. 申请专利和行使专利权应当遵循诚实信用原则。不得滥用专利权损害公共利益或者他人合法权益。

4. 对发明和实用新型专利申请文件的修改不得超出原说明书和权利要求书记载的范围，对外观设计专利申请文件的修改不得超出原图片或者照片表示的范围。

5. 实行开放许可的专利权人可以与被许可人就许可使用费进行协商后给予普通许可，但不得就该专利给予独占或者排他许可。

6. 管理专利工作的部门应专利权人或者利害关系人的请求处理专利侵权纠纷时，应当予以协助、配合，不得拒绝、阻挠。

（三）在著作权管理场景下的禁止性合规义务

1. 合作作品的著作权由合作作者通过协商一致行使；不能协商一致，又无正当理由的，不得阻止他方行使除转让、许可他人专有使用、出质以外的其他权利。

2. 合作作品可以分割使用的，作者对各自创作的部分可以单独享有著作权，但行使著作权时不得侵犯合作作品整体的著作权。

3. 许可使用合同和转让合同中著作权人未明确许可、转让的权利，未经著作权人同意，另一方当事人不得行使。

4. 作品刊登后，除著作权人声明不得转载、摘编的外，其他报刊可以转载或者作为文摘、资料刊登，但应当按照规定向著作权人支付报酬。

5. 未经权利人许可，不得故意避开或者破坏技术措施，不得以避开或者破坏技术措施为目的制造、进口或者向公众提供有关装置或者部件，不得故意为他人避开或者破坏技术措施提供技术服务。但是，法律、行政法规规定可以避开的情形除外。

6. 未经权利人许可，不得进行下列行为：

● 故意删除或者改变作品、版式设计、表演、录音录像制品或者广播、电视上的权利管理信息，但由于技术上的原因无法避免的除外；

● 知道或者应当知道作品、版式设计、表演、录音录像制品或者广播、电视上的权利管理信息未经许可被删除或者改变，仍然向公众提供。

7. 主管著作权的部门对涉嫌侵犯著作权和与著作权有关的权利行为进行查处时，应当予以协助、配合，不得拒绝、阻挠。

8. 使用可以不经著作权人许可的已经发表的作品的，不得影响该作品的正常使用，也不得不合理地损害著作权人的合法利益。

四、合规管理与法务管理、内部控制、风险管理协同运作的路径

合规管理与法务管理、内部控制、风险管理协同运作的路径，也是"法律、合规、风险、内控"一体化管理体系，是指在原独立的法律风险管理体系、合规管理体系、全面风险管理体系及内部控制体系的基础上建立深度融合、协调运转的风险一体化管理体系，这也是企业经营管理体系的重要组成部分。通过有机协商将企业法务管理体系、合规管理体系、风险控制管理体系和内控管理体系合为一个管理体系进行运作，可以形成一个有机整体。构建"法律、合规、风险、内控"一体化管理体系有助于精简管理机构、优化管理流程、减少管理环节、节约资源、提高管理效率。通过对"法律、合规、风险、内控"四大体系框架和构成要素的分析、整合，可以形成一套一体化管理框架，使企业合规建设实现事前、事中、事后措施环环相扣。将合规管理与法务管理、内部控制、风险管理等诸多要素整合，形成"N位一体"的综合性管控体系逐渐成为多数企业的共识。[①]

"法律、合规、风险、内控"一体化管理的路径，是指企业合规管理是一项以灵活、明晰、有序、顺畅、高效为目标的工作，在实际发展中，要进一步结合企业市场发展中的形势，合理建构有效的合规管理体系，进而强化企业合规管理意识，应对企业发展中遇到的风险及问题。构建"法律、合规、内控、风

[①] 谢潜、卢荣婕：《"法律、合规、风险、内控"一体化管理的必要性及路径》，载《民主与法制时报》2021年11月25日，第6版。

险"一体化管理体系，最重要的是部门与部门之间、防线与防线之间、机制与机制之间以及体系与体系之间，以保障企业合规管理效率与质量为目标，融会贯通，从而推动企业可持续发展。同时，也需要企业领导高度重视、合理分工、良好协作，树立全局意识。[①] 至于具体路径，实务中也各有不同的意见，有的建议按 ISO 37301:2021 建立合规管理体系（见第六章），还有的从搭建一体化的管理、运行和保障体系提供实施路径如下[②]：

表9-6 搭建一体化体系的步骤和任务

步骤	工作任务
搭建合规一体化管理组织体系	从法律、合规、风险、内控单独规划转变为统筹一体规划，将原来独立的四个部门整合到同一部门统筹岗位设置，提出业务定位、战略目标、规章制度、阶段性目标与全年工作任务，为四者融合发展提供基础。组织体系是一体化管理体系有效运行的纽带，企业可以从决策层、管理层、执行层、监督层四个层面搭建合规一体化管理组织架构，将一体化管理要求有效嵌入企业决策、经营、管理各个环节，形成各司其职、各负其责、紧密配合、协调联动的合规一体化管理组织体系。
构建合规一体化管理运行体系	将原来各自独立存在的四套流程进行整合，相互协同，运用数据共享，形成贯穿年度风控常态化工作的管理流程和管理表单，明确流程节点上的责任部门和输入输出。业务流程与风险管理相结合是合规一体化管理体系建设工作的核心内容之一，企业可以风险管理为导向，设计业务流程风险控制矩阵，以潜在合规风险点为控制节点，全面梳理各项业务流程（含管理流程）。同时，企业应梳理每一控制节点下对应的外部合规义务，将确定的合规义务具体要求转化为内部制度。
健全合规一体化管理保障体系	完善的保障机制是合规一体化管理体系得以落地的重要保障。企业可通过考核评价机制、信息化手段、人才培养、文化培育、计划报告等方式完善保障体系，达到"一个成果多用"的效果。强化对管控数据的不断积累和提炼，搭建风险库、内控库、法律法规库、供应商库、案件库、律师律所库、合同范本库等各类管理知识库，不断挖掘分析数据知识库之间的关联关系并揭示风险，指导业务。持续推进风险一体化管理工作，加大重点业务领域、重点业务流程的管控力度，提升信息化水平，运用大数据、人工智能等新型技术手段助力业务创新发展，推动信息系统集成应用，不断完善风险一体化管理体系，切实提高公司抗风险能力，确保依法合规经营，努力实现企业安全、可持续运营。

[①] 同上。

[②] 张艳秋：《构建大型企业"四位一体"合规管理体系的实践与探索》，载《企业改革与管理》2022年第4期。

思考题：

1. 请阐述控制、风险控制与内部控制的异同。
2. 如何做好"法律、合规、内控、风险管理协同"？
3. 如何使控制变得有效？

第十章　风控措施实际运用

在前面章节中已系统地对合规管理、风险管理、风险控制、内部控制等内容做了介绍，我们在本章中就前面所介绍的内容如何在实务中具体运用做示例，而做示例的场景可能莫过于中国企业"走出去"风险加大，甚至是加剧。我们在中国企业"走出去"的风险中撷取了企业行贿风险、员工舞弊风险、反垄断风险、员工进出境风险进行介绍。

第一节　中国企业国际化进程中触发风险的原因

中国企业"走出去"的各种风险加大。主要有如下原因。

一、在国际化进程中面临他国监管，但应对措施失当

国际化进程会导致企业面临他国或多国监管。例如，中国公司在美国上市后，将接受美国法律的监管，如《反海外腐败法》（*Foreign Corrupt Practices Act*）。在这部法律下，中国的政府工作人员（包括国企员工）对这些在美国上市的中国公司而言在不同视角下成了所谓的"外国官员"。如果这些在美国上市的中国公司向中国有关人员行贿，其既会在中国法律下接受处罚，也会在美国《反海外腐败法》下接受处罚。

【案例】巴西某石油公司因违反《反海外腐败法》被罚

2018年，巴西某石油公司一度成为美国《反海外腐败法》下被处以罚金最高的公司。

自2014年起，巴西某石油公司成为巴西反贪调查"洗车行动"的对象。巴西检方说，过去10年，公司前任高管总计收受20多亿美元贿赂，行贿方多为建筑和工程企业。由于巴西某石油公司在美国上市，美国投资商认为公司腐败案令其收益受损，为此集体向美国司法机关提起上诉。

这起由洗钱引爆的腐败案到了2014年12月最终审结，巴西检察机关对涉嫌

洗钱、腐败和构建犯罪组织涉案人提起诉讼。美国官方及监管机构与巴西某石油公司达成不起诉协议，根据该协议，对该公司科以 8.53 亿美元的刑事罚金①。

那么问题来了，上述案例中巴西某石油公司所贿赂的对象是巴西本土的政府官员，为何处罚会和美国关联？对此，美国证券交易委员的解释是，该石油公司在 2010 年度完成的 100 亿美元股票发行中对美国市场的投资者作出了实质性误导和引人误解的陈述，该陈述歪曲了公司的资产、基础设施项目、管理层的廉洁度，以及与主要股东及巴西政府之间的政商关系性质，从而误导了美国投资者。另外，该公司财务内控制度形同虚设。为了便于行贿，其运营高层把内部财务和内控制度当成了摆设。

看到这里，读者们也许就明白了，该公司被罚首先是因为其在美国上市了。根据美国《反海外腐败法》的有关规定，美国公司以及在美国上市的公司如果在美国以外的地方行贿外国（指非美国）的政府官员（包括国有企业的员工），也可能会受到美国《反海外腐败法》的处罚。另外，美国《反海外腐败法》还设有会计条款，上市公司做假账以掩盖贿赂款性质的也难逃法网。有美国《反海外腐败法》在先示范，正如我们在本书后面的章节会提到的那样，其他国家（如英国、法国等）也在立法上予以效仿。

"走出去"的中国公司受《反海外腐败法》的处罚也有先例。2013 年 2 月 28 日，美国证券交易委员会在其官方网站上发布公告称，一家总部位于中国宁波的某石化（美国）公司及其前首席财务官因违反美国《反海外腐败法》的账簿和会计记录条款及内部控制要求受到处罚②。

一个成熟的跨国企业在发现公司内部的重大合规风险有可能引发危机时，往往会把向相关监管机构报告作为一个可选方案，在向政府机关自我举报相关违法、违规行为的同时展示公司在合规管理及/或体系建设中所做的努力，以求减轻，甚至免除处罚。比如，美国 Harris（哈里斯）公司前 B 国区主管涉嫌在 B

---

① 《巴西某石油公司同意付罚款换取美方结束调查》，载人民网，http://world.people.com.cn/gb/n1/2018/0928/c1002-30319217.html（最近参阅时间 2023 年 1 月 3 日）。

② US Securities and Exchange Commission, Securities and Exchange Commission v. Keyuan Petrochemicals, Inc. and Aichun Li, Civil Action No. 13-cv-00263（D.D.C.），https://www.sec.gov/litigation/litreleases/2013/lr22627.htm。

国行贿,支持公司的销售人员向公立医院的医生行贿。该名高管隐瞒行贿真相,但 Harris 公司在收购之后因为合规措施跟进到位,及时地(5个月之内)发现了问题并主动做自我披露,因此美国证监会决定不处罚 Harris 公司,但把这名高管叫到证监会交了 4.6 万美元的罚款。当然,自我披露只是获得减轻或者免除处罚等合规红利的危机管控措施之一,获得宽大处理的其他必要条件最主要的还是建立强劲的合规管理体系,以及措施应对适当,否则被加重处罚便是大概率事件。

二、被监管时遭遇选择性执法

"走出去"的中国企业合规风险敞口大小及其受损程度还与各国监管强度相关。除受法律规制外,各国监管机构的执法力度有时还不可避免地会受到所在国家及地区的非法治因素的影响。在接受海外监管机构的调查时,有的中国企业已经认识到自身行为违反了当地的规定,也承认自己的错误,希望能从轻处罚,可是由于选择性执法这一现象的实际存在,即便行为相同,不排除有监管机构戴着"有色眼镜"执法,使得一些中国企业受到更严厉的惩处。更为主要的是,由于监管机构有自由裁量权,其很难因选择性执法而受到苛责。

选择性执法除了在执法领域以外,在其他领域,如对外投资、兼并收购领域也同样存在。

【案例】中海油撤回并购优尼科背后的分析

2005 年 6 月 23 日,中国海洋石油有限公司(以下简称中海油)宣布以要约价 185 亿美元收购美国第九大石油公司优尼科石油公司。

向优尼科发出 185 亿美元的收购要约只是中海油迈出的第一步,要成功收购还须得到美国相关监管机构的批准,并且还要击败竞争对手全球 500 强排名第 11 位的美国雪佛龙公司,获得优尼科股东的支持。另外,中海油所面对的美国政府的一系列审查,雪佛龙都不会碰到。

7 月 19 日,优尼科董事会在关键性的投票中表示支持雪佛龙修改后的并购计划,并向 8 月 10 日的特别股东大会推荐,这使得中海油并购成功的希望更加渺茫。此前一周,美国国会通过议案,要求政府对审查中海油收购优尼科公司,延长 140 天作业时间。这就意味着,雪佛龙公司很可能在短期内即可完成收购优尼科的程序，而中海油的并购之路还将历时数月之久，并且前途未卜。

8月2日，中海油宣布，中海油已撤回其对优尼科公司的收购要约，并表示，在目前情况下继续进行竞购已不能代表股东的最佳利益，中海油决定撤回其对优尼科的收购要约。

中海油宣布撤回对美国优尼科石油公司的收购要约，从而正式退出了与雪佛龙公司持续40天的收购竞争。纽约股市和此间专家作出的第一反应均是：中海油急流勇退是明智之举。

中海油尚有加价空间，但不利的外部政治环境为交易增加了不确定性，从而使中海油难以对成功概率作出准确评估。中海油不能用股东的钱去冒巨大的风险。

这场持续40天的中海油并购优尼科的事件宣告落幕，对中海油来说，这并不是一个失败，对计划展开海外并购的中国企业来说，更是上了关于国际化的生动一课。

中海油竞购美国优尼科公司一案，给中国企业"走出去"以很好的启示：中国企业"走出去"时，须在海外市场的市场风险评估之外，做足风险评估。[①]

中海油并购未成功给中国企业的一个启示：海外并购风险与利益并存，而且会面临不同环境的审查问题，需提前在法律、财务等方面充分做足应对准备。在本案中，由于美国国会通过议案，要求政府对中海油收购优尼科公司进行全面审查，中海油的投资风险急剧上升。即便中海油最后得到了批准，顺利收购了优尼科公司，也不会改变该交易在美国所面临的压力，稍有不慎就有可能因各种问题而引发强烈动荡。

三、入乡不随俗，风险敞口加大

风险敞口是在合规风险识别与评价的工作中对合规风险的一种形象表达，是指一个风险在多大程度上会使得相关企业裸露在其中。形象地说，风险敞口就像一个人身上的伤口，伤口越大，那么给这个人带来的伤害也就越大；同理，风险敞口越大，那么给企业造成的损害也就越大。

[①] 《中海油"优尼科之败"背后的分析》，载石油观察网，http://center.cnpc.com.cn/bk/system/2017/10/24/001665864.shtml（最近参阅时间2022年10月20日）。

企业在境外开展投资经营活动，其风险敞口不仅与法律相关，还与企业如何适应当地社会有关。

除了对环境、资源的保护与合理利用等关注之外，企业还应重视劳动用工问题等。以海外建设工程项目用工为例，一些刚"走出去"的中国企业为了拿下项目，可能会考虑从国内找一些劳动力来降本增效以获得竞争优势，但未想到其他国家为保护本国公民的就业机会，都限制国外非技术性劳务人员进入本国工作，并实行严格的工作许可制度。

在商务部对外投资和经济合作司于2018年发布的《对外投资合作国别（地区）指南》中有一个例子也能说明劳动用工要入乡随俗的状况：某中国企业在澳大利亚投资项目比原计划延迟多年，成本比最初预算多出数倍。其中一个重要的原因就是没有认识到中澳在劳工标准上的差异。此外，由于文化差异等因素，中资企业中的澳大利亚员工流动率较高，寻找替代员工的成本也较高，据估算是该岗位年薪的150%，员工住宿成本是最初预算的10倍①。

四、对第三方合规管理不重视，导致商业伙伴和自身的风险加大

建设健全的合规管理体系，企业必须自上而下做好风险管控工作，并不是空有口号和白纸黑字的制度就可以。一些企业合规管理体系并不健全，但是喊口号比谁都厉害，骨子里不仅不合规，还把合规当成摆设，没有把合规浸润到企业文化中、成为企业的文化内核和DNA，有的还通过风险转移的方式，试图把风险转移给第三方。

国际化进程不是单向的——它既包括中国企业走向国际，也包括外国企业走进中国，甚至还包括中国企业虽然足不出户但合规被全球化——这些合规被全球化的中国企业既包括跨国公司在中国的子公司，也包括外国公司在中国使用的当地供应商、经销商或者代理商。因此，一个健全的合规管理体系不仅要自己合规，还必须带动第三方供应商、经销商、代理商等关联性企业做到合规。

以美国的《反海外腐败法》为例，该法禁止美国公司以及在美国上市的公司在美国以外的地区行贿政府官员，同时也禁止这些公司通过供应商、代理商

---

① 商务部对外投资和经济合作司：《2021对外投资合作国别（地区）指南——澳大利亚》，载中国商务部官网，http://www.mofcom.gov.cn/dl/gbdqzn/upload/aodaliya.pdf（最近参阅时间2023年1月8日）。

等第三方行贿。英国《反贿赂法》也有类似的规定，该法第 7 条第 1 款规定，跨国公司不仅需要自身履行防范商业贿赂的义务，还需要采取措施防止代表公司的第三方实施贿赂行为，否则将需要为第三方的行为承担相应责任。

为了防止第三方行贿给自身带来合规风险，一个合规主体往往会把供应商、经销商、代理商等第三方纳入自己的合规管理体系中加以管理，不愿意被纳入合规管理体系的第三方则会丧失合作机会。因此，很多中国本土企业在承接国际大公司的业务后，即使身在中国，一样可能在合规管理上被国际化，或者因为国际化进程而被卷入合规风险。2018 年 7 月 2 日，总部位于美国芝加哥的烈酒制造商 Beam Suntory（宾三得利）同意支付 800 多万美元罚款，以解决美国证券交易委员会对于其印度分公司违反美国《反海外腐败法》、通过第三方销售渠道进行不当支付的民事指控。根据美国证券交易委员会公布的文件，该公司为了增加销售订单、促进渠道销售、取得营业证书和商标登记，从 2006 年至 2012 年，利用第三方销售渠道向政府雇员行贿，通过伪造虚假发票，并错误计入消费项目的方式，将不当支付款最终并入总公司的会计总账。下面这个例子讲的是美国参数技术公司（PTC）通过其在中国的两家子公司行贿，最终直接导致自身并间接地导致子公司被美国证券交易委员会依照《反海外腐败法》处罚。

科技公司被美证监会罚款 2800 万美元

2016 年 2 月 16 日，美国证券交易委员会（SEC）宣布，总部在美国马萨诸塞州的一家科技公司及其两家在华子公司同意支付超过 2800 万美元（约合 1.8 亿元）的罚款，就有关海外受贿的民事和刑事指控达成和解。

SEC 调查发现，美国参数技术公司（PTC）的两家中国子公司通过向多名非国家机关工作人员支付不合规的旅行、娱乐及其他费用，与其所在的国有企业达成了金额约为 1180 万美元的销售合同。

根据 SEC 的声明，PTC 公司对赴美考察的相关人员存在过多的娱乐消费安排，PTC 中国地区的员工也会赠与相关人员不合适的礼物，包括手机、iPods（音乐播放器）、礼品卡和红酒。这些不当支出在公司账户上是以合法佣金或者商务费用的形式记录的。

SEC 在周二的声明中说，PTC 的中国子公司与美国司法部达成不起诉协议，支付 1454 万美元罚款，就针对公司是否违反《反海外腐败法》所展开的调查达成和解。

美国 1977 年通过这部联邦法律，用以要求账目透明以及规范海外投资行为，禁止向外国官员行贿。该法案适用范围很广，不仅适用于美国公司，同时也涵盖了在美国进行证券交易的外国公司。

另外，该母公司同意交出约 1180 万美元的非法所得，同时支付近 180 万美元的判决前利息。

SEC 还宣布与该公司在华子公司的某前雇员达成延迟起诉协议。根据这项协议，针对他可能违反美国《反海外腐败法》修订后，扩张了管辖权的指控将延迟 3 年进行，理由是他在案件调查中给予了极大合作。

这是 SEC 第一次在有关反海外腐败行为的案件中与个人达成延迟起诉协议①。

五、面对美国《反海外腐败法》，不经意间触犯风险

"长臂管辖权"（Long-arm jurisdiction）是美国民事诉讼中的一个特有概念，美国《反海外腐败法》修订后，扩张了管辖权，企业无须在美国设立，也不必在美国有业务经营，只要企业经营行为与美国市场、美国企业、美国机构等有联系，就可能被"长臂"管。如果法院认定美国企业或者企业高管存在行贿等腐败行为，即使这些行为不是发生在美国，也同样会受到美国法院的长臂管辖。因为长臂管辖扩张了美国法院的管辖范围，从而广受诟病。2019 年 1 月，法国阿尔斯通公司前高管皮耶鲁齐出版了《美国陷阱》，书中就披露了阿尔斯通被美企"强制"收购，以及美国利用《反海外腐败法》打击美企竞争对手的情形。

我国一贯反对有关国家依据自己的国内法对其他国家进行所谓的"长臂管辖权"。2022 年，中共中央总书记习近平在《求是》杂志发表重要文章指出，"运用法治手段开展国际斗争。……统筹推进国内法治和涉外法治，运用法治方式维护国家和人民利益能力明显提升。……按照急用先行原则，加强涉外领域立法，进一步完善反制裁、反干涉、反制'长臂管辖'法律法规，推动我国法

---

① 《美科技公司在华行贿被美证监会罚款 2800 万美元》，载观察者网，https://www.guancha.cn/economy/2016_02_17_351313.shtml（最近参阅时间 2022 年 10 月 20 日）。

域外适用的法律体系建设。"

在中国等国家的法律有"域外管辖"这个法律概念。

根据中国《刑法》第 8 条的规定，外国人在中华人民共和国领域外对中华人民共和国国家或者公民犯罪，而按本法规定的最低刑为 3 年以上有期徒刑的，可以适用本法，但是按照犯罪地的法律不受处罚的除外。根据该条规定，外国人在我国领域外对我国国家或者公民犯罪，我国刑法有权管辖，但是这种管辖权有两条限制：一是这种犯罪按照我国刑法规定的最低刑必须是 3 年以上有期徒刑；二是按照犯罪地的法律也应受刑罚处罚。

我国除了《刑法》之外，还有不少其他法律也具有"域外管辖"之效力，比如《反垄断法》——如果外国的经营者在中国境外所实施的违法行为对中国国内市场的竞争秩序造成了损害和扭曲，中国的执法机构则对这些外国经营者具有执法权。域外管辖，其"管辖的手"自然是有限的。如一些刑事案件的域外管辖，需要有两国间签署了引渡条约、关于民事和刑事司法协助的条约等，才能够实现。

当然，美国的《反海外腐败法》扩张管辖也必须满足一些条件，它们分别是："最小接触分析"（Minimum Contacts Analysis）和"合理性审查"（Reasonableness Inquiry）。

"最小接触分析"旨在评估主张具有管辖权的辖区与被告之间的连接程度是否满足正当程序（Due process）的要求。原告必须证明它对管辖权的主张源自被告与辖区的接触或与该接触相关，并且被告有意识地利用其在辖区做业务的便利（如利用美国银行结算系统结算或者利用位于美国的服务器收发电子邮件）并且能够预见到其被该辖区管辖[1]。

根据"最小接触分析"，被告的所作所为必须指向相应的辖区从而导致该辖区的法院有权对该被告作出判决。另外，该行为人在美国境外的所作所为对美国辖区所产生的效果应当是直接的和可以预见的（Direct and foreseeable），并且该行为人知道或者应当知道他的行为将会对辖区产生影响[2]。在满足了"最小接触分析"这个要素后，再进行"合理性审查"。

---

[1] Metro Life Ins. Co. v. Robertson-Ceco Corp., 84 F. 3d 560, 567–68 (2d Cir. 1996).
[2] Leasco Data Processing Equip. Corp. v. Maxwell, 468 F. 2d 1341 (2d Cir. 1972).

"合理性审查"采用除外原则——除非本案存在不可抗拒（compelling）的其他考量因素导致管辖不合理，则长臂管辖成立①。合理性审查考虑的因素包括：行使管辖权对被告所造成的负担、辖区审理该案的利益以及原告获取方便有效救济的利益②。

既要"最小接触分析"，又要"合理性审查"，且它还是一个民事诉讼中的概念。这么一看，大家是不是会觉得貌似没那么容易被纳入管辖，于是也就不用太关注了？其实没这么简单，因为《反海外腐败法》本质上是刑法，或者说是刑事附带民事，刑法下所有可以定罪量刑的理论都适用，不仅对美国公司、美国人适用，对非美国公司及非美国人也适用。比如，一个非美国公司或者非美国人即使不能在《反海外腐败法》下被单独起诉定罪，但也可能因为共谋③或者作为从犯④实施《反海外腐败法》下的犯罪而被处罚。从这个角度来说，我们应当对《反海外腐败法》有一个明确的认知。换言之，我们既不能简单、盲目地去设想什么都会遇到"长臂管辖"，同时也应当对《反海外腐败法》作为刑法下的种种域外效力有所了解。知己知彼，只有这样，我们才能做好相关的合规工作，更好地应对风险。

六、监管机构推行举报制度，违法违规更易查处

作为打击违法犯罪的一种有效的手段，市场监管中的举报制度正受到越来越多国家监管机构的青睐。该制度使得企业的行为被查处的风险变高了，而举报者从中可以获得一定的、甚至丰厚的物质奖励。

例如，美国的《多德-弗兰克法案》（*Dodd-Frank Act*）规定，当罚金金额超过100万美元时，举报人的奖金金额可占所收金额的10%至30%不等。举报可以涵盖的内容也非常广泛，包括公司的披露和财报、上市欺诈、市场操纵、违反美国《反海外腐败法》的行为等。所有款项均由国会设立的投资者保护基金支付，该基金的资金完全来自违反证券法的公司和个人向美国证券交易委员会

---

① Burger King Corp. v. Rudzewicz, 471 U.S. 462, 477 (1985).
② Metro Life Ins. Co. v. Robertson-Ceco Corp., 84 F.3d 560, 568 (2d Cir. 1996).
③ Pinkerton v. United States, 328 U.S. 640, 647-48 (1946).
④ United States v. Marubeni Corp., No. 12-cr-22 (S.D. Tex. Jan. 17, 2012), ECF No. 1; United States v. JGC Corp., No. 11-cr-260 (S.D. Tex. Apr. 6, 2011), ECF No. 1.

支付的罚金。但举报人获得奖励不是没有前提条件的——举报人必须向美国证券交易委员会及时提供可靠的第一手举报材料,并让后者成功执法。

除了为举报人提供丰厚的悬赏奖金,该法案还规定了美国证券交易委员会必须为举报人保密。同时为了保证举报渠道的畅通,还设立了专门的举报热线,接受其他国家的个人举报。

为了加大对违法违规行为的打击力度,中国也在建立并不断优化举报制度机制。在中国上市公司协会 2019 年年会上,证监会主席提出:研究优化"有奖举报"等制度机制,让做坏事者付出代价,让举报人得到奖励。从目前其他司法领域的实践情况来看,"有奖举报"不仅极具现实意义和可操作性,效果也非常不错[1]。

为了鼓励社会公众积极举报市场监管领域重大违法行为,推动社会共治,市场监管总局、财政部联合制定并于 2021 年 7 月 30 日印发了《市场监管领域重大违法行为举报奖励暂行办法》。这一办法结合监管实际,增加内部举报人奖励条款,加大举报奖励标准和上限,明确奖励金额的计算标准,严格规范举报奖励程序,通过改善举报奖励制度促进举报行为真正成为维护市场经济秩序的"正义之矢"。

第二节 企业行贿风险

为了就中国企业在国际化进程中所可能遇到的重大风险进行评析,笔者曾于 2019 年 2 月 8 日至 4 月 30 日,以《调研:国际化进程中合规风险的爆发与防控》[2]为题,在合规网开展了微信调研,根据本次调研结果以及合规网历年其他类似的调研结果(共有 3217 人次参加)[3],我们对中国企业在国际化进程中所可

---

[1] 《优化"有奖举报"制度,让举报人"有利可图"》,载《新京报》2019 年 5 月 20 日。
[2] 陈立彤:《调研:国际化进程中合规风险的爆发与防控》,载搜狐网,https://www.sohu.com/a/293734167_733746(最近参阅时间 2022 年 10 月 20 日)。
[3] 合规网历年的调研包括:《中国企业合规管理调查(2018)企业道德与社会责任》(2018 年 8 月 17 日至 2019 年 1 月 11 日)、《中国企业和管理调查(2018)合规环境》(2018 年 8 月 1 日到 2019 年 1 月 11 日)、《中国企业客户管理调查(2017)》(2017 年 9 月 23 日到 2018 年 2 月 12 日)、《公司合规管理调查(2016)》(2016 年 8 月 28 日至 2017 年 1 月 25 日)、《2015 年中国合规管理调查》(2015 年 12 月 12 日至 2016 年 2 月 29 日)。

能遇到的重大风险,借用了企业合规风险的识别与评价的方法对这些风险从风险源引发风险的频率、风险造成的危害结果以及风险发生的可能性三个维度进行了评价,并按照大致估算的风险值的高低进行了如下排序:

表 10-1　中国企业国际化进程中可能遇到的重大风险排序

合规风险	风险源引发风险的频率	风险造成的危害结果	风险发生的可能性	排序
企业行贿风险	高频	巨大	极高	1
侵犯国家秘密/商业秘密风险	高频	巨大	很高	2
企业员工舞弊风险	高频	很大	很高	3
企业员工渎职风险	中频	巨大	较高	4
反垄断合规风险	高频	巨大	较高	5
反洗钱合规风险	中频	很大	较高	6
贸易管制风险	中频	巨大	较高	7
国际工程项目合规风险	中频	巨大	较高	8
数据与网络的安全与合规风险	高频	巨大	极高	9
国际税务合规和筹划缺失风险	中频	较大	较高	10

对上述风险除了通过风险源引发风险的频率等维度进行评价之外,我们还对评价的结果进行了微调。调整的原则是对所有企业普遍适用的风险比对部分企业所适用的风险排序更靠前。

根据最后评价与调整的结果,我们把企业行贿风险排在首位:

(1) 风险源引发风险的频率:高频;

(2) 风险造成的危害结果:巨大;

(3) 风险发生的可能性:极高。

ISO 37001:2016《反贿赂管理体系 要求及使用指南》国际标准把贿赂分为"对外贿赂"(outbound bribery)和"对内贿赂"(inbound bribery)。"对外贿赂"造成的风险也就是本章所说的行贿风险;"对内贿赂"是指员工收受贿赂,其连同职务侵占、利益冲突等在本书中被归纳为"员工舞弊风险"。

本书之所以会把对外贿赂和对内贿赂分属不同的风险予以阐述,是因为这两类风险的风险特征显著不同。行贿风险属于法律合规风险,会导致公司被处罚并承担相应的法律责任。但是,员工受贿等舞弊风险往往不会导致公司被处罚并承担相应的法律责任。因此，我们在本书中把公司行贿风险与公司员工舞弊风险分开进行讨论。

在经济全球化的大背景下，商业贿赂也呈现出国际化和全球化趋势。根据世界银行的报告，3%的全球经济都受到腐败的侵蚀。联合国所做的一项调查表明，在全球范围内，商业贿赂使得合同成本提高了15%左右，成为各国政府、国际组织同仇敌忾的全球性公害。

相对而言，跨国商业贿赂的治理在美国开始较早。美国政府在1977年调查时发现，有400多家美国公司在海外存在非法交易，曾向外国政府官员、政客和政治团体支付了高达30亿美元的巨额贿赂。这些公司中，超过117家财富500强，其中包括洛克希德公司以1210万美元贿金获取日本全日空航空公司价值4.3亿美元的飞机交易合同。为重建公众对商业系统的信心，1977年，美国国会通过《反海外腐败法》，明确规定美国人和某些外国证券发行人，为获得或保留业务而贿赂外国公职人员属于违法行为。

1998年，美国开始与经济合作与发展组织（Organization for Economic Co-operation and Development，OECD）谈判，推动主要贸易合作伙伴制定与《反海外腐败法》类似的法律以确保美国企业在美国以外的地区不因为《反海外腐败法》而处于竞争劣势。在这个大背景下，不少国际条约、标准纷纷出台，如OECD在1976年出台的《跨国企业准则》以及《OECD反腐败公约》、联合国在2003年颁布的《联合国反腐败公约》，世行集团在2010年出台的《诚信合规指南》等。同时，世界上很多国家如英国、法国、瑞士，包括中国等国家也纷纷出台类似的法律禁止本国企业在本国以外的地区行贿。2010年，英国出台了《反贿赂法》，新增加了"商业机构未能预防贿赂罪"，同时规定，企业将可以通过采取诸如建立有效的合规管理体系等措施来抗辩，以减免责任。2016年年底的法国《萨宾第二法案》明确要求企业建立合规管理体系，没有建立合规管理体系的企业可能面临刑事责任。2004年，修订后的美国《联邦量刑指南》明确了企业建立有效合规体系可以减轻处罚的原则。

一、风险源引发企业行贿风险的频率

风险源（实践中也被称为"风险点"）是指一个公司内部可能引发合规风险的各个因素，包括但不限于可以直接导致风险发生的部门或岗位。风险源隐含在一个公司的业务活动中，公司内部隐含的风险源的业务活动频率越高，其引发风险的频率也就越高。识别一个公司有哪些风险源可以引发合规风险，并对风险源引发风险的频率作出判断是做好合规管理工作的基础。

（一）风险源

行贿风险的风险源一般来说是销售部、市场部或其他与获得或保有业务相关的部门。当然，行贿风险的风险源也有可能是这些部门的上级主管部门，甚至是企业的最高层领导，这时的行贿风险就不再局限于一个部门或岗位的局部或偶发的风险，而是整个企业所面临的系统性风险。

企业行贿风险的风险源除了与获得或者保有业务相关的部门以外，还包括为了获得不正当利益而行贿的部门。比如，某世界五百强的医药公司在中国的子公司涉嫌违反中国的《反不正当竞争法》而被有关政府部门调查。该企业的法务总监试图通过行贿的方式平息有关调查，后来东窗事发导致该法务总监身陷囹圄。在本案中，行贿风险中不常牵涉其中的"法务部门"也成了该公司行贿风险的风险源。

一个企业的业务模式也会对行贿风险中风险源的分布和数量造成影响。B2B与B2C相比较，B2B业务模式下行贿风险的风险源往往就比B2C业务模式下行贿风险的风险源多得多。这是因为在B2B业务模式下，公司的最终用户往往是机构客户，而在B2C业务模式下，企业的最终用户是个人，企业没有必要对个人客户行贿，风险源数量从而也会相应地降低。但这并不是说只做B2C业务的企业不存在行贿风险，这些做B2C业务的企业完全可能因为行贿政府官员而违法。如曾经有直销化妆品的某跨国企业因为违反了美国的《反海外腐败法》而被处罚，原因之一是为了拿到直销牌照而行贿了有关的政府官员。

值得关注的是，在同一个企业中有时会存在不同的业务模式，所以要求我们必须清楚在不同业务模式下是否存在行贿风险以及风险源的分布状况。比如，汽车公司一般以B2C业务为主，但有的公司也存在着B2B批售业务（Fleet sale）。因为B2B业务下存在行贿风险，所以B2B业务下行贿风险的风险源也应当识别出来——曾经有一汽车行业的跨国企业因为行贿有关人员而获得批售业务被处罚近2亿美元。换言之，不能因为一个企业的业务模式以B2C业务为主，就忽视了其B2B业务模式下的行贿风险以及风险源。

(二) 企业行贿引发风险的频率：高频

我们将企业行贿风险引发风险的频率定为高频，主要是考虑到行贿风险所在的部门，如销售部或市场部往往是一个企业中最为活跃的业务部门之一，那么，这些部门所包含的风险源引发行贿风险的频率也就较高。

另外，企业国际化进程也助推了行贿风险的高频爆发。一个企业谋求海外发展的首要任务通常是向境外销售更多的产品或者从境外获得更多的项目，因此企业会向境外输送大量的营销人员来执行销售或者市场推广任务，从而导致行贿风险的风险源遍布产品行销或者项目投资所在的各个国家和地区。风险源的广布及企业频繁的销售和市场推广活动也就导致风险源在整体范围上非常容易引发行贿风险的发生——这也被有关市场调查的结果所证实。中国公司法务研究院、荷兰威科集团及方达律所联合发布的《2016—2017 中国合规及反商业贿赂调研报告》指出：反腐败是中国企业在境外遭受执法或处罚的首要原因，69%的被执法企业都在境外受到过反腐败执法。

合规网于 2015—2017 年所做的市场调查研究也印证了行贿风险是高频风险的事实。虽然这几次调查都是针对中国市场的合规风险，但是被调查的对象囊括了国有企业、民营企业和外资企业等，其中外资企业在中国市场所面临的风险也可以作为中国企业在境外市场所面临风险的一个参照。在合规网 2015 年公布的《中国合规管理调查报告》中，参与调查的公司中有 20%认为"反贿赂"是企业合规的一项重要内容，排在所有合规风险的第一位；在合规网 2016 年公布的《公司合规管理调查报告》中，18%的企业认为反贿赂是企业的合规义务。根据该调查报告，就反贿赂合规义务而言，中国反贿赂法律、美国的《反海外腐败法》是关注的重点，占比分别高达 37%和 25%。英国《反贿赂法》排名第三，占比 22%，这说明反贿赂法下的合规义务在国别上开始多元化，从而进一步导致风险源的多元化。

二、风险造成的危害结果：巨大

我们在第五章中提到，考量风险造成的危害往往会考虑以下几个维度：会触发什么样的责任（民事、行政还是刑事责任）、造成的经济损失有多大、是否会带来很大的名誉损失等。而从这些维度来考量行贿风险所造成的危害结果时，我们所得出的结论是：行贿风险造成的危害结果是巨大的。首先，行贿风险可能引发民事、行政甚至刑事责任。其次，大量的案例研究表明行贿不仅会触发高额的行政、刑事罚款以及民事追偿，还可能导致行贿企业被纳入政府、国际组织或者相关企业的黑名单，从而丧失业务机会并产生经济损失。最后，行贿往往会让企业名誉扫地，从而降低企业的可信度，进一步损害企业的对外经营能力。

为了进一步阐述行贿风险所带来的危害，我们在本章中将结合案例对美国的《反海外腐败法》、英国的《反贿赂法》、法国的《萨宾第二法案》进行简单介绍。这里要强调的是，在中国企业的国际化进程中，能够让中国企业触发行贿风险的法律不仅包括前述美英法这三个国家的法律，还有其他所有对中国企业适用的法律，包括中国的《刑法》。中国《刑法》第164条第2款规定，为谋取不正当商业利益，给予外国公职人员或者国际公共组织官员以财物的，依照对非国家工作人员行贿罪的规定处罚。这条规定被称之为中国的"反海外腐败法条款"。

在实务中还有人问，美国有《反海外腐败法》禁止行贿，那么在美国本土行贿美国官员和其他非政府官员会触犯什么样的法律？在美国本土行贿可能触犯的法律包括联邦法和各州州法，既包括行贿政府官员所适用的法律，也包括商业贿赂所适用的法律，以美国得克萨斯州刑法典中对商业贿赂的定义为例，"A person who is a fiduciary commits an offense of commercial bribery if, without the consent of his beneficiary, he intentionally or knowingly solicits, accepts, or agrees to accept any benefit from another person on agreement or understanding that the benefit will influence the conduct of the fiduciary in relation to the affairs of his beneficiary. A person commits an offense if he offers, confers, or agrees to confer any benefit the acceptance of which is an offense commercial bribery."（一个人在同意或明知该利益会影响其权利人托付给其的有关事务的情况下，如果没有其权利人的同意，故意或有意向另一个人索要、从另一个人那里接受或同意接受任何利益，那么这个人作为义务人则犯商业贿赂罪。一个人表示或实际或同意给予任何好处则犯贿赂罪，而接受的一方也犯有贿赂罪。）

（一）美国《反海外腐败法》

美国《反海外腐败法》（Foreign Corrupt Practices Act，FCPA）颁布于1977

年,其间经过1988年、1994年、1998年三次修改,禁止的贿赂主要包括现金、礼品、旅行、餐饮娱乐、折扣、工作机会和其他有价值的财物。其主要条款为"反贿赂条款"和"会计条款"。执法部门为美国司法部与美国证券交易委员会。《反海外腐败法》的主要内容可以归纳为以下两条条款:一是反贿赂条款,禁止行贿外国官员;二是会计条款,对上市公司的财务记录与内控提出要求。

美国证券交易委员会拥有对发行人及其管理人员、董事、职员、代理人、股东违反反贿赂条款和会计条款的民事执法权。司法部拥有刑事执法权以及针对美国公司与个人、相关外国公司和个人违反反贿赂条款的民事执法权。它们有权决定是否启动《反海外腐败法》调查,处以何种处罚,是否起诉或控告,以及是否进入和解或裁决程序。2016年因触犯《反海外腐败法》被处罚的32家公司中,有15家因在中国的行为而被处罚,占比接近50%[①]。

1. 反贿赂条款

《反海外腐败法》中的"反贿赂条款"规定:任何实体,无论其是否为上市公司,只要是为取得、维持业务或以获取任何不当利益为目的,而向任何"外国官员"(包括国有企业的员工)行贿的行为,都属非法。具体而言,《反海外腐败法》禁止个人和企业向任何外国官员、政府雇员、公共国际组织官员、外国政党或政治候选人或任何代表这些实体的人直接或间接提出、承诺或授权向这些人支付任何有价物品。这些规定既禁止直接贿赂,也禁止通过第三方进行贿赂。

2. 会计条款

《反海外腐败法》中的"会计条款"有"保持记录"的规定:"制作并保留合理详细、精确的账簿、记录和账目,清楚地反映发行者的交易过程及对资产的处置。"

保持记录的目的在于防止三种不当行为:(1)不记录非法交易;(2)虚假记录以隐瞒非法交易;(3)制作交易数量准确但性质错误的记录(使美国证券交易委员会在会计体系中不易察觉)。

会计条款还规定了"内部控制":"设计、维持一种内部财务控制制度,以充分地使人合理确信所有的交易都获得了适当授权。"美国证券交易委员会从以

[①] 辛红:《中国移动合规管理延伸至商业伙伴》,载《法制日报》2017年8月2日,第6版。

下几个因素来考量是否建立了内部制度：(1) 董事会的职权；(2) 公司程序和政策在内部的传达情况；(3) 权力和责任的分配；(4) 个人的能力和操守；(5) 能够执行和遵守政策、程序的能力；(6) 客观有效的内部审计功能。"保持记录"可以确保会计记录的透明性、完整性和真实性，并可以保障美国证券交易委员会可以进行有效监管。"内部控制"要求跨国公司建立有效的内部控制体系，通过自律的方式防止贿赂行为的发生。由此可以看出，"会计条款"的核心目的在于将防控贿赂风险的防线前置于公司自身，而不仅仅是为了事后追究责任。

3. 法律后果

对于"每次"违反反贿赂条款的行为，《反海外腐败法》规定对企业可处最高200万美元的罚款，对公司管理人员、董事、股东和代理人可处最高25万美元的罚款和5年以下的监禁；而对于"每次"违反会计条款的行为，《反海外腐败法》规定对企业可处最高2500万美元的罚款，对公司管理人员、董事、股东和代理人可处最高500万美元以下的罚款和20年以下的监禁。

值得注意的是，上述刑事处罚针对的是单次违法行为，而对于多次违反《反海外腐败法》的行为可以累加合并执行处罚。因此，在美国司法部和证券交易委员会公布的处罚案例中，我们经常看到相关当事人被处以数千万美元甚至过亿美元的罚款。此外，美国法庭还可根据美国《可替代罚款法案》(the Alternative Fines Act) 突破上述罚款限额，最高处以被告人行贿所得"两倍"数额的罚款。同时，个人承担的罚款不得由其雇主或者委托人代为承担。

《反海外腐败法》打击商业贿赂之力度非常大，使得违法公司不得不付出十分高昂的代价。《反海外腐败法》在1977年通过后，直到2004年，全年罚款不到1000万美元，2007年，依据该法案的最大一笔罚款也不到5000万美元。但从2008年起，罚款金额不断创新高。例如，2008年12月16日，美国司法部宣布西门子公司及其3个子公司（委内瑞拉、阿根廷及孟加拉国公司）违背了《反海外腐败法》和《证券交易法》的相关规定，西门子公司同意支付合计4.5亿美元用于刑事罚款，加上此前同时接受的美国证券交易委员会和德国监管当局对其的罚金，总额达到16亿美元；2013年，因为在超过10年的时间里向医生和药房进行药物推广并支付回扣，强生向美国联邦和州当局支付超过22亿美元罚款；2016年，日本相机和医疗设备制造商奥林巴斯公司同意支付至少6.35

亿美元,以了结美国当局针对其提供回扣和行贿问题进行的刑事和民事调查;2013年至2014年,美国司法部和证券交易委员会共提交了19起针对企业违反《反海外腐败法》的诉讼,处罚总额高达23亿美元,年均"创收"超10亿美元[1]。2016年处罚总额猛增至27亿美元。2018年,巴西某石油公司以17.8亿美元的巨额罚款金额登顶美国《反海外腐败法》罚金榜首,一度打破瑞典的Telia公司在2017年年底创下的9.65亿美元的罚金纪录。

除了对公司科以高额罚金,美国执法机构还不断加大对涉案个人的刑事追诉力度。比如,2012年4月25日,美国某投资公司前任董事总经理Gareth Peterson就美国司法部提出的其密谋逃避该公司内部会计控制的一项刑事指控而认罪。美国证券交易委员会同一天起诉称其还违反了《反海外腐败法》中反腐败和内部控制的规定,并帮助且教唆他人违反《1940年投资顾问法》下的反欺诈条款。美国司法部与证券交易委员会在对其进行处罚的同时,宣布不会起诉该公司,部分原因是该公司已"建立并保持了内部控制制度,能够合理保证其员工不向政府官员行贿",但Peterson被判处9个月的徒刑并被罚款3822613.44美元。在与美国证券交易委员会协商中,Peterson还同意缴纳25万美元的不当得利以及放弃价值340万美元的房地产[2]。

事实上,加大对违法个人的执法力度是美国《反海外腐败法》的执法趋势。在2015年9月,时任美国司法部副部长的萨利·耶茨（Sally Yates）颁布了一份具有标志性意义的备忘录——《耶茨备忘录》,该备忘录呼吁联邦检察官在调查公司不法行为时重点关注个人责任,特别是经理、董事、高管和行政主管的责任[3]。

（二）英国《反贿赂法》

英国《2010年反贿赂法》（*UK Bribery Act* 2010）（以下简称《反贿赂法》）是一部刑法,于2012年7月1日生效,被称为"世界上最严厉的反腐败法",其

---

[1] 《企业降低贿赂风险和法律责任的有效手段》,载《中国认证认可》2018年第5期。
[2] 美国纽约东区法院,United States District Court Eastern District of New York, United States of America v. Gareth Peterson, http://www.justice.gov/criminal/fraud/fcpa/cases/petersong/petersong-judgment.pdf。
[3] FCPA Professor, The Yates Memo (2015-09-11), http://fcpaprofessor.com/the-yates-memo/.

目的是处罚在英国境内外从事贿赂行为的英国公民或公司。

英国《反贿赂法》第 6 条规定了贿赂外国公职人员罪。如果英国公民或公司同时符合（1）具有不正当的企图；（2）对外国公职人员提供、许诺或者给予任何好处；（3）适用于该公职人员的当地成文法没有例外规定允许该公职人员受贿，那么该行贿人受《反贿赂法》的管辖并将接受法律的处罚。由于世界上大部分国家的法律都不允许更不会要求其所属的公职人员受贿，因此行贿人因其行贿行为（提供、许诺或给予好处的行为）很容易触犯《反贿赂法》。

《反贿赂法》第 7 条还规定了商业机构未能预防贿赂罪。该罪的犯罪主体是"相关商业机构"，是指根据英国法律成立的合伙组织或者公司，或者无论在何处成立但在英国开展业务的合伙组织或者公司。如果与该商业机构有关联的人，在为该商业机构从事商业活动时，为了取得或者保留业务而行贿，商业机构即使不知道，也会触犯该罪。但是，如果可以证明其制定了适当程序以制止这类贿赂行为，则可免除处罚。

2018 年 2 月，英国法院审理了第一件公司"未能预防贿赂罪"的案件。Skansen Interiors 公司的前执行董事向一家房地产公司的项目经理贿赂了 1 万英镑，从而拿到了价值 600 万英镑的室内装修合同。法院认为 Skansen Interiors 公司疏于预防贿赂，需承担刑事责任。该公司试图为其罪名进行辩护，声称其虽然没有单独的反贿赂和反腐败的政策，但有很多其他政策来保证商业交易公开公平并且符合道德规范。另外，该公司声称其只是一个在当地经营的小公司，员工不到 30 个人，所以无须有太多的控制手段来管控合规风险。该公司还声称小公司里面应当有的财务控制手段，其也都具备。公司的合同里也包括了一些反贿赂条款。总而言之，该公司觉得以未能预防贿赂罪受到处罚简直太冤枉！

对于 Skansen Interiors 的喊冤，检察官以及陪审团持相反意见——检察官及陪审团认为 Skansen Interiors 在合规管理建设这个问题上还有很多欠缺的地方：

（1）公司应当有一个综合性的、独立成篇的反贿赂、反腐败制度，而且应当由高管来负责执行这个制度；

（2）公司应当定期进行风险评估，以辨识可能会给公司带来贿赂和腐败风险的业务所在地、业务部门和人员；

（3）公司内部应当建立举报机制，以便公司的员工能够以匿名和保密的方式举报可疑不法行为；

（4）公司所制定的程序和控制措施的强大程度应当与公司所面临的潜在贿赂风险成正比；

（5）公司要经常做培训，而且培训员工的频度和力度应当与公司员工的职责和地位相当；

（6）公司应当进行持续监控活动以识别潜在的异常交易；

（7）公司的合规机制还应当与时俱进，根据业界的良好实践以及立法和执法活动，不断予以更新。

显然，Skansen Interiors 公司能否证明有"充分程序"防止贿赂成为此案的焦点。Skansen Interiors 公司的主张并未能说服陪审团，最终被认定为有罪，但由于被告系已停止业务的公司，且没有资产，最终法官判决无条件释放，对 Skansen Interiors 公司既没有罚款也没有刑事记录[1]。

为了帮助商业机构防范贿赂风险，加深对"充分程序"的理解和适用，英国司法部于 2011 年 3 月颁布了《2010 反贿赂法指南》（The Bribery Act 2010 Guidance，以下简称《指南》）。《指南》列出了商业机构在建立完善有效的反贿赂合规时需考虑的六大原则，即程序比例、最高层责任、风险评估、尽职调查、沟通、监督和复查原则。这六个原则是商业机构在《反贿赂法》下建立反贿赂合规程序的基础。《指南》同时明确在英国拥有子公司并不意味着母公司在英国经营业务，因为子公司可能独立于其母公司或其他集团公司经营。《反贿赂法》并不是说所有的真实的业务款待或业务宣传推广支出（如邀请客户观赏体育赛事）都是违法的。除该指引文件外，英国重大欺诈办公室和刑事检控专员也发布了共同检控指南，明确了根据《反贿赂法》提起刑事指控的恰当时间。该指南还列出了在决定是否提出控诉时应考虑的几个相关因素，包括发生贿赂事件的次数，涉案公司是否自行报告了该犯罪并采取措施制止贿赂事件再次发生等。

从法律后果上看，违反《反贿赂法》项下任何罪名的个人将会被处以罚金或者最高达 10 年的有期徒刑。如果是法人而非个人构成犯罪，法人将会被处以罚金。更严重的是，一经公诉定罪，罚金没有上限。

英国《反贿赂法》与美国《反海外腐败法》存在共同之处，两者都规定：

---

[1] FCPA Professor, Omar Qureshi, Amy Wilkinson and Iskander Fernandez, UK's First Consideration Of The Bribery Act's Adequate Procedures Defence（2018-03-19），http：//fcpaprofessor.com/uks-first-consideration-bribery-acts-adequate-procedures-defence/#more-24494.

任何自然人在经营中的作为或不作为如果构成了贿赂犯罪的一部分，则根据反贿赂法律，其可能就一项主要的贿赂犯罪而承担责任。如果上述作为或不作为发生在英国/美国境内，则该自然人的国籍与反贿赂法的适用是无关的（任何在英国/美国违反该法律的自然人都可能受到处罚）；如果犯罪行为发生在英国/美国境外，则仅适用于英国/美国公民和常住居民。与此同时，这两部法律也存在一定的差异。首先，英国《反贿赂法》不区分对政府官员或非政府官员的行贿，而美国《反海外腐败法》只处罚对外国政府官员的行贿。其次，根据英国《反贿赂法》的规定，公司如未能防止贿赂发生也需承担无过失责任。最后，英国《反贿赂法》不允许"加速服务费"（Facilitation payments）。该项费用是指企业通过付钱或给予礼物等方式使得某一政府官员行使或加速行使某一项义务，而美国《反海外腐败法》允许该项费用。2012年10月9日，英国重大欺诈办公室重申了"加速服务费"（也有的译成"方便费用"）是违法的，不考虑其支付金额或支付频率。该办公室在同一天还颁布了关于商业支出（Business expenditure）的指南及关于自我举报（Self-reporting corruption）的指南。

（三）法国《萨宾第二法案》

继美国和英国法律之后，法国也颁布了新版的反腐败法《萨宾第二法案》。我们之所以将其称为法国的"反海外腐败法"，是因为该法律不仅适用法国公司，还适用在法国的外国公司（如中国公司），以及在法国境外的法资公司（如在中国的法资公司）。

2016年11月8日，法国国民议会以308票对171票通过了法国反腐败法，又称为《萨宾第二法案》（Sapin II）。《萨宾第二法案》是法国原财政部部长米歇尔·萨宾于1993年提交的第一份反腐败法案的延续。两个法案的最大区别在于《萨宾第二法案》向美国的《反海外腐败法》以及英国的《反贿赂法》看齐，规定了反海外腐败的内容，其中的第1条至第5条创立了一个新的反腐败机构——"法国防腐败局"（The Agence Francaise Anticorruption，AFA）。该机构拥有广泛的调查权与处罚权，具体负责执行该法律。

1. 应当建立合规制度的义务

《萨宾第二法案》第17条规定，当公司雇员超过500人且营业收入超过1亿欧元，该公司的总裁、执行董事、经理及董事会成员必须采取积极的措施来管控其腐败风险。如果一个集团中的子公司达到这个标准,那么该法对于这些子公司同样适用。

具体而言,应当建立合规制度的企业包括以下两类:(1)在法国雇员人数超过500人且营业收入超过1亿欧元,如中国公司在法国设立的工厂或开设的分公司,只要满足此条件,则适用该法律。(2)隶属于总部设在法国且雇员人数超过500人的公司集团,营业收入超过1亿欧元,如中国的法资公司或者法国的跨国公司在中国的分公司或合资企业,也可能适用该法律。建立合规制度,是上述公司及其高级管理人员的共同义务。

上述适用对象必须做好如下合规工作以防止并检查腐败及权钱交易的发生,包括:

(1)制定行为规范以明示哪些是腐败行为或者权钱交易行为;

(2)采取措施来受理并且调查举报者的举报;

(3)对辨识、分析和处理腐败风险的机制进行评估并且该评估应当与风险同步;

(4)对客户、供应商以及第三方进行廉洁调查;

(5)保有内部以及外部的会计管控行为,以保障公司的财会记录不会造假并用来掩盖腐败以及权钱交易行为;

(6)对员工和经理人员进行培训;

(7)对有行为不当的人员进行处罚(包括纪律处罚)以及其他一些对违法犯罪行为的管控措施。

从法律后果上看,如果受该法律管辖的公司不采取相应的措施来管控并且检查贿赂和权钱交易行为,那么公司的总裁、执行董事、经理及董事会成员有可能被处以20万欧元的罚款,而公司所受到的罚款可能高达100万欧元。这些有关禁令以及处罚将会被公之于众。

对于企业而言,不遵守上述义务所引发的是行政处罚,而不是刑事处罚。

2. 对违规的刑事处罚

《萨宾第二法案》第18条针对因腐败行为被处罚的公司制定了一个新的法国刑法典条款——第131-39-2条。该条款规定,如果一个公司因为腐败行为被处以刑事处罚,那么该公司在法院所规定的期限之内,最长时间是5年,必须实施积极的合规计划来纠正其违法行为。否则,其会因触犯刑法典第434-43-1条而被处罚。企业和相关人员将被分别判处罚金，并对相关人员判处 2 年以下监禁。

《萨宾第二法案》第 20 条规定了一个新的罪刑——用腐败行为影响外国政府官员。第 21 条规定了法国管辖权可以延伸到那些在法国以外的国家或地区所实施的犯罪行为。该条强化了《萨宾第二法案》的域外效力，使得法国可以处罚在法国以外地区实施的贿赂行为。

3. 延迟检控协议

《萨宾第二法案》第 22 条规定了法国版的"延迟检控协议"（Deferred Prosecution Agreement，DPA）。根据该条款，如果一个公司涉嫌在法国或者是法国以外的地区实施有关的贿赂犯罪行为，包括逃税或洗钱行为，那么该公司可以用交罚款的方式来代替被检控，罚款可以高达该公司在过去 3 年平均销售额的 30%。与此同时，该公司还应当实施一个可以长达 3 年的合规计划，来提高其合规管理水平。同时，因为贿赂行为而受到损害的第三方可以要求赔偿。

根据法律规定，协议下的罚款金额必须由法国检察官以及法官通过公开审判的方式予以批准。协议的内容和金额必须在网站上公开。另外，延迟检控协议只针对公司被告，个人不适用。换言之，一个公司即使适用了延迟检控协议，那么针对个人的刑事处罚也还照常实施。

4. 法国举报制度

值得一提的是，《萨宾第二法案》的第 6 条至第 16 条规定了举报制度，这一"举报"规定非常具有法国特色。根据该法律，举报者对所举报的内容不能有利害冲突，而且必须是善意的（In good faith）。另外，举报者可以依法国所通过的国际公约、法律法规的规定，甚至是公众利益进行举报。

更有意思的是，举报者必须向其顶头上司或指派人进行举报。当然，公司也应当采取相应的程序及措施来受理举报并就匿名举报采取跟进措施，在合理的期限内对被举报的内容进行调查，否则，举报者可以向政府机构进行举报。如果政府机构没有采取行动，那么举报者可以将其所举报的内容向公众予以披露——超过 50 人以上的公司则必须建立该举报机制。如果举报人被打击报复或卷入诉讼，那么，法国设立的名为"权利保护人"（Defender of Rights）的机构可以向举报人提供财政上的帮助和支持。当然，如果权利保护人得出结论：举报人的举报动机是恶意的，那么，权利保护人可以拒绝提供财政支持和帮助。对举报有打压行为的，有可能被处以 1 年的监禁或罚款。

在具体实施过程中,《萨宾第二法案》也引发了不小的争议。首先就其举报制度而言,立法者需要对什么是"利害冲突"、什么是"善意"和"恶意"做出进一步的澄清。如果一个参与行贿的业务经理越级向公司的最高领导直接举报,他会不会因为是行贿人之一而被看成具有"利害冲突",又会不会因为越级举报而被看成"恶意"?进一步看,如果这个举报者直接向政府机构或者是公众披露了公司的不法行为,那么这个举报是否具有法律效力?权利保护人是否就不向他们提供保护?公司是不是就可以随意打击报复这些没有按照法律规定程序进行举报的人?这些都值得进一步观察和探讨。

随着越来越多的国家向前述几部法律看齐,合规业务的国际化将会成为一个新常态。因此,中国企业在跨出国门从事商业活动时,一定要关注这些外国的法律,切不可掉以轻心。同时,那些身处国内的公司,如果跟其他国家有哪怕一丝一毫的业务联系,对这些国家的跨境合规义务就不能坐视不理。

三、企业行贿风险发生的可能性:极高

我们在第二章中提到,当一个企业在评估风险发生的可能性时,往往从以下几个维度来考量:监管部门执法严厉程度、相关公司是否建立了合规管理体系(尤其是否采取并实施了风险管控措施)、相关公司是否注重合规文化的建设并培育员工的合规意识等。当我们从整体上评估企业国际化进程中行贿风险发生的可能性时,我们同样可以从以上几个维度进行评价。

实践表明,各国政府,尤其是一些发达国家的监管机构越来越重视反贿赂法相关工作,且其执法力度也在不断地加大。美国政府利用《反海外腐败法》执法越来越严,而且罚款的金额也越来越高。除美国外,许多国家也在不断地加大反贿赂的执法力度。比如,英国上议院在2018年5月任命了特别委员会,以审查英国《反贿赂法》的实施和执行情况,相应地,很多执法严厉的案件也纷纷见诸报端。

严不仅体现在实体法上,有时候还体现在程序法上。这里要强调的是,企业国际化过程中,所有跟美国有联系的货物(实物商品)和服务(非实物商品),只要你使用了,美国就可能管辖。货物包括在美国境内的商品(包括途经美国的商品)、在美国制造的商品(不管商品在哪里)、包含美国零部件的商品、使用美国技术、软件和服务生产的商品等;而服务包括(不限于以下几项):使用美国的

电信网络服务,如语音(通话)、数据(发消息和邮件等);使用美国的互联网产品,如社交媒体等;使用美国的金融服务,如银行支付、转账等。这些都是我国"走出去"的企业应关注的。

如 2006 年的阿尔卡特前高管贿赂案。克里斯蒂安·萨普斯奇安曾任法国阿尔卡特公司拉丁美洲分公司的助理副总裁,在他的安排下,阿尔卡特向哥斯达黎加电信局一位高管行贿 250 万美元,目的是获得一份价值 1.49 亿美元的移动电话合同。由于阿尔卡特在美国上市,再加上汇款又是通过美国银行进行的,所以很快就被盯上了。[①]

另外,举报,特别是来自公司内部的举报也进一步加大了风险爆发的可能性。美国《多德-弗兰克法案》(*Dodd-Frank Act*)的规定,当罚金金额超过 100 万美元时,举报人的奖金金额可占所收金额的 10%至 30%不等。举报可以涵盖的内容也非常广泛,包括公司的披露和财报、上市欺诈、市场操纵、违反美国《反海外腐败法》的行为等。截至 2020 年 10 月 23 日,美国证券交易委员会推行的举报人奖励计划,自 2012 年首次颁发奖金以来,已累计向 108 名举报者发放了约 6.76 亿美元。[②]

四、风险管控

建立强劲的合规管理体系是管控企业行贿风险的最有力的武器之一。

虽然一个公司的合规管理体系是否强劲因人而异,需要具体分析,但应当考虑以下三个"基本问题":

(1)"公司的合规程序是否设计良好?"

(2)"这个程序是否得到了认真、真诚的执行?"换句话说,该程序是否得到有效实施?

(3)在实践中"公司的合规程序是否有效"?[③](详见第六章)。

哪些风险管控措施可以帮助企业在行贿风险下减轻甚至免除处罚?以某案

---

① 《美国的〈反海外腐败法〉》,载中国商务部官网:http://gpj.mofcom.gov.cn/article/zuixindt/201712/20171202687091.shtml(最近参阅时间 2022 年 10 月 17 日)。

② 《创纪录!美证券交易委员会给予一举报人 1.14 亿美元奖励金》,载中国青年网,http://news.youth.cn/jsxw/202010/t20201024_12543263.htm。

③ Henry Chen:Corporate Compliance Programs Evaluation Issued by US DOJ (Chinese Translation), http://www.compliancereviews.cn/Arc-v.Asp? ID=1040.

件为例，美国某投资公司前任董事总经理违反了美国的《反海外腐败法》，用逃避该公司内控制度的方法行贿有关人员以进行不正当交易而被处罚，但该公司因制定并执行了较好的合规方案从而未受到执法机构的指控。这些措施包括：

（1）经常性的反腐败培训，包括现场培训、网上培训和对员工经常性的《反海外腐败法》提醒；

（2）防止对不当款项支付程序的批准；

（3）公司聘有多名合规经理人员，包括专职反腐、反贿赂专家。这些经理人员会对与公司交易的第三方进行风险评估，与外部顾问合作对其进行尽职调查，对腐败高发领域的员工进行的交易开展随机审计，以及对支出进行汇总和评估以发现不当付款；

（4）确保合规部门可以直接向董事会、首席法律顾问和首席执行官报告的渠道通畅无阻；

（5）可以提供各种语言（包括中文）的 24 小时合规热线；

（6）对员工是否遵守该美国投资公司的《行为准则》进行年度考评，包括有关处理腐败风险的规定；

（7）持续对公司内控机制进行评估并予以完善；

（8）外部顾问对公司的每一个反腐败贿赂政策每年度审阅一次。

总的来说，激励企业积极采取合规措施配合监管从而减轻处罚成为立法的潮流。2010 年，英国出台的《反贿赂法》和 2016 年年底的法国《萨宾第二法案》都有类似的规定。

2017 年 11 月 4 日，第十二届全国人民代表大会常务委员会第三十次会议修订了《反不正当竞争法》。这一次修订开始吸纳反贿赂风险管理的最佳实践和趋势，让建有反贿赂管理体系的企业开始有机会享受合规红利——减轻或者免除处罚。该法第 7 条规定：经营者不得采用财物或者其他手段贿赂下列单位或者个人，以谋取交易机会或者竞争优势……经营者的工作人员进行贿赂的，应当认定为经营者的行为；但是，经营者有证据证明该工作人员的行为与为经营者谋取交易机会或者竞争优势无关的除外。

为了让更多的企业知道如何建立一个强大的反贿赂管理体系，国际标准组织于 2016 年 10 月 15 日颁布了 ISO 37001：2016《反贿赂管理体系 要求及使用指南》（以下简称《反贿赂管理体系》），这是全球第一个反贿赂管理体系国际标准。该标准体现了国际上反贿赂的最佳实践，为各类组织反贿赂管理提供了系统化的管理方法，具有广泛的借鉴意义。《反贿赂管理体系》由来自28个国家的反贿赂专家起草，此外，还有来自16个观察员国和7个相关国家参与。该标准具有全球性、国际性，只要存在潜在的腐败贿赂问题，各国的各大组织均可适用。因此，做ISO 37001反贿赂管理体系认证成为国际大型工程招标采购、国际大型公司选择供应商、政府招标采购的优先甚至必备条件。

如今，越来越多的企业选择做ISO 37001反贿赂管理体系认证，并实施该标准。对于企业来说，这种认证好处颇多。首先，这么做有利于减少企业贿赂问题，提升企业公信力。企业获得相关认证后，相当于获得了"廉洁状况良好"的背书，从而得以成为相当一部分跨国企业的商业合作伙伴。其次，如果真的发生了贿赂问题，在有争议的情况下，ISO 37001反贿赂管理体系认证可以作为企业在反贿赂合规问题上尽职的依据，从而使得该企业可以向执法机构申请减免处罚。与此同时，获得ISO 37001反贿赂管理体系认证的企业在道德与诚信合规文化建设方面也会得到社会的认同和赞许，从而进一步增强企业的美誉度，让合规为企业创造价值。

第三节　企业员工舞弊风险

根据合规网的综合调研结果，我们在本书中把企业员工舞弊风险的风险值列为第三。

（1）风险源引发风险的频率：高频；

（2）风险造成的危害结果：很大；

（3）风险发生的可能性：很高。

一、企业员工舞弊风险

舞弊（Fraud）是指用欺骗的手段为自己牟取私利；员工舞弊是指员工用手段欺骗自己所在的公司从而谋取私利。一般而言，员工舞弊包括以下几种情形：贪污或者职务侵占、受贿、挪用资产、利益冲突、盗取商业秘密、盗窃实物资产等。

也有把员工的行贿行为纳入舞弊风险中的，究其原因是员工所在的公司禁止员工行贿，但员工置若罔闻仍然通过不法支付来获取不正当利益。一方面，该员工的业绩上升,顺带着自己的薪酬、奖金也水涨船高,而且职位也一路攀升。另一方面,该员工的行贿行为也给自己所在的公司带来了行贿风险,埋下了隐患,从这个角度来讲,员工的行贿行为对于公司来说的确是一种欺诈。但在绝大多数的情况下,作为公司的员工行贿毕竟用的是公司的资金(员工得报销行贿款项),并且给公司带来业务和收入,从这个角度来讲,一个公司要把员工的行贿行为完全归结于该员工的个人行为并搞清楚该员工与公司的干系是很困难的。更有甚者,不少公司还会处心积虑地设计出种种机制以逃避监管和执法。也正因如此,行贿在绝大多数情况下仍然是企业自身的行为,而不是员工对企业的欺诈和舞弊行为。所以,我们在本章中把员工行贿排除在舞弊风险之外。有关员工的行贿行为引发的行贿风险请参见本书第三章中的有关内容。

再者,我们之所以把行贿风险排除在员工舞弊风险之外,是因为这两种风险的风险特征显著不同:前者会引发公司的行政、民事或者刑事责任,导致公司自身被处罚或引发民事纠纷,而后者往往不会(虽然如下所述会给公司造成损失)。因此,因为风险特征的不同而对行贿风险与受贿风险进行区分从风险管理的角度来说也是具有现实意义的。

二、风险源引发员工舞弊风险的频率

(一) 风险源

就员工舞弊风险而言,直接导致风险发生的部门可能涵盖公司的各个部门或岗位。有的部门或岗位是权力部门或岗位,从而导致其可能滥用手中的权力寻租;有的部门或岗位掌握业务机会从而利用这些业务机会为自己谋私利(如销售部门的业务经理把产品低价转售至某个经销商从而捞取私利);有的部门或岗位即使没有权力或业务机会但仍然会利用公司内控存在的漏洞从公司捞取好处(如利用假发票向公司做虚假报销把公司的财产据为己有)。由此可见,舞弊行为类型众多、手段纷繁,这就导致不同岗位、具有不同权力职责、有不同业务机会或损公肥私机会的员工均有可能成为舞弊风险的风险源。

(二) 引发风险的频率:高频

正如上文所说,上至管理层,下至货物仓库的保管员或安保等各个部门都有可能引发舞弊风险,只是程度不同、造成的损害大小不一而已。由于舞弊风险的风险源存在于公司几乎所有部门或岗位,所以舞弊风险爆发的频率非常高。

三、员工舞弊风险造成的危害结果:很大

我们之所以认为员工舞弊的危害结果很大,是因为舞弊风险会给企业带来巨大的经济损失。根据美国注册舞弊审查师协会(ACFE)的《2018全球舞弊研究报告》(报告中包含2016年1月至2017年10月这22个月由协会内舞弊审查师所调查的职业舞弊案件),全球范围内125国家、23个行业领域的2690起员工舞弊案件,造成的直接经济损失超过70亿美元,所有舞弊案件中单个案件造成的直接经济损失的中位数是13万美元,且其中22%的案件造成的直接经济损失超过100万美元。这些案件造成的损失占到了整体公司年销售收入的5%左右。对于一般制造业3%—4%的盈利水平而言,这一损失无疑是不可承受之痛。举例来看,一家年销售额10亿元的公司,若不建立完善的反舞弊管控体系,每年的损失可能高达三四千万元。

与行贿风险不同,员工舞弊虽然会给员工所在的公司带来经济损失,但不会给员工所在的公司带来刑事责任(或行政处罚)。不过舞弊丑闻同样会伤及企业的商誉和形象,因为舞弊丑闻不仅说明了相关企业内部的风险控制和管理制度存在漏洞,还在一定程度上说明了这些企业员工的职业道德水平不高,从而会导致这些企业在行业内的口碑受到损害。

LT案开审　胡某等4人承认受贿

2010年3月23日,备受关注的"LT案"在上海市第一中级人民法院开庭审理。LT员工胡某等4人在上海出庭受审。胡某、王某、葛某、刘某4人以非国家工作人员受贿罪、侵犯商业秘密罪被起诉。4人在庭上均承认受贿指控。

胡某等4名LT员工,被控利用职务上的便利,为他人谋取利益、多次索取或非法收受数家企业巨额贿赂。23日的庭审中,指控显示,胡某涉嫌收受贿赂折合人民币646万余元,葛某涉嫌收受贿赂折合人民币694万余元,刘某涉嫌收受贿赂折合人民币378万余元,而王某涉嫌收受贿赂7500万余元,4人合计9218万元。

2010年2月10日,上海市人民检察院第一分院对LT公司胡某、王某、葛某、刘某4人涉嫌非国家工作人员受贿、侵犯商业秘密犯罪一案,向上海市第一中级

人民法院提起公诉。检察机关指控：被告人胡某等4人利用职务上的便利，为他人谋取利益、多次索取或非法收受数家企业巨额贿赂；采取利诱及其他不正当手段，多次获取数家企业的商业秘密，给有关钢铁企业造成了特别严重的后果[①]。

四、员工舞弊风险发生的可能性：很高

舞弊风险是高发风险，一方面员工舞弊风险的风险源有很多；另一方面我们可以从舞弊手段的多样性看到风险发生的可能性很大。常见的舞弊手段包括：（1）内部员工伪造费用支出，套取公司现金报销；（2）员工收取供应商等第三方贿赂，为其谋得交易机会；（3）内部员工伙同供应商等第三方通过虚构交易、虚增交易金额等，套取公司资金；（4）公司员工直接或间接地成立或者操纵一个供应商或者经销商与公司进行交易；（5）员工窃取公司的资产或者商业秘密。

企业的国际化进程往往会加大员工舞弊风险发生的频率以及可能性，一方面，因为国际化的企业往往已经具备了一定的规模，内部组织架构会相对复杂，但企业对员工舞弊风险管控的能力却没有迭代更新到国际化应有的水平。另一方面，境外的员工远离企业总部，监管可能会不到位，更容易滋生员工舞弊风险。

员工舞弊风险发生的可能性很大，我们还可以从舞弊的成因倒推出这个结论。史蒂文·阿伯雷齐特（W. Steve Albrecht）提出了"舞弊三角论"。他认为，舞弊行为的产生是由压力（Pressure）、机会（Opportunity）和自我合理化（Rationalization）三要素组成，就像燃烧必须同时具备一定的热度、燃料、氧气这三要素才能发生一样，缺少了上述任何一项要素都不可能真正形成舞弊行为。但因为这三个要素是普遍存在的，因此舞弊风险的普遍存在也就不足为奇了。

压力要素是舞弊者的行为动机。刺激个人为其自身利益而进行舞弊行为的压力大体上可分为四类：经济压力、恶癖的压力、与工作相关的压力和其他压力。

机会要素是指员工实施了舞弊行为而又能掩盖起来不被发现或有逃避惩罚

[①] 上海第一中级人民法院：《LT员工涉嫌受贿及侵犯商业秘密案立案》，载《中国审判》2010年第3期。

的可能性，主要有六种情况：缺乏发现舞弊行为的内部控制、无法判断工作的质量、缺乏惩罚措施、信息不对称、能力不足和审计制度不健全。

在面临压力、获得机会后，真正形成舞弊的还有最后一个要素——借口（自我合理化），即舞弊者必须找到某个理由，使舞弊行为与其本人的道德观念、行为准则相吻合，无论这一解释本身是否真正合理。舞弊者常用的理由有：这是公司欠我的，我只是暂时借用这笔资金、肯定会归还的，我的目的是善意的，用途是正当的等。

【案例】帕玛拉特公司的舞弊三要素

帕玛拉特（Parmalat）是典型的意大利家族式企业集团，在全球30个国家开展业务，共拥有3.6万余名雇员，年收入超过75亿欧元，并一度被视为意大利北部成功企业的代表。但是在2002年，帕玛拉特还是意大利最大的乳品巨头，转眼间到了2003年，新闻接二连三：其资产负债表出现了143亿欧元的黑洞；公司提出破产保护申请；帕玛拉特股票急剧波动直至最终停牌；司法、财政机构迅速介入；债权人公开宣布追讨投资；创始人兼公司董事长卡利斯托·坦齐锒铛入狱……短短2周多的时间，号称牛奶帝国的帕玛拉特就终结了它的神话。

我们在此利用帕玛拉特的前车之鉴，运用"舞弊三角论"从三个维度分析该舞弊案件发生的来龙去脉。

一、压力因素

在帕玛拉特案件中，帕玛拉特管理层面临着怎样的压力呢？这要从帕玛拉特公司的历史谈起。20世纪60年代初，坦齐（Tanzi）创建帕玛拉特公司。80年代，公司首先进行食品行业内的产品多元化。90年代中期，公司在世界范围内开始大规模地扩张。而这种跨地区的扩张需要大量资金支持。其次，在产品多元化后，坦齐又开始走上行业多元化的道路。出于跨行业经营困难等原因，整个家族集团的一些公司产生了巨额亏损，维持其经营也需巨额资金。最后，90年代意大利开始了大规模的私有化，为了鼓励私人购买，公有企业出售价格是相对较低的，这对于那些企图扩张的企业来说，能够筹集到资金购买这些国有企业就相当于吃到了便宜的"馅饼"。跨地区扩张所需大量资金支持、跨行业扩张产生亏损的弥补和廉价收购国企的现金需要，都使帕玛拉特的管理层患上了资金饥渴症。1990年，帕玛拉特在米兰股票交易所上市，从公众手里筹得资金后，管理层就迫不及待地将公众公司（帕玛拉特）的资金转移至其家族企业，将公众公司掏空。为从资本市场便捷高效地获取资金，所以公司管理层不惜粉饰报表，以造就"表面的繁荣"来蒙蔽投资者。这就是帕玛拉特管理层舞弊的动机，即舞弊行为的压力因素。

二、机会因素

管理层具备了舞弊的动机，又是什么给他们舞弊造就了机会呢？首先，家族型上市公司使内部治理无法发挥制衡作用。帕玛拉特属于家族型公众公司，家族集团在企业中占有绝对数额的股份。而意大利股票市场规模小、不活跃，又没有强有力的机构投资者向董事会派驻董事以制约大股东，再加上意大利证券监管机构 Consob 监管不力，所以股票市场上非控股股东力量无法对控股股东形成有效制约。坦齐既是家族企业的首领，也是上市公司的首领，董事会为大股东所控制，为其掏空上市公司、向家族公司转移资产、操纵财务报表大开方便之门。

其次，欧洲大陆以银行为主的公司治理模式，经理市场在家族企业中无法发挥作用，贷款银行没有积极地制约公司行为，国际投资银行没有形成有效的监督等各种外部治理机制也形同虚设，完全失效。

三、借口因素

舞弊的动机和机会有了，公司管理层又会找什么借口，使自己能够心安理得呢？公司创始人坦齐认为，他虽然挪用了资产，但只要还了就行。对于财务欺诈，坦齐说他只知道大略数字，至于如何操作的全是 CFO 的责任。公司 CFO 唐纳也是舞弊的参与者之一，而他说伪造银行文件以虚增资产、制造复杂财务结构隐瞒以负债等财务欺诈都是坦齐授意的，他只是执行而已。总之，管理层采取自欺欺人的说法，使自身行为合理化。[①]

透过帕玛拉特事件，我们可以直观地感受到舞弊行为一步步摧毁企业的过程。需要指出的是，就企业舞弊风险的管控而言，企业的形式并不重要。因此，每一个企业都要清晰地认识到自身所存在的舞弊风险，并采取措施予以管控。

四、风险管控

我们前面提到舞弊三要素之一是"机会"，消除舞弊的"机会"要素往往是

---

① 邓华明：《用舞弊三角理论透析帕玛拉特事件》，载《中国注册会计师》2004 年第 10 期。

打击舞弊行为的一个重要手段。同时,一个企业还应当积极探索、建立完善的反贿赂、反舞弊管理体系,培育清正廉洁的企业文化。同时,企业应当严肃对待、处理员工的舞弊行为,甚至敢于曝光员工舞弊行为并将处理过程和结果透明化、公开化。事实证明,企业加强反腐不仅不会贬损企业的形象,相反还会树立一个负责任、讲诚信的企业形象。

反舞弊联盟助力清廉职场

2015年6月18日,中国企业反舞弊联盟在上海外滩茂悦酒店成立,联盟发起成员汇聚了阿里巴巴、碧桂园、美的、顺丰、世茂等国内多个行业的代表企业,以及广东省企业内部控制协会、中山大学企业与非营利性组织内部控制研究所等组织。[①]

根据联盟公约,联盟成员企业将建立职员诚信档案,并承诺在符合法律法规的前提下,重视招录人员的诚信和道德,优先招录诚信人员,拒招不诚实守信人员。对此,参与该联盟的代表表示,企业建立职员诚信档案,既是对守信主体的奖励与激励,也是对失信主体的约束与惩戒。

当然,建立一个完善的反贿赂、反舞弊管理体系是一个系统工程。企业应当在识别、评价舞弊风险及风险源的基础之上,建立并改进合规管理流程,从而实现对风险的有效应对和管控。以下是我们为一个企业建立反贿赂、反舞弊管理体系所出具的建议书,我们在进行脱密处理后提供节选,供读者参考。

实务分享:

反舞弊管理体系建设方案

一、客户需求与我们的理解

贵司希望能够建设一个具有有效、务实的反贿赂、反舞弊管理体系。

[①]《中国企业反舞弊联盟首次全体会议在杭召开》,载人民网,http://politics.people.com.cn/n/2015/1024/c70731-27735670.html(最近参阅时间2022年11月4日)。

贵司目前的问题在于：

（1）有政策底线，但缺少管理操作的细则；

（2）有意识影响，但缺少引导落地的机制；

（3）有责任机构，但尚未形成有效的工作模式；

（4）有案件处理，但没有专门调查追溯机构，专业受限对案件定性及妥善处置面临困难；

（5）有案例宣传，但未在员工层面引起重视和反响。

贵司建设合规管理体系受到了公司领导的高度重视，从而为公司的合规管理体系的建设打下了一个坚实的基础。公司充分认识到：合规是组织可持续发展的基石。合规意味着组织遵守了适用的法律法规及监管规定，也遵守了相关标准、合同、有效治理原则或道德准则。若不合规，组织可能遭受法律制裁、监管处罚、重大财产损失和声誉损失，由此造成的风险，即合规风险。组织通过建立有效的合规管理体系，来防范合规风险。组织在对其所面临的合规风险进行识别、分析和评价的基础之上，建立并改进合规管理流程，从而达到对风险进行有效的应对和管控。

二、公司治理结构

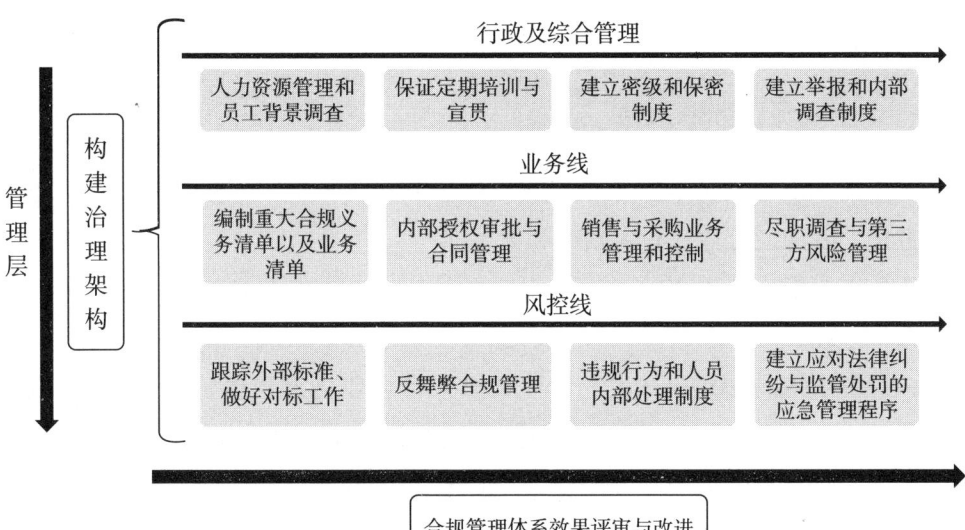

管理层	构建治理架构	行政及综合管理			
		人力资源管理和员工背景调查	保证定期培训与宣贯	建立密级和保密制度	建立举报和内部调查制度
		业务线			
		编制重大合规义务清单以及业务清单	内部授权审批与合同管理	销售与采购业务管理和控制	尽职调查与第三方风险管理
		风控线			
		跟踪外部标准、做好对标工作	反舞弊合规管理	违规行为和人员内部处理制度	建立应对法律纠纷与监管处罚的应急管理程序

合规管理体系效果评审与改进

三、合规管理体系模块

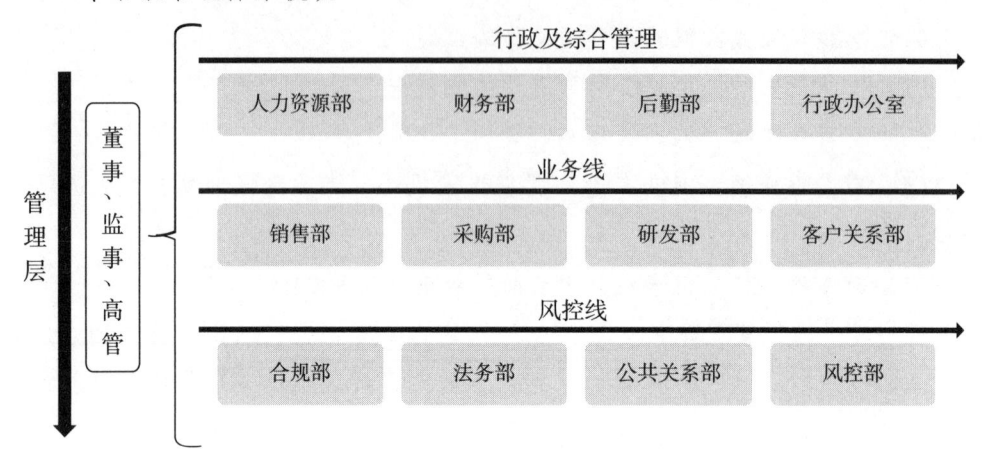

```
管理层 ← 董事、监事、高管 ─┬─ 行政及综合管理 →
                          │  [人力资源部] [财务部] [后勤部] [行政办公室]
                          ├─ 业务线 →
                          │  [销售部] [采购部] [研发部] [客户关系部]
                          └─ 风控线 →
                             [合规部] [法务部] [公共关系部] [风控部]
```

第四节 企业员工渎职风险

根据综合调研结果，我们把企业员工渎职风险的风险值列为第四。

（1）风险源引发风险的频率：中频；

（2）风险造成的危害结果：巨大；

（3）风险发生的可能性：较高。

一、企业员工渎职风险

企业员工渎职风险是指企业员工不能做到恪尽职守、勤勉尽职，导致企业出现危机，有的甚至造成重大损失和灾害。

企业在国际化进程中所引发的渎职风险很多，主要体现在操作不当和尽调不实两个方面。

1998年5月，IBM公司发起设立了第一个行业先进思想管理论坛——操作风险论坛，在这个论坛上，将操作风险定义为遭受潜在损失的可能，具体而言，是指由于客户、设计不当的控制体系、控制系统失灵以及不可控事件导致的各类风险。新版的"操作风险"，如《巴塞尔新资本协议》（*The New Basel Capital Accord*）把内外部欺诈风险也涵盖进了操作风险。新旧版"操作风险"的区别在于：旧版的操作风险不含欺诈风险，新版的操作风险包含欺诈风险。笔者认为，不含欺诈风险的旧版操作风险定义更加科学，至于欺诈风险，应当单独列出来与操作风险平行管理，因为欺诈风险是第三方故意使合规义务执行人陷入错误认识而产生的风险，并非合规义务执行人自身行为所导致，所以不属于渎职风险。

渎职风险除了操作不当，还有尽调不实风险。尽调是尽职调查的简称。尽职调查被广泛地运用于企业投资与并购以及商业伙伴遴选当中，是指投资人在与目标企业或者是公司对合作伙伴达成初步合作意向后，对目标企业的财务情况、风险状况以及投资的经济技术、法律、社区、环境等方面做全面深入的审核，并在调查基础上出具尽职调查报告。准确、丰富、及时、系统的尽调报告，有助于了解外部条件对目标企业生产经营的影响，从而帮助管理人员明智决策，避免无谓的投资或合作风险与损失。在合规领域，尽职调查运用主要在并购项目、海外投资项目、对外承包工程项目、外包项目、业务伙伴遴选和员工聘用等方面。尽调不实，也可称为尽调不充分，即在上述项目中未对现实和潜在的风险进行全面、客观的调查，导致调研未达到项目所需要的广度和/或深度，使得委托人无法准确地判断项目的投入产出以及其他各种情况，从而导致投资收购或者与商业伙伴的合作失败、蒙受损失等。

二、风险源引发风险频率

（一）操作不当

1. 风险源

操作不当往往归因于管理流程的不完善、系统设计漏洞、软硬件缺陷或者相关人员的操作失误，因此凡是与这些不完善、漏洞、缺陷及失误相关的部门或岗位都是因操作不当引起的渎职风险的风险源。

2. 引发风险的频率

操作不当与人有关。凡是有人的地方就可能有不完善、漏洞、缺陷与失误，因此由操作不当引发的渎职风险的风险源几乎遍布企业运营的所有场景，可谓风险分散、主体多样。

在实务中，不是所有的操作不当都会给企业造成重大损失，从而上升到渎职的高度。因此，不当操作的渎职风险源虽然广布于企业的方方面面，但给企业造成损失或重大损失而构成渎职的风险源只是众多风险源的一部分。因此，我们把在该风险下风险源引发风险的频率定位为中频。

【案例】联合 B 公司原油期货交易失当受损案

2019 年，备受关注的联合 B 公司原油交易亏损案最终水落石出。2019 年 1 月 25 日，B 公司公布联合 B 公司套保核查情况称，此次事件系联合 B 公司在采购进口原油过程中，由于对国际油价趋势判断失误，部分套期保值业务交易策略失当，在油价下跌过程中部分原油套期保值业务的期货端产生损失。公告显示，联合 B 公司去年经营亏损约人民币 46.5 亿元，不过其也为 B 公司采购进口原油实货节省成本约人民币 64 亿元。

2018 年原油市场跌宕起伏，布伦特和 WTI 原油期货价格在 2018 年 10 月 3 日分别创下每桶 86.29 美元和 76.41 美元的近四年高点，随后大幅下跌至每桶 50.47 美元和 42.53 美元的一年多来最低，下滑幅度超过 40%。[1]

套期保值是国际石油公司的普遍做法，有助于平抑价格、对冲风险。作为全球最大的炼油商，B 公司 2018 年加工原油约 2.46 亿吨，进口原油比例约占 85%，全年进口原油价值人民币 6000 多亿元。一直以来，套期保值业务都是 B 公司控制原油采购成本、保证公司生产经营平稳运行的重要手段。联合 B 公司主要从事原油及石化产品贸易，自 2014 年起以自负盈亏的方式为 B 公司所属炼油企业采购进口原油。[2]

在危机发生后，B 公司发现问题便立即停止相关交易，对主要负责人停职处理，并及时披露相关信息。同时，责令联合 B 公司深刻接受此次事件教训，加强市场研判，提高危机应对和风险管控能力，完善有关制度，严格执行纪律，并要求全系统企业举一反三，强化合规经营意识，识别防范风险，避免类似情况再次发生。这一系列的处理，也促使了 B 公司及联合 B 公司生产经营情况回归正轨。

---

[1] 《B 公司"黑天鹅"事件落地 2018 年净利创近 5 年新高》，载人民网，http://energy.people.com.cn/n1/2019/0128/c71661-30593038.html。

[2] 林雅荟：《联合 B 公司去年亏损经营亏损 46.5 亿 却为 B 公司省成本约 64 亿》，载智通财经，https://www.zhitongcaijing.com/content/detail/178753.html（最近参阅时间 2022 年 10 月 20 日）。

（二）尽调不实

1. 风险源

尽调不实其实也可以看成操作不当的一部分，但因为尽调不实的风险集中在企业的尽职调查业务中，我们因此将其单独列为一种风险进行讨论。

除传统意义上的法律、财务、技术、环保等尽调外，还包括在传统兼并收购中不常见的合规尽调，如反贿赂、反垄断尽调等。随着美国、英国、法国以及中国等国家对腐败贿赂、不正当竞争行为的调查、惩处越来越严厉，越来越多的收购方开始在兼并收购以及寻求业务伙伴中对目标公司就是否遵守了有关反贿赂、反垄断等规定做尽职调查，以管理和控制相关风险。没有进行反贿赂、反垄断等合规尽职调查，而被迫承继目标公司的合规风险的情况时有发生——收购方很有可能在并购交易结束后发现自己因为被收购公司的违法违规行为而面临巨额赔偿、罚款或其他形式的处罚，导致其所收购的目标公司的价值也大打折扣。

通过对上述尽调的描述，我们可以看出尽调不实的风险源集中在与企业尽调相关的部门、人员当中，包括指示尽调的公司领导、实施尽调的调查部门/人员或者外部律师。实施尽调的部门与企业部门职责、岗位职责分配以及尽调种类息息相关。例如，对境外投资环境的尽调，企业的管理制度可能规定实施尽调的部门是市场部、法务部门，也可能是融资部、规划部，上述部门在尽调中的分工和比重也有所区别。

外部尽调，指企业聘请第三方专业调研机构，以独立第三方的身份，对企业的交易背景进行综合的尽职调查及风险评估。一般情况下，企业在尽职调查阶段引入第三方专业调研机构往往是因为后者的实地调查做得多所以更加专业。但由于信息来源有限等客观和主观的原因，外部尽调也可能出现尽调不实的情况。

2. 引发风险的频率

与企业尽调相关的业务活动相对而言不是很频繁，因此尽调不实风险不属于高频风险。不过我们应当同时看到在企业的国际化进程中，当中国企业走出国门在人生地不熟的地方从事国际贸易和国际投资活动时，尽调是用来识别风险非常重要，也是比较常见的一项业务活动，因此把风险源引发风险的频率定为中频。

三、员工渎职风险造成的危害结果：巨大

员工渎职，包括操作不当或者尽调不实，往往集中体现在给企业造成经济损失，当然在一定程度上也会造成名誉损失。比如，2001年5月，雷曼兄弟证券公司伦敦分公司的一名交易员在接近收盘时忙中出错，将一笔300万英镑的交易打成了3亿英镑，金额放大了100倍，结果英国金融时报指数瞬间暴跌120点，百家蓝筹股的300亿英镑市值化为乌有。① 为了回购原本不该卖出的股票，雷曼兄弟公司损失了500万—1000万英镑。

类似的"肥手指"案例在其他工业领域也不鲜见，如民航运输业。2016年10月11日，上海某机场发生两架飞机险些相撞事件。如果不是机长当机立断拉升飞机，两架飞机可能会出现机毁人亡的惨剧。民航局调查组连夜进行了调查，判断该事件是一起因塔台管制员指挥失误造成的风险事件。②

如果没有进行及时有效的控制尽调不实与操作不当的渎职风险，甚至会给企业带来毁灭性的打击。比如，20世纪90年代的英国巴林银行，因为一名交易员的投机失败而又"欲盖弥彰"，最终导致银行倒闭。

【案例】巴林银行事件

巴林银行是英国历史最悠久的银行之一，于1763年创立。巴林银行于1995年2月26日倒闭，其倒闭原因是一位名为尼克·李森（Nick Leeson）的交易员在衍生性金融商品的超额交易中投机失败，导致损失14亿美元。

1994年下半年，巴林银行的衍生品交易员尼克·李森认为，日本经济开始走出衰退，股市将会大涨，于是大量买进日经225指数期货合约和看涨期权。可1995年1月16日，日本关西大地震导致股市暴跌，致使巴林银行亏损6亿英镑，这远远超出了该行的资本总额（3.5亿英镑）。

尼克·李森于1992年在新加坡任期货交易员时，巴林银行原本有一个账号为"99905"的"错误账户"，专门处理交易过程中因疏忽所造成的错误。期货

---

① 周文渊：《美股暴跌是为潜在金融危机定价》，载财新网，http://opinion.caixin.com/2018-02-09/101209463.html（最近参阅时间2022年10月20日）。

② 《上海某机场两客机险相撞 民航局称系塔台指挥失误》，载人民网，http://politics.people.com.cn/n1/2016/1012/c1001-28773547.html（最近参阅时间2022年12月1日）。

交易员难免会在交易中出现一些错误的情况，因此他们一般都会开设一个特殊账户，用以暂时存放那些错误的交易，等待适合的行情出现时再挽回损失。这原是一个金融体系运作过程中正常的错误账户。但是，错误账户在尼克·李森的手中改变了用途，他把自己失败的交易记入其中，用以掩盖损失。结果，为了赚回赔掉的钱，尼克·李森的赌局越开越大，以至于到了无法收拾的境地。

最终，尼克·李森利用欺骗的手段使巴林银行蒙受了 8.6 亿英镑的巨额亏损，从而把巴林银行推上了死亡之路。1995 年 2 月 27 日，英国中央银行宣布：巴林银行不得继续从事交易活动并将申请资产清理。10 天后，这家有 230 多年历史的银行以 1 英镑的象征性价格被荷兰国际集团收购，并成为该集团成员之一。①

巴林银行事件并非偶然，企业员工渎职带来的风险在市场中是始终存在的。在资本市场发展的历史中，大投资者侵犯小投资者利益，中介机构损害客户利益，上市公司欺骗股东的事情也时有发生。因此，市场需要一系列严明的法律加以约束，同时也需要一个强大的监管体系。②

四、员工渎职风险发生可能性：较高

（一）操作不当

我们在本书第五章中提到海恩法则：每一起严重事故的背后，必然有 29 次轻微事故和 300 起先兆以及 1000 起事故隐患。如果对这些轻微事故和隐患不加以积极应对，就是渎职。轻微事故和隐患就会演变为严重的事故，进而引发渎职风险。海恩法则告诉我们两个道理：第一，因事故隐患无所不在，所以渎职风险比较容易发生；第二，应对操作不当的解决方案是建立起强大的合规管理体系管控风险，但在实务中不是所有的企业都有足够的风控意识，那么引发渎职风险的可能性就比较大。

---

① 《"巴林银行倒闭事件始末"以及复盘分析》，载华尔街见闻，http://www.myzaker.com/article/5a2b9c791bc8e0e66b000011/（最近参阅时间 2022 年 10 月 20 日）。

② 《24 年前，28 岁交易员搞垮了一家 233 岁的银行》，载新浪财经，http://finance.sina.com.cn/stock/usstock/c/2019-02-28/doc-ihrfqzkc0071752.shtml（最近参阅时间 2022 年 10 月 20 日）。

【案例】中航油（新加坡）交易损失与破产重组

中国航油（新加坡）股份有限公司［以下简称中航油（新加坡）］是由中国航空油料集团公司控股在1993年成立的企业，于2001年12月6日被批准在新加坡交易所上市。中航油（新加坡）靠人民币20万元起家，快速发展，从贸易公司发展到中国石油业的第四大巨头。但终究因通过衍生品交易对冲价格风险失败，造成约5.5亿美元的亏损，并破产重组。

2003年下半年，中航油（新加坡）开始参与200万桶原油期货买卖，初期是获利的。2004年一季度，国际油价飙升，中航油（新加坡）是石油看跌期权卖出方，其总裁陈久霖决定与法国兴业银行、日本三井银行、英国巴克莱银行、新加坡麦戈利银行以及新加坡发展银行等在场外签订期货交易合同。后油价飙升，导致公司账面浮亏将近580万美元，中航油（新加坡）随后决定延期交割合同，同时加大了交易量，寄希望于油价能下跌以挽回损失。此时，中航油（新加坡）将自己的亏损置于无限的敞口中。

中航油（新加坡）原本有一个完善的风险控制体系，但这套风险体系失控了。其《风险管理手册》由某会计师事务所制定，与其他国际石油公司的操作规定基本一致。公司内部也有风险管理委员会，由7人组成，包括4名专职人员、1名运作部主任、1名财务部主任和1名财务经理，均为新加坡公司员工。根据某的设计，风险控制的基本结构是从交易员——风险管理委员会——内审部交叉检查——CEO（总裁）——董事会，层层上报。每名交易员亏损20万美元时，交易员要向风险管理委员会汇报；亏损达37.5万美元时，向CEO汇报；亏损50万美元时，必须斩仓。按照中航油（新加坡）的风险控制体系的内部规定，最终的亏损额够报告250次，够斩仓110次，但最终所有这些斩仓都没完成。[①]

可以说，中航油（新加坡）在此次事件中的内部风控是无效的。所以，有相应风险隐患的企业，必须要有应对操作不当问题的解决方案，建立起完善的合规管理体系，有效管控风险。

[①] 《中航油巨亏案始末：外部监管失灵 国际财团"狩猎"》，载中国经济网，http：//m.ce.cn/ttt/201901/16/t20190116_31269114.shtml?tt_group_id=6646860833840169479（最近参阅时间2022年10月20日）。

(二) 尽调不实

引发尽调不实渎职风险的因素有很多,其中与企业是否重视风险管控有很大的关系。在实务中,尽调不实在很大程度上都源自企业忽视尽调。

比如,企业为了节约成本,不尽调或者尽调不专业。部分企业对尽调的重要性认识不足,有可能不尽调就开始兼并收购作业。也有的尽调了,但操作手法不专业,甚至由企业内部没有尽调经验的人员组建尽调团队进行尽调。例如,前述讲到的某公司收购法国阿尔卡特手机业务失败案例中某公司决定并购阿尔卡特手机业务事务部的尽调过程中,为了节省成本,某公司未委托专业机构进行操作,仅在企业内部组建了一个尽调小组进行调查活动。受限于自身的调查能力与专业知识储备,某公司对并购的风险和难度只作了基本的了解,尤其是对劳资风险没有合理的评估,最后导致亏损。

再如,因疏忽大意,从而引发渎职风险。尽调不到位、不充分各有各的问题,但其所面临的后果都是类似的,就是该查的没有尽责查出来,从而给企业带来隐患及损失。

【案例】某企业 A2 高速公路项目折戟波兰

某企业波兰 A2 项目是波兰政府公开招标项目,该企业联合体于 2009 年 9 月中标。波兰 A2 高速公路工程师 EPC 总承包项目,工期从 2009 年 10 月 5 日至 2012 年 6 月 4 日,投标报价为 4.47 亿美元。

然而,没过多久该企业就遭遇了巨大的困难。2011 年 5 月,因未按时向波兰分包商支付贷款,工程自 5 月 18 日起停工。工程进展迟缓的背后是项目亏损逐渐浮现。2011 年 6 月 13 日,波兰高速公路管理局突然宣布,解除与该企业签署的工程承包协议,并可能向后者索取 7.41 亿波兰兹罗提(约合人民币 17.51 亿元)的赔偿和罚款,同时禁止该企业建筑企业成员在未来 3 年内在波兰参与任何道路工程的建设,而贝科码公司也可能在业主方的强硬追索下破产。

该企业总公司最终决定放弃该工程,背后的原因不难知晓,如果他们坚持做完,可能导致公司亏损 3.94 亿美元(约合人民币 25.45 亿元)。该企业试图先以低价中标,然后慢慢地通过在工程建设过程中各种各样的工程变更来实现利益的补偿，最后达到基本的成本覆盖。事实上，在波兰公路局发放给各企业的表述之中，就已经包括了这些风险、困难，但该企业为了更快中标，忽略了竞标前的勘察设计、竞标文本的法律审查、关键条款的谈判等众多细节问题。这种调查不实导致了后续相关问题。[1]

五、风险管控

渎职风险能管控吗？当然能。怎么办？答案还是合规管理。我们以民航运输业为例，安全与良好的合规管理是分不开的，高安全系数的航空公司通常有良好的合规管理制度。如发现某飞机可能有问题时，航空公司第一时间采取措施停飞有关机型飞机，就是很好的做法。企业应对渎职风险的最好管控方法就是面对它们、处理好它们，而不是把它们藏起来。

前面的例子告诉我们，员工渎职引发的操作风险既可能是由于主观上的疏忽，也可能是由于相对客观的原因给操作风险的发生提供了可能性。无论主观与否，操作风险的发生都与合规风险管理不到位有关。操作人员未能按照合规要求操作、设计人员和管理人员未能按合规要求执行或设置相应控制措施、合规管理人员没有按照闭环原则识别和管控风险往往最终都会导致操作风险的产生。与之相对应，要管控好员工重大的渎职风险，既要做好前面所说的各项工作和合规管理体系所要求的其他工作，同时，要建立起企业的合规文化，要让合规的意识浸润到每一个员工心里，让合规成为每一个员工的习惯，像呼吸那样自然。对此，企业要做到以下几点：

首先，公司要致力于培育良好的"合规文化"，这是管控操作风险的基础。为此，公司要做到高管带头、员工主动，在运营管理的环节上坚持将"合规"作为决策标准之一；员工在实际操作时时刻不忘进行合规性审查，树立主动合规意识，克服被动心理、侥幸心理。通过培训、宣传等方式，解读最新政策法规要求、分析真实案例，倡导合规经营和惩处违规经营的价值观念，强化全员的风险管理意识、约束员工的违规行为。

其次，建立健全合规机制和操作流程，这是合规管理的依据和支撑。制度

---

[1] 参见向鹏成、牛晓晔：《国际工程总承包项目失败成因及启示》，载《国际经济合作》2012年第5期。

体系建设涉及公司整体架构，要以风险为导向，由各职能部门负责编制，指定部门统筹管理。流程是建立在制度建设和风险管理基础上的程式化体现，因此流程设计要规范化。细化的流程、合理的岗位配置、明确的风险点、有效的控制点设置都是防控操作风险较好的手段。制度和流程都需要定期进行执行情况的检查和评价，建立更新、修编、审批机制，弥补缺陷、完善措施，确保制度和流程的合规性，避免违规事件的发生和纠正已发生的违规事件。

再次，要确保合规部门的独立性，这是风险管理的重要管控措施。对此，公司将合规部门独立于其他职能部门，直接向董事会汇报，确保合规部门的独立性不受干扰。同时，公司应当构建合规风险管理机制，要让合规人员充分地参与到组织架构和制度流程的设计过程中，使依法合规经营原则渗透到制度流程的每一个环节当中。当然，具体执行部门仍然对风险负有直接责任，合规部门的工作是否到位不能成为各业务部门不履行风险管理责任的借口。合规管理部门应当根据外部法律环境和监管环境等的发展变化，分析政策指导文件对公司的影响程度及工作完善方向，向经营层提出管理建议，并对业务部门和岗位进行合规风险提示，为公司内部各个层面提供合规咨询。建立风险识别、监测、评估与报告机制，及时发现、制定风险缓释和转移策略，及时制止由此造成的损失。

最后，完善信息系统建设，建立问责考核机制。信息系统建设是提高风险管理质量和效率的最有力支持，更是加强防范基层人员操作风险的保障。信息系统建立在既定的逻辑关系下，对业务操作、管理流程起到了刚性的控制作用，使得风险可信息化管理的部分得到了控制，将操作风险控制在一定可预计的范围内，也为风险的问责与考核机制提供了平台。对触碰红线的行为要有警示。将风险指标纳入对机构、员工等级评定的体系，如果发现了违规行为，一旦被内审部门或外部监管查实，相关责任人员将受到相应的惩罚。

第五节 反垄断合规风险

根据综合调研结果，我们在本书中把反垄断合规风险的风险值列为第五。

(1) 风险源引发风险的频率：高频；
(2) 风险造成的危害结果：巨大；
(3) 风险发生的可能性：较高。

一、反垄断合规风险

反垄断是禁止垄断和贸易限制的行为,自世界经济发展进入垄断资本主义之后,各国均采取严厉的立法来进行反垄断的法律规制。

反垄断法,在有些国家和地区称之为竞争法,是各个主权国家或地区用来防范和打击扭曲市场、影响公平竞争行为的法律。我国的《反垄断法》旨在保护市场公平竞争,使市场在资源配置中起决定性作用,是市场经济国家政府发挥作用的重要政策工具。那些扭曲市场、影响公平竞争的行为包括横向垄断协议(如固定价格、划分市场、联合抵制、不当技术联合等)、纵向垄断协议(如固定转售价格、限定转售最低价格等)以及滥用市场支配地位的行为。

自 2008 年 8 月 1 日《反垄断法》实施以来,我国的反垄断法律体系不断完善。国务院于 2008 年出台了行政法规 1 部(《国务院关于经营者集中申报标准的规定》),反垄断执法机关于 2009 年出台了反垄断指南 1 部(《国务院反垄断委员会关于相关市场界定的指南》),并先后出台了经营者集中审查、反价格垄断、禁止垄断协议行为等部门规章 12 部、规范性文件 3 部、办事指南和指导意见 10 部,涉及关于禁止滥用知识产权排除限制竞争、汽车业反垄断、宽大制度、经营者承诺、违法所得和罚款计算、垄断协议豁免程序等各方面内容,大大提高了反垄断法律规范的可操作性。同时,《反垄断法》的执法工作也紧锣密鼓地展开,违反《反垄断法》的公司也相应地受到处罚。

2018 年,在《反垄断法》实施十周年之际,中国的反垄断执法机构发生了变化——由原来的三家主要执法机构变为国家市场监督管理总局一家。国家市场监督管理总局是 2018 年机构改革中新组建的国务院直属机构,统一了原国家工商行政管理总局、国家质量监督检验检疫总局、国家食品药品监督管理总局、国家发展和改革委员会的价格监督检查与反垄断执法、商务部的经营者集中反垄断执法以及国务院反垄断委员会办公室等职责。值得关注的是,2019 年 6 月,新成立的国家市场监督管理总局连续颁布了于 2019 年 9 月 1 日正式生效的三个总局令、修改废止了 5 部反垄断部门规章。相应地,企业反垄断合规风险的风险特征和敞口也发生了变化。

2022 年 6 月 24 日,第十三届全国人民代表大会常务委员会第三十五次会议审议通过了《关于修改〈中华人民共和国反垄断法〉的决定》,新《中华人民共和国反垄断法》（以下简称《反垄断法》）自 2022 年 8 月 1 日起正式施行。这是《反垄断法》自 2008 年实施以来的首次修改，此次修改决定共二十五条，进一步完善了反垄断相关制度规则。

总体而言，结合我国过去的反垄断立法和执法经验，针对我国经济发展中出现的新问题、新局面，新修订的《反垄断法》做出了以下几个方面的回应：一是强化了竞争政策基础地位，并明确国家建立健全公平竞争审查制度；二是进一步完善反垄断相关制度规则，制定和实施与社会主义市场经济相适应的竞争规则；三是明确国务院反垄断执法机构负责反垄断统一执法工作，加强对反垄断执法的保障；四是完善法律责任，加大处罚力度，健全统一、开放、竞争、有序的市场体系[①]。具体而言，新《反垄断法》增设"加倍处罚"制度和信用记录制度，使企业垄断违法行为的罚款额度大幅增加，甚至出现指数级增长。因此，企业深入理解、学习和适用新《反垄断法》，加强反垄断合规体系建设，避免面临更多、更显著的法律风险，成为迫在眉睫的关键问题。

美国反垄断法始立于 1890 年的《谢尔曼反托拉斯法》，旨在禁止、打击垄断行为。1914 年通过的《克莱顿反托拉斯法》为《谢尔曼反托拉斯法》的修订法案，旨在禁止、打击价格歧视及对贸易的不当限制。美国于 1914 年通过《美国联邦贸易委员会法》，创建美国联邦贸易委员会并赋予该委员会以调查权。

欧盟竞争政策所调整的"竞争"是垄断以及可能造成垄断的行为。其立法目的是要保护"竞争"、保护"市场"，终极目的是要保护"消费者"。欧盟竞争政策的渊源是《里斯本条约》的第 101 条至第 109 条（2009 年 12 月以前是《欧洲经济欧盟条约》中的第 81 条至第 89 条）。其主要目的有二：一是保持欧盟内部市场上的公平竞争以促进经济发展，二是促进欧盟单一市场的进一步发展。在欧盟，除了欧盟层面的竞争立法和竞争主管机关之外，各成员国也有相应的立法和主管机构。欧盟竞争法的效力高于其成员国竞争法。成员国竞争法不得与欧盟竞争法相抵触，否则该成员国竞争法相关规定无效。

除了美国及欧盟，其他很多国家和地区都开始对垄断及不正当竞争行为立法予以规制，因此反垄断合规风险不是个别国家和地区的合规风险而是具有普

---

① 王俊林、孔繁琳：《新修订〈反垄断法〉热点问题及合规建议》，载北大法宝网，https://cebbank.pkulaw.com/lawfirmarticles/e26738bf1e187dccdfb171fa23c26034bdfb.html（最近参阅时间 2022 年 11 月 4 日）。

遍性的风险——中国企业在国际化进程中都会碰到。

二、风险源引发风险的频率

(一) 风险源

在企业业务活动中，最有可能成为反垄断合规风险源的部门是销售部、市场部以及这些部门的分管领导。他们或出于主观意愿或因为业务压力，与竞争对手签订横向垄断协议或者强迫下游的经销商、代理商接受最低价格或者按既定的转售价格销售产品。在实务中，企业的一把手主动或者被动地参与签订垄断协议的也不在少数——这时的反垄断法合规风险就不再是小范围的偶发性风险，而是一个行业的系统性风险。

另外，因为垄断协议所涵盖的主题还可能包括价格以外的因素，如竞争对手之间达成协议联合抵制某个新技术的开发与运用，因此企业中主管技术开发与运用的职能部门也可能成为反垄断法合规风险的风险源。与此同时，滥用市场支配地位也是反垄断法规制的违法行为，而在一个企业中有权力去实施这一行为的往往是对许多重大业务事项有决断力的部门和岗位。从滥用市场支配地位的角度来说，反垄断法合规风险的风险源更有可能在企业的高层。

(二) 引发反垄断合规风险的频率：高频

上述的反垄断风险源基本上都散见于从事企业高频业务活动的部门和岗位中。因为公司内部隐含的风险源的业务活动频率越高，其引发风险的频率也就越高。因此，反垄断合规风险属于高频风险。

【案例】12家日企总计被罚12亿元

2014年3月，国家发改委反垄断调查人员到日立（中国）有限公司进行检查，并向该公司宣传解释了我国《反垄断法》的有关规定。4月2日，日立主动向国家发改委报告了相关企业达成垄断协议的有关情况并提供了重要证据。随后，不二越等企业纷纷主动报告。根据《反垄断法》的规定，企业在接受反垄断调查时，如果态度良好，主动向反垄断执法机构报告达成垄断协议的有关情况或提供重要证据，可以酌情减轻或免除处罚。

国家发改委经调查证实，日立、电装、爱三、三菱电机、三叶、矢崎、古河、住友8家日本汽车零部件生产企业为减少竞争，以最有利的价格得到汽车制造商的零部件订单，自2000年1月至2010年2月在日本频繁进行双边与多边会谈，以协商价格，达成订单保价协议并予以实施。经价格协商的零部件用于本田、丰田、日产、铃木、福特等品牌的20多种车型。截至2013年年底，这8家日企经价格协商后获得的与中国市场相关的多数订单仍在供货。除此之外，另外4家日本轴承生产企业——不二越、精工、捷太格特、NTN，2000年至2011年也通过召开亚洲研究会、出口市场会议的方式共同协商价格或互相交换涨价信息，实施了涨价行为。由此，国家发改委经过调查后认为，这12家日本企业涉嫌达成并实施了汽车零部件、轴承的垄断价格协议，以排除、限制市场竞争，不正当地实施了影响我国汽车零部件及整车、轴承价格的行为，严重损害了下游制造商的合法权益和我国消费者的权益，违反了我国《反垄断法》的相关规定。

国家发改委最后对8家汽车零部件生产企业作出处罚决定：对第一家主动报告达成垄断协议相关情况并提供重要证据的日立免除处罚；对第二家主动报告达成垄断协议相关情况并提供重要证据的电装，处上一年销售额4%的罚款，计1.5亿元；对只协商过一种产品的矢崎、古河与住友，处上一年度销售额6%的罚款，分别计2.4亿元、3456万元和2.9亿元；而对爱三、三菱电机与三叶这3家协商过两种以上产品的企业，处上一年度销售额8%的罚款，分别计2976万元、4488万元和4072万元。对4家轴承生产企业的处罚结果与汽车零部件生产企业相似，有轻有重。对第一家主动报告达成垄断协议相关情况并提供重要证据的不二越免除处罚；对第二家主动报告有关情况并提交设计中国市场所有证据和销售数据的精工，处上一年度销售额4%的罚款，计1.75亿元；对NTN公司处上一年销售额6%的罚款，计1.2亿元；对提议专门针对中国市场召开出口市场会议的捷太格特，处上一年销售额8%的罚款，计1.1亿元[①]。

[①] 《发改委开12亿罚单 12家日企涉嫌零部件价格垄断》，载央视网，http://tv.cctv.com/2014/08/21/VIDE1408579504220826.shtml（最近参阅时间2022年10月20日）。

上述案件充分说明了反垄断合规风险的高频不仅针对国内企业，还可能涉及境外企业。

三、反垄断合规风险造成的危害结果：巨大

首先，反垄断领域的违法行为可能会导致企业收到执法机构的巨额罚单。各国反垄断执法的实践表明，反垄断案件"账单"惊人，一方面是罚单开出的金额很高，如中国的反垄断法所规定的行政处罚比例可达上一年度营业额的10%，因此以千万元计的罚单很常见，甚至过亿也不鲜见。其次，在有的国家，反垄断法还可能引发刑事责任，例如，美国、英国。最后，遭受反垄断法的处罚往往会让企业遭受名誉上的损害。

（一）反垄断罚款

我国《反垄断法》第46条至第48条对企业的垄断行为作出了具体的罚款规定，达成并实施垄断协议的，处上一年度销售额1%以上10%以下的罚款，尚未实施的处50万元以下的罚款。滥用市场支配地位的，处上一年度销售额1%以上10%以下的罚款。实践中，我国的反垄断机构也持续加强了对平台经济、科技创新等重点领域的反垄断执法。

【案例】三星、海力士、美光受到反垄断调查

中国反垄断机构根据部分企业的举报，于2018年5月31日对三星、海力士、美光位于北京、上海、深圳的办公室的有碍公平竞争的行为进行了调查和现场取证，认为3家企业可能存在价格垄断的行为。在全球DRAM（动态随机存取存储器）市场上，三巨头占据90%以上的市场份额。

在此之前的2005—2006年，美国司法部曾裁定三星、海力士、英飞凌、尔必达、美光在1999—2002年存在价格垄断行为，对前4家公司处以总计7.29亿美元的罚款，美光因率先认罪并协助调查而免予处罚。7.29亿美元罚款中，三星的销售处罚为2.4亿美元，占其在1999—2002年美国12亿美元销售额的20%。

如果裁定三大巨头存在价格垄断行为，按照2017年在中国销售额进行处罚，那么罚款额将在4.4亿—44亿美元之间，而如果考虑从2016年至2018年的市场行

为，以 2016—2017 年度销售额进行处罚，那么罚金将在 8 亿—80 亿美元之间。①

欧盟在反垄断执法方面也是不遗余力。《欧盟竞争条例》第 33 条第二段规定：违法的经营者或协会被处以不超过其上一营业年度营业额 10% 的罚款；对协会的罚款，不超过受其违法行为影响的成员营业总额的 10%。欧盟各成员虽然还保留了各自的竞争法，但基本都与《欧盟竞争条例》保持一致。2001 年 11 月，欧盟对瑞士罗氏医药公司处以 4.62 亿欧元的罚款；2004 年 3 月，对微软公司处以 4.97 亿欧元的罚款；2006 年 7 月，又对微软公司处以 2.8 亿欧元的罚款；2007 年 2 月，对芬兰、瑞士、日本等国的 5 家电梯公司处以 9.92 亿欧元的罚款；2010 年 7 月，向 17 家钢铁公司开出 5.185 亿欧元的罚款……而这些还没有穷尽欧盟罚款排行榜的排名。以谷歌为例，2017 年至 2019 年，谷歌 3 次遭到欧盟处罚，合计金额高达 82.5 亿欧元，折合人民币 639.7 亿元（按照 1∶7.75 兑换）。2017 年，谷歌因阻碍购物比价网站的竞争对手被欧盟罚款 24.2 亿欧元；2018 年，谷歌因使用其广受欢迎的安卓（Android）移动操作系统来屏蔽竞争对手被欧盟罚款 43.4 亿欧元；2018 年，谷歌再度因屏蔽竞争对手的在线搜索广告被欧盟罚款 14.9 亿欧元②。

美国则于 2004 年对《谢尔曼反托拉斯法》刑事责任部分进行了重大修改。其中，对公司被告的最高罚金从 1000 万美元提高到 1 亿美元，对自然人被告的最高罚金从 35 万美元提高到 100 万美元。2012 年，日本电装集团以及矢崎总业株式会社因参与价格垄断，遭罚款 5.48 亿美元。2013 年 9 月，美国对 9 家参与价格操纵的日本零部件企业开出了总计 7.45 亿美元的罚单。这些公司包括日立汽车系统公司、捷太格特、三叶电机、三菱电机、三菱重工、日本精工、T.RAD 公司、法雷奥日本公司、山下橡胶，涉及垄断座椅、安全带、散热器、风挡玻璃雨刷、空调系统、电动窗电机和动力转向组件价格。2014 年 2 月，日本普利司通承认抱团操控汽车零部件销售价格违反美国《反垄断法》的规定，同意向美国司法部支付 4.25 亿美元的罚款。③

---

① 《对三星、海力士、美光三巨头反垄断 罚金可能达 8 亿—80 亿美元》，载观察者网，https://www.guancha.cn/economy/2018_06_02_458697.shtml（最近参阅时间 2022 年 10 月 20 日）。

② 《14.9 亿欧元！欧盟对谷歌开出第三张反垄断罚款单》，载中国新闻网，https://www.yicai.com/news/100143749.html（最近参阅时间 2022 年 10 月 20 日）。

③ 《欧美部分反垄断调查案例》，载中国财经网，http://finance.china.com.cn/roll/20140820/2622973.shtml（最近参阅时间 2022 年 10 月 20 日）。

(二) 刑事责任

在英美一些国家，反垄断法还可能引发刑事责任。美国对垄断行为的刑事规制分布在多部法律之中，分别对不同的垄断行为作出了刑事责任的规定。美国的反垄断法对垄断行为设置了罚金和监禁两个刑种，刑事责任主体包括法人和个人。同时，还在刑罚上区分了重罪和轻罪。

《谢尔曼反托拉斯法》主要对垄断协议和独占行为进行规制。在2004年对《谢尔曼反托拉斯法》的修订中，美国联邦国会不仅将罚金数额大幅提高，最高自由刑将从3年提高至10年。《谢尔曼反托拉斯法》第2条还规定，任何人垄断或企图垄断，或与他人联合、共谋垄断州际间或与外国间的商业和贸易，以重罪论处。这种改变反映了美国政府对垄断行为的惩罚力度大大增强。另外，美国在其他反垄断法律中也存在刑事责任条款。例如，限制集中、合并的《克莱顿反托拉斯法》第13条规定：当公司违反该法的刑事规定时整体上或部分上，授权、命令、直接参加违反本法的公司经理、行政官员、代理人，也是违法的，犯有轻罪，将处以5000美元以下的罚款或一年以下的监禁，或由法院酌情两者并用。《罗宾逊－帕特曼法》主要调整零售商或供应商在价格方面采取价格歧视的行为，其第2条规定，对同一等级、品质、数量的商品，通过给予买家比其他竞争者更高的折价回扣、补贴、广告劳务费等行为的，属于非法行为，对违反者可单处5000美元以下的罚款或一年以下的监禁，或由法院酌情两者并用。

【案例】日本高管因企业垄断行为在美遭罚入狱

2012年，日本电装集团以及矢崎总业株式会社向美国汽车制造商供应零部件时进行价格垄断，遭罚款5.48亿美元。其中，矢崎遭罚款4.7亿美元，电装遭罚款7800万美元。美国司法部表示，电装和矢崎约定了某些电子元件的销售价格以及销售渠道，在其向美国的汽车制造商供应零部件时，进行价格垄断并抬高零部件的售价。

电装集团表示，其将尽快支付罚款金额并将在今后采取更严格的监管措施，严格遵守反垄断法的各种规定，避免类似情况再次发生。

然而矢崎公司就没那么幸运了。其参与此次价格垄断的4位高管则被美国司法部收监，服役期限为 15 个月至 2 年不等。[①]

四、反垄断合规风险发生的可能性：较高

中国公司法务研究院等机构在发布《2017—2018 中国年度合规蓝皮书》时，对 288 家大中型企业开展了问卷调查，结果显示，2017 年境外被执法（调查/处罚）的中国企业中有 27% 的企业遭遇了反垄断执法，这一比例仅次于反腐败执法，位列中国企业受境外执法原因的第二名；在境内被执法的中国企业当中，有 26.97% 的企业因反商业贿赂而受到调查，同时有 13.48% 的企业由于反垄断遭受执法。由此足以见得，企业在反垄断法方面的不合规并不是个别情况，而是普遍存在的问题，其发生的可能性较高。

（一）经济驱动

横向垄断协议、纵向垄断协议、滥用市场支配地位及其他不正当竞争行为能够为企业带来经济利益，同时相关人员也会因为业绩的提升而得到报酬和奖励，因而在很多情况下反垄断合规风险爆发是经济利益的驱动，从而导致反垄断合规风险成为高发风险。比如，汽车生产商在节假日到来的时候设置汽车促销折扣上限就是出于经济驱动而形成的横向垄断协议。近年来，一些企业因滥用市场支配地位被国家发改委处罚，除了让我们感受到企业受垄断行为背后巨额经济利益的驱动之外，也给国内广大企业再次提了醒：千万不能对反垄断合规风险的管控掉以轻心。

（二）风险源广泛

一方面，风险源较多会让风险管理挂一漏万，所谓"按下葫芦起了瓢"。另一方面，风险源多且广布导致风险源的识别难度加大，既加大了风险管控的难度，也提高了风险发生的可能性。比如，在汽车行业，反垄断法合规风险的风险源不仅包括前述的岗位和部门，可能还包括一些物理节点——4S 店工作电脑显示器上也许会出现有关控制零部件转售价格的表述，从而坐实纵向垄断协议。

[①] 《电装矢崎因价格垄断遭美国司法部罚款》，载央视网，http://news.cntv.cn/20120204/100454.shtml（最近参阅时间 2022 年 10 月 20 日）。

风险源不仅存在于公司内部,还可能反映在公司所参与的一些外部活动中。2009年,吉林玉米中心批发市场有限公司等企业,在吉林某酒店召开了全国第一届绿豆产销行情研讨会。在会议上,与会者讨论了很多有关绿豆价格的话题:"绿豆产量会出现明显减少""价格上涨已成必然""会议有益于经营者对未来市场预期达成共识"等。这次会议之后,参加会议的经销企业,纷纷入市收购绿豆,从而导致绿豆的销售价格不断暴涨。

(三)域外效力

反垄断法的域外效力也会导致风险高发。2014年,12家日企总计被罚12亿元就是中国的《反垄断法》的域外效力对于日本企业的适用。而再看美国法,美国1982年修订的《外贸反托拉斯促进法》(Foreign Trade Antitrust Improvement Act)中规定:"那些对美国国内销售或美国进口产生直接、重大和可合理预期影响的国际贸易或商业活动,适用《谢尔曼反托拉斯法》。"根据这一规定,一些美国境外所发生的垄断行为,美国反垄断法同样可以适用。

2005年1月,一家维C买家美国动物科学产品公司(Animal Science Products)以违反美国反托拉斯法为由起诉河北WEK药业有限公司、石家庄制药集团WS药业公司、HY集团JS制药公司及DB制药公司。该美国公司认为这4家公司参与固定价格、操纵市场价格的行为违反了《谢尔曼反托拉斯法》和《克莱顿反托拉斯法》的规定。因此,原告要求法院判决禁止被告正在实施的统一价格的行为,并判处被告支付损害数额3倍的罚金等。

这是中国企业首次在境外遭遇的反垄断诉讼。在长达8年的漫长诉讼过程中,为避免判决风险,石家庄制药集团WS药业公司、HY集团JS制药公司与原告达成庭前和解,分别向原告支付了2250万美元和1050万美元;另一被告DB制药公司因与美方的购销合同约定了仲裁条款而不受法院管辖,原告因而撤销了对该公司的指控。坚持诉讼的仅剩下河北WEK药业有限公司及其母公司HB制药集团,HB制药集团于2007年被追加为被告。

当地时间2013年3月14日,美国纽约州东区法院作出初审判决:河北WEK药业有限公司及其母公司HB制药集团,连带赔偿美国购货方1.47亿美元。在美国起诉中国企业涉嫌垄断的多起诉讼案当中,这是第一个产生判决的案件。

案件到第二巡回上诉法院后,历时3年,第二巡回上诉法院于2016年9月

20 日作出判决，采纳国际礼让原则，认为商务部对中国法律的解释应作为具有拘束力的外国法，因此撤销原一审判决，驳回原告的起诉，发回原审法院并指令原审法院撤销案件。此后，案子再次上诉至美国最高法院，最高法院于 2018 年 4 月 24 日进行口头辩论，于 2018 年 6 月 14 日作出最终判决，经 9 位大法官全体一致同意，推翻第二巡回法院的判决，将案件发回重审。直至当前时间 2021 年 3 月 17 日，二审法院重新组织开庭审理此案，并于 8 月 10 日迎来重审判决，HB 制药集团胜诉。[①]

上述案例经过曲折过程，最终我国企业胜诉，不过该案也正体现了美国对域外垄断行为在适用反托拉斯法时的一个重要原则："效果原则"。根据"效果原则"，无论行为者的国籍与行为场所，只要该行为可对美国市场产生限制竞争的影响，违反美国反托拉斯法的规定，美国法院对该行为就可能适用反垄断法。这毫无疑问加大了中国企业反垄断的合规风险——即使垄断行为发生在中国境内，但只要该行为影响了美国或其他国家或地区的竞争秩序，美国或其他国家的执法机构就可能对位于中国境内的企业基于域外管辖进行执法。

五、风险管控

反垄断合规风险管控是一个内容很宽泛的话题。对于反垄断合规风险的管控与其他合规风险管控既有共性的地方，也有不少特性的地方。我们在本章节提供几个在实务中常见的风险管控工具。因为反垄断法的域外效力的适用与其他法律相比更为强劲，为了帮助企业做好中国境内和境外的反垄断风险管控，我们在本书中把英文版和中文版一起提供给大家参考。

（一）与竞争对手会谈前的警示

与竞争对手之间达成横向垄断协议的场景往往就是竞争对手一起开会的时候，因此公司往往要制定"与竞争对手会议时的警示"如下：

[①] 《HB 制药胜诉！历时 17 年，"美国对华反垄断第一案"结案》，载光明网，https://m.gmw.cn/baijia/2021-08/14/1302486100.html（最近参阅时间 2022 年 12 月 11 日）。

表 10-1　对竞争对手会议的反垄断警示

英文版	中文版
Antitrust Caution for Competitor Meeting: Any meeting of employees of competitors can raise antitrust and competition law concerns. Enforcers or private parties can claim the discussion resulted in anticompetitive agreements. While the agenda for the discussion today may be entirely appropriate, participants need to avoid certain topics to abide by the limits of the law.	对竞争对手会议的反垄断警示： 任何与竞争对手的会议都可能引发反垄断法和竞争法中的问题。执法者和相关方都可以声称通过这种会议有限制竞争的作用。其实现在很多竞争对手之间的会议是完全合理、不违规的，参会者需要遵守法律的限制性规定，避免在会议中讨论某些涉及反垄断内容的话题。
Discussions will not include the following topics: Price or price-related information. This includes prices (past, present or future), pricing methods or policies, sales promotions, incentives to buyers or customers, rebates, special financing, warranty coverage, parts prices or labor rates or similar information. Cost information. This includes past, present or future costs when your company is a buyer as well as when it is a seller. Non-price elements of competition, such as advertising expenditures, or costs related to product development or innovation efforts. Non-public production or sales information, including inventory levels or other supply information. Market strategies and other future planning information, such as new product planning (new engines or similar elements of competition) or planning for new options or safety innovations. Non-public employment, wage or benefit information. While sharing views and information on other non-competitive issues is acceptable, participating companies will individually review and individually decide what actions they will take.	会议不应该包括以下内容： 价格或与价格相关的信息。这包括价格（过去的、现在的或将来的）、定价方法或政策、促销活动、对买家或客户的奖励、回扣、特别融资、保修范围、零件价格、人工费率或其他类似信息。 成本信息。这包括企业在作为买方或卖方时的成本信息，包括过去的、现在的或将来的费用。 竞争的非价格要素，如广告支出，或与产品开发或创新相关的成本。 非公开生产或销售信息。包括库存水平或其他供应信息。 市场战略或其他未来规划信息。例如，新产品规划或企业新路径的规划或企业安全创新。 非公开的雇佣、工资或福利信息。 虽然分享关于非竞争性问题的观点和信息是合规的，但是参会企业仍应当独立审查并独立决定自己企业将要采取的行动。

(二) 参加行业协会的合规指引

表 10-2 协会会议的行为内容

英文版	中文版
Conduct of Association Meetings: Association meetings present heightened antitrust risk because discussions between direct competitors can result in market collusion that, if proven, is subject to severe monetary penalties and even prison terms (based on U.S. law or some other relevant laws) although the AML in China does not provide for criminal liability for a violation of the AML. Rules and safeguards must ensure that formal and informal association meetings are strictly limited to appropriate topics that do not include sensitive competitive information. To accomplish this, associations should ensure that they DO: Circulate written, advance notice of all meetings to all members. Ask legal counsel to review meeting agendas before distribution to members, and to attend each association meeting. Take detailed meeting minutes and review them with legal counsel prior to dissemination. Adhering to these formal safeguards requires that associations DO NOT: ● Conduct ad hoc, private or informal meetings that are not officially announced in advance. ● Discuss commercially sensitive topics, such as prices, volumes, customers, commercial strategies, or any other business secrets.	协会会议的行为内容: 　　协会会议的举行提高了反垄断风险,因为直接竞争对手之间的会议有导致市场共谋的可能性。尽管中国的反垄断法没有规定违反反垄断法时所要承担的刑事责任,但如果会议被证明确实存在限制竞争的行为,参会者可能会受到严厉的罚款甚至监禁(基于美国或其他国家的法律)。协会必须制定一定规则,并采取必要的保障措施,以确保正式和非正式的协会会议内容不包含任何敏感的竞争信息。要达到这一目的,协会应确保他们做到: 　　预先向所有成员发送所有会议的书面通知。 　　要求法律顾问在分发会议议程给协会成员之前对会议议程进行审阅,并参加每个协会会议。 　　进行详细的会议记录,并在进行分享前与法律顾问对会议记录进行审查。 　　遵守这些正式的保障措施要求协会不得进行以下活动: ● 举办临时会议、私人会议或非正式会议。 ● 在会议中讨论商业敏感话题,如价格、产量、客户、商业策略或其他商业机密信息。

续表

英文版	中文版
Information Exchange Trade associations often gather and disseminate market information, but when that material covers prices, production volumes, customers, or business strategies it raises antitrust risk. To avoid this, associations should require exchanges of information DO: ● Involve data that is historical (i. e., older than three months) and aggregated so no individual contributor can be identified. ● Use an independent party, who is not affiliated with any association member, to gather information from member companies. The mirror image of these requirements is the warning that associations DO NOT: ● Exchange any information that could be considered a business secret, such as on current prices, customers, production volumes, capacity, costs or business strategies. ● Disseminate information that can be traced to an individual member (s), or that relates to current or future market conditions. Standard Setting Trade associations often seek to establish quality, environmental, technical or other standards for their industry. Competition law risks arise if an association crafts standard that unfairly place competitors at a market disadvantage. To avoid this risk, standards should be written so that they DO invite broad, voluntary participation, and establish open, objective, clear and non-discriminatory criteria. To avoid competition law violations, draft standards that DO NOT: ● Intentionally exclude certain competitors. ● Arbitrarily promote a technical objective. ● Require the compliance of industry participants. ● Utilize an intellectual property right that all industry participants have to license.	信息交换 　　行业协会经常收集和传播市场信息，但当所收集的信息涵盖价格、产量、客户或业务策略时，它会增加反垄断风险。为了避免这种情况，协会应要求企业在交换信息时做到： ● 信息应涉及历史的数据（超过3个月）并汇总，以达到无法识别独立贡献者的目的。 ● 在收集会员企业信息时，应让不隶属于任何协会会员的独立方进行收集工作。 　　这些要求的相反面即为协会不应进行的活动，包括： ● 交换任何可能被视为商业机密的信息，如当前价格、客户、产量、容量、成本或业务策略。 ● 传播可追溯到个人会员的信息，或与当前或未来市场状况相关的信息。 标准的制定 　　大部分行业协会都希望为其所属行业建立质量、环境、技术或其他标准。如果行业协会制定的标准不公平地将竞争对手置于市场劣势，则会产生竞争法风险。为了避免这种风险，行业协会应当制定相关标准，以确保企业能够广泛、自愿地参与竞争，并且标准应是公开的、客观的、明确的和非歧视性的。为了达到这一目的，制定标准时不应该： ● 故意排除特定的竞争者。 ● 随意提高技术性目标。 ● 要求行业参与者遵守规定。 ● 利用所有行业参与者必须获得许可的知识产权。

（三）面对政府调查时的注意事项

表 10-3　应对政府调查突袭的程序

英文版	中文版
PROCEDURES FOR HANDLING DAWN RAIDS On arrival: ● Do not let the officials out of the reception area until they have produced their personal ID cards and authorization documents. ● Alert legal advisers and fax them copies of the officials' documents. The officials may not be willing to wait until our legal advisers arrive but we are entitled to take legal advice, by telephone if necessary. Check officials' documents: ● What sort of authorization documents do they have? ● What is the scope of the investigation? e.g. what products, what company, what time period, what is the alleged infringement? Decide if you are going to allow the investigation to proceed: ● Whether you may refuse to allow the investigation to proceed depends on the nature of the investigation and the rules under which the officials are acting. ● Do not refuse entry without first obtaining legal advice. Conduct of the investigation: ● Establish key team (ideally an in-house counsel, senior associates, external lawyers and administrative support staff including secretaries). ● Inform all staff that an investigation is taking place. Reassure them. Make it clear that documents that might be relevant to the investigation must not be destroyed. ● Set aside a room for use by the officials. ● Each official must be accompanied by a member of the key team at all times by at least one person and a written note made of what he asks for and where he goes.	应对政府调查突袭的程序 政府调查人员到达时： ● 在政府调查人员出示个人身份证与授权文件之前，不要让他们离开接待区。 ● 提醒法律顾问参与调查并向他们传真调查人员出示的文件副本。调查人员可能不愿意等我们的法律顾问到达后再开始调查，但我们有权在必要时通过电话寻求法律顾问的建议。 检查调查人员的文件： ● 他们有哪些授权文件？ ● 调查的范围是什么？例如，什么产品、什么公司、什么时间段、什么行为涉嫌侵权？ 决定是否允许调查继续进行： ● 您是否拥有拒绝进行调查的权利，取决于调查的性质和调查人员采取行动的规则。 ● 在未事先获得法律建议的情况下，请勿拒绝调查人员进入公司。 进行调查： ● 建立核心团队（成员最好包括企业内部法律顾问、高级助理、外部律师、行政人员和秘书）。 ● 告知企业所有员工正在进行调查，并安抚他们的情绪。明确表示不得销毁任何可能与调查相关的文件。 ● 留出一个供调查人员使用的房间。 ● 每位调查人员必须随时由至少一名核心团队的成员陪同，并附上一份书面说明，说明他要求的内容和要去的地方。

续表

英文版	中文版
● Be polite but firm. ● Do not sign anything produced by the officials without legal advice. ● The officials may legally have a right of access to all part of the business premises and company vehicles. However, do not allow the officials to roam randomly around the offices; they should usually specify the files that they wish to inspect unless they have a court warrant giving them the power to search the premises. Questions from the officials: ● Officials should only ask questions within the scope of their authority. Their questions should be factual. ● Officials generally cannot require answers which might involve an admission of the existence of an infringement. ● Keep your answers short, factual and accurate. Do not volunteer additional information or views. ● If you do not understand the question or do not know the answer, say so clearly. Do not guess or speculate. Supplementary information can always be given in writing at a later date. ● Keep a written record of all questions asked and answers given. ● If the question is vague, unclear or complex, ask the officials to send a written request. This will give time to reflect and obtain the facts before replying. If the officials insist on an immediate reply, ask them to write down the question and give a short-written answer but reserve the right to supplement the answer later. ● The senior associate in charge should decide who will answer the officials' questions on behalf of the company, preferably a member of the key team. Copying documents:	● 对调查人员礼貌，但应保持自己坚定的立场。 ● 在没有获得任何法律建议的情况下，请勿签署任何由调查人员出示的文件。 ● 调查人员拥有合法进入商业场所和公司车辆的权利。调查人员通常应指明他们希望检查的文件。除非他们有法院授权搜查房屋的权利，否则不要允许调查人员在办公室周围随意走动。 调查人员进行的提问： ● 调查人员只能在权限范围内提出问题。他们提出的问题应该是事实性的。 ● 调查人员通常不能要求我们作出承认自己可能存在侵权行为的回答。 ● 您的回答应简短、真实和准确。不要自愿提供额外的信息或观点。 ● 如果您不理解问题或不知道如何回答，请向调查人员说清楚。不要自己猜测或推测。补充信息总是可以在调查以后以书面形式提供。 ● 保留所有问题和回答的书面记录。 ● 如果问题的表达含混不清或复杂，请要求调查人员发送书面请求。这将使您有时间在回复之前对问题进行反映并获取事实。如果官员坚持立即回复，请他们写下问题并给出简短的书面答复，但保留以后补充答案的权利。 ● 负责的高级助理应决定谁将代表公司回答调查人员的问题，回答人最好是核心团队的成员。 复制文件：

续表

英文版	中文版
● Take two copies of all documents requested by the officials - one for the officials and one for the company. ● Check if the document is within the scope of the officials' authority. It is generally for the officials to decide whether the document is relevant but we should resist them taking documents relating to matters clearly not covered by their authority. Take legal advice before finally refusing to allow them to have a document. ● Do not hand over legally privileged documents. ● In general, legally privileged documents are written communications between the company and external lawyers. In some (but not all) jurisdictions, communications between the company and its in-house lawyers may also be privileged. ● If possible, stamp all documents "CONFIDENTIAL" before handing them over. (This may not always be practicable but confidentiality should always be claimed orally at the time and confirmed in writing immediately after the investigation, having reviewed the documents copied.) ● Do not replace files until after debriefing meetings which should take place as soon as practicable. Before the officials leave: ● State that we are claiming confidentiality for all information in the copies or documents the officials have taken. ● Ask for copies of the officials' lists of the documents that have been copied. ● Ask for a copy of any notes the officials have taken, in particular of questions and answers. ● Make a written record of any areas of disagreement with the officials. ● Reserve the right to challenge the officials' authority to have taken certain copies or documents on the grounds of either legal privilege or the scope of their authority.	● 所有调查人员所要求出示的文件都应准备两份——一份给调查人员，另一份给企业。 ● 检查调查人员是否有获得文件的权限。通常情况下，调查人员会决定该文件是否与调查内容相关，但其权限明显未涵盖的事项的有关文件，我们应当拒绝提供。在最终拒绝允许他们提供文件之前，应先向法律顾问征求法律意见。 ● 请勿交出拥有合法特权的文件。 ● 一般而言，法律特权文件是公司与外部律师之间的书面沟通文件。在一些（但不是所有）司法管辖区，公司与其内部律师之间的通信文件也可能是法律特权文件。 ● 如果可以的话，企业在交付文件之前将所有文件标记为"机密"（这并不总是切实可行，但企业应始终口头声明文件的保密性，在调查后应立即以书面形式确认，并复审所复印的文件）。 ● 汇报调查活动情况的会议应当尽快举行。在举行汇报会前，不应该更换文件。 在调查人员离开之前： ● 向调查人员声明要求他们对获得的文件副本或文件中的所有信息保密。 ● 要求调查人员提供已复制文件的列表。 ● 要求调查人员提供其记录的所有笔记的副本，特别是他们提出的问题和我们给出的回答。 ● 对与调查人员存在分歧的任何领域进行书面记录。 ● 保留质疑调查人员的权利，包括他们是否有获得这些文件的法律特权，或者他们获得这些文件是否在授权范围内。

实务示例：

员工入境某国合规指南

目录

一、员工入境某国前准备

1. 明确出差目的及行程信息

2. 检查出差所带电子设备及资料中内容的敏感性

3. 电子设备及敏感文件的处理方式

4. 临行前合规检查

5. 出差期间定期汇报机制

6. 突发情况应对及保障

二、某国边境执法检查应对

1. 执法机构入境执法职权

2. 相关检查依据

3. 入境初次检查及二次检查

4. 员工入境执法检查应对

三、入境检查的可能结果及救济途径

（一）检查结果

（二）救济途径

四、在某国境内期间调查应对

1. 某国执法人员类别

2. 行车被拦

3. 警方问话

4. 警方搜查

5. 警方拘捕

五、检查结束及时汇报

附件1：敏感词汇

附件2：免税物品/缴税物品/禁限物品

附件3：某国境内常用电话及中国驻某国使领馆信息

思考题：

1. 风险控制的基本要求是什么？
2. 企业常见的合规风险有哪些？
3. 企业常见风险的主要控制措施有哪些？

第十一章 合规审计

合规审计是合规审计人员将审计过程持续地予以文件化的一个过程，同时引导合规审计人员与合规审计对象之间不断地加强彼此之间的交流，最后保证合规审计在高质量的基础之上得以完成。

我们本章所说的审计与下一章所说的审核，其所对应的英文都是"Audit"，但在中文不同的语境中，其有时被翻译成"审计"，有时被翻译成"审核"。

Audit 在财务语境中被翻译成审计，结合 Financial，被翻译成财务审计；Audit 在合规语境中，尤其是一些合规审计专项中（如反贿赂、反垄断等），也被翻译成审计（如反贿赂审计、反垄断审计）。但 Audit 在管理体系语境中被翻译成审核，如 ISO 9001 管理体系审核、ISO 37301:2021 合规管理体系审核。出现这一情形的原因是 ISO 标准一开始进入中国时，文本里面涉及 Audit 时在一开始就被翻译成审核，因此这个习惯就被延续了下来，但这个误打误撞却恰好地区分了管理体系下的"审核"与财务及合规下的"审计"。

第一节 合规审计概述

一、审计

在了解什么是合规审计之前，我们有必要对审计及财务审计做一个了解。

审计是对资料作出证据搜集及分析，以评估企业财务状况，然后就资料及一般公认准则之间的相关程度作出结论及报告。这个定义比较准确地道出了审计的要求，那就是针对特定目的，收集相关资料，对照相关准则，作出结论及报告。我们下面所说的财务审计、合规审计都是如此。

审计位处合规第三道防线，其所起到的作用更多是事后监督，那么审计或者合规审计该怎么做，审计作为第三道防线与合规又有什么关系？

二、财务审计

企业财务审计，是指审计机关按照《中华人民共和国审计法》及其实施条例和国家企业财务审计准则规定的程序和方法对国有企业（包括国有控股企业）资产、负债、损益的真实、合法、效益进行审计监督，对被审计企业会计报表反映的会计信息依法作出客观、公正的评价，形成审计报告，出具审计意见和决定，其目的是揭露和反映企业资产、负债和盈亏的真实情况，查处企业财务收支中各种违法违规问题，维护国家所有者权益，促进廉政建设，防止国有资产流失，为政府加强宏观调控服务。财务审计要满足合法性的要求：报表的结构、项目、内容及编制程序和方法符合《企业会计准则》及国家其他有关财务会计法规的规定。

三、合规审计

合规审计，是公司主动开展合规风险识别和隐患排查、发布合规预警、对违规行为整改最重要的手段之一。合规审计在实务当中以专项审计为主，如反贿赂审计、反垄断审计等。因此，我们在这里用专项反垄断审计的定义来说明什么是合规审计——下面这个关于反垄断审计的定义，在英美法下也被称为反托拉斯审计（antitrust audit），来自美国《反托拉斯法律杂志》（*Antitrust Law Journal*）于1988年发表的一篇文章《反托拉斯合规：如何做一个反托拉斯审计》（*Anti-trust compliance: how to conduct an antitrust audit*）将"反托拉斯审计"定义如下：

The term "antitrust audit" refers to an examination of the actual workings of a company to determine the adherence to and effectiveness of policies and procedures designed to avoid antitrust violations. Typically, an audit consists of two components: an examination of selected company files and interviews with selected company personnel, both calculated to identify specific business activities where the company has antitrust exposure. The results of the audit can then be used to structure a compliance program initially or to determine where an existing program needs modification, with particular emphasis on avoiding high risk practices. The audit will also provide the company with a concrete guide as to where antitrust counseling is likely to be most productive.[1]

---

[1] Robert P. Taylor, ANTITRUST COMPLIANCE: HOW TO CONDUCT AN ANTITRUST AUDIT, Antitrust Law Journal Issue 136th Annual Spring Meeting, Washington, D.C, March 22, 1988/March 24 1988, 57 Antitrust L. J. 181.

"反托拉斯审计"一词是指检查公司的实际运作情况，以确定旨在避免违反反托拉斯规定的政策和程序的遵守情况和有效性。通常，审计包括两个部分：检查选定的公司档案和访谈选定的公司人员，两者都是为了确定公司存在反垄断风险的具体业务活动。然后，审计结果可用于初步构建合规计划，或确定现有计划需要修改的地方，特别强调避免高风险做法。审计还将为公司提供一个具体的指南，说明反垄断咨询在哪些方面最有成效。对照上述的审计要求，我们可以看到这里所说的"反垄断审计"或者"反托拉斯审计"同样是针对特定目的（亦即"初步构建合规计划，或确定现有计划需要修改的地方，特别强调避免高风险做法"），收集相关资料（亦即"检查选定的公司档案和访谈选定的公司人员"），对照相关准则（亦即"避免违反反托拉斯规定的政策和程序"），作出结论及报告（亦即"确定旨在避免违反反托拉斯规定的政策和程序的遵守情况和有效性""为公司提供一个具体的指南""说明反垄断咨询在哪些方面最有成效"等）。

四、审计与审核的比较

我们在本书的第十二章将专门对"审核"进行介绍，为了帮助大家对审计有一个更好的了解，我们在这里对审核的概念做一个基本介绍。

"审核"一词在《管理体系审核指南》（GB/T 19011—2021/ISO 19011：2018）中被定义为："为获得客观证据并对其进行客观的评价，以确定满足审核准则的程度所进行的系统的、独立的并形成文件的过程。"[1] "审核准则"在该指南中是指："用于与客观证据进行比较的一组要求。"[2] 如果审核准则是法定的（包括法律或法规的）要求，则审核发现中经常使用"合规"或"不合规"这两个词。要求可以包括方针、程序、作业指导书、法定要求、合同义务。

大家从"审核"的定义中可以看出，这里所说的"审核"和"审计"或者"合规审计"没有太大的区别，对此，我们可以用下表做一个说明：

---

[1] 《管理体系审核指南》（GB/T 19011—2021/ISO 19011：2018）第 3.1 条。
[2] 《管理体系审核指南》（GB/T 19011—2021/ISO 19011：2018）第 3.7 条。

表 11-1　财务审计、合规审计（以反垄断审计为例）、审核、管理体系审核
（如 ISO37301 合规管理体系审核）的比较

审计	针对特定目的	收集相关资料	对照相关准则	作出结论及报告
财务审计	揭露和反映企业资产、负债和盈亏的真实情况，查处企业财务收支中各种违法违规问题，维护国家所有者权益，促进廉政建设，防止国有资产流失，为政府加强宏观调控服务。	收集相关资料	《企业会计准则》及国家其他有关财务会计法规的规定	对国有企业（包括国有控股企业）资产、负债、损益的真实、合法、效益进行审计监督，对被审计企业会计报表反映的会计信息依法作出客观、公正的评价，形成审计报告，出具审计意见和决定。
合规审计（以反垄断审计为例）	初步构建合规计划，或确定现有计划需要修改的地方，特别强调避免高风险做法，为公司提供一个具体的指南，说明反垄断咨询在哪些方面最有成效。	检查选定的公司档案和访谈选定的公司人员	避免违反反托拉斯规定的政策和程序、相关法律规定	确定旨在避免违反反托拉斯规定的政策和程序的遵守情况和有效性。
审核	为获得客观证据并对其进行客观的评价。	客观证据	审核准则（用于与客观证据进行比较的一组要求）	通过系统的、独立的过程以形成文件。
管理体系审核（如 ISO 37301:2021 合规管理体系审核）	同上	同上	相关管理体系（如 ISO 37301:2021）	管理体系审核报告（如 ISO 37301:2021 管理体系审核报告）。

从上表我们可以看出，管理体系审核与合规审计专项的主要区别在于管理体系审核所对照的相关准则是管理体系本身，如就 ISO 37301:2021 所进行的合规管理体系审核，审核所对照的相关准则是 ISO 37301:2021，但合规专项审计所对照的相关准则除了公司的政策、程序之外，还要对照相关法律法规等实体法。比如，反垄断审计，所对照的相关准则除了公司的合规政策、程序等，还包括反垄断法等实体法。

第二节　合规审计要素

合规审计的内容和范围各不相同，因此不同的合规审计项目对合规审计人员及/或团队成员的要求也可能是多方面的。但万变不离其宗的是，一个合规审计既要有合规管理方面的专家，又要有相应的专业领域方面的专家。比如，做反垄断审计就必须要有反垄断法的专家介入，做反贿赂审计的可能不仅要有精通中国反贿赂法的专家，有时可能还得需要精通其他国家法律的专家（如熟悉美国《反海外腐败法》的专家）介入，否则风险的识别、评价与控制就会出现偏差。

同时，做合规审计就像老中医那样，既要能"望、闻、问、切"找出病症（识别风险、评价风险），又要能够准确、熟练地开出药方（找出风险的管控措施）——这些技能和相应的专业知识缺一不可。比如，我们帮助某私募基金对其投后公司做合规审计——审计该投后公司为什么盈利没有达标——我们要有懂财务的（有时和会计师合作）进行财务方面的审计；此外，审计项目和内容还得偏重法律合规义务以及非财务控制手段。

一、合规审计的原则

（一）持续文档化原则

我们所说的文档化，是指合规审计人员应当把审计工作中所形成的，或者所获取的信息通过书面方式保存下来。书面方式包括纸质版和电子版两种。

合规审计的审核意见、审计过程、审计认定的事实摘要、审计结论、合规整改建议、措施以及相关的证据，应当不间断地记录在工作底稿中。

除了合规工作底稿之外，审计工作开始时制订的合规工作计划和工作结束后的审计报告也应当文档化。

（二）加强沟通原则

加强沟通原则是指合规审计工作人员应当加强与合规审计工作相关的各个方面人员的沟通，包括合规审计人员之间以及其他职能部门（如合规负责人、业务部门）工作人员的沟通，从而保证信息交流的顺畅、准确，为合规审计工作的顺利完成打好基础。

（三）风险管控原则

合规是以风险为基础，因此风险管控既是合规管理工作的基础，同时也是合规审计工作的出发点和最终目标。

风险管控的原则应当贯穿于合规审计工作的任何一个环节，这样才能保证合规审计工作不会偏离风险管控的基本目标，也才能避免让合规审计工作流于形式。

合规审计工作人员在合规审计工作当中不可避免地会触及一些敏感信息（如公司或管理人员的违规行为）。合规审计工作人员在处理这些信息时同样要有风险管控的意识，在保守公司秘密的同时，也要及时通过自己的汇报线向相关负责人汇报，让有职权处理相关问题的管理人员做好下一步的风险管理，甚至危机管理工作。

二、合规审计的目的

合规审计的最终目的是进行风险管控。因此，合规审计工作的本质是通过合规风险的识别、合规风险的评价，最终达到合规风险管控的过程。实务中，我们往往通过第五章中所提及的合规风险的识别与评价方法来做风险的识别与评价工作。

公司应根据自身所处的行业领域及所处国家地区来识别其所面临的特定风险，并针对风险制订相应的控制方案。特定的行业或地区的合规标准是千差万别的，公司应根据所处的环境，结合自身特点及发展的需要来制定相应的合规风险控制制度。例如，一家在欧洲有分部的中国互联网企业，应当同时针对欧盟《通用数据保护条例》及中国个人信息保护政策来制定企业的个人信息保护制度，从而控制可能造成的个人信息泄露及其带来的合规风险。

公司还应采取有效的控制措施（设立控制性合规义务）确保履行禁止性合规义务，以此预防或及时发现不合规问题并予以纠正。公司应当充分、严格地设计各类、各层次的控制措施，并在合理的情况下将这些控制措施整合到公司的常规业务流程中。

在此，以笔者团队为某大宗商品贸易公司所做的合规审计为例。大宗商品贸易领域主要的风险来自融资性贸易。融资性贸易，是指参与贸易的各方主体在商品及服务的价值交换过程中，依托货权、应收账款等财产权益，综合运用各种贸易手段和金融工具，实现短期融资或信用增持目的，增加贸易主体的现金流量。因此，融资性贸易本质上应基于真实的贸易关系，并通过在贸易各个环节中金融工具的运用，为促成贸易而进行融资，是"贸易+融资"的组合，并非简单的贸易行为或单纯的融资服务。同时，融资性贸易是贸易融资中的一种高风险类型，一旦卷入其中将产生极大的风险。这种风险包括违反政府监管政策的风险，以及企业自身遭受的财产损失等。因此，应在了解政府监管政策的基础上，针对融资性贸易的特征采取防范措施。对此，我们向合规审计目标公司（以下简称目标公司）提供的风险管控建议是：

第一，应对贸易相对方进行评价。特别是要防止介入上下游关联企业的交易，防止与陷入资金周转困境的企业进行交易。企业陷入资金周转困境的原因有很多种，应注意识别，在大宗商品市场价格大幅下跌的环境下，应关注相关企业受市场波动的影响程度。在企业卷入诉讼等情形下，要查询企业是否因申请人向法院申请财产保全等措施而导致资金链断裂等。

第二，在对企业合理授信的基础上，建议索取企业提供第三方保证或以抵押、质押等方式提供担保。要注意查询担保财产或权利是否已经设立担保，财产上有无其他负担，贸易合同是否作为质押标的出质等。

第三，在为其他主体提供担保时，要明确担保的后果与可能承担的责任，尽量避免承担连带保证责任，尽量使自身处于保证合同中较后承担担保责任的顺位。法院不会因为买卖合同无效而排除担保责任，因此有必要意识到自身作为保证主体的风险。

第四，订立合同过程中关注货权流转情况与付款情况，如有可能，尽量以先款后货的方式卖出货物，以先货后款的方式买入货物。尤其应当关注货物所有权流转情况，合同中一般会订立货物交付条款与所有权、风险转移条款，货物交付不代表所有权转移。合同中约定的动产所有权转移方式一般优先于法律规定的转移方式，如果是作为卖方，应尽量避免在收到货款前转移所有权。对此，可以订立所有权保留条款，即在合同中明示，目标公司作为卖方在取得货款前保留货物的所有权。

第五，关注货物流转的真实性。在部分贸易中，目标公司作为中间商不直接控制货物，也不参与货物的运输，在这种情况下可能发生上下游串通进行走单不走货的虚假贸易。因此，应关注货物流转的原始凭证以确定货物真实流转，必要时可前往现场核查。此外，如果涉及公司需要控制货权，但又不参与货物运输或进行直接指示的情况，应采取适当的措施取得控制权或指示权。

第六，对运输单证、提单、仓储单证等相关单证的控制。仓单是法定的物权凭证，提单是法律规定的提货权凭证，运输单证也能起到证明运输合同的作用。根据以往案例，有部分企业因为草率地交付单证，导致无法控货，也无法向法院维权。因此，应特别注意对单证的控制，如果涉及保函放货、无单放货、无单提货等情形，应注意要求相关主体出具货权转移证明，以避免可能产生的纠纷或诉讼。

第七，争取有利的管辖和法律适用条款。管辖和法律适用条款是合同中的重要条款，在合同拟定时，目标公司应尽量争取由本地法院管辖。在有国外主体参与的时候尽量约定适用中国法律。这样一来既避免因为诉讼、解决争议而耗费大量的成本费用，也可避免因为不熟悉外国法律而导致无法制定有效的诉讼/仲裁策略产生风险……

三、合规审计的核心

合规审计工作的开展以合规风险识别、评价、控制为核心，可分为两大部分：事前基础准备和具体实施。操作流程如下图所示。

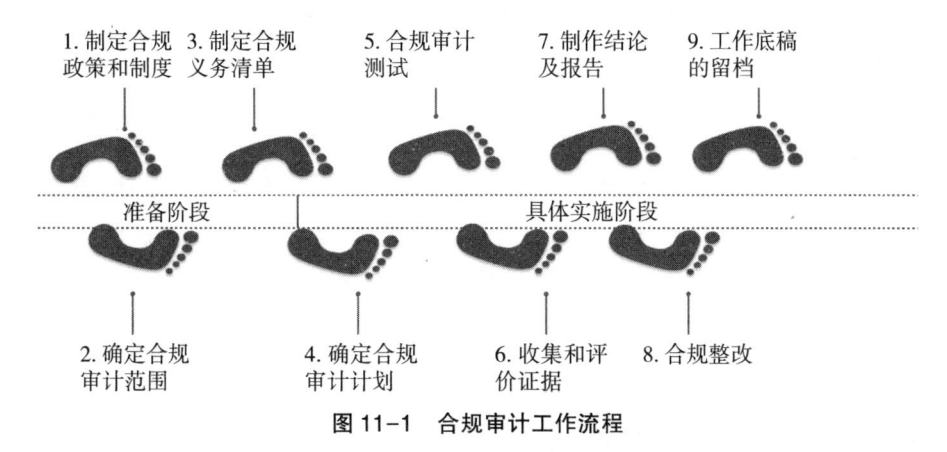

图 11-1 合规审计工作流程

合规审计离不开合规基础工作，包括制定合规政策和制度、了解和确定合规审计领域和范围并在重要的合规领域制定合规义务清单。一个公司如果能够长期致力于这些合规基础工作，就能够为合规审计工作打下一个坚实的基础，否则合规审计就会成为无源之水，无本之木。

1. 合规政策和制度的制定

合规政策和制度的制定是合规审计工作不可缺少的一部分。一方面，这些政策和制度为合规审计工作规定了相应的流程以及其他相关指引；另一方面，合规政策和制度本身也可能是合规审计工作的参照或重大合规义务之一。

此外，合规审计工作的内容之一就是审计一个企业针对风险及风险源是否制定有风险管控措施，以及该措施是否得到执行。

2. 合规审计领域和范围的确定

要想做好合规审计工作，首先要识别合规风险和风险源，并把风险和风险源按照其发生的频率、造成损失的大小及发生的可能性等维度进行排序进而予以管控。

3. 制定和完善重大合规义务清单

要做好审计工作，往往要参照一定的标准，合规审计工作也不例外。合规审计工作的标准往往有两个，分别是以外部的法律规定和公司内部的规章制度为基础形成的合规义务。

但是，并不是所有的合规义务都会成为合规审计的重点。公司应当对法律规定和规章制度中所涉及的重大合规义务与非重大合规义务予以区分，并制定出适用于合规管理和合规审计的重大合规义务清单，从而为合规审计制定好参照标准。

如上所述，合规审计，是识别、评价、控制合规风险的最重要的手段之一，在实务当中以专项审计为主，如反贿赂审计、反垄断审计等。做合规审计的专业人员就应当像老中医那样，既要能"望闻问切"找出病症（识别风险、评价风险），又要能够准确、熟练地开出药方（找出风险的管控措施）。

四、合规审计范围

合规审计的范围视企业的要求不同而各不相同。常见的合规审计专项包括反垄断、反贿赂、网络安全与数据治理、出口管制等。

在实务中，合规审计人员所实际涵盖的审计范围往往大于企业所预先设定的范围——在预先设定范围中进行审计时如果发现违法违规行为，尤其是重大的违法违规行为，即使不在原先设定的合规审计范围之内，审计人员也应当考虑在审计报告中加以披露。

某美国企业在 A 国收购一家企业，并聘请了一个美国律所在 A 国的分所做尽责调查。该律所在尽调的过程中发现了目标公司有一个回扣政策，在该回扣政策下目标公司的有关行为不符合美国《反海外腐败法》（FCPA）下的合规需求，但该律所没有重视与该回扣政策相关的 FCPA 合规风险，更没有向客户提示相关风险，结果导致客户带着风险以 900 万美元的价格收购了目标公司。交割后客户发现了问题，但为时已晚，被迫"割肉"再把该目标公司卖出去，并因为违反了 FCPA 而被处罚了将近 370 万美元（包括上交的获利）。该客户痛定思痛，将做尽调的律所告上了法庭，索赔 400 万美元。值得一提的是，该律所当初因为该项目所赚的律师费只有 20 万美元。虽然这里说的是尽责调查而不是合规审计，但不论是尽责调查还是合规审计，在预先设定范围内进行尽调或审计时如果发现违法违规行为，尤其是重大的违法违规行为，即使不在原先设定的尽调或审计范围之内，尽调或审计人员也应当考虑在尽调或审计报告中加以披露。

五、合规审计专业人员

（一）熟悉专门法的专家

正如前面所说的那样，合规审计在实务当中以专项审计为主，如反贿赂审计、反垄断审计等。不同的合规审计项目对合规审计人员及/或团队成员的要求是多方面的，但万变不离其宗的是，一个合规审计既要有合规管理方面的专家，又要有相应的专业领域方面的法律专家。比如，做反垄断审计就必须要有反垄断法的专家介入，做反贿赂审计的可能不仅需要精通中国反贿赂法的专家，有时还得需要精通其他国家法律的专家（如熟悉美国《反海外腐败法》的专家）介入，否则风险的识别、评价与控制就会有偏差。

（二）合规管理专家

正如前面所说的那样，合规审计在实务当中以专项审计为主，不同的合规审计项目对合规审计人员及/或团队成员的要求是多方面，其既要求相应的专业领域方面的法律专家（熟悉法律并熟练运用法律），同时也需要这方面的合规管理专家（能够设计、了解、运用相关风险管控的流程、措施等）。在实务当中，以《反海外腐败法》为例，就有公司因为缺少这方面的法律风险管理专家能够设计、了解、运用《反海外腐败法》风险管控的流程、措施等而被美国相关法院认定存在过错，被加大处罚。以下是美国证券与交易委员会在对美国某制药公司的诉状中就其合规审计能力不足所做的指称：

> 46. Moreover, despite an understanding that certain emerging markets were most vulnerable to FCPA violations, ▇▇'s audit department, based out of Indianapolis, had no procedures specifically designed to assess the FCPA or bribery risks of sales and purchases. Accordingly, transactions with off-shore entities or with government-affiliated entities did not receive specialized or closer review for possible FCPA violations. In assessing these transactions, the auditors relied upon the standard accounting controls which primarily assured the soundness of the paperwork. There was little done to assess whether, despite the existence of facially acceptable paperwork, the surrounding circumstances or terms of a transaction suggested the possibility of an FCPA violation or bribery.

（摘自美国证券与交易委员会对美国某制药公司的诉状）

图 11-2　美国证券与交易委员会在对美国某制药公司的诉状就其合规审计能力不足所做的指称

Moreover, despite an understanding that certain emerging markets were most vulnerable to FCPA violations, ×× audit department, based out of Indianapolis, had no procedures specifically designed to assess the FCPA or bribery risks of sales and purchases. Accordingly, transactions with off-shore entities or with government-affiliated entities did not receive specialized or closer review for possible FCPA violations. In assessing these transactions, the auditors relied upon the standard accounting controls which primarily assured the soundness of the paperwork. There was little done to assess whether, despite the existence of facially acceptable paperwork, the surrounding circumstances or terms of a transaction suggested the possibility of an FCPA violation or bribery.

（译文：此外，尽管人们认识到某些新兴市场容易受到违反《反海外腐败法》行为的影响，但这家总部位于印第安纳波利斯的××公司审计部门，没有专门设计程序来评估《反海外贿赂法》下销售和采购部门会触发的贿赂风险。因此，与离岸实体或政府附属实体的交易未接受针对可能违反《反海外腐败法》的专门或更密切的审查。在评估这些交易时，审计员依赖于标准会计控制措施，这些措施也只是确保纸面工作完备而已。这家公司也只是存在表面上可接受的书面文件，其几乎没有做任何工作来评估交易的周围环境或交易条款是否存在违反《反海外腐败法》或贿赂的可能性。）

六、专业的合规审计测试

合规审计的测试方法包括两种：控制测试与实质测试。

（一）控制测试

控制测试（又称为符合性测试）是指审计人员为了取得关于被核查单位的内控制度设计是否存在缺陷、运行是否有效以及是否得到一贯遵循的证据所进行的测试，从而通过内控制度的建设来保证合规管理体系建设得以顺利进行下去。对内部控制的测试，是为了确定内部控制的设计是否合理、内控执行是否有效而实施的核查程序。

在合规流程执行管理上，内控部门负责制定及优化公司的内部控制流程、方法及执行标准，同时制订无效控制的补救计划及跟踪计划，确保无效控制得以控制并转为有效。从这个角度来讲，内部控制是合规管理非常重要的一个环节，内部控制是否有效直接决定了合规管理是否有效。

控制测试是在了解内部控制的基础上，来确定其设计和执行的有效性。在实施风险评估程序以获取控制是否得到执行的核查证据时，合规审计人员应当确定某项控制是否存在、被审计单位是否正在使用。

触发控制测试的情形往往有以下两种：

第一，尽管存在重大违规事件，但预期内控控制的运行是有效的，那么应当实施控制测试。

比如，一个业务部门平时和政府部门及官员打交道的机会并不多，但是该业务部门近期发生了大规模扩张，并增加了与政府部门打交道的业务要求。在这种情况下，合规审计人员可能会认为，仅凭抽查一定数量的报销凭证并不足以验证该部门及其人员就反贿赂义务合规的完整性或准确性，合规审计人员有必要实施控制测试了解该部门内部控制运行的有效性。

第二，如果仅实施实质测试，就无法将重大违规风险降至可接受的水平，合规审计人员应当实施相关的控制测试。

比如，某销售部门发生了向客户的有关业务经理行贿的事件。虽然发生了该事件，但是公司管理层认为公司就有关业务部门对外行贿的风险的控制所实施的内部控制是有效的，所发生的行贿事件也只是个别事件。在这种情况下，合规审计人员应当对反贿赂风险实施控制测试，并就内控制度在相关期间或时点的运行有效性获取充分、适当的核查证据。

在测试内控运行的有效性时，合规审计人员应当从以下几个方面获取关于内控是否有效运行的核查证据：

● 内控制度在所核查期间的不同时点是如何运行的；
● 内控制度是否得到一贯执行；
● 内控制度由谁执行；
● 内控制度以何种方式运行。

在确定了测试的种类之后，合规审计人员应决定使用什么样的核查方式来执行控制测试：

合规审计人员可选用的核查方式有：

● 审计交易和事项的凭证；
● 询问并实地观察；
● 重新执行相关内部控制程序。

合规审计人员应当根据控制测试的目的，确定控制测试的时间。如果测试特定时点的内控制度，则只能得到该时点的核查证据；如果测试某一期间的控制，则可能获取该期间内的核查证据。

（二）实质测试

实质测试是对具体业务所做的复盘，包括对各类高危交易、列报的细节所做的测试以及实质性分析测试。合规审计人员应当对评估的重大违规风险设计和实施进行实质测试。

比如，某公司所在的行业领域发生了一件重大的商业贿赂案件，虽然该案件发生在竞争者的身上，但公司在做合规审计时，应当对本公司所发生同类交易行为进行实质测试，以防止自己公司内部发生的同样的风险。

实质测试的内容主要包括：

● 分析性复核；

● 交易或重大细节的详细测试。

在实质测试中，审计者应当根据从重从新的原则，尽快对金额大、影响力大的交易或事件进行测试。

(三) 控制测试与实质测试的区别和联系

有关控制测试与实质测试的区别请见下表：

表 11-2　控制测试与实质测试的区别

	控制测试	实质测试
测试对象	针对内部控制制度	针对实质性交易或重大细节
评价依据	企业内部控制制度的有关规定	法律规定
测试方法	包括审计、询问、实地观察、重新执行有关程序等	包括监盘、函证、计算、分析性复核等方法
测试时间	核查人员自我控制测试时间	按从重从新原则进行测试
必要程度	控制测试不是每个核查项目都必须执行的程序	实质测试是核查实施阶段必不可少的工作

有关控制测试与实质测试的联系请见下表：

表 11-3　控制测试与实质测试的联系

联系点	描述
结果相互补充	如果控制测试的结果令合规审计人员满意，则实质测试的工作量可以有所减少
执行时间上有时候存在交叉	实质测试中的有些工作，可以在控制测试之前进行
是一个核查业务的不同阶段	测试的共同目标是收集充分、适当的核查证据，以便合规审计人员发表恰当的核查意见

第三节　合规审计的流程

合规审计流程是合规审计并得出审计结论的路径，依照进度的不同可以具体分成十个步骤。

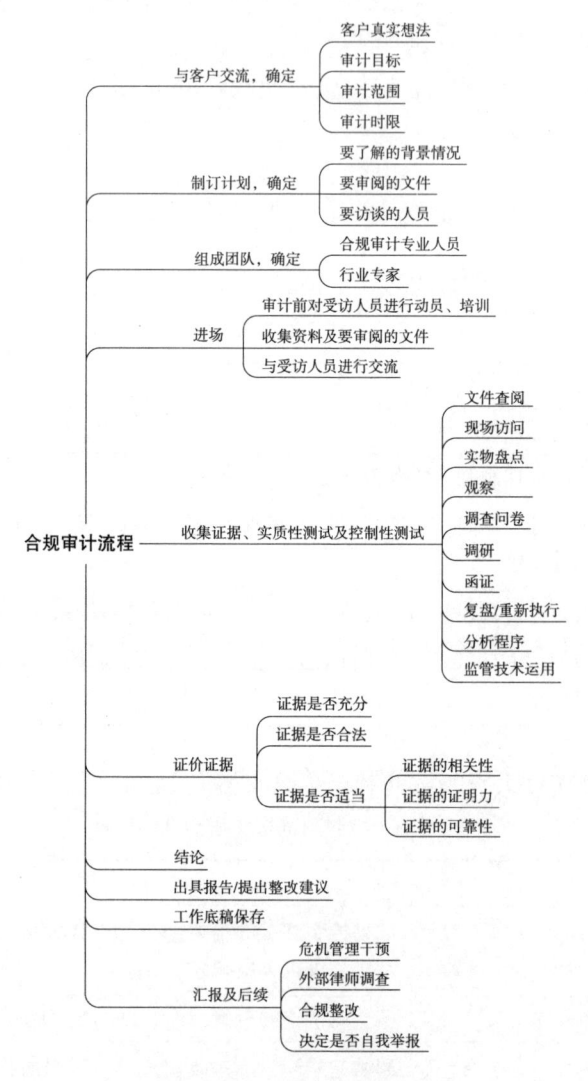

合规审计流程
- 与客户交流，确定
  - 客户真实想法
  - 审计目标
  - 审计范围
  - 审计时限
- 制订计划，确定
  - 要了解的背景情况
  - 要审阅的文件
  - 要访谈的人员
- 组成团队，确定
  - 合规审计专业人员
  - 行业专家
- 进场
  - 审计前对受访人员进行动员、培训
  - 收集资料及要审阅的文件
  - 与受访人员进行交流
- 收集证据、实质性测试及控制性测试
  - 文件查阅
  - 现场访问
  - 实物盘点
  - 观察
  - 调查问卷
  - 调研
  - 函证
  - 复盘/重新执行
  - 分析程序
  - 监管技术运用
- 证价证据
  - 证据是否充分
  - 证据是否合法
  - 证据是否适当
    - 证据的相关性
    - 证据的证明力
    - 证据的可靠性
- 结论
- 出具报告/提出整改建议
- 工作底稿保存
- 汇报及后续
  - 危机管理干预
  - 外部律师调查
  - 合规整改
  - 决定是否自我举报

图 11-3　合规审计流程

一、证据的收集

收集证据是合规专项审计一个至关重要的步骤；没有足够、适当的证据，合规审计则无从谈起。

收集证据和评价证据是不能够截然分开的，它们是一个同时发生的、系统的、循环往复的过程。该过程请见下图。

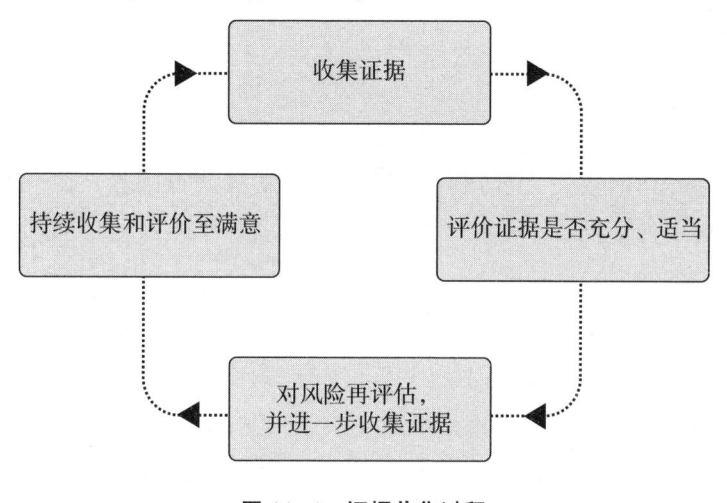

图 11-4　证据收集过程

合规审计证据的收集方式如下：

（一）文件查阅

文件查阅是获得合规审计证据的首要办法。在进场开始合规审计之前，往往需要向被审计部门提供一个需要查阅的文件清单。

（二）现场访问

合规审计也需要现场访问（如实物盘点），如在做环境健康安全合规审计时，对违规堆放的危险品进行盘点。

一般来说，应当与业务部门的人员一起进行实物盘点，以保证该审计结果能够被业务部门的人员接受。如果被核查部门对实物盘点/现场审计不配合，则应当记录在案，并向被审计单位的高层汇报，同时合规审计人员也可以考虑直接进行实物盘点。

在做实物盘点和现场访问时，审计人员应当拍照或采取其他一些方法获得相应的证据，所拍的照片上应当清楚地标明照片所拍的具体地点和日期。

（三）观察

观察是指对正在实施的过程或者程序进行目击。在实施合规审计时观察，包括对实时交易过程的目击——实时交易过程包括信息的处理以及在IT系统当中的交易过程。

（四）调查问卷

调查问卷是指向接受合规审计的相关人员发放调查问卷，以获得更多的信息并获取合规审计证据。

（五）调研

调研包括与被审计单位以外的人员进行互动，以获得更多的信息。这些外部人员包括被合规审计项目所影响的有关人员或者受益人。

调研时应当慎重选择被调研的对象并制定适当的调研问卷，之后对调研的回复进行仔细的分析。

在调研的过程当中所收集到的证据可以与通过其他技术手段获得的证据相互印证。

（六）函证

通过函证方式直接从被询证者处获取的审计证据，比从被审计单位内部生成的审计证据更可靠。通过函证等方式从独立来源处获取的相互印证的信息，可以提高合规审计证据的保证水平。

（七）复盘/重新执行

复盘/重新执行是指按照被审计单位自己做审计时所采用的程序，再一次进行审计。复盘既可以通过人工的方式，也可以电脑等方式提供帮助。如果审计涉及高科技，那么也可以聘请高科技专家进行重新审计。

（八）分析程序

分析程序包括对数据进行比对或者对数据之间的波动以及不符合逻辑的关系进行调查。数据分析工具、统计学技术以及数学模型，可以用来对现实和预期的结果进行比对。

（九）监管技术运用

监管技术，包括传统的监管技术以及大数据挖掘技术。

传统的监管技术，如通过官方监管机构的线上或线下平台展开尽职调查工作。除了政府部门的监管技术之外，还有一些商用平台可以提供大数据挖掘技术——通过对常用数据的挖掘与关联分析，往往能够获得常规手段所不能获得的挖掘、分析结果。

二、证据的评价

合规审计离不开对所收集的证据进行评价。

证据的收集和评价是一个同时发生的、系统的、循环往复的过程。该过程包括通过实施合规审计程序收集证据、对所收集的证据进行评价，看其（在数量上）是否充分、（在质量上）是否适当、对风险再评估，并在必要时进一步收集证据。证据的收集和评价过程应当持续进行，直到审计者对证据的足够性和适当性都满意为止，并且能为审计者得出合规审计结论打下一个坚实的基础。

合规审计证据应当具有充分性、适当性、相关性、证明力和可靠性。

证据的充分性，是对核查证据数量的衡量。证据的数量与所要审计的对象的风险相关，一般来说，如果风险越高，那么对证据的数量要求也就越多。同时证据的数量还会受证据的质量影响。证据的质量越高，那么对于证据的数量要求也就会越少。

证据的适当性是对证据质量的衡量，即合规审计证据在支持审计意见和最终报告所作出的结论方面所具有的相关性和可靠性。

证据的相关性或关联性，指的是作为证据内容的事实与合规审计项目事实之间存在某种联系。关联性是实质性和证明性的结合。关联性不涉及证据的真假和证明价值,其侧重于证据与证明对象之间的形式性关系,即证据相对于证明对象是否具有实质性,以及证据对于证明对象是否具有证明性。

证据的证明力是能证明案件中的某一问题,即有关案件事实。

证据的可靠性则受其来源和性质的影响,并取决于获取证据的具体环境。判断证据可靠性的一般原则包括:

- 外部独立证据优于被审计部门的内部证据;
- 有效内控情况下生成的证据优于内控薄弱时生成的证据;
- 直接获取的证据优于间接获取或推论得出的证据;
- 文件记录形式优于口头形式;
- 原件优于复印、影印件。

通过上述审计程序所获得的证据应当与相关的标准(包括但不限于合规义务)进行比照。通过比照,审计人员得以判断是否存在有重大的、实质性的违规。

违规是一个职业化的判断,但这个判断离不开对交易、相关问题及其他一些因素的分析。这些因素包括但不限于以下几个方面:

- 所涉及的程度以及重要性,其包括金钱价值及其他定量指标;
- 不合规或违规的性质;
- 不合规或违规的原因;
- 不合规或违规的效果和结果;
- 所涉及项目的影响力和敏感度;
- 外界对报告的潜在需求和期望。

如果发现证据之间彼此有矛盾,那么审计人员应当对证据的可信度进行衡量。必要时,审计人员可以收集更多的证据来解决证据之间的矛盾问题。

合规审计人员应当把来自不同渠道的合规审计证据进行组合并进行比较,以确定合规审计证据的充分性和适当性,从而确定合规证据的数量以及质量是否符合要求。

三、审计报告

合规审计报告是记录审计过程的文件,视客户需求、对报告风格的偏好、项目的不同而有所不同。

第十一章 合规审计

以下是两个审计报告的目录供大家参考。第一个目录来自笔者为某公司大宗商品交易所做的合规审计报告；第二个是笔者针对某公司行贿风险所做的合规审计报告。

合规审计报告目录

一、本次合规检查背景介绍
1. 合规检查的目的
2. 合规检查领域的选取
3. 合规检查的范围
4. 合规检查的方法
二、合规检查情况
1. 现有大宗商品业务模式总结
1.1. ××代理进口模式
1.2. ××内贸模式
2. 对业务模式的风险识别与评价
2.1. 合同风险
2.1.1. 是否对交易方进行详尽的资信调查
2.1.2. 是否有严格的合同评审机制
2.1.3. 合同签章及审批是否真实
2.2. 合规风险
2.2.1. 托盘贸易模式风险
2.2.2. 循环贸易模式风险
2.3. 操作风险
2.3.1. 转口贸易风险
2.4. 市场风险
2.5. 国有资产增值变缓
2.6. 网络安全风险
2.7. 欺诈风险
附件1 合规风险识别与评价框架图
附件2 风险识别与评估指引
附件3 合规检查要点
附件4 商业伙伴资信调查清单
附件5 审查文件清单
附件6 访谈人员清单及访谈记录

图11-5　对某公司大宗商品交易所做的合规审计报告

> **Table of Contents for Compliance Audit Report**
>
> I. Introduction
> II. Facts and Findings
> 1. Background Information
> 2. Business Models
> 3. Marketing
> 4. Expenses
> 5. Company Policies
> 6. Tendering and Competitors
> III. Risk Tests
> 1. Internal Control Test
> 2. Substantive Test
> IV. Conclusions
> We did not find ××× conducted any bribery activities.
> The bribery risk as the result of substantive test is very low. However, the bribery risk as the result of internal control test is not low. There is no doubt that for ×××'s size and annual revenue, their deviation from its compliance policy and code of conduct is to some degree understandable. However, size of business and annual revenue is not an exonerating factor under Chinese law.
> V. Suggestions

图 11-6　对某公司行贿风险所做的合规审计报告

四、密级的标注及处理流程

合规审计是对一个公司是否履行了与合规风险相关的合规义务所做的审查。当一项合规义务没有得到履行或者没有得到充分的履行时，就可能会给公司带来合规风险，并触犯相应的法律责任。如果触犯的是重大法律责任（如刑事法律责任），后果就可能非常严重，这就要求公司谨慎地应对。而做好保密工作是谨慎应对的前提，从而避免案件的处理出现失控并产生意想不到的恶果。

合规审计报告可以按照下图所列的格式标注密级，并做相应的处理：

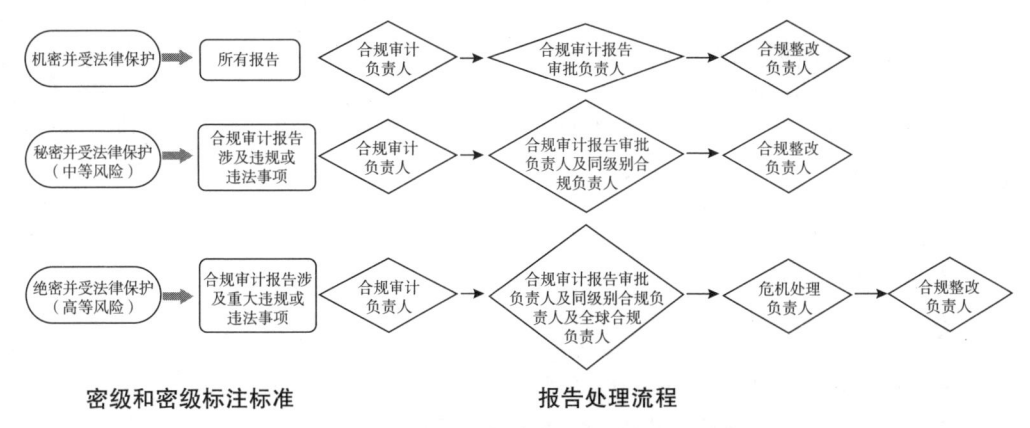

图 11-7 合规审计报告密级标注及处理流程

五、利益冲突

在报告处理流程当中，如果某一个层级的负责人存在实质性利益冲突或潜在的实质性利益冲突，那么该报告在上报的流程中应当绕开该实质性利益冲突人直接向其上级汇报。

表 11-4 实质性利益冲突和程序性利益冲突的内涵及处理

类型	内涵	处理
实质性利益冲突	实质性利益冲突是指合规审计负责人或其他有权力处置该次合规审计及其报告的有关人员是本次合规审计的（1）被审计一方；或（2）参与实施了有关违规行为。	具有实质性利益冲突的一方不可以参与相应的合规审计。如果在合规审计的过程中才发现实质性利益冲突，那么合规审计报告的汇报及处理流程应当避开该具有实质性利益冲突的一方直接向其上级汇报。
程序性利益冲突	程序性利益冲突是指合规审计负责人或其他有权力处置该次合规审计及其报告的有关人员曾经处理过合规审计中所发现的违规行为，从而有可能（并不必然地）影响本次合规审计的独立性和公正性。	具有程序性利益冲突的一方并不必然地被排除在相应的合规审计及/或汇报程序之外，但具有程序性利益冲突的一方在合规审计中应当意识到并避免先入为主等程序性利益冲突有可能给合规审计带来的负面影响。

六、合规整改方案

合规专项审计人员应当在合规报告中,针对违规现象,提出并建议有关合规整改的方法,包括但不限于:

- 合规整改的具体负责人;
- 整改的时间表;
- 对违规事项的纠正;
- 对违规人员的处理;
- 制定、改写或调整内控制度。

七、合规工作底稿的整理与保存

合规工作底稿作为合规审计报告的支持性文件是合规审计结果的一部分。与合规审计报告相比,合规工作底稿更加侧重于对合规审计的程序和过程予以记载,并附录证据或记载证据检索结果或线索。

合规工作底稿与合规工作报告一样应当妥善保存。

作业:根据下列场景出具审计报告:

根据某投资公司的要求,我们对某被投公司进行了合规审计,因为该被投公司投后盈利远远未达到可行性分析报告中所预测的结果。经过审计,我们发现该被投公司盈利没有达标的一个重要原因是该公司的海外项目存在比较大的风险,包括应收账款风险和合同风险。

就海外应收账款风险而言,我们认为该公司海外应收账款风险存在以下几个问题:

首先,缺乏内控机制。该公司对海外应收账款风险没有应对方案。我们审阅了由该公司国贸部提供的"国际贸易出口业务流程及过程控制",发现其中没有境外应收账款的催讨机制,或其他类似的相关规定。

因为应收账款的风险是该公司转股书中已经明确识别出来的风险而且被列为首要风险,按理说在人生地不熟的海外对这个风险的管控只应当加强而不是削弱,但实际情况并非如此。经过与国贸部负责人的访谈,我们得知该公司海外应收账款风险主要发生在 B 国,但 B 国质保金经常不按合同约定的情形履行——约定竣工之日起 1 年至 3 年内偿还质保金。在实际操作过程中 4 年至 6 年才支付的情况常有，但相较国内应收账款的催收机制而言，境外应收账款的催收明显偏弱。

其次，缺乏专业法律人士管控风险。通过访谈我们发现该公司"国贸部"在与 B 国某公司进行谈判，试图通过应收账款总额打折来鼓励债务人加速回款，但整个过程没有通过专业律师来处理，导致处理手法非常不专业，如在应收账款总额打折协议中少说了下面这么一句话，结果吃了大亏——如果债务人不在一定的时间内按折后款支付，那么双方仍然按折前款计算应收账款。结果，因为少了这句话，该 B 国公司非但没有按折后款及时支付，该公司反倒白白地送给对方一大笔折扣款项。

就合同风险而言，该公司在涉外业务中缺乏合同风险管理的意识和实操经验。

上述"国际贸易出口业务流程及过程控制"提到"合同审核确认"，但没有对违约责任条款及争议解决条款作出具体的审核要求，仅用"其他条款：如质保期、不可抗力、索赔、罚款、仲裁、安装等基本上是固定条款，但也要仔细审核清楚"这样随意的话术简要概括。这也许就导致了该公司在与 B 国公司谈判的过程中没有尽力争取把仲裁地点放在中国香港地区（如果不能放在中国内地的话）或新加坡。

我们在与该公司董事长访谈的过程中，得知该公司曾经在其他国家提起过诉讼，由于当地的腐败问题而放弃诉讼去选择与对方当事人协商，最后导致该公司很大一部分资金没有从对方当事人处收回。但显然该公司似乎没有从前述发生在其他国家的案件中吸取更多的教训，从而导致该公司在 B 国又发生了同样的情况。类似的情况一而再再而三地发生，说明这个公司要么没有合规管理机制，要么整个合规管理机制完全失效。

关于上述问题，除一些有针对性的实质性合规义务外，我们还对该公司的管控流程提出整改建议：如何"准快好省"地应对海外风险。

根据该公司董事长的介绍，该公司在 C 国及 D 国项目上准备聘请专业律师，并也与几家律所进行了商谈，但在律师费上没有谈拢。对此，我们提出建议，"多快好省"地管理好上述各类风险。

首先，法律及合规服务要立足"好"和"快"字。对于在中国境外区域的专业法律/合规服务，一定要交给专业人士来处理。比如，该公司在 C 国又开始的建设工程项目，我们建议他们一定要交由 C 国当地的从事建设工程项目的专业律师来处理。只有专业才能做到"好"和"快"。

其次，如何做到"省"。境外法律/合规服务往往是按小时计费的，每一项法律/合规服务所要解决的事项越具体精准，则解决起来就越省时间、省律师费。那么，如何让法律服务事项做到具体、精准？我们建议由相应的中国专业律师团队作为该公司海外项目的法律与合规总顾问，帮助该公司对接境外律师，从而在解决专业法律问题上，做到具体、精准。

第十二章　管理体系审核

我们在本书第十一章将"审核"以及"管理体系审核"在与"审计"对比的基础上进行了初步介绍，我们将在本章做进一步的深入介绍。

ISO 37301:2021《合规管理体系 要求及使用指南》第 9.2.2 条对合规管理体系审核明确提出要求：

9.2.2 内部审核方案

组织应策划、确立、实施和维护审核方案，包括频次、方法、职责、策划要求和报告。组织应根据相关过程的重要性和以往审核的结果，确立内部审核方案。

组织应：

a) 界定每次审核的目标、准则和范围；

b) 选择审核员并实施审核，以确保审核过程的客观性和公正性；

c) 确保向相关管理者和管理层报告审核结果。

注 1：相关管理者可能包括合规团队、最高管理者和治理机构。

文件化信息应作为实施审核方案和审核结果的证据可获取。

注 2：管理体系审核指南见 GB/T 19011。

从上面"注 2"我们可以看到，ISO 37301:2021 明确指出："管理体系审核指南见 GB/T 19011"。这里所说的"GB/T 19011"是指《管理体系审核指南》（GB/T 19011—2021/ISO 19011:2018）（以下简称 GB/T 19011）。

管理体系审核的目的之一是保证组织的管理体系与相关的管理体系要求相符合，比如质量管理体系与 ISO 9001 或 IATF 16949 质量管理体系要求相符合；合规管理体系与 ISO 37301:2021 合规管理体系要求相符合，而 GB/T 19011 则是指引审核员如何做好审核。以合规管理体系审核为例，合规管理体系相关标准如 ISO 37301:2021 就如同实体法，审核员必须对照 ISO 37301:2021 标准来审核相关组织的合规管理体系是否在实体上满足了 ISO 37301:2021 的要求，而 GB/T 19011 就如同程序法，在程序上确保审核员在做审核工作时能够按照 GB/T 19011 既定程序一步步把审核工作做好。

这种类似"实体法"与"程序法"的关系在其他标准中也存在，如作为

"实体法"的《证券公司和证券投资基金管理公司合规管理办法》及《证券公司合规管理实施指引》以及"程序法"的《证券公司合规管理有效性评估指引》——该评估指引的作用与管理体系审核的作用是一致的。

表 12-1　主要实体标准与审核指南概览

	实体标准	审核指南	
类似实体法	ISO 37301：2021 Compliance management systems requirements with guidance for use《合规管理体系 要求及使用指南》	《管理体系审核指南》（GB/T 19011—2021/ISO 19011：2018）（内审为主）	类似程序法
	ISO 37001：2016 Anti-bribery management systems requirements with guidance for use《反贿赂管理体系 要求及使用指南》		
	ISO 37002：2021 Whistleblowing managementsystems — Guidelines《举报管理体系指南》		
	《证券公司和证券投资基金管理公司 合规管理办法》《证券公司合规管理实施指引》	《证券公司合规管理有效性评估指引》	
	《中央企业合规管理办法》	未明确，但可以用 GB/T 19011	

我们在本章中只是对"程序法"审核指南予以介绍；在介绍审核指南时，只是重点介绍以内审为主的 GB/T 19011 和《证券公司合规管理有效性评估指引》。在重点介绍 GB/T 19011 之前，我们先介绍《证券公司合规管理有效性评估指引》，让大家对体系审核有一个更为直观的了解。

《证券公司合规管理有效性评估指引》是为了指导证券公司开展合规管理有效性评估，有效防范和控制合规风险而制定。[1] 证券公司开展合规管理有效性评估，应当以合规风险为导向，覆盖合规管理各环节，重点关注可能存在合规管理缺失、遗漏或薄弱的环节，全面、客观地反映合规管理存在的问题，充分揭示合规风险。[2]《证券公司合规管理有效性评估指引》在第二章到第五章分别对评估内容、评估程序和方法、评估问责、自律管理予以规范。作为附件，《证

---

[1] 《证券公司合规管理有效性评估指引》第 1 条。
[2] 《证券公司合规管理有效性评估指引》第 3 条。

公司合规管理有效性评估指引》提供了《证券公司合规管理有效性评估报告基本格式》以及《证券公司合规管理有效性评估参考表》。

接下来，我们对 GB/T 19011 予以介绍。

第一节　审核及其分类

一、审核的定义

在 GB/T 19011 中，"审核"一词被定义为："为获得客观证据并对其进行客观的评价，以确定满足审核准则的程度所进行的系统的、独立的并形成文件的过程。"[①]

上面所说的"审核准则"在该指南中是指："用于与客观证据进行比较的一组要求。"[②] 如果审核准则是法定的（包括法律或法规的）要求，则审核发现中经常使用"合规"或"不合规"这两个词。要求可以包括方针、程序、作业指导书、法定要求、合同义务。

二、审核的分类

根据 GB/T 19011，审核可分为第一方审核、第二方审核与第三方审核[③]：

表 12-2　审核的分类

第一方审核	第二方审核	第三方审核
内部审核	外部供方审核	认证和/或认可审核
	其他外部相关方审核	法律、法规和类似的审核

上面所提及 ISO 37301:2021 第 9.2.2 条所说的"内部审核方案"当中的"内部审核"就是 GB/T 19011 当中所说的"内部审核"。

GB/T 19011 "专注于内部审核（第一方）和组织对其外部供方和其他外部

---

① 《管理体系审核指南》（GB/T 19011—2021/ISO 19011:2018）第 3.1 条。
② 《管理体系审核指南》（GB/T 19011—2021/ISO 19011:2018）第 3.7 条。
③ 《管理体系审核指南》（GB/T 19011—2021/ISO 19011:2018）引言。

相关方进行的审核（第二方）。本文件也可用于第三方管理体系认证以外的其他目的的外部审核。GB/T 270211 为第三方认证的管理体系审核提供了要求，本文件可以提供有用的附加指导"①。

在 GB/T 19011 中，内部审核有时称为第一方审核，由组织自己或以组织的名义进行，而外部审核包括第二方审核和第三方审核。第二方审核由组织的相关方，如顾客或其他人员以相关方的名义进行。第三方审核由独立的审核组织进行，如提供合格认证/注册的组织或政府机构。② 综合上述对第一方、第二方或者第三方审核的描述，我们还可以就审核结果报告给谁，对审核的分类增加一个维度：

表 12-3 增加一个维度后的审核的分类

第一方审核	第二方审核	第三方审核
内部审核	外部供方审核	认证和/或认可审核
	其他外部相关方审核	法律、法规和类似的审核
审核结果报告给企业自己	审核结果报告给企业的相关方（如顾客、供应商）	审核结果报告可以向全社会公示

第二节 审核原则

"没有规矩不成方圆"，万物都有其固有的原则。原则存在的意义就在于遵守，遵守原则才能维持原则。作为一个合格的审核员，只有遵守审核原则，才能使审核成为支持管理方针和控制的有效与可靠的工具，并为组织提供可以改进其绩效的信息。

GB/T 19011 就审核给出七项原则，分别是：

- 诚实正直：职业的基础；
- 公正表达：真实、准确地报告的义务；
- 职业素养：在审核中尽责并具有判断力；
- 保密性：信息安全；

---

① 《管理体系审核指南》（GB/T 19011—2021/ISO 19011:2018) 引言。
② 《管理体系审核指南》（GB/T 19011—2021/ISO 19011:2018) 第 3.1 条。

- 独立性：审核公正性和审核结论客观性的基础；
- 基于证据的方法：在一个系统的审核过程中得出可信和可重现的审核结论的合理方法；
- 基于风险的方法：考虑风险和机遇的审核方法[1]。

其中，基于证据的方法是指：审核证据应是能够验证的。由于审核是在有限的时间内并在有限的资源条件下进行的，因此审核证据应建立在可获得信息样本的基础上。应合理地进行抽样，因为这与审核结论的可信度密切相关。[2]

基于风险的方法是指：基于风险的方法应对审核的策划、实施和报告具有实质性影响，以确保审核关注于对审核委托方重要的事项和对实现审核方案目标重要的事项。[3]

第三节 审核方案的管理

审核方案的范围和程度应基于受审核方的规模和性质，以及拟审核的管理体系的性质、功能、复杂程度、风险和机遇的类型以及成熟度等级来确定。

审核方案应充分了解受审核方所处的环境，并考虑受审核方的组织目标、有关的外部和内部因素、有关相关方的需求和期望、信息安全和保密要求。

审核方案应包括以下信息，并准确识别资源，以使审核能够在规定的时限内有效和高效地实施：

a）审核方案的目标；
b）与审核方案有关的风险和机遇及应对措施；
c）审核方案内每次审核的范围（详略程度、边界、地点）；
d）审核的日程安排（数量/持续时间/频次）；
e）审核类型，如内部或外部；
f）审核准则；
g）拟采用的审核方法；

---

[1]《管理体系审核指南》（GB/T 19011—2021/ISO 19011:2018）第 4 条。
[2] 同上。
[3] 同上。

h) 选择审核组成员的准则；

i) 相关的成文信息。

一、确立审核方案的目标

审核委托方应确保确立审核方案目标以指导审核的策划与实施，并确保审核方案得到有效执行。审核方案的目标应与审核委托方的战略方向相一致，并支持管理体系的方针和目标。

这些目标可以基于以下方面考虑：

a) 有关相关方的需求和期望，包括外部和内部的；

b) 过程、产品、服务和项目的特性和要求，以及它们的任何变更；

c) 管理体系要求；

d) 对外部供方进行评价的需求；

e) 受审核方管理体系的成熟度等级和绩效水平的影响，反映在相关绩效指标（如 KPI）、不合格或事件的发生或相关方的投诉方面；

f) 已识别的受审核方的风险和机遇；

g) 以往审核的结果。

审核方案目标的示例可包括以下七个方面：

a) 识别改进管理体系及其绩效的机会；

b) 评价受审核方确定其所处环境的能力；

c) 评价受审核方确定风险和机遇以及识别和实施有效措施以应对这些风险和机遇的能力；

d) 符合所有相关要求，如法律法规要求、合规承诺、管理体系标准的认证要求；

e) 获得并保持对外部供方能力的信任；

f) 确定受审核方管理体系的持续适宜性、充分性和有效性；

g) 评价管理体系目标与组织战略方向的相容性和一致性。

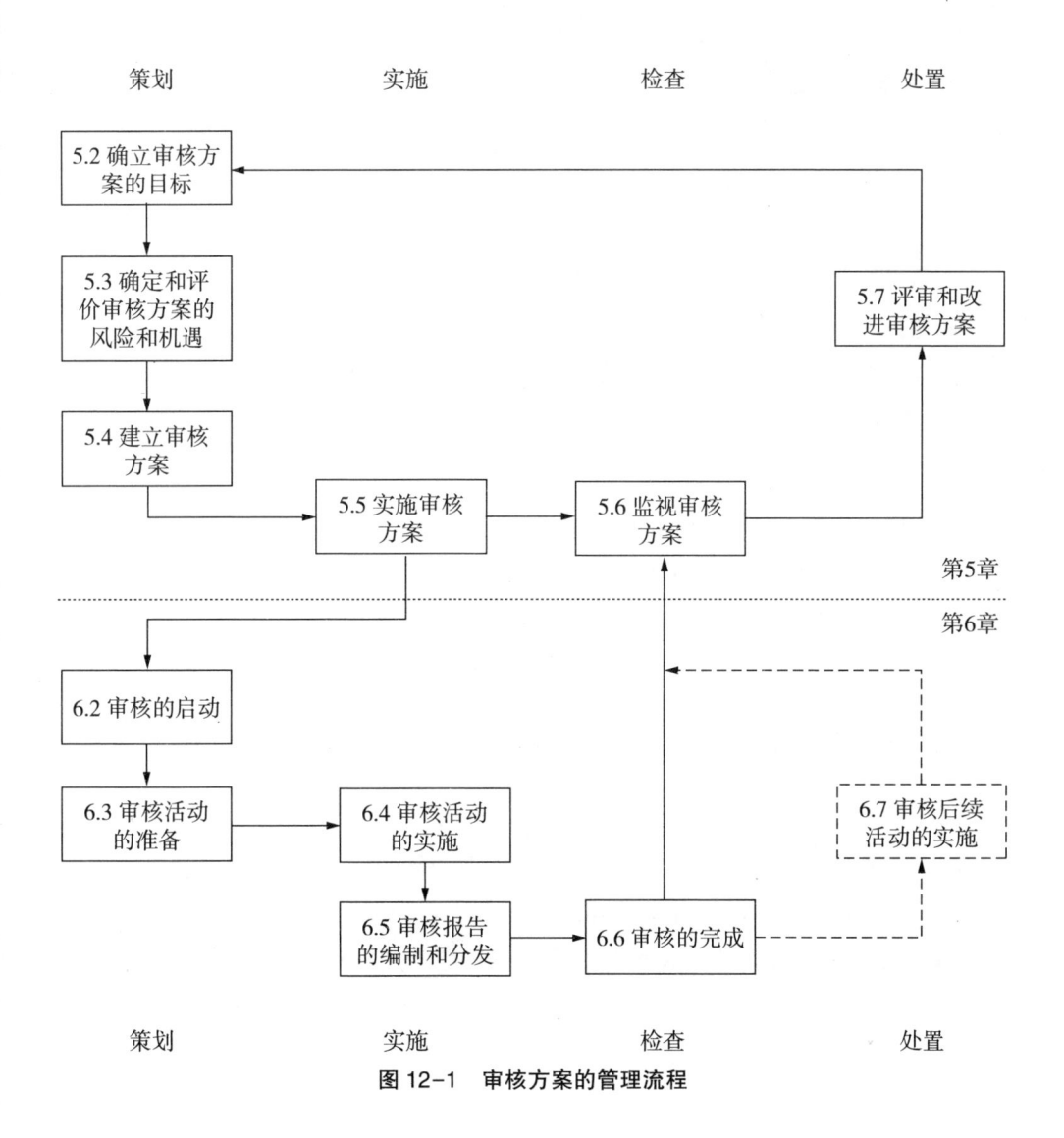

```
         策划              实施              检查              处置

   ┌──────────┐
   │5.2 确立审核│◄──────────────────────────┐
   │ 方案的目标 │                            │
   └─────┬────┘                            │
         │                                  │
   ┌─────▼──────┐                    ┌─────┴─────┐
   │5.3 确定和评 │                    │5.7 评审和改│
   │价审核方案的 │                    │ 进审核方案 │
   │ 风险和机遇 │                    └───────────┘
   └─────┬──────┘
         │
   ┌─────▼────┐
   │5.4 建立审核│
   │   方案    │
   └─────┬────┘
         │         ┌──────────┐      ┌──────────┐
         └────────►│5.5 实施审核│────►│5.6 监视审核│
                   │   方案    │      │   方案    │
                   └─────┬────┘      └─────▲────┘
                         │                  │           第5章
         ─ ─ ─ ─ ─ ─ ─ ─ ┼ ─ ─ ─ ─ ─ ─ ─ ─ ┼ ─ ─ ─ ─ ─ ─ ─ ─
                         │                  │           第6章
                   ┌─────▼────┐             │
                   │6.2 审核的 │             │
                   │   启动   │             │
                   └─────┬────┘             │
                         │                  ┊
                   ┌─────▼────┐  ┌──────────┐    ┌┈┈┈┈┈┈┈┈┈┐
                   │6.3 审核活 │  │6.4 审核活 │    ┊6.7 审核后续┊
                   │ 动的准备 ├─►│ 动的实施  │    ┊ 活动的实施 ┊
                   └──────────┘  └─────┬────┘    └┈┈┈▲┈┈┈┈┘
                                       │              ┊
                                 ┌─────▼────┐  ┌──────┴───┐
                                 │6.5 审核报告│  │6.6 审核的 │
                                 │ 的编制和分发├─►│   完成   │
                                 └──────────┘  └──────────┘

         策划              实施              检查              处置
                    图 12-1  审核方案的管理流程
```

二、确定和评价审核方案的风险和机遇

审核方案管理人员应识别并向审核委托方提出所考虑的风险和机遇，以便能够适当地应对。可能存在的风险包括：

a) 策划，如未能确立相关的审核目标，以及未能确定审核的范围和详略程度、数量、持续时间、地点和日程安排。

b) 资源，如在时间、设备和/或培训不足的情况下制订审核方案或实施审核。

c）审核组的选择，如有效实施审核的整体能力不足。

d）沟通，如无效的外部/内部沟通过程/渠道。

e）实施，如审核方案内的审核工作协调不力，或未考虑信息安全和保密性。

f）对成文信息的控制，如未有效确定审核员和相关方所要求的必要成文信息；未能充分保护审核记录以证明审核方案的有效性。

g）监视、评审和改进审核方案，如对审核方案的结果监视无效。

h）受审核方的协助与配合以及抽样证据的可获得性。改进审核方案的机会可包括：

——允许在一次访问中进行多个审核；

——尽量减少到达场所的时间和距离；

——将审核组的能力水平与达到审核目标所需的能力水平相匹配；

——将审核日期与受审核方关键人员的时间相协调。

三、建立审核方案

对于建立审核方案，审核方案管理人员应：

a）根据相关目标和任何已知的约束确定审核方案的范围和详略程度。

b）确定可能影响审核方案的外部和内部因素以及风险和机遇，并实施应对这些因素的措施，适当时将这些措施纳入所有相关的审核活动。

c）适当时，通过分配角色、职责和权限，以及支持领导作用，确保审核组的选择和审核活动的总体能力。

d）建立所有相关的过程，包括：

——协调和安排审核方案内的所有审核；

——确定审核目标、审核范围和审核准则，确定审核方法，并选择审核组；

——评价审核员；

——适当时建立外部和内部沟通过程；

——争议的解决和投诉的处理；

——审核的后续活动，如适用；

——适当时向审核委托方和有关相关方报告。

e）确定并确保提供所有必要的资源。

f）确保准备和保持适当的成文信息，包括审核方案记录。

g）监视、评审和改进审核方案。

h）将审核方案与审核委托方进行沟通，适当时与有关相关方沟通。审核方案管理人员应请审核委托方批准其方案。

值得一提的是，为了确保审核方案建立得合理、实施得到位，GB/T 19011 在对选择审核组成员作出规定时，尤其规定审核组成员应当包括特定审核所需的任何技术专家。对于 ISO 37301 合规管理体系审核而言，因为合规或者合规管理最基本的维度是合规义务（第四章），而合规义务最重要的组成部分之一是法律法规，因此 ISO 37301 合规管理体系审核组应当包括相关的法律专家，否则审核方案无论在制订阶段还是在实施阶段都会出现偏差。比如，某被审核单位国有企业涉及空转贸易亦即没有实质交易内容的贸易交换，其严重时可能涉及刑事责任，如果审核组成员中没有精通"空转贸易"的法律专家，那么审核组很难识别判断被审核单位的合规管理体系是否充分、适宜、有效。再如，某被审核企业是汽车行业的整车厂，而纵向垄断协议风险（亦即整车厂限制 4S 店的转售价格）是整车厂的高发合规风险且可能引发重大的行政处罚和民事责任，如果对整车厂进行合规管理体系审核的审核组缺少了反垄断法律专家，那么审核组也很难判断被审核单位合规管理体系的充分性、适宜性、有效性。缺乏法律专家引发缺陷审核的风险在被审核单位适用域外合规义务、新兴业务领域适用新型法律法规等风险场景出现时还会被进一步放大。

四、实施审核方案

一旦建立了审核方案并确定了相关资源，就需要实施运行计划和协调方案内的所有活动。

审核方案管理人员应：

a）利用既定的外部和内部沟通渠道，就审核方案的有关部分，包括所涉及的风险和机遇与相关方沟通，并定期向其通报审核方案的进展情况；

b）规定每次审核的目标、范围和准则；

c）选择审核方法；

d）协调和安排审核和与审核方案有关的其他活动；

e）确保审核组具备必要的能力；

f）向审核组提供必要的人员和总体资源；

g）确保审核按照审核方案进行，管理在方案部署期间出现的所有运行风险、机遇和因素（非预期事件）；

h）确保有关审核活动的相关成文信息得到妥善管理和保持；

i）规定和实施监视审核方案所需的运行控制；

j）评审审核方案，以识别其改进机会。

第四节　实施审核

一、总则

本章作为审核方案的一部分为审核活动的准备与实施提供了指南。本章的适用程度取决于具体审核的目标和范围。

二、审核的启动

实施审核的责任应该由指定的审核组长承担，直到审核完成。

审核组长应确保与受审核方取得联系：

a）确认受审核方代表的沟通渠道；

b）确认实施审核的权限；

c）提供有关审核目标、范围、准则、方法和审核组组成（包括任何技术专家）的信息；

d）请求有权使用用于策划的相关信息，包括关于组织已识别的风险和机遇以及如何应对这些风险和机遇的信息；

e）确定与受审核方的活动、过程、产品和服务有关的适用法律法规要求和其他要求；

f）确认与受审核方关于保密信息的披露程度和处理的协议；

g）对审核做出安排，包括日程安排；

h）确定任何特定地点的访问、健康和安全、安保、保密或其他安排；

i）同意观察员的出席及审核组对向导或翻译人员的需求；

j）确定受审核方与特定审核有关的任何利益、关注或风险领域；

k) 与受审核方或审核委托方解决审核组的组成问题。

应确定审核的可行性，以确保能够实现审核目标。

三、审核活动的准备

（一）成文信息评审

应评审受审核方的相关管理体系的成文信息，以收集信息，如过程、职能方面的信息，以了解受审核方的运行，准备审核活动和适用的审核工作文件；了解成文信息的范围和程度的概况，以确定是否可能符合审核准则，并发现可能关注的区域，如缺陷、遗漏或冲突。

成文信息应包括但不限于：管理体系文件和记录，以及以前的审核报告。评审应考虑受审核方组织所处的环境，包括其规模、性质和复杂程度，以及相关风险和机遇，同时还应考虑审核范围、准则和目标。

（二）审核的策划

1. 采用基于风险的方法策划

审核组长应根据审核方案中的信息和受审核方提供的成文信息，采用基于风险的方法来策划审核。审核策划应考虑审核活动对受审核方过程的风险，为审核委托方、审核组和受审核方就实施审核达成一致提供基础。策划应促进审核活动的高效安排和协调，以便有效地实现目标。

审核计划的详细程度应反映审核的范围和复杂程度，以及未实现审核目标的风险。在进行审核策划时，审核组长应考虑以下事项：

a) 审核组的组成及其整体能力；

b) 适当的抽样技术；

c) 提高审核活动的有效性和效率的机会；

d) 由于无效的审核策划造成的实现审核目标的风险；

e) 实施审核造成的受审核方的风险。

审核组成员的存在可能会对受审核方的健康和安全、环境和质量及其产品、服务、人员或基础设施的安排产生不利影响，从而对受审核方造成风险（洁净室设施的污染）。

对于多体系审核，应特别关注不同管理体系的运行过程与任何相互抵触的目标以及优先事项之间的相互作用。

2. 审核策划的具体内容

审核策划的规模和内容可以有所不同。比如，在初次审核和后续审核之间，以及在内部审核和外部审核之间。审核策划应具有充分的灵活性，以允许随着审核活动的进展而进行必要的调整。

审核策划应包括或涉及以下内容：

a）审核目标。

b）审核范围，包括组织及其职能的识别，以及受审核的过程。

c）审核准则和引用的成文信息（其在内部审核时还包括被审核单位所制定的与审核准则相关联的制度、指引、方法等。比如，ISO 37301 第 4.5 条、4.6 条事关合规义务的识别和合规风险的评估，那么被审核单位所制定的合规义务审核办法、合规风险评估指引等也应当成为内审的审核准则。）。

d）拟实施审核活动的位置（实际和虚拟）、日期、预期时间和持续时间，包括与受审核方管理者的会议。

e）审核组对熟悉受审核方的设施和过程的需求（如通过实地考察或评审信息和通信技术）。

f）拟采用的审核方法，包括为了获得足够的审核证据需要进行审核抽样的程度。

g）审核组成员以及向导和观察员或翻译人员的角色和职责。

h）在考虑与拟审核的活动有关的风险和机遇的基础上配置适当的资源。适当时，审核策划应考虑：

——明确受审核方本次审核的代表；

——审核工作和审核报告所用的语言，如果与审核员或受审核方或两者的语言不同时；

——审核报告的主题；

——后勤和沟通安排，包括对受审核地点的具体安排；

——为应对实现审核目标的风险和产生的机遇而采取的任何具体行动；

——与保密和信息安全有关的事项；

——来自以往审核或其他来源的任何后续行动，如经验教训、项目评审；

— 对所策划的审核的任何后续活动；

—在联合审核的情况下，与其他审核活动的协调。

审核计划应提交给受审核方。审核计划的任何问题应当在审核组长、受审核方和（如有必要）审核方案管理人员之间解决。

（三）审核组工作分配

审核组长与审核组协商后，应将审核具体的过程、活动、职能或地点的职责，分配给每个成员，适当时分配决策权。此项分配应兼顾公正性、客观性和审核员能力及资源的有效利用，以及审核员、实习审核员和技术专家的不同角色和职责。

适当时，审核组会议应由审核组长召开，以分配工作任务并决定可能的变更。为确保实现审核目标，可随着审核的进展调整所分配的工作。

（四）准备审核所需的成文信息

审核组成员应收集和评审与其审核任务有关的信息，并利用任何适当的载体为审核准备成文信息。审核用成文信息可以包括但不限于：

a）纸质的或数字化的检查表；

b）审核抽样具体内容；

c）视听信息。

这些载体的使用不应限制审核活动的范围和程度，因其可随着审核中收集的信息而发生变化。

为审核准备和产生的成文信息应至少保留到审核完成或审核方案中规定的时间。本节第六点"审核的完成"描述了审核完成后成文信息的保留。审核组成员应始终妥善保存在审核过程中创建的涉及保密或专有信息的成文信息。

四、审核活动的实施

（一）总则

审核活动通常按照图 12-1 所示的确定顺序进行。这个顺序可以根据具体审核的情境进行调整。

（二）为向导和观察员分配角色和职责

如有需要，向导和观察员获得审核组长、审核委托方和/或受审核方的批准，可陪同审核组。向导和观察员不得影响或干扰审核工作的实施。如果不能保证这一点，审核组长应有权拒绝观察员出现在某些审核活动中。

对观察员的关于访问、健康和安全、环境、安保和保密的任何安排都应受审核委托方和受审核方约定管理。

由受审核方指定的向导应协助审核组，并根据审核组长或被指派的审核员的要求采取行动。他们的职责应包括：

a) 协助审核员确定参加访谈的人员并确认时间和地点；

b) 安排访问受审核方的特定地点；

c) 确保审核组成员和观察员了解和遵守关于特定地点的访问、健康和安全、环境、安保、保密和其他问题的安排的规则，并确保任何风险都已得到应对；

d) 适当时，代表受审核方见证审核；

e) 在需要时做出澄清或协助收集信息。

（三）举行首次会议

首次会议的目的是：

a) 确认所有参与者（如受审核方、审核组）同意审核计划；

b) 介绍审核组及其角色；

c) 确保所有策划的审核活动均能够实施。

首次会议应与受审核方管理者以及受审核的职能或过程的适当的负责人一起举行。会议期间，应提供提问的机会。

会议详细程度应与受审核方对审核过程的熟悉程度相一致。在许多情况下，如小型组织的内部审核，首次会议可简单地包括告知正在进行一项审核并解释审核的性质。

对于其他审核情况，会议可能是正式的，并应保留出席记录。会议应由审核组长主持。适当时，应考虑介绍下列事项：

其他参加者，包括观察员和向导、翻译人员和他们的角色概述；管理由于审核组成员的到场而导致的组织风险的审核方法。

适当时，应考虑确认下列事项：

——审核目标、范围和准则；

——审核计划和与受审核方有关的其他安排，如末次会议的日期和时间，审核组与受审核方管理者之间的任何临时会议，以及所需的任何变更；

——审核组与受审核方之间的正式沟通渠道；

——审核所使用的语言；

——在审核中，持续对受审核方通报审核进度；

——审核组所需的资源和设施的可用性；

——有关保密及信息安全的事宜；

——对审核组的关于访问、健康和安全、安保、紧急情况和其他的安排；

——能够影响审核实施的现场活动；

——适当时，应考虑提供关于下列事项的信息：

a. 报告审核发现的方法，包括分级准则（如果有）；

b. 终止审核的条件；

c. 如何处理审核期间的审核发现；

d. 由受审核方就审核发现或结论做出反馈（包括投诉或申诉）的任何渠道。

（四）审核中的沟通

在审核期间，可能有必要对审核组内部以及审核组与受审核方、审核委托方、可能的外部相关方（如监管机构）之间的沟通做出正式安排，尤其是法律法规要求强制性报告不符合的情况。

审核组应定期讨论，以交换信息，评估审核进度，以及需要时重新分配审核组成员的工作。

在审核中，适当时，审核组长应定期向受审核方和审核委托方沟通进度、重要审核发现和任何关注。如果审核中收集的证据显示存在紧急的和重大的风险，应立即报告给受审核方，适当时向审核委托方报告。对于超出审核范围之外的引起关注的问题，应予记录并向审核组长报告，以便与审核委托方和受审核方进行可能的沟通。

当获得的审核证据表明不能达到审核目标时，审核组长应向审核委托方和受审核方报告理由以确定适当的措施。这些措施可以包括审核策划、审核目标或审核范围的变更或终止审核。

对于随着审核活动的进行而出现的任何变更审核计划的需求,适当时应由审核方案管理人员和审核委托方评审和接受,并提交给受审核方。

(五)审核信息的可获取性和访问

所选择的审核方法取决于所确定的审核目标、范围和准则,以及持续时间和场所。该场所是审核组可以获得特定审核活动所需信息的场所,可能包括实际位置和虚拟位置。

在何处、何时以及如何访问审核信息,对审核至关重要。这与创建、使用和/或存储信息的位置无关。基于这些问题,需要确定审核方法。审核可以混合使用多种方法。此外,根据审核情境,审核期间还可能需要改变审核方法。

(六)实施审核时的成文信息评审

应评审受审核方的相关成文信息,用来确定文件所述的体系与审核准则的符合性并通过收集信息来支持审核活动。

只要不影响审核实施的有效性,评审就可以与其他审核活动相结合,并贯穿审核的全过程。

如果在审核计划规定的时间框架内无法提供充分的成文信息,审核组长应告知审核方案管理人员和受审核方。应根据审核目标和范围决定审核是否继续进行或暂停,直到成文信息问题得到解决为止。

(七)收集和验证信息

在审核中,应通过适当的抽样收集与审核目标、范围和准则有关的信息,包括与职能、活动和过程间的接口有关的信息,并应尽可能地加以验证。

只有经过某种程度验证的信息才能被接受为审核证据。在验证程度较低的情况下,审核员应运用其专业判断来确定可将其作为证据的可信度。应记录导致审核发现的审核证据。在收集客观证据的过程中,审核组如果意识到任何新的或变化的情况,或风险或机遇,应相应地予以关注。

下图给出了从收集信息到得出审核结论的典型过程的概述。

```
         信息源
           ↓
   通过适当抽样收集信息
           ↓
         审核证据
           ↓
    对照审核准则进行评价
           ↓
         审核发现
           ↓
          评审
           ↓
         审核结论
```

图 12-2　收集和验证信息的典型过程概述

收集信息的方法包括但不限于：

——访谈；

——观察；

——成文信息评审。

(八)　形成审核发现

应对照审核准则评价审核证据以确定审核发现。审核发现能表明符合或不符合审核准则。当审核计划有规定时，具体的审核发现应包括符合项和良好实践以及它们的支持证据、改进机会和对受审核方提出的任何建议。

应记录不符合及支持不符合的审核证据。

可以根据组织所处的环境及其风险对不符合进行分级。这种分级可以是定量的（如 1 分至 5 分），也可以是定性的（如轻微的、严重的）。应与受审核方一起评审不符合，以确认审核发现是准确的，并使受审核方理解不符合。应尽一切努力解决与审核证据或与审核发现有关的任何分歧意见。未解决的问题应记录在审核报告中。

审核组应根据需要在审核的适当阶段评审审核发现。

注：与法律法规要求或其他要求相关的审核准则的符合或不符合，有时被称为合规或不合规。

（九）确定审核结论

1. 准备末次会议

审核组在末次会议之前应充分讨论以下内容：

a）根据审核目标，评审审核发现和审核期间收集的任何其他适当信息；

b）考虑审核过程中固有的不确定因素，对审核结论达成一致；

c）如果审核计划中有规定，就提出建议；

d）讨论审核后续活动（如适用）。

2. 审核结论内容

审核结论应陈述以下内容：

a）管理体系与审核准则的符合程度和其稳健程度，包括管理体系在达到预期结果方面的有效性、风险的识别以及受审核方为应对风险而采取的行动的有效性；

b）管理体系的有效实施、保持和改进；

c）审核目标的实现情况、审核范围的覆盖情况和审核准则的履行情况；

d）为识别趋势，在已审核的不同区域中获得的，或来自联合审核或以前的审核中的类似审核发现。

如果审核计划中有规定，审核结论可提出改进的建议或今后审核活动的建议。

（十）举行末次会议

应召开末次会议，以提出审核发现和审核结论。

末次会议应由审核组长主持，并有受审核方的管理者出席，适当时包括：

a）受审核的职能或过程的负责人；

b）审核委托方；

c）审核组其他成员；

d）审核委托方和/或受审核方确定的其他相关方。

适当时，审核组长应告知受审核方在审核过程中遇到的可能降低审核结论可信程度的情况。如果管理体系有规定或与审核委托方达成协议，与会者应就针对审核发现而制订的行动计划的时间框架达成一致。

会议的详细程度应考虑管理体系实现受审核方目标的有效性，包括考虑其所处环境以及风险和机遇。

末次会议中，还应考虑受审核方对审核过程的熟悉程度。

在一些情况下，会议可以是正式的，应保留会议记录，包括出席记录。对于另一些情况，如内部审核，末次会议可以不太正式，只是沟通审核发现和审核结论。

适当时，末次会议应向受审核方说明下列内容：

a）告知所收集的审核证据是基于可获得的信息样本，不一定充分代表受审核方过程的总体有效性；

b）报告的方法；

c）如何根据商定的过程应对审核发现；

d）未充分应对审核发现的可能后果；

e）以受审核方管理者理解和认同的方式提出审核发现和审核结论；

f）任何相关的审核后续活动（如纠正措施的实施和评审、审核投诉的处理、申诉的过程）。

应讨论审核组与受审核方之间关于审核发现或审核结论的分歧，并尽可能地予以解决。如果不能解决，应予以记录。

如果审核目标有规定，就可以提出改进机会的建议，并强调该建议没有约束性。

五、审核报告的编制和分发

（一）审核报告的编制

审核组长应根据审核方案报告审核结论。审核报告应提供完整、准确、简明和清晰的审核记录，并包括或引用以下内容：

a）审核目标；

b）审核范围，特别是明确受审核的组织（受审核方）和职能或过程；

c）明确审核委托方；

d）明确审核组和受审核方在审核中的参与者；

e）进行审核活动的日期和地点；

f）审核准则；

g）审核发现和相关证据；

h）审核结论；

i）对审核准则遵循程度的陈述；

j）审核组与受审核方之间未解决的分歧意见；

k）审核本质上是一种抽样活动。

因此，存在被查验的审核证据不具代表性的风险。适当时，审核报告还可以包括或引用以下内容：

——包括日程安排的审核计划；

——审核过程综述，包括遇到可能降低审核结论可靠性的障碍；

——确认在审核范围内，已按审核计划达到审核目标；

——审核范围内未覆盖的区域，包括任何证据可获得性、资源或保密问题，并附有相关解释理由；

——审核结论综述及支持审核结论的主要审核发现；

——识别的良好实践；

——商定后续的行动计划（如果有）；

——关于内容保密性质的陈述；

——对审核方案或后续审核的影响。

（二）审核报告的分发

审核报告应在商定的时间期限内提交。如果延迟，应向受审核方和审核方案管理人员通告原因。审核报告应按审核方案的规定注明日期，并经适当的评审和批准。

审核报告应分发至审核方案或审核计划规定的相关方。在分发审核报告时，应考虑采取适当措施确保保密。

六、审核的完成

当所有策划的审核活动已经执行或出现与审核委托方约定的情形时（如出现了妨碍完成审核计划的非预期情形），审核即告结束。

审核的相关成文信息应根据参与各方的协议，按照审核方案或适用要求予以保存或处置。

除非法律要求，若没有得到审核委托方和受审核方（适当时）的明确批准，审核组和审核方案管理人员不应向任何其他方泄露审核中获得的任何信息或审核报告。如果需要披露审核文件的内容，应尽快通知审核委托方和受审核方。

从审核中获得的经验教训可为审核方案和受审核方识别风险和机遇。

七、审核后续活动的实施

根据审核目标，审核结果可以表明采取纠正、纠正措施或改进机会的需求。此类措施通常由受审核方确定并在商定的时间框架内实施。适当时，受审核方应将这些措施的实施状况告知审核方案管理人员和/或审核组。

应对措施的完成情况及有效性进行验证。验证可以是后续审核活动的一部分。结果应报告给审核方案管理人员，并报告给审核委托方进行管理评审。

实务分享：合规审核报告范本[①]

××××股份有限公司
ISO 37301:2021 合规审核报告

一、前言

我们受××××股份有限公司（"××××"或"贵司"）委托，依据 ISO 37301:2021，对贵司合规管理体系进行合规审核，并出具合规审核报告（以下简称本报告）。为出具本报告，我们假设：（1）我们所审阅的所有文件的复印件均与原件相符，所有文件的内容均为真实、准确和完整的；（2）我们所审阅的所有文件的印章、签字均为真实有效的；（3）所有贵司、××××及其工作人员以口头、书面形式向我们反馈、确认的信息均为真实、完整的。

为说明有关事项，本报告引述了有关文件的某些数据和结论。该等引述不代表我们对这些数据、结论的真实性和准确性作出任何明示或默示保证，我们并不具备核查和评价该等数据的适当资格。

[①] 该合规审核报告范本来自于本书作者在给某企业提供合规审核培训时某合规审核员所递交的考试答卷。

需要说明的是，囿于此次合规审核的时间及预算，本报告可能无法完全涵盖或披露××××在经营管理过程中存在的全部事项及相关风险。我们仅根据贵司提供或者我们通过其他合法、合理途径获悉的资料和信息，就此次审核所涉及的主要模块及环节进行合规审核并提示检查过程中已披露的风险。

本报告仅就本项目而向贵司出具，未经我们事前书面同意，不得将其用于任何与本项目无关的其他目的，且任何其他方均不得依赖本报告作任何其他用途。

二、审核目标

本次审核的目标是审核××××的合规管理体系是否符合 ISO 37301:2021 的规则，同时为下一次合规审核打下基础。

三、审核范围

××××股份有限公司

四、审核委托方

××××合规部门

五、审核组和受审核方在审核中的参与者

（一）××律师事务所团队：×××

×××

×××

（二）××××合规管理团队：×××

×××

×××

六、审核活动的日期和地点

（一）审核日期：2022 年 4 月 20 日—2022 年 4 月 22 日

（二）审核地点：××会议室

七、审核准则

ISO37301:2021

公司的合规手册、合规义务识别指引、合规风险评估办法、疑虑报告制度、内部调查制度等。

八、审核发现和相关证据

本次审核共发现 3 项重大不符合，分别为：

（一）重大不符合项 1：合规义务识别不充分

1. 审核发现

公司的业务已经拓展到东南亚，目前的业务量不大，但公司未对东南亚相关国家的合规义务进行识别，不符合 ISO 37301:2021 第 4.5 条（详见不符合项审计底稿 1）。

2. 审核证据

（1）与公司副总×××的访谈记录第×页；

（2）与公司分管合规的副总×××的访谈记录第×页；

（3）查看公司对东南亚相关国家的合规义务识别的审查底稿第×页。

（二）重大不符合项 2：调查不独立

1. 审核发现

公司的合规部门对违规事项/人员进行调查时，经常有被调查人员请他们的部门领导向合规部门打招呼，希望调查人员能够高抬贵手。管理层没有配合和支持合规部门，反倒鼓励人员效仿，不符合 ISO 37301:2021 第 5.3.3 条（详见不符合项审计底稿 2）。

2. 审计证据

（1）与公司合规部门×××的访谈记录第×页；

（2）查看公司前期对于违规事项/人员进行调查的调查底稿第×页。

（三）重大不符合项 3：匿名举报不被支持

1. 审核发现

发现公司有举报系统，这个举报系统是一年前启动的。该系统启动后的头几天，公司合规部收到了很多的举报，使合规部门疲于应付。后来公司下了一道新要求，举报必须实名，否则不予受理。公司要求举报系统的举报必须实名，否则不予受理，不符合 ISO 37301:2021 第 8.3 条（详见不符合项审计底稿 3）。

2. 审计证据

（1）与公司合规部门×××的访谈记录第×页；

（2）查看公司举报系统记录第×页。

九、审核结论

根据 ISO 37301:2021，公司存在 3 项重大不符合。

十、审核准则遵循程度

××××整体遵循 ISO 37301:2021 的要求，但存在 3 项重大不符合，需后期整改。

十一、审核组与受审核方之间未解决的分歧意见

审核组与××××之间不存在未解决的分歧意见。

十二、存在被查验的审核证据不足代表性的风险

囿于此次合规审核的时间及预算，本报告可能无法完全涵盖或披露××××在经营管理过程中存在的全部事项及相关风险。我们仅根据贵司提供或者我们通过其他合法、合理途径获悉的资料和信息，就此次审核所涉及的主要模块及环节进行合规审核并提示检查过程中已披露的风险。

十三、审核后续活动

下一次合规审核预计在 2022 年 12 月进行，将跟进重大不符合项的整改情况。

作业：根据下列场景出具审计报告：

要求：

一、如果你认为有足够的客观证据证明存在不符合，那么请完成不符合报告，并归类重大不符合或一般不符合。

二、如果没有足够的证据证明存在"不符合"，那么就进行审核跟踪调查：

1. 陈述你认为"不符合"证据不足的原因；

2. 对审核跟踪的审核线索做详细描述，以寻找该场景受控或者不受控的证据。

Audit situation one 审核场景一：

在进行合规管理体系审核时，你正在访谈公司负责业务的副总，该副总告知你公司的业务已经拓展到东南亚，但目前的业务量不大。在你进一步询问公司有没有对东南亚相关国家的相关合规义务进行识别时，该副总告知你：没有必要！毕竟公司在那里的销售额很低，没有必要花这个钱做这个工作。

如果你认为有充足的证据把审核发现作为"不符合"提出，请完成下面的不符合项报告：

合规管理体系 审核—不符合项报告

OR（或者）

你经过进一步访谈，发现这个副总是刚刚上任，且不分管合规，所以得出不符合证据不足。如果没有足够的证据证明存在"不符合"，那么就进行审核跟踪调查：

合规管理体系 审核—跟踪调查

Audit situation two 审核场景二：
　　当审核公司合规管理体系的时候，你发现公司的合规部门对违规事项/人员进行调查时，经常有被调查人员请他们的部门领导向合规部门打招呼，希望调查人员能够高抬贵手。

　　如果你认为有充足的证据把审核发现作为"不符合"提出，完成下面的不符合项报告：

合规管理体系 审核—不符合项报告

OR（或者）

如果没有足够的证据证明存在"不符合"，那么就进行审核跟踪调查：

合规管理体系 审核—跟踪调查

Audit situation three **审核场景三**：

在进行合规管理体系审核时，你发现公司有举报系统，这个举报系统是一年前启动的。该系统启动后的头几天，公司合规部门收到了很多的举报，使合规部门疲于应付。后来公司下了一道新要求，举报必须实名，否则不予受理。

如果你认为有充足的证据把审核发现作为"不符合"提出，请完成下面的不符合项报告：

合规管理体系 审核—不符合项报告

OR（或者）

在进行合规管理体系审核时，你发现公司有举报系统，但听说这个举报系统不是很有用。很多人发了举报信，但没有人应答。

合规管理体系 审核—跟踪调查

第十三章　调查

调查是合规管理当中非常重要的一个环节，在实务中分为内部调查和外部调查。ISO 37301:2021《合规管理体系 要求及使用指南》对"调查过程"（Investigation process）做了要求，这个调查是内部调查：

8.4 调查过程

组织应开发、确立、实施并维护过程，以评估、评价、调查有关涉嫌或实际的不合规情形的报告，并做出结论。这些过程应确保能公平、公正地做出决定。

调查过程应由具备相应能力的人员独立进行，且避免利益冲突。

组织应视情况利用调查结果改进合规管理体系。

组织应定期向治理机构或最高管理者报告调查的次数和结果。

组织应保留有关调查的文件化信息。

为了进一步推动调查活动合法、合规、有效地开展，2021年9月，由深圳市标准技术研究院主导、联合英国标准化协会（BSI）和北京大成（上海）律师事务所提出的国际标准提案 ISO/NP TS 37008《组织内部调查指南》顺利通过国际标准化组织机构治理技术委员会（ISO/TC 309）投票，获35票赞成，2票弃权，0票反对，成功立项。同时，ISO/TC 309成立了工作组（WG7）开展该项国际标准研制（注：ISO/TC 309工作组（WG4）是制定 ISO 37301:2021 合规管理体系标准的工作组）。该项国际标准提案是一项技术规范（TS），旨在为类型组织开展内部调查提供指导，有助于组织更好地利用调查资源（人力、财力和其他资源），有效地制定政策和程序并执行和开展调查，提高调查人员的调查能力，有针对性地向内部和外部报告调查结果，并有效降低风险。

目前《组织内部调查指南》技术规范的制定非常顺利，但标准内容还在保密当中，等国际标准化组织公开后，我们将与大家做进一步交流。在本章中，我们将向大家介绍调查实务中常见的一些问题和解决方案。

正如本章一开始所说的那样，我们在本书中着重介绍内部调查，但对外部调查也会做一定的介绍。

第一节　内部调查与外部调查对比

"调查"是一个常用词，常用到也许不需要专门定义。换言之，"调查"就是发现事实真相的过程。

调查既包括内部调查，也包括外部调查，两者之间存在很大的区别，我们可以用下表做一个对比：

表 13-1　内部调查和外部调查的对比分析

调查种类	常见调查	被调查对象	调查手段	调查目的	涉及风险
内部调查	举报事项是否属实，政府指控是否属实，违法、违规事件的实情是怎样。	公司内部的违法、违规事件，单位或人员。	人员访谈、文档阅读、电子数据恢复与分析。	发现、还原事实，以了解是否存在违法、违规事实且是否会给企业造成危害。	合规风险为主。
外部调查	收购法律尽调、财务尽调、合规尽调；业务伙伴尽调；数据采购尽调。	公司外部的事件、单位。	人员访谈、文档阅读、实地调研、调查供应商、倾听竞争对手。	为了助力商业决策，因此更多调查对方是否存在欺诈，比如资产状况是否属实。即使调查对方是否存在违法、违规事实，其目的也是助力商业决策。	商业风险为主，有少部分会转换成合规风险，如合规尽调不充分，收购了用行贿方式获得业务的商业主体。

第二节　调查、合规审计与体系审核对比

"调查"是发现事实真相的过程，具有"发现事实真相的过程"不仅包括"调查"，还包括我们在前面第 11 章所说的"合规审计"、第 12 章所说的"管理体系审核"，但它们之间还是有区别的，见下表：

表 13-2　合规审计、管理体系审核、调整的区别

项目	实施人员	专业指导	目的
合规审计	审计专业人员，实务中包括合规审计人员、财务审计人员	合规审计专项需要专业法律人士的介入（比如反垄断审计需要反垄断法专业人士、反贿赂审计需要反贿赂专业人士）	检查是否存在违反合规义务的可能性和后果，类似体检（正常人即使不生病也要做体检）
管理体系审核	管理体系审核员，内审员做第一方审核；外审员做第二方、第三方审核	需要经过专业训练的审核员参与。做相关管理体系认证的还需要熟悉相关体系标准（比如ISO 37301:2021）	检查管理体系是否满足标准的要求或者是否有不符合标准的可能性，也类似体检（正常人即使不生病也要做体检）
调查	往往由企业内部抽调人员实施调查，调查人员可能来自合规部门、法务部门和其他相关部门	以发现、还原事实为主，某些调查需要专业人士参与（如垄断行为调查、行贿事件调查），某些调查需要专业人士的支持（如IT 就证据保存、分析提供支持）。某些调查不需要特殊的专业支持（如性骚扰等）	在知悉违法、违规事项后，就该事项进行调查，而不是对违法违规的可能性进行审计。调查类似于内科、外科（有了病痛征兆，到医院就诊）

第三节　内部调查

ISO/NP TS 37008《组织内部调查指南》，作为一个与调查相关的技术规范，将对调查相关的流程、技能等做详尽介绍。我们在本章对调查于实务中所需要的重要技能做一个简要介绍。

一、接受举报或案件线索

（一）分析举报

接受举报或案件线索往往是企业接受预警、发起调查的开始。

笔者曾受某知名跨国公司总部委托就中国公司员工涉嫌串通投标发起反舞弊

调查，本案就是由公司内部高管直接向海外总部实名举报而引发的，特别是在总部与下属企业不在同一地区同一国家的情况下，通过畅通有效的举报渠道接受举报、受理案件线索并对举报人及举报信息采取有效保护往往可以起到事半功倍的效果。对于举报人如何得知相关信息、举报人为何决定举报、举报信息的可信度等问题，则需要调查团队在接下来的分析案件中进行了解并在个案中进行判断。

（二）分析案件

企业应当对举报所涉及案件的性质进行研究，以了解、判断相关举报的真实性、案件的性质、后果严重程度、谁来进行调查。比如，前述的反舞弊调查案件，笔者在梳理了举报人提供的举报信息后，第一时间与举报人进行接洽，并进一步核实相关信息。在对所举报信息涉及的不同领域分门别类的基础上，对每一条举报信息对应的案件事实进行初步梳理，并在假设信息真实的情况下对可能适用的法律以及公司和相关人员可能承担的法律责任进行分析梳理，下图为前述案件中我们帮助境外客户分析涉嫌串通投标可能给客户造成的损失：

This paper is to continue define and understand our legal risks to balance practical alternatives to handle this situation.

Criminal Liability: Some examples our attorney provided that would reach serious and be criminal: • Forging/chopping competitor information	'Bidders' shall face fixed-term **imprisonment** of not more than three years or criminal detention and shall also, or shall only, be fined. Imprisonment of: Directors, General Manager, Employees involved [Fines as noted below and would be according to the applicable Article according to the facts and circumstances of the matter]
Administrative fine, if not criminal (Based on Article 54)	• $500 - $1,000 (if accessed on XXX only quote) to organization • $25 - $100 – to the General manager and any other person directly responsible • $0 for confiscated illegal income • Company disqualified from bidding for projects required by law for 1-2 years • Revoked business license [for manufacturing too?] • Compensate bidder for losses incurred – estimate $200-$300k? [total guessing right now – calculate loss of advertising / increase in price of products]
Civil Liability – *if we went ahead with the project, and later found collusion.*	$1,000,000 loss of contract value For any completed bids, and projects, we would face loss of the total contract if we couldn't get acceptance. (I)If the restored construction project passes the acceptance inspection, the contract letting party may request the contractor to bear the costs of the restoration; or (II) If the repaired construction project fails to pass the acceptance inspection, the contractor has no
	right to claim compensation at the agreed price of the project in the contract.

图 13-1 帮助客户分析可能造成的损失示意图

（三）决定团队

企业根据案件分析的结果，决定是否由公司内部组织调查团队，还是有必要邀请外部律师团队展开调查。通常，由内部举报引发的调查案件，由外部专业律师进行调查取证往往可以在保持客观中立的同时，减少调查工作受内部行政管理等因素的影响。

二、调查团队案头研究

调查团队接到调查任务后，要对案件本身展开案头研究，以决定时间表、受访人员清单、问题清单、文件清单。虽然实务中访谈阶段往往采取发散式提问交流，但仍需在前期准备阶段确定访谈重点，只有这样，才能在现场工作中做到有的放矢。在前述案件中，调查团队根据受访人员的职务、在被举报事件中可能发挥的作用，有针对性地制定了访谈提纲，下图为示例：

2. 投标过程中的情况：
   a) 公司负责这个项目标书制作的人员是谁；
   b) 公司一般情况下技术标、商务标中的关键内容如何形成，如价格由谁来进行决策，在本项目中又是如何决策的；
   c) 此次项目的投标有几家竞争对手，分别是谁；
   d) 此前与我们公司的竞争状况如何；
   e) 我们是否事前清楚竞争对手的标书内容；
   f) 我们与竞争对手是否存在事前的合意，如价格、技术方面的意见交换；
   g) 我们与业主是否进行过事前的，在招投标程序以外的沟通和联系；
   h) 我们派去业主现场投标的人员是谁，一共去了几次，何时通知中标；
   i) 中标的价格是多少，这个项目的盈利利润是多少；
   j) ……
3. 公司和代理公司的合作情况：
   a) 大约有过几次合作；
   b) 合作是从何时开始的；
   c) 如何接触到这家代理公司的；
   d) 是否有其他的代理公司，一般都是通过什么渠道接触到的；
   e) 公司聘请代理公司的作用体现在哪里（有什么是公司不能做而需要通过代理做的吗）；
   f) 一般公司给代理商的佣金是多少；
   g) ……

图 13-2　访谈提纲

三、访谈

在访谈阶段，既需要根据案头研究阶段确定的工作思路推进，也需要结合受访者的反应适时调整访谈策略和提问内容。访谈既不能照本宣科机械化，也不能没有重点随意走过场，而应当时刻结合举报信息提供的线索，核实相关信息的真实性、准确度以及受访者在访谈中提供的关键性信息和一些细节。

四、文件审阅

阅读文字材料与访谈同等重要，因为重要的证据往往就藏在这些信息中。通过对获取的各类材料（通常包括文字材料、录音、图片等）的阅读、分析，进一步厘清案件事实，找到关键点。值得注意的是，在文件审阅过程中，也会收到举报人持续性的意见证据，调查团队需要专门进行甄别，以避免让举报人的意见证据影响到对案件的独立判断。

五、电子文档下载、保存、分析

由于客户可能与调查团队在不同地区，甚至不同国家，如何有效进行电子文档传送，实现信息同步，并便于及时下载，有逻辑地进行归档、保存，也是充分利用这些材料的一个必要条件。

六、得出结论

基于前述工作步骤，可以对内部调查案件得出一个初步结论。在一起帮助境外客户调查国内员工涉嫌舞弊的案件中，我们即通过前述工作步骤并基于发现的证据材料得出了相关员工存在"故意"的结论。

七、出具报告

报告是向客户传递调查结论的重要载体，也能充分展现调查团队的专业形象。通过"IRAC 分析法"可以形成非常严密的报告。这里的 IRAC，分别代表 Issues（问题），Rules（规则），Analysis（分析），Conclusion（结论）。以下是一例笔者帮助某民营企业进行危机应对时出具的分析报告结构：

概要	2
背景	2
问题	3
问题 1 什么是商业秘密？	3
问题 2 在调查时，哪些事项可能触及商业秘密的规定？	3
法律	4
分析	4
问题 1 什么是商业秘密？	4
问题 2 在调查时，哪些事项可能触及商业秘密？	5
结论	6
建议	7
附件	7

图 13-3　分析报告结构案例

第四节　外部调查：双反尽调

外部调查，在本书中是指一个企业对企业外部相关方所展开的调查，如法律尽调、财务尽调、合规尽调、做空调查等。在所有的外部尽调中，企业收购时的尽责调查是比较常见的外部调查，是指在资产收购中买方对其所购资产所做的调查，或者在股权收购中买方对目标公司的资产和负债、经营状况、财务现状以及目标企业所有可能给收购方带来的潜在的风险（和机会）进行的一系列调查。当买方对目标公司的合规风险予以关注时，尽责调查就可能包括合规调查。

随着美国、英国以及中国对贿赂的调查、惩处越来越严厉，收购方越来越多地在股权收购中对目标公司是否遵守了有关反贿赂反腐败的法规或者是否存在贿赂腐败行为做尽责调查（以下简称反贿赂反腐败尽调或双反尽调）。

一、双反尽调的意义

在全球范围内，各国通过国际合作发起的反腐败调查起诉日益增多。目前，联合国、世界经贸合作组织等国际组织也将反贿赂的理念付诸实践，越来越多的国家赞成：在跨国商业竞争中，不应将贿赂作为赢得合同的手段。这种商业规则得到了越来越普遍的运用。一些国际非政府组织也开始每年发布清廉指数和行贿指数来衡量一国的腐败程度。另外，很多国家对境外行贿腐败行为开始严控，并不断加大处罚力度。合规是组织生存和发展的基础，反贿赂是合规管理中最为突出的主题之一。

国际标准化组织 ISO/TC278 反贿赂管理技术委员会于 2016 年发布《反贿赂管理体系 要求及使用指南》（ISO 37001:2016），为组织合规以及反贿赂提供标准化管理的指南和要求。这也是专门针对反贿赂反腐败问题的一个国际标准。

我国企业应用反贿赂管理体系标准，无论是从自身角度，还是行业环境角度，都十分重要。中国越来越多的企业已经或正在将"走出国门"作为其最重要的战略目标。而企业如何能够获得进入海外市场的通行证，不可避免地要遵守并积极参与到其规则的制定中。反贿赂管理体系标准正是企业进入海外市场或与外资企业建立合作关系的一块重要的敲门砖。[①]

由此可见，反贿赂、反腐败在全球已是大势所趋，对于正在进行并购业务的公司，全面彻底地进行反贿赂尽责调查势在必行。毫无疑问，没有进行反贿赂尽责调查而承继被收购公司因其过往贿赂腐败行为而产生的风险不容小觑——收购方很有可能在并购交易结束后的不长时间里就会发现自己因为被收购公司的违法行为而面临巨额的罚款，而收购回来的公司的价值也因此大打折扣。

【案例】EII 收购 LNI 合规失败案

早在 2007 年，美国公司 EII 耗费 2680 万美元收购 LNI。收购完成后不久，收购方才发现 LNI 存在可疑的公司支出，并因此向美国司法部和证监会进行了自报。随后展开的调查发现 LNI 早在并购前就曾向 E 国和 F 国的相关人员行贿，数额高达 220 万美元，时间长达三年。并购完成后不到一年的时间 LNI 就濒临破产，同时，EII 也表示"这笔收购是笔赔钱买卖，考虑到涉嫌违反 FCPA 的调查费用、可能承担的罚款、LNI 高级管理层的解聘及因此的经营损失，收购价等于

---

① 温利峰、王晓娅、裴晓东：《反贿赂管理体系标准的制定与应用》，载《质量与认证》2018 年第 11 期。

几乎为 LNI 净资产的市场值多付了 2060 万美元"。美国司法部在 2009 年对 LNI 的罚款同样几乎达到 200 万美元。如果当初 EII 在收购 LNI 前做好尽责调查，上述这些损失也许就可以避免。

与上述 EII 收购 LNI 合规失败案相反，有收购方因在收购前做了双反尽责调查，并及时采取补救措施，从而避免相关处罚。美国司法部曾发布的司法建议（Opinion procedure）公布了这样一个案例。收购方经过尽责调查，发现目标公司存在违反 FCPA 的行为。在收购前，收购方为了确保其不会因为目标公司的违法行为而承担责任，便主动向美国司法部和证监会报告了其调查结果及对相关责任人员的处罚，并进一步加强了合规监督和内部控制系统。与此相适应，该收购方避免了受到相关处罚。

二、双反尽调的重点

（一）对第三方的调查

上述的"双反尽调"是"反贿赂反腐败调查"的简称。不管是中国法还是外国法，任何禁止贿赂的法律规定，既禁止直接行贿，也禁止通过中介、掮客实施贿赂。因此，双反尽责调查的对象不仅是目标公司，而且应当涵盖目标公司的代理人和合作伙伴，以及其他对目标公司经营有重大影响的合同关联方。

（二）风险信号识别

双反尽责调查人员在尽责调查过程中应当注意搜寻和查找下列风险信号：

第一，针对国家风险概况，双反尽调人员应当关注以下问题：收购交易进行的中国地区反腐败的文化、政治及监管环境如何？收购方对其海外运营活动的控制力度如何？收购方是否有向目标公司提供合规意识培训？

第二，针对潜在目标公司或有关第三方与政府官员的关联程度，调查人员应当关注：目标公司是否曾向官职人员支付款项，而这些人员其实是企业的员工、官员或代理等？目标公司或第三方是否拒绝提供书面声明，表示其不会做出任何向外国政府人员非法提出、允诺或支付款项的举措，以及不会做出任何会导致其相应的美国公司触犯 FCPA 的行为？目标公司是否明显欠缺资格或资源来执行所提供的服务？目标公司是否与潜在政府机构客户的官职人员有关联，或由其引荐？

第三，针对目标公司在海外国家的支付和开支，调查人员应当关注：目标公司向其所在海外市场的业务合作伙伴提供了什么馈赠、餐饮和款待？目标公司及其代表在中国境内支付了什么慈善捐款或政治捐款？目标公司是否存在不寻常的支付模式、不寻常的高额佣金或特别的财务安排，并且当中涉及目标公司或其海外子公司和相关第三方？

第四，针对目标公司的业务模式与业务关系，调查人员应当调查目标公司如何与海外国家进行业务交易？目标公司与公营机构、国有企业、外国政府、外国自治区、外国立法机构、外国政治团体及/或皇室等的业务关系性质如何？目标公司是否聘请海外官职人员及/或其家庭成员为其员工或承包商？

第五，针对对现金账及会计记录的控制，调查人员应当调查目标公司的美国母公司如何对其位于美国境外的银行账户、零用现金和存货进行监控？制定了什么控制措施来保护这些资产？目标公司辖下的组织机构及其第三方中介机构（如合资伙伴、代理、顾问、分销商等）的费用或会计记录是否欠缺透明度？

第六，针对法律法规与合同事宜，调查人员应当调查目标公司在中国开展业务，需要取得哪些商业牌照、许可证、认证及接受哪些审查？目标公司授予了哪些人、企业以代理权限？目标公司在与第三方签订的书面合同中，包含哪些条款？目标公司如何监督这些合同的履行情况？

第七，针对政策及程序事宜，调查人员应当调查目前目标公司实施了哪些政策和程序来支持FCPA及其他反贿赂法规的合规工作？目前提供了哪些培训来建立并提高员工遵纪守法的自觉性，从而遵守FCPA及其他反贿赂法规？制定了哪些流程来方便员工或第三方中介机构就涉及海外官职人员的可疑问题或敏感问题寻求意见？

（三）双反尽调的程序

在正式开始尽责调查之前，收购方应当对双反尽调予以足够的重视，如收购方应当投入足够的人力和经费以确保双反尽调顺利进行。

首先，双反尽调程序主要包括要求目标公司提供材料和信息对收购公司关心的问题予以适当的披露、调查人员做独立调查、识别风险并评估目标公司是否合规，并在此基础上决定后续措施。

双反尽调程序，要求被收购方提供材料和信息，包括但不限于目标公司的运营、风险和合规内控机制，如目标公司的内部反贿赂政策和流程、与政府的交往及对代理人和第三方的雇用及使用情况等。在必要时，调查人员应当对目标公司的相关职员做访谈，特别是调查人员碰到可疑情况或听到谣言时，访谈显得尤其必要。

其次，双反尽调人员应当展开独立的背景调查。比如，目标公司的基本信息及是否与实地情况相符；股东、高管及关联公司的背景以确定代理公司及其股东、管理人员是否与政府官员有关联；代理公司及其股东、管理人员是否有不良记录（包括但不限于诉讼和仲裁记录、犯罪记录、行贿记录、行政处罚记录、业内口碑）。

最后，调查人员应当进行风险识别工作，从而判定目标公司是否违反了反贿赂法律的规定。比如，一个目标公司给当地医院进行了慈善捐赠，那么调查人员就应当清查捐赠的全部或部分有没有进入政府官员或其他人员的腰包。

评估目标公司合规执行情况同样重要。调查人员不仅要调查目标公司是否有反腐败及反贿赂的合规内控机制，更为重要的是目标公司是否将这些合规内控机制付诸实施。针对这个情况，收购方的调查内容可以包括但不限于目标公司是否对其员工进行过培训、培训是如何进行的以及目标公司是否采用其他方法以确保它的合规内控机制得到有效执行。

如果收购方通过双反尽责调查发现目标公司存在违法的情形，则收购方应当做的工作包括：要求目标公司自行进行内部调查、收购方考虑是否自行披露、重新谈判交易价格和条件、对目标公司就合规问题加强监督等。

上述目标公司的内部调查工作应当由外部律师和会计师来完成。其工作重点为对目标公司的账册和记录进行核查，并访谈重要职员。为了保证内部调查充分、彻底，必要时并购交易方可以对交割日进行延期。

上述自行披露，是指尽管收购方发现了目标公司存在违规风险，但依然希望继续完成并购交易，这时则可以考虑向美国司法部和证监会自行披露其所发现的目标公司的违法事实，从而既可以完成交易又得以减轻或免除处罚。

上述重新谈判，是指目标公司的价值因为其违法行为的存在被下调，收购方因此相应地对收购目标公司的价格予以重新调整，从而与出让方重新谈判。

上述对目标公司就合规问题加强监督，是指收购方在交易一经完成应当立即在被收购的公司中布置、执行反腐败、贿赂合规内控机制，包括对职员进行合规培训、保证被收购公司的代理人和合作伙伴也能够遵守有关法律的规定。

（四）与第三方调查公司的合作

在进入管理层访谈、文件审阅和尽职调查报告撰写等律师工作之前，常常有必要雇用独立的第三方调查公司对被收购方进行背景调查。其意义在于，这样的第三方调查公司拥有专业调查手段、能够配合律师及时递交报告。一些国际性的调查公司还可以提供英文的调查报告。这些调查公司主要能在以下方面进行调查。

首先，通过调查一些公司基本信息（包括历次变更信息汇总、设立信息、变更信息、审计报告的年检信息）和进行实地考察来确定一些代理公司的真实性。

其次，通过调查股东、高管的股份持有情况和户籍等信息以及关联公司的基本信息来确定代理公司及其股东、管理人员是否与政府官员有关系。

最后，对代理公司及其股东、管理人员的不良记录进行调查。这些记录包括诉讼和仲裁记录、犯罪记录、行贿记录以及行政处罚记录，可以通过以下渠道追查：各地基层、中级、高级人民法院网、中国法院网，以及被执行人数据库、法院的立案庭、民庭、仲裁委、工商、税务、海关、食品药品监督局和其他特殊行业的监管部门等的记录。此外，还可以通过网络搜索、报纸、杂志搜索，以及其他渠道等方法查到合作对象的业内口碑。

在执行调查的过程中，有一些环节尤其需要注意，在此列出以供参考：

（1）要确保报告信息准确、完整，不要在报告中加入错误、存疑的信息，甚至遗漏信息；

（2）要对调查工作保密，不要直接或间接与任何被调查公司人员接触；

（3）要在发现可能有风险时及时提醒负责律师，在调查中无法获得信息或获得这些信息需要额外花费时及时通知负责律师，不要等到最后关头，才告诉负责律师；

（4）要在报告之前发送工商资料，其他所有支持性材料在发送报告的同时作为附件一并发送（包括户籍、关联公司等信息），不要只发送工商资料和报告，不发其他的支持性文件。

（五）是否向政府机关举报

我们在考虑减少风险及损失的方法时所应当考虑的具体情况不一定对每一个公司都适用。换言之，我们在考虑这些方法时一定要考虑到本公司的具体情况：

1. 决定是否自我举报的因素。

2. 决定是否自我举报应当考虑下列因素：

（1）问题的大小和范围（问题越大，则越可能自我举报）。

（2）自我举报带来的损害与不举报带来的损害（如对股票价格的影响、潜在的罚款/损害赔偿/潜在诉讼、政府介入调查的成本、政府合规整改时强制性的监督）。

（3）是否有其他人举报（如心怀不满的员工、竞争对手）。

（4）是否有可能通过自我举报而获得合作的加分。

（5）其他国家的执法机构是否会因自我举报而对公司进行处罚。

（6）在作自我举报的决定时，最好参考专业律师的意见。

（六）合规政策重整

制度整合体现为并购双方人事、财务、营销和开发等职能制度的优势互补过程。通常，并购方会将本公司优秀的管理制度移植到目标公司，以改善其内部管理效率。同时，并购方还会充分利用目标公司优良的制度弥补自身不足。对于那些组织健全、制度完善、管理规范、财务状况良好的企业，并购方可继续沿用其管理制度，以便保持制度的稳定性和连续性，在这些制度中，反腐败、反贿赂合规制度（以下简称双反合规政策整合）显得尤为重要。

双反合规政策整合在目前的中国并购市场尚在建构、发展之中，因此我们需要借鉴其他跨国公司的成功经验。本节以该德国公司的合规管理体系为例，探讨适合中国并购市场的双反合规政策整合机制。

该德国公司以商业行为准则为整个合规体系的框架，同时配备员工合规培训，完善合规部门并建立强大的合规团队。值得注意的是，合规也成为考察高级管理人员薪酬体系一项不可或缺的考核指标。

商业行为准则因行业的不同，其双反合规体系的设立、范围，在整个合规体系的地位也有所区别。但对于腐败贿赂违法违规多发的行业，双反合规体系应当被放在非常重要的位置。在我国，腐败贿赂的易发行业，如石油、天然气、制药、化工、工程机械、基础设施等，这些行业也正是美国 FCPA 执法机构重点关注的行业。

员工的反腐败、反贿赂的合规意识直接与企业运营息息相关，因此员工培训在双反合规整合中占有非常重要的地位。

完善合规部门的方式按公司经营范围不同或有所区别，目前国际通行的有在公司最高执行委员会内新设立负责法律与合规事务的委员，如某德国公司，在与 CEO 和 CFO 平行地设立了 CCO（Chief Compliance Office，首席合规官）一职，CCO 通常具有很高的级别和独立性，进入董事会，有的直接向董事长汇报。

将双反合规列为高级管理人员薪酬考核体系逐渐变成一项不可或缺的考核因素。通过制度设计定期考核高级管理人员反腐败反贿赂合规执行情况，并以此作为薪酬衡量的因素之一，从而能够更好地促进反腐败和反贿赂的合规工作的推行和完善。

第五节　外部调查：做空调查

做空调查作为外部调查并不常见，但影响力很大。做空调查与兼并收购尽调相比有很大的不同。外部调查不具备兼并调查的便利性，其所碰到的困难与兼并调查相比也只多不少，这在做空合规尽调中得到了充分的体现。我们这里以臭名昭著的 D 国 A 调研公司做空调查为例对做空合规尽调做一个介绍，以提醒有关企业规避相应风险。

D 国 A 调研公司（以下简称 A 调研公司）主要做空在国外上市的中国概念股。A 公司在调查在市场里"浑水摸鱼"的公司方面可谓驾轻就熟，多次狙击成功。

当然，A 调研公司的狙击亦有失手。2011 年 7 月初，A 调研公司发布了一封致××通信高层的公开信，对其财务数据提出质疑，××通信公司股价应声暴跌 34%。××通信公司随即澄清，证明疑点不成立，股价遂出现"V"形反转并在随后数月时间里创出历史新高。

总体而言，为什么 A 调研公司做空的成功率会比较高？

一方面，有些概念股本身就存在或多或少的道德风险。类似问题在市场上可能习以为常、见怪不怪，但是实际上也存在一定漏洞。作为"狙击者"，有漏洞存在，才能狙击成功。

另一方面，做了大量研究和充分准备。A 调研公司发表的质疑报告中篇幅最短的有 21 页，最长的达 80 页。做多和做空都需要做调研，但方法论截然不同，做多是"证实"，优点和缺点都要考量，权衡之下才能给出"买入"的评级；做空则是"证伪"，俗称"找碴儿"，只要找到企业的财务、经营造假证据，"硬伤"一经发现，即可成为做空的理由，类似于"一票否决制"。

归纳总结 A 调研公司的报告之后，可反推出其整套调研体系，总体来看分为两个相互渗透的方式：查阅资料和实地调研，调查内容涉及公司及关联方、供应商、客户、竞争对手、行业专家等各个方面。

一、查阅资料

查阅资料和实地调研结合是了解一个公司真实面貌必做的功课。尽管无从得知 A 调研公司是如何选择攻击对象的——有可能是初步查阅资料和财务分析发现疑点并顺藤摸瓜，也有可能是有内部人提供线索，但在选定攻击对象后，A 调研公司必对上市公司的各种公开资料做详细研读。这些资料包括招股说明书、年报、临时公告、官方网站、媒体报道等，时间跨度常常很大。比如，在调查某众传媒时，A 调研公司查阅了 2005—2011 年这六年时间的并购重组事件，从中摘录了重要信息，包括并购时间、对象、金额等，并根据这些信息做了顺藤摸瓜式的延伸，进一步查阅了并购对象的官网、业务结构等。

理论上讲，"信息元"不会孤立存在，必然和别的节点有关联。对于造假的企业来说，要编制一个天衣无缝的谎言，就需要将与之有关联的所有"信息元"全部疏通，解决所有问题，但这么做的成本非常高，所以有关的企业只会掩盖最明显的漏洞，心存侥幸心理，无暇顾及其他漏洞。而延伸信息的搜索范围，就可以找到逻辑上可能存在矛盾的地方，为下一阶段的调研打下基础。比如，A 调研公司根据公开信息，层层挖掘出了某众传媒收购案中涉及的众多高层的关系图，为揭开某众传媒收购案例内幕提供了重要线索。

在调研方法上，A 调研公司侧重于外围调查取证。做空机构往往无法获取公司内部资料，因此需借助外围调查来帮助其获取证据。常用的外围调查手法主要有：非常规调查，包括利用暗访、视频监控、无人机拍摄、运用网络爬虫、数据挖掘等信息技术手段；做空机构同时也会使用很多常规调查手法，且更侧重于那些能够帮助其快速发现问题线索、追查问题真相的方法，如实地观察、咨询专家、税务调查、工商调查、供应商调查、客户调查等。①

二、调查关联方

除了上市公司本身，A调研公司还非常重视对关联方的调查。关联方一般是掏空上市公司的重要推手。关联方包括大股东、实际控制人、兄弟公司等，还包括那些表面看似没有关联关系，但实际上听命于实际控制人的公司。A调研公司在查阅××国际的资料时，发现上市公司2008年和2009年所得税率应该为15%，但实际纳税为零。经过进一步查证，发现上市公司仅为一个空壳，所有资产和收入均在关联方的名下，上市公司的利润仅为关联方"账面腾挪"过来，属于过账的"名义利润"，并发现实际控制人向上市公司"借"了320万美元买豪宅，属于明令禁止的"掏空上市公司"的行为。

三、公司实地调研

对公司实地调研是取证的重要环节。A调研公司的调研工作非常细致，调研周期往往持续很久，如对某众传媒的调研时间长达半年。调研的形式包括但不限于电话访谈、当面交流和实地观察。正所谓"耳听为虚，眼见为实"，实地调研的结果往往会大大超出预期。A调研公司一般会去上市公司办公地点与其高层访谈，询问公司的经营情况。A调研公司更重视的是观察工厂环境、机器设备、库存，与工人及工厂周边的居民交流，了解公司的真实运营情况，甚至偷偷在厂区外观察进出厂区的车辆运载情况，拍照取证。A调研公司将实际调研的所见所闻与公司发布的信息相比较，其中存在逻辑矛盾的地方，就是上市公司被攻击的软肋。

比如，在调查××纸业时，A调研公司发现工厂破烂不堪，所用的是20世纪90年代的旧设备，办公环境潮湿，不符合造纸厂的生产条件。

---

① 倪敏、王振兴、李华：《做空调查与注册会计师审计：基于瑞幸咖啡事件的反思》，载《商业会计》2021年第10期。

四、调查供应商

为了解公司真实的经营情况，A 调研公司多调研上市公司的供应商，印证上市公司资料的真实性。同时，A 调研公司也会关注供应商的办公环境，供应商的产能、销量和销售价格等经营数据，并且十分关注供应商对上市公司的评价，以此作为与上市公司公开信息对比的基准，去评判供应商是否有实力和被调查公司进行符合公开资料的商贸往来。A 调研公司甚至会假扮客户给供应商打电话，了解情况。

比如，在调查××纸业时，A 调研公司发现所有供应商的产能之和都远小于××纸业的采购量。调查××林业时，则发现其供应商和客户竟然是同一家公司，公司干的是自买自卖、体内循环的把戏。调查××频道时，发现上市公司声称自己拥有独有的硬件驱动系统，但是××频道的供应商却在电商网站公开销售同样的产品，任何人都能轻易购得。

除了传统意义上的供货商，A 调研公司的调查对象还包括给上市公司提供审计和法律咨询服务的会计师和律师事务所等机构。比如，在调查××水务时，A 调研公司去会计师事务所查阅了原版的审计报告，证实上市公司篡改了审计报告，把收入夸大了。

五、调研客户

A 调研公司尤其重视对客户的调研。调查方式亦包括查阅资料和实地调研，包括网络调查、电话询问，实地访谈等。A 调研公司重点核实客户的实际采购量、采购价格以及客户对上市公司及其产品的评价。比如，A 调研公司发现××频道、××国际宣称的部分客户关系根本不存在，而××水务的客户（经销商）资料纯属子虚乌有，所谓的 80 多个经销商的电话基本打不通，能打通的公司，也从未听说过××水务。

核对下游客户的实际采购量能较好地反映上市公司公布信息的真实性。以××纸业为例，A 调研公司通过电话沟通及客户官网披露的经营信息，逐一核对各个客户对××纸业的实际采购量，最终判断出××纸业虚增收入。

客户对上市公司的评价亦是评判上市公司经营能力的重要指标。××国际的客户对其评价恶劣，称之为业界一家小公司，其脱硫技术由一家科研单位提供，不算独有，更不算先进，而且脱硫效果差，运营成本高，其产品并非像其声称的那样前途一片光明。

六、倾听竞争对手

A调研公司很注重参考竞争对手的经营和财务情况，借以判断上市公司的价值，尤其愿意倾听竞争对手对上市公司的评价调查，这有助于了解整个行业的现状，不会局限于上市公司的一家之言。

在调查××纸业时，A调研公司把××纸业的工厂照片与竞争对手做了对比后发现：××纸业只能算一个作坊。再对比××纸业和竞争对手的销售价格和毛利率发现，××纸业的毛利率水平处于一个不可能达到的高度，盈利水平与行业严重背离。

在调查××国际和××频道时，它们都宣称在本行业里有某些竞争者——这些竞争者基本都是在行业内知名度很高的企业，然而A调研公司去访谈竞争对手发现，这些竞争对手竟然都不知道它们的存在。

七、请教行业专家

在查阅资料和实地调研这两个阶段，A调研公司有一个必杀技——请教行业专家。正所谓"闻道有先后，术业有专攻"，请教行业内的专家有利于加深对行业的理解。该行业的特性、正常毛利率、某种型号的生产设备市场价格，从行业专家处得到的信息效率更快、可信度更高。A调研公司在调查××林业时请教税务专家、调查××纸业时请教机械专家、调查××传媒时请教传媒专家、调查××国际时请教脱硫技术专家、调查××水务时请教制造业专家，援引专家的言论，总是比自己的判断更具说服力，这也是A调研公司乐于请教专家的原因之一。

八、重估公司价值

在整个调研过程中，A调研公司常会根据实际调研的结果来评估公司的价值。比如，对××纸业大致重估了存货的价值，并且拍摄工厂照片和DV（数字视频），请机械工程专家来评估机器设备的实际价值；还通过观察工厂门口车辆的数量和运载量来评估公司的实际业务量。

A 调研公司亦善于通过供应商、客户、竞争对手以及行业专家提供的信息来判断整个行业的情况，然后根据相关数据估算上市公司真实的业务情况。价值重估不可能做到十分准确，但是能大致计算出数量级，具有极强的参考意义。为了达到做空的目的，A 调研公司在狙击上市公司的时候，不排除有恶意低估其资产价值的可能，但就调研方法而言，的确有可借鉴之处。

A 调研公司的调研方法说白了只是正常的尽职调查，然而在实施层面上，他们把工作做得很细致，偶尔也会使用些"投机取巧"的方法获取真实信息——如假冒潜在客户骗取上市公司信任。

由于 A 调研公司的调研体系全方位覆盖了被调查对象的情况，如果想彻底蒙骗过关，那就必须把所有涉及的方面都做系统规划，这不仅包括不计其数的公开资料要口径一致，也得和所有客户、供应商都对好口供，还得把工商、税务、海关等政府部门圈进来。如此造假，成本极其高昂，绝对不比做一个真实的公司去赚钱来得轻松。[①]

第六节　大数据下的分析调查

电子数据恢复是指通过技术手段，将保存在台式机硬盘、笔记本硬盘、服务器硬盘、存储磁带库、移动硬盘、U 盘、数码存储卡、Mp3 等设备上丢失的电子数据进行抢救和恢复的技术。

电子数据恢复或者收集只是电子数据分析的第一步，如何把电子数据分析结果实时地、直观地、智能化地呈现在用户面前并帮助客户实实在在地控制风险才能体现电子数据分析强大的实用功能。在这里，我们给大家提供一个实例，来直观地演示一下。

一个 A 国公司在 B 国有一个子公司，A 国公司感觉到 B 国子公司的某些经理在给供应商付款时有多付、早付、错付的情况（A 国公司认为这是"欺诈风险"）。A 国公司同时又感觉到 B 国子公司的某些经理有行贿行为，可能导致 A 国公司受到处罚（对于 A 国公司来说这是"行贿风险"）。按照传统的做法，A 国公司可以派审计部门对 B 国子公司进行审计，针对"行贿风险"，查看销售经理报

[①] 岳大攀、侯安扬：《A 调研公司如何调查公司》，载《新世纪周刊》2012 年第 2 期。

销的发票，是否有不合理招待费用，或者是否有些不正常的大额发票有可能与不合理招待相关。但是，针对"行贿风险"，这种传统的审计方法是滞后的（换言之，不是实时的）；是提取样本审计，肯定有漏查的（换言之，不是大数据全面审计）。

针对"欺诈风险"，审计难度陡然增大，因为审计人员在审计"欺诈风险"时，不像审计"贿赂风险"那样可以直接抓取发票通过梳理行贿款的走向查找行贿线索，很多欺诈行为属于"天知地知，你知我知"——供应商的贿赂款直接打到公司经理人员的个人账户上，审计人员根本无从查起。而公司即使发现，往往也是"哑巴吃黄连，有苦说不出"——相关经理人员一句话"对不起，我弄错了"——但早付、多付、错付的情况已经发生，覆水难收。

针对上述这些传统审计所不能解决的问题，A 国公司希望有这么一个解决方案能够对上述行贿风险及欺诈风险实时地（或者尽可能快地）进行审查，避免事后诸葛亮。那么解决方案究竟在哪里？答案就在"电子数据分析"当中。我们可以设计这样一个电子数据分析平台，把 B 国子公司相关人员的报销数据、考勤及出差数据、公司对经销商付款的数据、经销商的形象（profiling）数据、供应商及客户形象数据等输入"电子数据分析平台"。以前这些数据有的是用起来了（如公司对外付款），但很多数据都是闲置的（如考勤及出差），但不管怎样，这些数据都是各不相干的、分裂的，但"电子数据分析平台"能把这些数据变废为宝、聚集起来进行系统分析，用仪表盘的形式直观地，几乎是实时地推送到客户面前。遇有异常情况时，"电子数据分析平台"还能立即报警：

（1）某个明星销售员虽然销售业绩非常好，但他的出差足迹及报销的发票遍布 B 国和世界各地旅游名胜，那么这个销售明星的销售手段可能涉及行贿（行贿风险）；

（2）某个经理的报销发票上面开具的日期是其休年假的时候（欺诈风险）；

（3）某个销售经理的汇款申请所涉及的收款行在 C 国家，那里无论是 A 国公司还是 B 国子公司都没有任何供应商（欺诈风险）；

（4）某个业务经理出差 7 天，但只报销了 2 天的住宿费（反常事件，标记为黄色）。

当然，"电子数据分析平台"不能替代审计及/或内控，但毫无疑问引入平台之后，公司对风险管控变得更加及时甚至实时。同理，"电子数据分析平台"不能发现全部问题，但通过大数据分析能够及时发现并捕捉到各个数据之间的异常点，为公司运营管理提供预警，从而为公司的风控赢得时间和余地。

"电子数据分析平台"还可以设计具有自我学习的人工智能，可以根据数据的喂食、分析、对错反馈自我提高，从而进一步提高分析的准确率。

这个"平台"不仅对国际大公司有用，对于民营企业或国有企业而言也非常有用。有的国内公司似乎对"欺诈风险"的防控需求大于对"合规风险"的防范需求，那么这个"平台"也恰恰能够满足这一需求——能够更加实时、准确地把那些贪污、职务侵占、受贿等行为给一一分辨、揭发出来。特别在跨境投资、贸易的前提下，监管可能不到位成为常态，那么"电子数据分析平台"的重要性将更加凸显出来。

事实上，无论是国际公司还是国内公司都不能小觑对"欺诈风险"的防控——贪污、职务侵占、受贿等行为可以轻易地让一个公司损失4%—5%的业务收入。如果一个公司一年的销售收入是1000亿元，那么忽略对"欺诈风险"的防控，其将会白白丢掉40亿—50亿元。所以，你还会小看用大数据来做调查吗？

第七节 调查与合规

有合规就有违规，有违规就有调查，但调查本身会带来风险，并导致违规。

一、侵害信息安全的非法调查行为

互联网的飞速发展推动人类进入信息社会，信息资源逐渐成为一种重要商品流通于社会之中，这也催生了大量非法信息调查公司或者非法调查的兴起，严重危害整个社会的信息安全。

非法调查公司，一般是指超出经营活动范围或者以非法手段进行相关调查活动的调查公司，以及未经登记而以调查公司的名义从事违法犯罪活动的有关组织。非法调查公司一般具有严密的组织、稳定的人员和明确的分工，其信息调查业务主要涉及企业信息和个人信息的查询等。非法调查公司采用非法手段牟取暴利，将有组织的犯罪活动以公司的名义合法化，严重扰乱了整个社会的正常秩序。[1]

---

[1] 刘涛、谭政：《"非法调查公司"对信息安全的危害及防控》，载《信息网络安全》2012年第8期。

2013年8月27日，上海市公安机关根据群众报案依法立案侦查，首次打掉一个外国人在华开办的非法调查公司——某连咨询有限公司。犯罪嫌疑人彼得（Peter）、虞某因非法获取公民个人信息被依法批准逮捕。[1]

警方查明，自2003年以来，彼得（Peter）、虞某二人长期通过搜集、购买等手段非法获取我国公民大量个人信息并出售，牟取非法利益。二人明知此行为违反中国法律，仍大肆非法获取我公民个人信息，包括公民户籍地址、家庭成员、出入境情况、房产及车辆，以及其他个人信息资料，进行分析汇总，并编制成调查报告高价出售给委托客户。这些客户主要为大型跨国公司，包括制造业企业、金融机构、律师事务所及其他机构，一年有100个左右的客户订单，每年获利高达人民币数百万元，既严重侵害了我国公民的合法权益，也严重侵犯了部分跨国企业和国内企业合法利益及其员工的个人隐私。警方在其公司搜查出超过500份的调查报告，并已查明其中数十份报告严重侵犯了中国公民的个人隐私。[2]

二、中介机构调查"走过场"

2021年，证监会依法立案调查中介机构违法案件39起，较上年同期增长一倍以上，将2起案件线索移送或通报公安机关。

证监会在介绍相关违法行为时提到，（部分机构）鉴证、评估等程序执行不充分、不适当，核查验证"走过场"，执业报告"量身定制"。有的会计师事务所按公司要求提前约定审计意见类型，签署"抽屉协议"。

证监会指出，从这些案件看，相关违法行为集中表现为：

一是风险识别与评估程序存在严重缺陷，未针对重大错报风险设计和实施进一步审计程序。有的会计师事务所在公司货币资金期末余额大、"存贷双高"明显、存在舞弊风险的情况下，仍未识别货币资金重大错报风险。有的会计师事务所未对公司生产成本大幅波动、原材料频繁结转等异常情况保持合理怀疑，未进行有效核查或追加必要的审计程序。

---

[1]《上海公安打掉首个外国人在华开办的非法调查公司》，载央视网，http://tv.cctv.com/2013/08/27/VIDE1377559803276802.shtml（最近参阅时间2022年12月11日）。

[2]《上海公安打掉首个外国人在华开办的非法调查公司》，载中国政府网，http://www.gov.cn/govweb/jrzg/2013-08/27/content_2474486.htm（最近参阅时间2022年10月17日）。

二是鉴证、评估等程序执行不充分、不适当，核查验证"走过场"，执业报告"量身定制"。有的会计师事务所未对函证过程保持有效控制，监盘程序执行不到位。有的资产评估机构按照公司预先设定的价值出具评估报告，签字评估师未实际执行评估程序。

三是职业判断不合理，形成的专业意见背离执业基本准则。有的证券公司作为财务顾问服务机构，忽视公司项目进展的不确定性，导致收入预测与实际情况存在重大差异。有的律师事务所在审查合同效力时，未履行特别注意义务，也未发现公司无权处分资产等情况。

四是严重背离职业操守，配合、协助公司实施造假行为。有的从业人员配合公司拦截询证函，伪造审计证据。有的会计师事务所按公司要求提前约定审计意见类型，签署"抽屉协议"。

证监会指出，上述违法行为反映出一些中介机构及从业人员独立性、专业性缺失，质量控制体系和管理机制不健全，以及缺乏职业怀疑精神、丧失职业底线等一系列突出问题。

证监会强调，中介机构归位尽责是提高资本市场信息披露质量的重要环节，是防范证券欺诈造假行为、保护投资者合法权益的重要基础，是深化资本市场改革、促进资本市场高质量发展的必然要求。

思考题：
1. 调查流程如何？
2. 如何做好访谈？
3. 公司内部调查常见问题有哪些？

第十四章 管理评审

管理评审是常见的一个管理体系实施工具,其目的是:根据审核总结管理体系的业绩,基于当前业绩找出与预期目标的差距,同时还需考虑任何可能改进的机会,在研究的基础上,对于当前组织所处地位以及竞争对手的业绩作出评价,再找出改进方向。ISO 37301:2021《合规管理体系 要求及使用指南》对管理评审也作了规定。ISO 37301:2021 第 5.3.1 条"治理机构和最高管理层"规定:"治理机构和最高管理层应分配以下职责和权限:a) 确保合规管理体系符合本文件的要求;b) 向治理机构和最高管理层报告合规管理体系的绩效。治理机构应:确保最高管理层根据合规目标的实现情况进行衡量;对最高管理层运行合规管理体系的情况进行监督。最高管理层应:为建立、开发、实施、评价、维护和改进合规管理体系,分配足够和适当的资源;确保建立有效的合规绩效及时报告制度;确保战略和运营目标与合规义务之间的一致性;建立和维护问责机制,包括纪律处分和结果;确保合规绩效与人员绩效考核相结合。"[1]

第一节 管理评审的目标

治理机构和最高管理者应在策划的时间间隔内对组织的合规管理体系进行评审,以确保合规管理体系持续的适宜性、充分性和有效性。

适宜性,是指合规管理体系适应环境变化的能力。由于内部和外部环境总是在持续不断地发生变化,合规管理体系也应当根据具体情况的变化而进行有针对性的调整和完善。

充分性,是指合规管理体系满足企业当前和未来需求和期望的能力。一方面包括合规管理体系能否实现既定的目标;另一方面也包括能够针对未来的需求和期望及时调整目标。

---

[1] ISO 37301:2021《合规管理体系 要求及使用指南》第 5.3.1 条。

有效性，是指合规管理体系是否得到有效执行、是否针对所产生的不合格项采取了有效的应对措施，以及达到所设定目标的程度。[1]

第二节　管理评审的流程

在合规管理中，实施管理评审的主要流程如下：
· 编制合规管理评审输入材料；
· 开展合规管理评审会议，对输入材料作评议，对存在的不合格项提出纠正；
· 对潜在的不合格风险作出预防措施；
· 根据会议结果编制合规管理管理评审报告，并根据要求对评审结果进行改进；
· 做好会议记录的留存工作。

管理评审通常每年一次，由最高管理者主持评审。但当内部、外部因素发生重大变化的情况时，可视实际情况适当增加管理评审频次。[2]

当出现以下特殊情况时应增加管理评审频次：
· 合规管理体系发生重大变更或合规管理的机构和职能发生重大变更时；
· 合规管理体系中的某一要素存在重大风险；
· 合规管理体系遭受其他内部、外部因素发生重大变化引起的重大冲击。

第三节　管理评审输入

管理评审的输入包括企业以往管理评审所采取的措施内外部因素的变化、绩效分析评价和趋势、资源的充分性及风险措施的有效性。其中涉及面最广、内容最多、影响最深的是企业经营管理的内外部因素变化与绩效分析评价和趋势。

---

[1] 罗玉芬、陈松武、陈桂丹、栾洁：《检验检测机构的管理评审》，载《林业和草原机械》2021 第 6 期，第 27-30 页。

[2] 田戈、刘卫、郭颖超、崔晓英、何煦、吴春华：《检验检测机构内部审核与管理评审工作探讨》，载《中国检验检测》2022 年第 30 期，75-77 页。

外部因素变化不直接受企业控制，其中包括国内外行业技术水平的提高、国内外顾客需求的变化、竞争对手的发展情况、法律法规环境的改变，甚至是企业周边经济、发展环境也可对企业的经营活动产生重要影响。收集这些变化并进行分析评价是企业多个层级和部门的责任，包括企业领导、技术部门、市场开发部门、甚至行政部门、财务部门均可能提供对企业经营活动有价值的信息。

内部因素和绩效分析评价和趋势则是由组织直接策划、实施、监视和测量并分析评价的，包括企业重组、机构变化、新产品开发、新业务开展、人员分工、资源利用、资金情况等各类变化，都会涉及企业整体绩效，都是管理评审的重要内容，这些内容的可用性极大地依赖于企业在经营过程中建立的指标评价体系。[1]

在合规管理中，管理评审的输入应包括：

- 以往管理评审所采取措施的状况；
- 与合规管理体系有关的外部和内部事项的变化；
- 与合规管理体系有关的相关方需要和期望的变化；
- 关于合规绩效的信息，包括以下方面的趋势：不符合、不合规与纠正措施，监视和测量的结果，审核结果；持续改进的机会。

管理评审应体现：

- 合规方针的充分性；
- 合规团队的独立性；
- 合规目标的达成度；
- 资源的充分性；
- 合规风险评估的充分性；
- 现有控制和绩效指标的有效性；
- 与提出疑虑的人员、相关方沟通，包括反馈和投诉；
- 调查；
- 报告机制的有效性。

---

[1] 扈悦文、赵伟：《再谈管理评审与企业经营》，载《中国管理信息化》2020年第23期，第115-116页。

第四节　管理评审输出

根据管理评审的过程、结果形成管理评审输出，即管理评审报告。管理评审报告是管理评审的主要输出形式。管理评审报告一般由负责人根据管理评审会议的结果和结论在规定时间内编写，也可以由指定的专人编写。

管理评审报告作为管理评审活动的输出，应包括与以下方面有关的任何决定和措施：

——合规管理体系有效性及其过程有效性的改进；

——与法律法规要求和政策要求有关的改进；

——资源需求；

——管理评审中的发现和由此采取的措施。[①]

管理评审的结果应包括持续改进的机会，以及变更合规管理体系需要的决定。

文件化信息应作为管理评审结果证据可获取。

高层管理者应确保这些措施在适当和约定的时间内得到实施。在管理评审中识别出来改进机会和管理体系变更的需求（包括方针和总体目标变更的需求）。需要制订改进措施和改进计划，与管理评审报告一并经高层管理者批准后，由体系负责人分发到各个部门，由部门负责人组织实施，按照程序文件要求进行整改。体系主管部门需要强化对整改措施的检查和控制，并对整改的效果进行验证，确认是否达到了改进的目的；对于未能按要求完成的整改措施，认真分析原因，追究负责人的责任。整改措施完成及效果验证均应形成材料，作为下一次管理评审的重要输入材料。[②]

管理评审还应包括以下方面的建议：

——合规方针以及与它相关的目标、体系、结构和人员所需的变化；

——合规过程的变更，以确保与运行实践和体系有效整合；

——需监视的未来潜在不合规的领域；

[①] 王以锋：《法定检定机构如何开展管理评审》，载《中国质量监管》2022年第4期，第74-75页。

[②] 王以锋：《法定检定机构如何开展管理评审》，载《中国质量监管》2022年第4期，第74-75页。

——与不合规相关的纠正措施;

——当前合规体系和长期持续改进的目标之间的差距或不足;

——对组织内的示范性合规行为的认可。

宜向治理机构提供管理评审中形成文件的结果和全部建议的副本。

以下是一个比较简单的管理评审报告实战案例。[①]

表14-1 管理评审报告

\	管理评审报告		
目的	通过管理层评审确保合规管理体系的评审推进,以确保其持续的适配性、充分性和有效性。		
范围	评审现有管理评审措施的状态、合规方针的充分性、合规目标实现的程度、资源的充分性、与合规管理体系相关的内外部问题的变化、合规绩效信息与持续改进的机会。		
管理评审项	评审内容	是否符合	备注
	合规方针的充分性	符合	/
	合规职能部门的独立性	符合	/
	合规目标的适宜性、达成度	符合	/
	资源的充足性	符合	/
	合规风险评估的充分性	符合	/
	现有控制措施和绩效指标的有效性	符合	/
	与提出问题的人员、相关方沟通,内容包括反馈和投诉	符合	/
	调查	符合	/
	报告系统的有效性	符合	/
评审结论	1. 合规方针与××集团人单合一的管理要求相一致,具体内容符合 ISO 37301:2021 对合规方针内容的要求,对合规管理体系的全面性、有效性提出要求,鼓励提出关注事项、合规疑虑等。 2. ××的合规职能部门享有绝对独立性,拥有向高层治理者直接汇报的路径,拥有足够的资源以监督其他职能平台与业务平台的业务合规性。 3. ××的合规目标总体符合公司合规管理目的与合规方针的要求,根据方针内容进行拆解,从合规风险管理、合规体系建设、重点法律领域建设等层面对组织需要实现的合规管理目标进行拆解,并对应设置了三档绩效考核表。(由于合规管理体系建设期不满一年,无法对上一年度合规管理目标达成情况进行考核)		

[①] 该管理评审报告表来自本书作者在给某企业提供 ISO 37301 贯标辅导时辅导某企业所做的合规评审报告。

续表

评审结论	4. 合规风险模版内容基本覆盖××层面的业务场景，能够满足各个业务平台的合规义务、风险识别需求，各个产业平台作为合规风险评估的第一责任部门。 5. 现有风险控制措施基本满足组织合规管理需求，针对主要风险领域均制定合规控制程序，对员工提出切实的操作要求。 6. 合规、风控部门收到的举报事项、发现的不符合项、待关差项均已经/计划得到妥善的处置。 7. 未发现行业/相关方的重大合规事件会引发××合规管理体系变动的情况。 综上所述，××的合规管理体系总体比较完整，目标清晰，规划明确，组织机构、人员岗位设置明确，制度规范、操作程序指引务实可行，公司目前的合规管理活动是适宜、充分且有效的。今后应当从以下方面进行优化提升： （1）合规义务与风险的识别评估应当持续进行，细化现有的识别维度，紧紧围绕业务场景展开； （2）加强全员合规意识培训，合规从头到脚建设； （3）考核指标更加具体，为实现组织目标设置清晰的路径。
备注	
制定	批准

思考题：

1. 管理评审的作用是什么？

2. 管理评审应当由谁来做？

3. 请给贵司做一个管理评审并出具评审报告。

第十五章 应对危机

危机是指高危风险的突然爆发。

危机管理是企业为应对各种危机情境所进行的规划决策、动态调整、化解处理及员工培训等活动过程，其目的在于消除或降低危机所带来的威胁和损失。通常可将危机管理分为两大部分：危机爆发前的预计、预防管理和危机爆发后的应急善后管理。

有合规就有违规，有违规就有调查。从合规管理角度而言，企业所面临的最大的危机可能莫过于政府调查。相应地，政府调查危机管理是我们本章所要解决的问题。在本章中，我们把政府调查危机管理分为事前预防、事中管理、事后恢复。

第一节 应对政府调查危机的基本原则：监管和解

一、监管和解

"监管和解"（Regulatory settlement）是指政府作为追查一方在追查目标公司的同时，也借鉴谈判、协商等方式，在合理、合法的基础上达成一个双方都能接受的解决方案。

2015年年初，国家发展改革委对高通公司滥用市场支配地位实施排除、限制竞争的垄断行为依法作出处理，责令高通公司停止相关违法行为，对其处以2013年度在中国市场销售额8%的罚款，计60.88亿元[①]。市场普遍认为发改委的这次处理结果是执法者与被查处企业之间的一个"监管和解"，是行政执法"共赢"的一个例子。

所谓"共赢"，其最大的特点在于"定纷止争、心悦诚服"（当然不排除达到前述共赢的过程是痛苦和/或漫长的），这在发改委官网通告中也略见端倪：

[①] 《是什么让高通"认罚"60亿元》，载中国政府网，www.gov.cn/xinwen/2015-02/10/content_ 2817573.htm（最近参阅时间2022年11月11日）。

在反垄断调查过程中，高通公司能够配合调查，主动提出了一揽子整改措施。高通公司同时表示，将继续加大在中国的投资，以谋求更好的发展。发改委对高通公司在中国持续投资表示欢迎，并支持高通公司对使用其受到专利保护的技术收取合理的专利费[①]。

"监管和解"在美国等国家的执法过程中是比较常见的。试举一例，德国公司 BILFINGER SE 因违反美国《反海外腐败法》被美国司法部（Department of Justice）提起刑事诉讼。2013年12月9日，司法部与 BILFINGER SE 签署了一份《延迟起诉协议》（Deferred Prosecution Agreement）。

根据该协议，美国司法部推迟对 BILFINGER SE 的刑事诉讼共三年零七个工作日，前提条件是 BILFINGER SE 不仅在过去而且在日后必须配合执法、缴纳根据《美国判决大纲》（The United States Sentencing Guidelines）所计算出的刑事罚金并切实履行协议所载明的合规整改计划。当然，协议中还散见其他一些条件。比如，BILFINGER SE 认可 BILFINGER SE 及相关企业的违法事实、没有且不作伪证、不妨碍司法公正等。如此这样，推迟期限届满之后，司法部将不再追究 BILFINGER SE 及相关人员的刑事责任，并将该协议交由相关法院备案。当然，美国司法部也不是对所有的刑事案件都采用和解的方式，对很多情节严重的案件，还是按部就班地提起刑事诉讼。

二、监管围猎

"监管围猎"（Regulatory capture）是指被监管目标公司用不当手段（如行贿）应对政府监管从而把监管人员围猎成为目标公司不法行为的帮手，并导致目标公司产生新的合规风险。监管围猎既存在于日常的政府监管活动中，也存在于政府调查的过程中。比如，某医药公司的法务试图采取行贿手段应对政府调查，并因此锒铛入狱。

三、用调解达成和解

调解是指中立的第三方在当事人之间调停疏导，帮助交换意见，提出解决

[①] 《国家发展改革委对高通公司垄断行为责令整改并罚款60亿元》，载中华人民共和国发展和改革委员会官网，http://www.ndrc.gov.cn/xwzx/xwfb/201502/t20150210_663822.html（最近参阅时间2022年10月21日）。

建议，促成双方化解矛盾的活动。换言之，调解是中立的第三方调解员对争议双方或者多方的争议进行斡旋，并力争达成一个各方都满意或相对满意的解决方案。那么如何才能做好调解呢？

第一，管理好情绪。管理情绪不仅要求管理好争议双方的情绪，而且得管理好自己的情绪，但在应对政府调查时我们都不可避免地会感到紧张，而当我们紧张的时候，就会出现如下负性反应：

（1）负性生理反应（如心率加快，血压升高）；

（2）负性心理反应（如焦虑——内心不安、恐惧、困扰和紧张，同时还伴有生理上的不适）；

（3）负性行为反应（自我攻击行为或攻击他人行为）。

在负面反应下，我们的应对就会失当——没有问题的听起来也像有问题；如果问题只有芝麻大的，听起来却像西瓜那么大。那么如何做到不紧张呢？我们可以试图"正念"。正念是指专注于你正在做的一件事的每一个动作。比如，在吃饭时专注于吃饭的每一个动作，你的紧张情绪自然会有所缓解。

那么，被调查人在配合调查的语境中所说的正念，或者"一个个平常惯常做的动作"是什么呢？那就是"说话"——准确、清晰地说出你想说的每一个字，做到仔细地想、慢慢地说。

第二，认真地"听"。当我们聆听时，我们要尊重对方。我们得用仔细听的方式告诉对方，他（她）所说的非常重要。用目光明确地告诉对方我们在听他（她）说话。心不在焉是调解的大忌。

第三，善于问问题。我们调解员在调解的过程中应当问开放式的问题（如"你去哪了？"），鼓励争议双方多说话、多交流，从而挖掘出双方当事人在争议背后所真正关心的问题，从而迅速地找到解决问题的方法。比如，调解员应当避免询问封闭式问题（如"你是不是去某某地方了"，对方只能回答是和否）。问封闭式问题，除了不利于挖掘事实之外，还会给对方一个错觉：调解员不中立，从而让调解难以进行下去。

第四，找问题、想办法。找问题，就是找事情的症结所在；想办法，就是找解决方案。"找问题"是"想办法"的一个重要前提，而"想办法"又是解决纠纷必须要实现的目标。

笔者曾经处理过一个案件，一个服装生产厂家和一个超市就一批服装供货发生了纠纷。厂家说，其按照超市的订单生产了这批服装，但超市拒不收货；超市说，厂家所生产的这批服装超市没有下订单或者说订单流程与超市的要求不符，所以超市有理由拒绝收货。因为厂家与超市做生意已经很长时间了，双方往来的订单很多，要一一厘清哪些订单是按照超市的要求下发给厂家的，不是一件容易的事。再加上双方人员均有变动，所以让厘清工作变得更加困难。另外，当时已临近春节，如果这批货在春节前不能够上柜，就错过了销售旺季。经过笔者的调解，双方达成了如下协议，厂家和超市搁置它们有关订单的争议，由超市先卖货，等春节旺季过后，再重新打官司，届时在分清对错后，就剩下的未出售的服装来考虑一方或双方的责任。双方之所以会同意这个解决方案，是因为它们都有必救的软肋：如超市卖了货厂家和超市都能赚钱；双方合作很长时间了，彼此知根知底，不想就此断了合作；谁也不能肯定自己一点错都没有，在确定谁对谁错之前，多卖一件衣服，万一将来确定了是自己的错，那么自己也就会少承担一些责任。

上面所说的调解是由一个中立的调解员对争议双方就争议进行调解，但在政府调查的过程中，由于这个第三方调解员是不存在的，是不是调解就不适用了？不是的。事实上，我们在做政府调查危机管理的一线工作人员仍然可以把"调解"作为一个定纷止争的有效工具，帮助我们管理好情绪、认真地听、善于问问题、找问题想办法从而力争与政府机构一起为争议找到"和合共赢"的解决方案。另外，在应对政府调查的过程中，调查人员和被调查人员不可避免地会出现对立，甚至发生冲突。为了缓解这种对立与冲突，需要被调查人员和其他危机管理人员适时地"跳出三山外，不在五行中"——把自己从争议一方"超脱"为一个调解员，把自己与对立和冲突做一个有效"隔离"并试图从调解员的视角去审视争议，并用调解的方法帮助追查人员帮助自己，与追查人员一起为争议找到解决方案。

第二节　事前预防

合规管理的主要目的之一就是要在危机爆发之前做好风险的识别、评价与管理工作，换言之，就是对危机的爆发做到事前预防。因此，与危机管理相关的事前预防工作会涉及很多方面。我们在这里选取常见的三个管理痼疾来予以讨论，它们就是文字管理、文档管理、证据管理。这三个管理工作如果做得不好，会加大危机管理的难度，甚至会让危机管理本身陷入更大的危机、变成恶性循环。

一、文字管理

本章所说的文字管理，是指公司就员工在内外部业务及管理过程中所生成的各种书面及/或网络文件内容所进行的管理工作。好的合规管理从好的文字管理做起；不良的文字管理会加大企业所面临的合规风险，甚至直接导致合规风险的发生。

就政府调查危机管理而言，文字管理要做到未雨绸缪，在真实反映业务及管理活动的基础之上，文字内容要力求准确、没有歧义。对于疑似涉及违规，甚至违法行为的文字内容，业务人员要及时与相关管理人员（如企业的合规官）进行沟通，从而解决其背后所可能存在的违规乃至违法行为。

文字管理不仅要涵盖公司的内部文件，更应当涵盖公司的对外文件、网站或其他媒介上的内容。比如，某企业所提供的某一项服务产品在相关行业中的市场份额高达50％以上，完全有可能构成市场支配地位。那么，该企业在其对外的文件中，包括在其网站上最好就不要写上"我们的公司××产品的市场份额高达50％以上"，可以写成"我们的公司××产品在某某市场上具有优势地位"，否则描述市场份额的文字完全有可能成为该公司具有市场支配地位的证据。

二、文档管理

这里所说的文档管理是企业在国际进程中的文档管理，既不同于我们平常意义上所说的公司内部文档的查阅、存储、分类和检索，也不是对外抗拒政府的调查，而是在国际业务操作过程中采取一定的措施不把公司的涉密材料主动置于外国政府机构的调查"长臂"之下。比如，某公司高管在进出外国海关时随身携带含有公司机密信息的笔记本电脑，该电脑被外国海关临时扣押并审查，导致里面含有的公司机密信息泄露。对此，很多公司规定公司人员不允许携带公司电脑或含有公司信息的电脑进出外国海关。相应地，公司在海外办公置办公共电脑供出差人员使用。

进入网络时代之后，文档管理不像解决电脑进出境外海关那么简单，其所面临的挑战是全方位的。相关企业既要防止内鬼用各种手段从内部盗取信息，同时又要防止黑客从外部实施攻击，因此对于文档管理不仅仅是标注密级，还应当考虑物理安全下的管理以及网络安全下的管理；既要考虑技术手段，也要考虑各种法律措施。比如，为了保护某互联网巨擘智能网联无人驾驶项目商业秘密安全，我们为该企业制定了《网络环境下的商业秘密的保护与风险管控指引》。本指引用于基于网络环境下企业对与商业秘密安全性相关的风险进行识别与评估，并采取相应的技术以及非技术的控制措施以提升商业秘密的安全性。因为这个风险管理指引与我们在本章中所说的文档管理措施很相似，所以在本章中提供该指引的目录给大家参考。

1. 商业秘密的分类
2. 商业秘密的管控流程
3. 商业秘密的泄漏方式
4. 商业秘密的管控方式

4.1 人员管理

4.1.1 新进员工的管理

a. 主要风险

b. 控制措施

4.1.2 在职员工的管理

a. 主要风险

b. 控制措施

4.1.3 离职员工的管理

a. 主要风险

b. 控制措施

4.2 文件管理

4.2.1 纸质文件管理

a. 主要风险

b. 控制措施

4.2.2 电子文件管理

a. 主要风险

b. 控制措施

4.3 程序源代码的访问控制

a. 主要风险

b. 控制措施

4.4 移动介质管理

a. 主要风险

b. 控制措施

4.5 网络使用管理

a. 主要风险

b. 主要控制措施

5. 网络安全管理

5.1 访问互联网

a. 主要风险

b. 控制措施

5.2 使用互联网电子邮箱

a. 主要风险

b. 控制措施

5.3 VPN

a. 主要风险

b. 控制措施

5.4 无线网络

a. 主要风险

b. 控制措施

5.5 内网数据中心

a. 主要风险

b. 控制措施

三、证据管理

政府调查危机管理背景下的证据管理，是指企业在面对政府调查时应如何正确收集并递交证据，尤其是不得删除销毁证据、不得篡改证据。

面对政府机关的调查，很多企业本能的反应就是删除数据、篡改证据或者拒绝调查，但这些删改证据的方法于其并没有任何帮助——随着政府调查人员开始运用电子数据挖掘技术，发现违法线索的途径和方法越来越多，这些删改证据的做法可能会帮倒忙，严重的还会给公司带来其他合规风险。比如，有目标公司在面临调查的时候迅速将电脑中相关信息全部删除并且在垃圾箱中彻底删除，但政府调查机构也可以采取相关手段将这些信息予以恢复并调取。

还有很多违规、违法犯罪案件的证据和线索并不一定要从目标企业自身去寻找，因为有的证据留存在同案的企业和相关的人员手上。即使相关企业删除了自己所保存的相关证据，但调查人员仍然可以从其他公司及/或人员手上获得证据。更有甚者，其他同案的企业及/或个人可以先人一步向政府机关自首、举报同案人并提供相关证据以期获得宽大处理（减轻或者豁免处罚），而那些删改证据的公司即使想要举报其他同案公司或者个人也不可能了——因为它已经没有证据去证明它所要举报的内容。

通过自首、举报同案人而获得宽大处理的案子很多。比如，欧盟委员会2011年4月13日宣布，对宝洁和联合利华处以总额近3.2亿欧元（约合4.6亿美元）的反垄断罚款，以惩处这两家日用消费品巨头操控家用洗衣粉价格的行为。在近3.2亿欧元罚款中，宝洁公司所受处罚最重，超过2.1亿欧元（约合3.04亿美元），联合利华则被处以1.04亿欧元（约合1.51亿美元）罚款。德国汉高公司也参与了这一操控市场价格的非法卡特尔组织，但因为其主动向欧盟委员会自首并揭发其他同案人而被免予处罚[1]。

删改证据除会让公司自身在面对政府调查时处于不利地位外，还可能会引发刑事责任，这种情况在国内外都有可能发生。2015年2月19日，英国《反贿赂法》"疏于防止贿赂发生罪"下的第一个案件"出炉"。通过法院，英国的"重大欺诈办公室"（Serious Fraud Office，SFO）对Sweett Group开具了225万英镑的罚单，这个罚单包括140万英镑的罚款、85万英镑的非法收入罚没。有意思的是，法院还判给重大欺诈办公室95000英镑的办案费用。这些处罚的理由是

---

[1] 《欧盟对宝洁联合利华处以3.2亿欧元反垄断罚款》，载新浪财经网，http：//www.finance.sina.com.cn/s/20110413/19009683843.shtml（最近参阅时间为2022年11月11日）。

Sweett Group 的有关人员为了在阿拉伯联合酋长国获得一个宾馆建设项目的合同贿赂了当地的有关政府官员，Sweett Group 在此之前没有采取合规措施防止行贿等不法事件的发生。

Sweett Group 有一位名字叫理查德·肯斯顿（Richard Kingston）的高级经理。2009 年到 2011 年，他担任 Sweett Group 中东及印度分部的执行董事一职。据英国重大欺诈办公室的总法务阿伦·米福德（Alun Milford）介绍，理查德在重大欺诈办公室调查 Sweett Group 期间，采取了各种各样的方法来阻碍对公司及他本人的调查，尤其是这个理查德为了阻止重大欺诈办公室调阅其手机里的电子邮件、短信和其他即时通信记录，还毁掉手机以达到销毁证据的目的，重大欺诈办公室也因此毫不犹豫地将他"绳之以法"。最后法院于 2016 年 12 月 21 日，判处他 12 个月监禁。

12 个月监禁是重罪的节奏——在英美国家，作伪证以及妨碍司法公正（如销毁证据）是重罪。相较而言，行贿罪的刑期一般不是很长。比如，2012 年 4 月 25 日，摩根斯坦利前任董事总经理 Gareth Peterson 因违反了《反海外腐败法》并帮助且教唆他人违反《1940 年投资顾问法》下的反欺诈条款，被处以刑事罚款 3822613.44 美元并缴纳 250000 美元的不当得利以及放弃价值 340 万美元的房地产，但他被监禁的刑期只有 9 个月。

第三节　事中管理

当政府机构对目标公司展开调查时，有不少目标公司的第一反应往往是找关系、打招呼。其实，应对政府调查的基础工作或者关键是找出对自己有利的事实和证据，在强劲的法律分析的基础之上得出"无罪"或者"罪轻"的法律意见与政府机构达成监管和解。对此，我们把应对预案、法律分析以及危机公关作为三个关键步骤在本章节中予以介绍。

一、应对预案和方案

应对预案一般要解决以下一些问题：
- 一旦碰到电话询问或现场调查，汇报线是什么、汇报给谁？
- 如何检查调查人员的身份？

- 如何从调查人员那里获得更多的信息以确定调查的范围和重点？
- 如何安抚员工？
- 如何防止调查事件被员工外泄？
- 当调查人员要求查阅文件时怎么办？
- 当调查人员询问时怎么办？
- 当调查人员要求查封和扣押财产时怎么办？
- 当调查人员要求复印材料，尤其是涉密材料时怎么办？
- 当调查人员要求在笔录上签字怎么办？
- 当调查人员涉及违法调查时怎么办？
- 当调查人员有不礼貌的行为或语言时怎么办？

对此我们提出的解决方案如下：

- 执法人员可以要求说明相关情况并提供与其调查有关的解释。
- 在回答任何问题之前，请执法人员解释受调查的事项，以便可以更好地完整回答。
- 执法人员的问题应是事实性问题。您的回答应务必简要、如实和准确。请不要主动提供额外信息或意见/观点。
- 若您不理解问题或不知道答案，请明确告知。不要猜测或推测。通常之后可以采取书面形式提供补充信息。
- 执法人员对于其提问以及所提供的答案，应制作笔录。但是，对于所提问的所有问题以及给出的答案，还应保存自己的书面记录。这些工作应由陪同执法人员的同事来完成。
- 若问题本身模糊、不清楚或复杂，应要求执法人员提供书面请求。这样，在我方回复前就有时间来反映并获取事实情况。若执法人员坚持要求立即回复，则要求该等执法人员把问题写下来并提供简短的书面回答，但指出您希望之后对答案进行补充。
- 所负责的资深同事应决定由谁来代表公司回答执法人员的问题，最好其是核心团队成员。

以上述的应对预案为基础，各个被调查的目标公司应当针对调查的具体事项找出相应的应对方案或解决方案。应对方案视具体案件的情况而定，没有一成不变的解决方案，但万变不离其宗的还是围绕识别客户所面临的风险提供解决方案以降低企业所面临风险的风险值。以下是我们帮助一家企业应对产品召回所制订的应对方案，我们在本章节中提供给大家参考：

前一段时间整个团队对文件的准备（包括就产品召回事件的法律分析和技术分析），为下一步工作打下了基础。下一步的工作包括但不限于：应对整车厂的交涉和争议（包括潜在的民事诉讼）、应对政府机关的调查、应对媒体的采访、应对大众媒体的负面报道等。

文件准备帮助我们厘清了思路、找出了症结、排除了针对媒体和政府调查可能出现的不协调和不一致并优化了解决方案，从而为有效管控风险打下了坚实的基础——这些风险包括但不限于民事诉讼风险、行政处罚风险、名誉损失风险、经济损失风险。

下一步工作应当从文件准备转向实际操作：

- 发布公司内部通告
- 设置热线
- 确定公司发言人
- 回答媒体采访
- 回应政府调查
- 准备记者招待会
- 媒体公关

二、做好危机公关工作

危机公关是指通过合理、合法的程序和方法加强与政府部门或相关调查人员的沟通，从而缓解公司所面临的压力并帮助公司找出合理、合法、有效的解决方案。危机公关首先需要解决的一个问题是，一旦公司面临政府调查，在哪些节点上可以与调查人员进行有效的磋商和协调（如案件调查的程序、违法所得的认定、处罚文书的措辞、案件定性、强制措施的实施条件）。

另一个重要的问题就是如何应对媒体的调查和询问，必要时如何召开好记者招待会。公司遇有重大危机时，有时会召开记者招待会以达到缓解危机的目的。对于上市公司而言，一个重大危机往往是其必须报告的重大事项，面对不期而至的记者，每一次采访不啻为一次小型的记者招待会。成功的招待会也许都是相似的，不成功的招待会各有各的不成功。一个招待会的成功与否往往看会议的举办方是否考虑到以下几个要素，并做好充分的准备：

1. 主办方

主办方应当根据会议的性质和级别仔细考量参加会议的人选。不管谁参加会议，与会人员（单个或者团队）都必须有足够的代表权限、专业知识和心理素质。换言之，主办方不能没有准备仓促上阵。对于从来没有举办过记者招待会的企业必须更加用心地准备，最好能够事先接受培训并做一次或几次排练。如果考虑到临阵磨枪效果不佳，还可考虑聘请专业人员（如律师）来担任发言人。

2. 记者

记者的使命是"刨根问底"去发现问题——这是记者的使命，也是对记者最大的褒奖。有的公司就是因为记者招待会处理得不专业而让自己所面临的困境雪上加霜。

【案例】记者招待会的反面教材：某奇家具

2011年7月10日、7月17日，中央电视台《每周质量报告》栏目先后播出报道《某奇"密码"》《某奇"密码"2》，报道中称某奇公司销售的部分家具存在质量不合格等问题；部分产品原产地为中国，并非100%原装进口；卡布丽缇牌家具雕花部分系树脂材料，而非采用意大利特有的木材"白杨荆棘根"。

"某奇家居的危机公关方式……处理问题的方法让人感觉幼稚和滑稽。"上海交通大学品牌研究所所长在接受《第一财经日报》记者采访时表示。中国应急管理研究院院长、公共关系管理专家王某给某奇危机公关打50分。以下是某奇危机公关回顾：

2011年7月11日，某奇家居在官方网站发表了一份130字的声明，其中写道，有关7月10日对某奇的报道，我司郑重声明如下：1. 我司销售的意大利品牌家具，均在意大利生产，并且原装进口至国内；包括卡布丽缇（Cappell etti）和瑞瓦（Riva）在内；2. 对于央视的报道，欧洲各大厂家高度重视，纷纷要求亲临中国澄清，所以我司将于7月13日召开记者招待会，说明一切事宜。

2011年7月13日，一场媒体和公众期待已久的新闻发布会在北京召开。

某奇各分公司公关人员积极联系媒体记者，各大媒体挤满了召开新闻发布会的大厅，认为这是一场可以直接揭开真相的新闻发布会，却被告知，总公司没有安排记者提问的时间。

一开始某奇家居总经理潘某试图轻松面对媒体，并拉来数十名"老外"厂商代表助阵，这些代表均力撑某奇，称"产地合格、源自意大利、信任某奇，与潘某有多年交情、某奇每年进货量都在增长"等。

但一名自称消费者的男子高喊自己买家具上当受骗，于是现场混乱起来，潘某一改刚才的轻松，情绪激动，边说边落泪，谈起艰辛的创业史、作为华侨在中国开店的决心和骄傲、担负的企业社会责任等。但对于核心的"产地"问题，产品质量问题，潘某始终避而不谈，最后因情绪过度激动，仓促离场。

在发布会现场，媒体记者收到一份某奇所代理品牌原产地的资料，但并未针对央视报道做任何针对性说明，这让媒体和公众很失望。

在潘某的激动脱稿演说中，她摆出了诚信的架势，却没有给出诚信的内容，同样没有赢得消费者的信任。

余教授在接受采访时表示："公关的真谛不仅是做得好还要说得好。但是某奇家居是做得不好，说得更不好。"

他认为，某奇品牌存在问题，包括某些品牌由东莞家具厂生产，某些品牌存在保税区一日游的问题，媒体已经报道，读者也很明确，但某奇始终没有正面面对，依然通过搪塞的方式给予回应。这样拖延时间，反而对品牌越做越不利。

危机公关专家林某对本报记者表示，某奇家居陷入急于辩解自己的误区。公众反对的声音，舆论的怒火很大，企业要首先迎合舆论，让公众看到企业负责任的态度。自辩清白虽然很重要，但并不是第一位的。这样反而会让公众觉得企业缺乏诚信。

公共关系管理专家王某也认为，企业虽然营业额做大，但公关体系明显建设落后，某奇家居危机公关的表现显示其公关体系架构比较薄弱。企业的公关形象＝贡献＋贡献＋贡献＋媒体的评价指数，显然某奇在最后一项做得很不好。

3. 受害者

虽然是记者招待会，但记者招待会往往会演变成受害者的集体抗议，而很多会议组织方对此并没有充分的准备和良好的应对。更有甚者，把招待会当成人民法院或者仲裁庭，而不自觉地担当起法官或者仲裁员的角色，希望通过会议来主导舆论的走向，而事实一再表明这种希望往往是一厢情愿和不切实际的。

4. 政府机构

记者招待会还有一个重要的考量因素，那就是政府机构。虽然政府机构不会派代表出席一个记者招待会，但记者招待会的召开不能不考虑政府的因素——招待会的召开究竟是在帮助企业走出困境，还是在激化与政府机构的矛盾。

总而言之，记者招待会是一把"双刃剑"。主办方没有准备时不要贸然地去尝试。同时，能否开好记者招待会（或者做好其他危机公关工作）也是检验一个公司竞争力大小的试金石，因为一个招待会得以成功召开需要一个公司具有较强的信息管理能力（对危机的基本事实能够迅速地摸清楚）、迅速且准确的决策决断能力（能够不断地根据案情找出应对方案并付诸实施），以及公司高层得体的媒体表现能力（能够在媒体面前表现得从容不迫、有礼有节且能够做到有效的沟通），这三者缺一不可。

三、拿起法律分析的武器为自己辩护

没有不能辩护的案件，而成功的辩护离不开强劲的法律分析。法律分析能力是法律与合规工作的基础。超强的法律分析能力能够帮助我们把我们的观点有条有理地一一呈现在对企业实施调查的人员以及其他读者面前，并能够让他们立即理解我们所要传达的信息，从而为减轻甚至免除处罚打好基础。我们在实务中常见的法律分析武器是"IRAC"。

我们这里所说的"IRAC"是法律意见的思辨和写作方法 IRAC。I 代表 Issues（问题）、R 代表 Rules（法律）、A 代表 Analysis（分析）、C 代表 Conclusions（结论）。当然，锻炼法律思辨能力还有很多其他的工具和方法，但"IRAC"是最基础、最通用的一款。

具言之，当写一篇法律意见时，必须首先从事实（或者其他方面）提炼出你想要解决的问题。再次，找出适用的法律。然后，以事实为根据，以法律为准绳进行法律分析。最后，得出结论。经常运用"IRAC"工具，你的思辨会变得条理清晰、具有很强的逻辑性，且非常有说服力。

运用"IRAC"比较好的状态是怎样的呢？仁者见仁，智者见智。在给一些

年轻律师、实习生做法律写作培训时，我们会借助一首歌——《金梭与银梭》来描述。这首歌里唱到：太阳是一把金梭、月亮是一把银梭，交给你，也交给我，看谁织出最美的花朵。

那么，比拟一下：法律是一把金梭、事实是一把银梭，只有把事实的经线和法律的纬线交织在一起，你所写的法律意见才是有逻辑性的、有说服力的，才能体现出律师的理性之光和思辨之美。

法律分析是我们合规与风险管控人员必须掌握的一项技能，在实务当中，我们应当学会用好这项技能为自己的公司做好辩护，尽最大可能减轻或者免除处罚。

第四节 事后恢复

事后恢复或亡羊补牢是指一个企业在灾后与罚后的重新建设。

当一个公司希望或者想努力长久经营下去，甚至成为百年老店的时候，它不可避免地会经历大大小小的不同的风险。有的风险源自时间跨度长，所谓常在河边走，哪有不湿鞋，平常看似小概率的风险，随着时间的推移会变成大概率事件。有的风险源自地域跨度广，当一个跨国企业的业务延伸到合规大环境比较恶劣的地域，在"劣币驱逐良币"的时候，在合规的鸟儿似乎没虫吃的情况下，强人所难的情况时有发生，并不可避免地会给一个组织和公司带来风险。一个公司出问题既然不可避免，那么亡羊补牢就成为关键。看似简简单单的亡羊补牢，在实践中却不是所有的企业都能做到这一点。

我们曾经和某会计师事务所一起帮助某私募基金对其投后公司做合规审计——审计该投后公司为什么盈利没有达标。根据我们的审计，我们发现该投后公司盈利没有达标的一个重要原因是该公司的海外项目存在着比较大的风险，如法律合规风险、应收账款风险和合同风险。针对该公司对海外应收账款风险没有应对方案，我们审阅了由该公司国贸部提供的"国际贸易出口业务流程及过程控制"，发现其中没有境外应收账款的催讨机制，或其他类似流程的有关规定。

因为应收账款的风险是该公司转股书里已经明确识别出来的风险而且被列为首要风险，按理说在人生地不熟的海外对这个风险的管控只应当加强而不是削弱，但实际情况却并非如此。经过与国贸部负责人的访谈，我们得知该公司海外应收账款风险主要发生在 B 国，但对方的质保金常不按合同约定的情形履行——约定竣工之日起一年至三年内偿还质保金。在实际过程中四年至六年才支付的情况常有，但相比较国内应收账款的催收机制而言，境外应收账款的催收明显偏弱。

首先，该公司缺乏专业法律人士管控风险。我们发现该公司"国贸部"在与 B 国某公司进行谈判时，试图通过应收账款总额打折来鼓励债务人加速回款，但整个过程并没有通过专业律师来处理，导致处理手法非常不专业，如前面所说的，在应收账款总额打折协议中少说了下面这么一句话，结果吃了大亏——如果债务人不在一定的时间内按折后款支付，那么双方仍然按折前款计算应收账款。其结果是，就因为少了这句话，B 国某公司就没有按折后款及时支付，该公司反倒白白地送给对方一大笔折扣款项。

其次，该公司在涉外业务中缺乏合同风险管理的意识和实操经验。上述"国际贸易出口业务流程及过程控制"提到"合同审核确认"，但没有对违约责任条款及争议解决条款作出具体的审核要求，仅用"其他条款：如质保期、不可抗力、索赔、罚款、仲裁、安装等基本上是固定条款，但也要仔细审核清楚"这样随意的话术简要概括。这也许导致了该公司在与 B 国某公司谈判的过程中没有尽力争取把仲裁地点放在中国香港（如果不能放在中国内地的话）或新加坡。

我们在与该公司董事长访谈的过程中，得知该公司曾经在 A 国提起过诉讼，由于当地严重的腐败从而不得不放弃诉讼去选择与对方当事人协商，最后导致该公司很大一部分资金没有从对方当事人处收回。但显然该公司似乎没有从前述发生在蒙古国的案件中吸取更多的教训，从而导致了该公司在 B 国又发生了同样的情况。类似的情况一而再，再而三地发生，说明"亡羊补牢"或者"事后恢复"这个重要的合规管理环节对于该公司来说是缺失的。反之，很多公司因为亡羊补牢工作做得好一样可以让公司再创辉煌。

【案例】西门子公司的罚后重建

诞生于 1847 年的西门子如今已走过了 170 多个年头，这家从电报技术起家的电气公司历经两次世界大战却仍在不断壮大，成为全球电子电气工程领域的领军者,如今更是"道琼斯可持续发展指数"排行榜上的"常客"。西门子曾连续两年荣登工业产品与服务行业榜首,连续6次成为行业内最佳可持续发展公司并被评为行业超级领袖,其中"合规"类别连续5年保持最高分。但是,西门子于2006年也曾因贿赂丑闻而陷入生死危机,命悬一线。既是意料之中也是意料之外,合规管理成了西门子度过这次危机的"救命稻草"。西门子不但借此绝处逢生,而且成为在合规方面做得最出色的公司之一,从此走上了一条更加"安全健康"的可持续发展之路。

2006年6月,由于卷入腐败丑闻,位于德国慕尼黑的西门子总部遭到联邦警察的全面包围,警察和检察官对西门子进行了突击检查,并带走了大量机器设备和文件。

作为世界电子电气工程领域的巨头,西门子迅速登上全球各大媒体头条,历时近160多年建立起来的商业信誉和形象毁于一旦。西门子面临的危机包括禁止投标、高达天文数字的罚款、持续数年的法律诉讼、对声誉和业务的长期影响等严重后果。

西门子监事会决定立即行动,实行自救。

西门子自救的第一刀便挥向管理团队。时任西门子监事会主席和首席执行官相继辞职,约200名高级经理被开除,100多名高层被要求限期交代,积极配合调查才能获得豁免。西门子通过此举向全球所有员工发出一个明确的信号:不合规的行为在公司是绝不允许存在的。

为了取得客观可信的调查结果,西门子耗费巨资聘请独立的会计事务所和律师事务所等外部专业机构进驻,开启了德国历史上的首次独立调查。这项漫长的调查活动评估了5000多个咨询协议,检查了0.4亿个银行账户报表、1亿份文件、1.27亿次交易,进行了无数内部谈话和调动。"调查的过程非常痛苦,大约五分之一的员工在某种程度上介入调查,分散了我们做业务的精力,同时这也是一个非常昂贵的过程。"西门子能源业务领域法律总监、北美及中东地区法律总监 Peter Naegele 说。截至2008年,西门子付给外部会计事务所和律师事务所的费用高达数亿欧元。

但付出物有所值。由于独立调查和集中管理银行账户等一系列有力措施,西门子在最短的时间内结束了在德国和美国的法律诉讼程序,并首次因为积极合作而被减少了罚款。同时,西门子收获了合规管理体系的完善和合规理念的深入人心。经历了两年的"自我手术",西门子最终凭着合规的"金钟罩"浴火重生。

"我自己也无法确定,如果没有这次危机,西门子是否会做出如此巨大的努力推行合规管理,但可以确定的是,合规管理不仅是应对危机的工具,也是未来我们实现可持续发展的重要手段。" Peter Naegele 坦言。

当一个企业立志要做百年老店时,它就像一个屹立百年的参天大树一样会经受各种各样的艰难困苦,暴风雨会抽打它、雷电会伤害它、虫害会咬啮它。所以一个想要长久经营的企业必须要预见到它在前进道路上的种种艰难困苦——不可能在所有的时候和所有的地方幸运都会降临到它的身上,而保护好这些企业成为百年老店的最好的做法就是拿起合规的武器更好地保护自己。

案例实务:[①]

关于 ABC 潜在产品召回事件的初步处理方案(1)

一、背景情况

1. 受影响产品

(1) 对于 ABC 生产的并向整车厂商供应及单独零售的某零件,如果整车厂商未按照说明书正确安装,因为××原因会导致事故发生。

(略)

2. 销售数据

(1) 2007 年至 2017 年,内销的零部件有 117 万个,外销的有 180 万个,其中出口到亚太地区的居多。

(略)

3. 相关事态

(1) 2013 年 5 月,北美某公司因未正确安装该零件导致事故发生,认为该零件存在安全隐患,于北美地区召回了带该零件的车辆。北美某协会之后号召各大车厂对存在隐患的车型进行召回。对此,ABC 于北美地区对于该隐患发表

[①] 该案例实务来自于本书作者给某企业所提供的关于 ABC 潜在产品召回事件的初步处理方案,供参考。

过声明，介绍只需正确安装，就不会发生安全问题。

（2）据ABC了解，对于北美地区整车厂商的召回，各整车厂商未向ABC索赔。

（3）截至2016年10月，中国地区有多家整车厂商对其认为存在某产品安全隐患的车型进行了召回。对此，ABC在其官网上发布了重要安全提示。

（4）据ABC了解，某整车厂和某某整车厂召回的措施是就近更换受影响的某产品。

（5）目前各整车厂商均未与ABC就本次事态达成任何协议，也未向ABC索赔，各整车厂商正在询问ABC对本次事态的态度。

4. 监管事态

（1）目前，国家质检总局已经到ABC某地工厂进行了调研了解，某地工厂已经公开了所有销售数据。

（2）××质监局已经要求对本次事态进行审查，目前在对ABC调查中。

（3）据ABC了解，各省质监局目前在与整车厂商开会研讨，先清理销售数据，质监局暗示各车厂要进行召回工作。

（4）据ABC了解，目前行政部门并没有对不同材料的产品在设计上进行区分。

二、初步分析

1. 对于供应给整车厂商的某产品是否召回

（1）鉴于下列原因，整车厂商目前并不想承担安全风险，可能会有更多的车厂对受影响的某车型号在中国地区进行召回：

● 质检总局已经明确了某产品的设计可能导致安全隐患
● 已有大量整车厂商在北美某协会的号召下早年在境外进行了召回
● 目前已有大量车厂开始了境内的召回工作

（2）对于供应给整车厂商的某零件，质监总局已经明确整车厂商是召回主体。对于这部分的召回，ABC并没有太多发言权。对于整车厂商意图联合国内行业协会，ABC同样没有太多发言权。

（3）判断：（略）

2. 对于零售部分的某零件是否召回

（1）零售部分的比例相对很小，十年间仅销售××多个。相较而言，这部分的事故风险对于一家全球性企业而言并非不可合理承担。

（2）根据法律法规，对于零售部分，ABC作为生产者，有义务对缺陷产品进行召回。

（3）如果ABC采取措施主动召回，则（略）。

（4）同样，ABC应考虑某地质监局的调查是否会导致强制召回的行政命令。

（5）判断：（略）。

3."3·15"消费者权益保护日

（1）每一年的"3·15"消费者权益保护日晚会，都将对消费者不公的企业进行曝光。一旦被曝光，如果企业没有做好充分足够的准备，在相当长的一段时间内，会对企业的商业及商誉造成极大的伤害。

（2）判断：（略）。

三、初步方案——基础工作

1. 技术分析

（1）ABC应准备好本次事态的技术分析（略）。

（2）组织专家及机构参与的研讨会（略）。

2. 经济分析

通过经济分析得出（略）。

3. 美国整车厂召回事件分析

通过分析北美地区各整个厂召回受影响的车辆（略），为本次中国境内的事态提供参考及借鉴的价值，也可以作为与各方谈判的依据。

4. 法律分析

通过律师在法律上的分析，对召回者、缺陷等概念进行定义，结合技术原因及商业逻辑，明确产品责任方及法律责任，形成报告，作为与各方谈判的法律基础。（略）

四、初步方案——风险点分析

1. "3·15"曝光风险

（略）。

2. 诉讼风险

对于整车厂商在召回中承担的经济损失，整车厂商极有可能对ABC采取民事诉讼，要求ABC承担赔偿责任。通常，诉讼前，双方会有一个长期的磋商过程,诉讼只是磋商不成功后采取的措施之一。对此,ABC 应该做好本方案第三章中所列的各项准备工作,有理有据地与整车厂商进行谈判,力求减少损失。

3. 商誉风险

ABC 作为一家声誉卓著的百年老店,在某零配件市场中占有大量市场份额,在全球消费者心目中一直保持着良好的形象。ABC 应采取如下措施(略)。

4. 商业风险

ABC 的销售主要来源于向整车厂商提供零件。某零件只是各类零配件的一小部分(略)。

5. 公众舆论风险

某企作为近年经常在中国地区站在舆论风口浪尖的外企之一,应注意公众舆论风险(略)。

五、初步方案——风险管控措施

具体措施

(1) ABC 应事先准备好简洁的法律分析,力求用简洁的语句在精简的篇幅内把事态原委讲清楚。

(2) ABC 应尽早进行公关工作,搭建沟通桥梁。

(3) ABC 应准备好应对媒体的方案,准备对外通稿,分某及某某两个版本。必要时,还应准备模拟记者招待会。

(4) ABC 可以通过终端与消费者互动(略)。

(5) ABC 应提前预判与整车厂商之后的商业关系(略)。

(6) 在必要时,ABC 还应考虑鼓舞员工,提振员工信心,降低本次事态对员工的影响。

关于 ABC 潜在产品召回事件的初步处理方案(2)

前一段时间整个团队对文件的准备,为下一步工作打下了基础。下一步的工作包括但不限于:应对 OEM(原始设备制造商)的交涉和争议(包括潜在的民事诉讼)、应对政府机关的调查、应对媒体的采访、应对大众媒体的负面报道等。

文件准备帮助我们厘清了思路、找出了症结、排除了针对媒体和政府调查可能有的不协调和不一致并优化了解决方案,从而为有效管控风险打下了坚实的基础——这些风险包括但不限于民事诉讼风险、行政处罚风险、名誉损失风险、经济损失风险。

下一步工作应当从文件准备转向实际操作：

1. 发布公司内部通告

ABC 有限公司以及其他 ABC 在中国的单位向其所有员工发布如下内部通告：

近日，有关整车厂正在召回带有某零件的整车，对此，公司正在组织团队进行相的分析。如果有任何媒体或其他任何单位和个人采访你或对你发起询问，请做如下回复："我们公司对这个问题非常重视，有专门团队在处理这件事情。如果您想要了解详情的，还可以拨打热线【×××】"。

2. 设置热线

公司设置热线并安排 3 名接线员，分三班，每 8 个小时一班。

项目律师团队将对接线员进行培训，培训时长大概为 3 个小时，培训内容包括：公司客户之上的理念、项目的意义、接线员的情绪管理和职业化心理辅导、接线记录及汇报、重大突发电话转接牵头律师处理、熟悉问题及解答（Q&A）并做演练等。

培训时间定在 3 月 15 日上午 9：30，请确认。请在今天下午确定好人选。

3. 确定公司发言人

公司采取双发言人制度，其中一个发言人是律师发言人，由律师担任；另一个发言人是技术发言人，由××先生担任。

一旦有媒体到公司采访，则由技术发言人和律师发言人同时接待——技术发言人主要负责回答技术方面的问题；律师发言人则主要负责回答法律方面的问题。

4. 回答媒体采访

两个发言人应当尽可能同时在采访现场回答问题。但如果实在赶不及，则可以采用电话采访的方式回答记者采访。

5. 回应政府调查

如果有政府机构调查，则由法律发言人和技术发言人同时应对政府调查。两个发言人也可以选任其他人一起参加调查。

6. 准备记者招待会

预先选好参见记者招待会的人选，除了××之外，还包括中国区、亚洲区及总部 CEO。

这些候选人可以被预先通知到。至于哪些人参加某个具体的记者招待会，则视具体情况而定。

律师团队应对参加记者招待会的人员进行培训，培训内容包括：公司客户之上的理念、项目的意义、情绪管理、敌对提问处理、熟悉问题及解答（Q&A）并做演练等。

7. 媒体公关

媒体公关分为战略公关和战术公关。战略公关事宜，我们将另行提供。

（略）

思考题：

1. 贵司有没有发生过危机？是什么性质的危机？
2. 贵司在处理上述危机时有没有碰到过监管围猎或者监管欺凌的情况发生？
3. 说说你所知道的监管和解。

第十六章　合规管理信息化、数字化与数智化

信息化、数字化以及数智化已经成为企业管理必不可少的一部分，如国资监管信息化是近几年国资监管工作的亮点，而这个亮点中的重点是"着力提升国资央企数字化智能化水平；要以信息化体系建设为核心，大力推进国资央企云体系、大数据体系建设"。

2022年6月23日，国资委以视频方式组织召开2022年国资监管信息化工作会议，会议指出，国资监管信息化是近几年来国资监管工作的亮点，是全面提升治理能力的有效载体，开启了国资监管工作的新局面。国资央企要以应用能力建设为切入点，深入推进电子政务能力、业务应用支撑能力、数据共享利用能力建设，着力提升国资央企数字化智能化水平；要以信息化体系建设为核心，大力推进国资央企云体系、大数据体系建设，并积极融入国家政务信息化体系，着力提升国资监管信息化支撑保障水平；要以网络安全防护为抓手，持续深化网络安全、智慧能源行业大数据平台建设和运营，持续深化数据安全管理，着力提升国资央企网络安全水平。

第一节　合规管理信息化

一、信息化

信息化代表了一种信息技术被高度应用，信息资源被高度共享，从而使得人的智能潜力以及社会物质资源潜力被充分发挥，个人行为、组织决策和社会运行趋于合理化的理想状态。同时，信息化也是IT产业发展与IT在社会经济各部门扩散的基础之上，不断运用IT改造传统的经济、社会结构从而通往如前所述的理想状态的一段持续的过程。

信息技术（Information Technology，IT），是主要用于管理和处理信息所采用的各种技术的总称。它主要是应用计算机科学和通信技术来设计、开发、安装和实施信息系统及应用软件。它也常被称为信息和通信技术（Information and

Communications Technology，ICT）。主要包括传感技术、计算机与智能技术、通信技术和控制技术。

信息技术的运用在实务中越来越普遍，以《证券公司合规管理实施指引》为例，其在第 18 条第 1 款中规定："证券公司应当运用信息技术手段对反洗钱、信息隔离墙管理、工作人员职务通讯行为、工作人员的证券投资行为等进行监测，发现违法违规行为和合规风险隐患，应当及时处理。"这些信息技术的运用为合规管理信息化打下了技术基础，是合规管理信息化的集中反映。

二、合规管理信息化

《中央企业合规管理办法》第 5 条第 4 项对合规管理信息化提出要求："坚持务实高效。建立健全符合企业实际的合规管理体系，突出对重点领域、关键环节和重要人员的管理，充分利用大数据等信息化手段，切实提高管理效能。"

结合信息化的定义，我们可以看一下《中央企业合规管理办法》，国务院国资委对合规管理信息化的具体要求：

表 16-1 合规管理信息化的具体要求

合规管理信息化		
手段	要素	目的
信息化	利用大数据	切实提高管理效能
运用信息化技术包括：传感技术、计算机与智能技术、通信技术和控制技术		

第二节　合规管理数字化

一、数字化

数字化的第一层含义是相对模拟来说的，意思是把所有模拟信号转换为数字信号以后再进行处理，这个是最底层的数字化逻辑，就是通过数字化技术，把模拟量变成数字量，其好处是便于采用高速的电子计算机进行保存、传输与处理（电子计算机本质上只能处理 0 与 1，是对数字的处理，而不能处理模拟的信息），如把音频信号、视频信号数字化，把各类传感器数字化等。数字化以后的信息，便于加工、传输、处理，数字化技术引发了人类的信息技术革命，引发通信技术、网络技术、电视技术、机器人技术等，数字化技术已经深入人们的生活。

数字化的第二层含义是信息革命的深入发展，目标是把生产过程也采用数字技术来升级改造，提高生产效率，提升企业的竞争力，这个过程需要把生产领域的各流程进行数字化的改造，引入数据作为生产效率提升与改进的依据，尽量采用机器、自动化技术来代替人力，如引入机器视觉来检测产品的质量，引入无人机和视频监控来对森林进行巡逻，引入人工智能技术来识别 X 射线照片，通过自动驾驶代替汽车司机，通过大数据来分析与预测客户的需求与喜好等。就是原来依赖人力的工作采用数字化手段来代替，从而大幅提高生产效率与决策效率，提升企业的竞争力，预防和降低风险。

我们在本章节中所说的数字化是上述第二层含义，即生产过程采用数字技术来升级改造，提高生产效率，提升企业的竞争力，这个过程需要对生产领域的各流程进行数字化的改造，引入数据作为生产效率提升与改进的依据。

二、合规管理数字化

ISO 37301:2021 就合规管理数字化提出要求，见 ISO 37301:2021 流程图。

ISO 37301:2021 在附录 NA 中就合规管理数字化进一步提出指引。

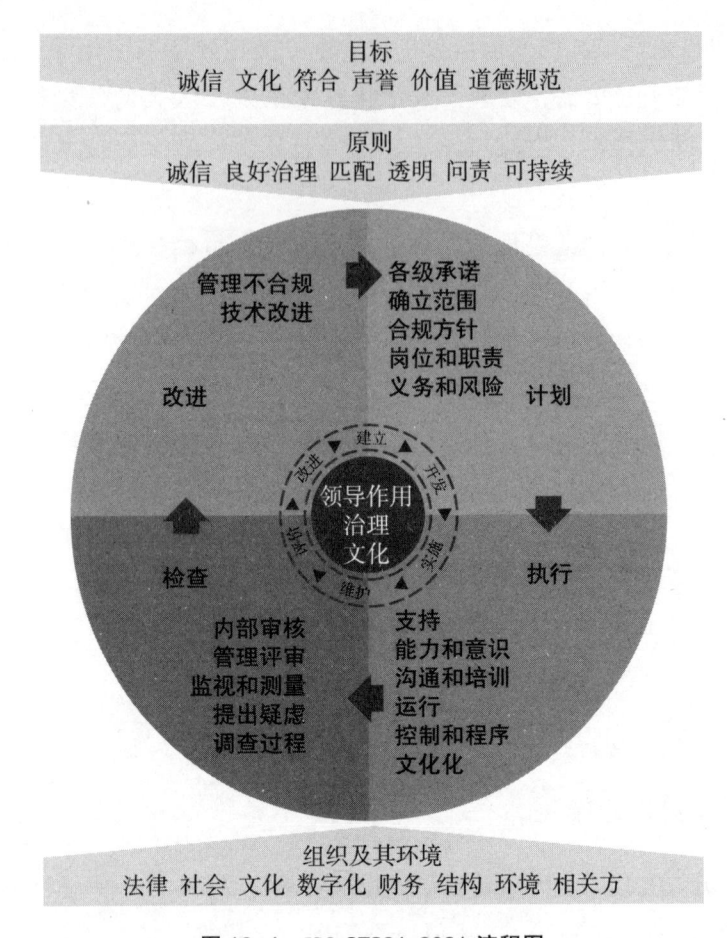

图 16-1　ISO 37301:2021 流程图

NA.3 数字化与合规管理

NA.3.1 概述

宜从组织及其环境和组织相关方的需要和期望的角度去理解数字化与合规管理。

NA.3.2 理解组织及其环境的数字化变革

随着数字技术的应用，传统的业务模式和场景正经历数字化转型，涉及交易的签约、交付和支付完全或很大程度上通过数字化方式来完成。消费互联网和产业互联网形成了大型的交易平台。随着交易方式的电子化和数字化，新的交易规范（包括法律和法规以及商业惯例）随之形成，通过立法或其他形式被采纳并运用于经济活动中，如我国《民法典》在合同编中增加了有关电子合同的法律规定，以适应数字经济的发展。随着数字经济的业务模式和规范的产生，势必会产生新的合规义务和合规风险，如美国、欧盟和我国关于数据的法律法规以及各种规范指引，包括平台经济的反垄断指引、数据出境安全评估指南等。

组织宜基于其数字化的业务模式识别合规义务，对合规风险进行评估并策划如何应对合规风险。组织宜重视数字经济下的合规义务。

NA.3.3 在合规管理体系中应用数字技术

组织在建立、开发、实施、评价、维护和改进合规管理体系时，宜合理应用数字技术，提升合规管理体系的有效性。

组织宜对应用数字技术形成的管理工具进行测试、优化和不断升级，以提高这些工具的准确性和适用性，并将其与组织的数字化业务过程相融合。

在合规管理体系中应用数字技术的基础是获得完整准确的数据。在合规风险评估、合规管理体系运行、合规培训、合规绩效评价以及合规管理体系的持续改进等方面需要组织对相关数据和信息进行收集、分析，并运用于对组织的合规管理。

数字技术在合规管理体系中的应用可包括但不限于以下方面：

——合规义务和相关案件数据库；

——合规风险数据库（包括组织对以往违规行为的总结报告）；

——合规培训系统（包括线上课件、自我考试等过程）；

——合同管理和财务系统；

——信息和数据搜索与分析工具（如对组织外部合规相关领域立法和执法趋势的跟踪和分析、对组织内部过往违规事件进行行为模式及发生原因的分析）；

——数据分析和示险看板（如合同履约率的数据分析和示险看板产品）。

上述合规管理数字化包含两部分内容，第一部分内容是"对数字经济相关的合规义务和合规风险进行识别"；第二部分是"在合规管理体系中应用数字技术"。第一部分内容我们在下面第四节会有所涉及；第二部分所说的对数字技术的应用和我们上面所说的"数字化的第二层含义"相一致，因此我们在本章中所说的"合规管理数字化"是指"在合规管理体系中应用数字技术"，亦即"对生产领域的各流程进行数字化的改造"。

第三节　合规管理信息化与数字化的比较

根据上述我们对信息化与数字化的介绍以及它们在合规管理体系中的应用，我们把信息化与数字化进行了比较，两者有相似的地方，也有区别。

一、合规管理信息化与数字化的相似性

表 16-2　合规管理信息化与数字化的对比分析

项目	合规管理信息化		
	手段	要素	目的
合规管理信息化	应用信息技术	利用大数据	切实提高管理效能
	应用传感技术、计算机与智能技术、通信技术和控制技术		
合规管理数字化	对应用数字技术形成的管理工具进行测试、优化和不断升级，以提高这些工具的准确性和适用性，并将其与组织的数字化业务过程相融合。	在"获得完整准确的数据"基础上，对相关数据和信息进行收集、分析，并运用于对组织的合规管理。	提高生产效率，提升企业的竞争力。
	应用数字技术		

从上述比较中我们可以看出，无论是合规管理信息化还是合规管理数字化，它们在手段、要素和目的三个方面都非常相似。两者都是用信息技术与数字技术，在对相关信息或数据分析的基础上，切实提高管理效能，或者提高生产效率，提升企业的竞争力，所以合规管理信息化与合规管理数字化在实务中很难有明确的区分。例如：

最高人民法院于 2015 年 7 月 21 日举行新闻发布会，通报最高法、最高检、公安部联合开展集中打击拒不执行判决、裁定等犯罪行为专项行动的情况，公布 10 起典型案例，并发布了两个司法解释。根据新的司法解释，自 2015 年 7 月 22 日起，乘坐 G 字头动车组列车全部座位、其他动车组列车一等以上座位等其他非生活和工作必需的消费行为将纳入限制消费措施；而拒不执行支付赡养费、劳动报酬等涉民生案件判决裁定的，法院可酌情从重处罚。最高人民法院颁布的这些对付"老赖"的措施是加大执法力度、消除判决白条的有力措施，是非常必要的。当然，这些措施总体属于后知后觉，而合规管理

信息化或数字化（以下统称数字化）才是先知先觉——在"老赖"赖钱之前甚至在老赖意识到他们可能成为老赖之前通过合规管理数字化把他们一一辨识出来。

那么，什么是合规管理数字化？对此，我们在上面已经提及，但对合规管理数字化的定义本来就没有一定之规，我们在这里不妨把合规管理数字化定义为：通过数字化工具对大数据（亦即计算机通过预设编程或自我学习所能够分析的有关你我信用的任何数据）就特定风险根据预设及不断迭代更新的风控模型进行精准分析且预测。

传统的大数据是贷款服务中银行或其他金融机构针对其信用卡客户以信用记录为基础所得出的数据。而现代的大数据是分析大量的网络交易及行为数据，对用户进行信用评估。这些数据广泛来源于网上银行、电商网站、社交网络、招聘网、婚介网、公积金社保网站、交通运输网站、搜索引擎，最终聚合形成个人身份认证、工作及教育背景认证、软信息（包括消费习惯、兴趣爱好、影响力、社交网络）等维度的信息，以此分析得出用户还款意愿及还款能力的结论，继而为用户（如银行、P2P平台）提供快速授信、现金分期等金融及其他服务。

数字化合规管理是否可以自我完善？答案是肯定的。预设的风控模型可以通过人工干预或者自身不断地迭代更新以达到自我学习、自我提升的目的。比如，处理大数据的计算机可以在不直接针对问题进行编程的情况下自我学习，从而提升数据处理能力，并进一步完善大数据。对于一个计算机程序来说，给它一个任务和一个性能测量方法，如果在经验的影响下，方法对任务的测量结果得到了改进，那么就说该程序从经验中学习，从而极大地提升了数据处理能力，并保证业务模式的可持续发展。

合规管理数字化的实际效果如何？大数据的实际运用效果显著，我们在这里试以某某小额贷款为例。比如，某某小额贷款首创了从风险审核到放贷的全程线上模式，将贷前、贷中以及贷后三个环节形成有效联结，向通常无法在传统金融渠道获得贷款的弱势群体批量发放"金额小、期限短、随借随还"的小额贷款。通过各电子商务平台，收集客户积累的信用数据，利用在线视频全方位定性调查客户资信，再加上交易平台上的客户信息（客户评价度数据、货运数据、口碑评价等），并对后两类信息进行量化处理，从而快速评估贷款风险，并在没有抵押实物的情况下发放贷款。再如，某联行在公司成立后的 6 年内（亦即 2013 年之前）帮助数百家企业从民生银行获得总计约 20 亿元的信用贷款——单笔额度集中在三五百万元到一千万元。最小金额 98 万元，最大一笔达到 6800 万元。利率为基准利率上浮 40%—50%，远低于一般纯信用贷款 90% 左右的上浮额度。①

合规管理数字化一定可靠吗？当然不是。大数据覆盖面越广，可能问题就越多，这个广的覆盖面可能物极必反。你的一些较小的失信行为，如使用打车软件爽约、网购到货不签收、拖欠水电费等信用小污点都有可能被记录到用户的信用报告中，甚至可能影响到未来的贷款行为。所以，大数据下的合规管理数字化也不断地被诟病。比如，有人评论：到现在为止没有一个国家，没有一家征信机构做出来的基于互联网的征信产品，能够应用于较大的人群。另外，还有人说：其没有见过一个基于互联网大数据做出的征信模型 KS 评分能够超过 35 分。所谓的 KS 就是 Komolgorov-Smirnov 的简写，是衡量模型辨别能力的方法，数值为 0—100，数字越大模型越有效，35 分为模型是否有效的地平线。

大数据下的合规管理数字化一定公平吗？不一定。征信机构应当恪守"数据从第三方来给第三方用"的绝对独立第三方原则，但这个原则在实务中一再被突破。

总之，在这种既扩展了信息收集范围又模糊了独立第三方原则双突破的"新业态"下，不仅征信在风险管理上的效力有待检验，个人享受的公平信用权利也面临风险。总而言之，大数据下的合规管理数字化是有用的，且这个有用是经过实际检验的；但大数据也不是万能的，大数据的算法和伦理都有待在实践中进一步提高。

二、合规管理信息化与数字化的不同

合规管理信息化与数字化在很多方面存在不同的现象，但最大的不同之处可能在于数字化相比信息化往往更加智能，对这种现象又在数字化后面加上智能化，写成"数字化智能化"，如我们在上面所提到的，2022 年 6 月 23 日，国

---

① 樊殿华：《大数据撬动中小企业贷款小公司引发的信贷大革命》，载《南方周末》，http://www.infzm.com/contents/94652（最近参阅时间 2022 年 10 月 27 日）。

资委以视频方式组织召开2022年国资监管信息化工作会议，会议指出要"着力提升国资央企数字化智能化水平……"①还有的直接写成"数智化"。

数智化工具，其智能程度各不相同。但不管是什么样的数智化，也不管是什么程度的数智化，数智化有三个必要条件：必要的数据支持、良好的风控模型、直观的呈现方式。

（一）必要的数据支持

数智化既是工具，但本质上还是以数据或者大数据为基础所做的数据分析。数据分析是指用适当的统计分析方法对收集来的大量数据进行分析，将它们加以汇总和理解并消化，以求最大化地开发数据的功能，发挥数据的作用。数据分析是为了提取有用信息和形成结论而对数据加以详细研究和概括总结的过程。②

数据分析的数学基础在20世纪早期就已确立，但直到计算机的出现才使得实际操作成为可能，并使得数据分析得以推广。③

当然，不是所有的数据分析都需要计算机的加持，也不是所有的数据分析都需要大数据的输入。下面就是大数据运用的一个实例：

网约车更安全，责任分配也应更加科学④

2020年3月，笔者参加了全国信息安全标准化技术委员会（TC260）-大数据安全标准特别工作组会议。

本次会议所讨论的很多问题也是实务中大家所关心的问题，对此我们向大数据工作组请示是否可以写一些报道将会议相关内容与大家分享。在得到明确回复"会议本身就是公开开放的"情况下，我们将陆续与大家分享参加本次会议的一些心得体会。

---

① 《国资委一个月内多次强调数字化，多地央企数字化转型取得进展》，载《华夏时报》，https：//baijiahao.baidu.com/s？id=1737026890417838253&wfr=spider&for=pc（最近参阅时间2022年10月26日）。

② 陶皖主编：《云计算与大数据》，西安电子科技大学出版社2017年版，第44页。

③ 顾君忠、杨静主编：《英汉多媒体技术辞典》，上海交通大学出版社2016年版，第154页。

④ 陈立彤：《网约车更安全，但责任分配应当更加科学》，载搜狐网，https：//www.sohu.com/a/351062530_733746（最近参阅时间2022年10月25日）。

网络预约汽车（以下简称网约车）自出现之日起就是高热度话题，网约车通过提供一个信息交流平台，司机通过注册便可在平台接单，降低了司机的准入门槛，解决了传统出租车行业在空间、时间上的局限性，以此有效缓解了城市交通供给不平衡问题；并且通过激励政策、管理制度改善了服务质量等一系列好处，在短时间内，快速俘获社会大众的支持，也曾一度让传统出租车岌岌可危。但是随着网约车业务规模的不断扩大，网约车平台注册司机、乘客不断增加，简单基本的网约车管理规则已经不能覆盖全部风险点，因此近年来司机合法性身份、乘客安全、网约车和传统出租车的矛盾等方面的诸多问题逐一爆发。

针对这些问题，国务院办公厅出台了《关于深化改革推进出租车行业健康发展的指导意见》（国办发〔2016〕58号），交通运输部2016年7月出台了《网约车管理办法》、《网络预约出租汽车经营服务管理暂行办法》（交通运输部令2016年第60号），以及各地网约车管理办法，随着规章政策陆续发布，政府对网约车的监管也逐步进入轨道。在网约车各方面问题逐步得到解决的过程中，个人信息安全问题越来越被人们的重视。由于网约车是共享经济下的，以"互联网+"、大数据等先进技术作为支撑的新兴行业。就像其他依托于互联网以及信息数据的行业一样，让人们享受到诸多便利的同时，也面临着个人信息泄露的风险。个人信息受侵犯带来的不仅是个人隐私被泄露所带来的不安全感，还有可能让不法分子利用，以至于对个人人身财产安全带来严重威胁或者损害，甚至影响到整个社会的稳定。正因信息数据安全如此重要，2017年6月1日起实施的《网络安全法》、2019年1月1日起实施的《电子商务法》、2019年2月重新修订的《个人信息安全规范》、2019年5月16日发布的《网络安全等级保护制度2.0国家标准》等围绕信息数据安全的法律法规纷纷出台，共建一个安全可靠的信息数据大环境。

2019年10月30日，在全国信息安全标准化技术委员会2019年第二次工作组"会议周"中，对国家质量监督检验检疫总局以及中国国家标准化管理委员会共同起草的《信息安全技术网络预约汽车服务个人信息安全指南（草案）》进行讨论，该标准给出了网络预约汽车相关服务开展信息收集、保护、使用、共享、转让、公开披露等活动的个人信息安全措施和实施指南。主要是让提供网络预约汽车相关服务的网络运营者加强个人信息安全保护，也适用于第三方测评机构对网络预约汽车服务进行个人信息安全评估的参考。《信息安全技术网络预约汽车服务个人信息安全指南（草案）》主要有七个部分，分别为个人信息收集、个人信息保存、个人信息使用、个人信息共享与公开披露、网络预约汽车第三方服务、个人信息主体权利保障、组织的安全管理措施。

针对该指南草案，笔者在全国信息安全标准化技术委员会2019年第二次工作组会议上针对网约车标准提出了三项建议：

第一个建议是在前言中加上"该指南目的和所要达到的效果是通过个人信息相关风险的管理，进一步提高网约车服务质量及乘客的人身安全、提升社会经济效益、从整体上降低出行成本"。虽然当下网约车相比传统出租车更容易对乘客人身安全造成威胁的言论频出，诚然网约车存在很多的问题，但相比传统出租车，网约车对乘客人身、财产造成威胁的概率其实是相对较低的。

2018年9月20日，中国司法大数据研究院发布《网络约车与传统出租车服务过程中犯罪情况》专题报告。数据显示，2017年全年，全国各级人民法院一审结案的被告为网络约车司机（含快车、专车、顺风车）在提供服务过程中实施犯罪的案件量为18件，每万人案发率为0.048；传统出租车司机在服务过程中实施犯罪的案件数为175件，万人案发率为0.627。从案件量对比上，传统出租车司机犯罪数量是网约车司机的9.7倍，万人发案率是后者的13倍。出租车和网约车在提供服务过程中，夜间是作案高峰时段，网约车司机50%案件发生在该时段，传统出租车司机近三成案件发生在该时段。从案件数量对比来看，夜间出租车案件为52起，网约车案件为9起。报告还显示，在提供服务过程中，网约车司机和传统出租车司机侵害乘客的案件罪名集中在故意伤害罪、交通肇事罪和强奸罪，占比均超70%。传统出租车司机侵害乘客案件多发生在车内，网约车侵害乘客案件多发于起止点或沿线附近。在司机实施犯罪排名靠前的罪名中，从绝对数量来看，出租车强奸案件为12起，网约车强奸案件和强制猥亵案件共3起，出租车是网约车的4倍；故意伤害罪案件出租车48起，网约车7起，前者是后者的6.9倍。

由此可见，网约车的出现实际上改善了传统出租车行业的犯罪率，让出行变得更安全。如前所述，网约车是在"互联网+"、大数据等先进技术中诞生的新兴行业，若将先进且适当的安保技术运用在网约车上，再配合如本指南这样详细且全方面的规范,完全可以更进一步保障乘客以及网约车司机的安全。比如,要求添加紧急联系人信息,手机上以及车辆上装配行车监管记录装置,完善乘客、驾驶员的个人信息收集,并对所收集到的各种信息进行正面使用,将各种信息整合起来,进行有效治理,在危险发生之前识别风险,在危险发生当时及时补救以阻止严重后果的发生及扩散,在危险发生之后及时填补系统中或者机制中的漏洞。如此一来,可有效避免将来可能发生的网约车惨案。

第二个建议是引入经济学原理中的"损失减少原则"和"成本分摊原则",科学地定义与分配平台、司机、乘客之间的责任。那什么是"损失减少原则"及"成本分摊原则"?该原则的运用在网约车行业上可解释一个重要问题,即当网约车业务运营中发生争议,包括出现信息治理问题、网约车司机准入资质问题,或者其他问题时相关责任应当如何划分。

成本分摊原则要求能够把成本分摊到产品或服务的价格中的一方承担损失。因此成本分摊一方应当是一个团体(如网约车平台)而非个人(如个人客户),因为个人做不到把成本分摊到其他任何人身上。除分摊损失外,成本分摊方可以通过购买保险来转移风险。再者,成本分摊方一方面可以因损失就相关产品或服务变更或提高价格、从而持平甚至盈利;另一方面产品或服务的购买方则通过多付一点钱的方式避开风险。因此,成本分摊原则要求所造成的损失责任应当由平台企业而非个人消费者来承担。

损失减少原则是指在众多当事人中分摊责任时,应当让能够以最低代价来减少损失的一方承担责任。当然,谁是最低成本承担者或谁应当更加小心监督风险或谁的方法更能减少损失应当是一个动态的考量过程。比如,科技创新应当是该动态考量过程中的一个重要因素。如果谁有能力创造出新的方法来减少风险控制的成本或降低损失发生的频率,则该有创新能力的一方应当承担风险。换言之,在平台与消费者之间选择由谁来承担风险,平台则应首当其冲。按照该原则,如果法律不恰当地把风险转嫁到个人客户头上,则平台会丧失其用创新来控制风险的动力。因此根据该原则,平台应将大量的资金投入新技术的开发与运用当中,如对旗下网约车具体位置的追踪,客户的信息管理、有不良记录的驾驶员进行重点跟踪,犯罪的预防以及补救系统等,或者通过数据挖掘技术,对于有问题的司机就某一可疑的行为与以前的犯罪行为进行规律比对,从而先人一步发现问题。

第三个建议是在该指南中增加风险识别、评价及控制的机制，帮助网约车平台建立风险管控机制。当那些网约车惨案发生后，我们不仅要关注善后事宜如何处理，也应当密切关注网约车准入门槛。虽然网约车行业以"共享"为核心，以调动社会中限制的人力资源、汽车资源为目的，必然会导致准入资质要求与传统出租车行业不尽相同，但是网约车不是法外之地，同样应受到严格监管，尤其是在准入之初就应有和出租车同等或者更严格的门槛。比如，在网约车驾驶人资格审查方面，如果能够和公安系统联网，共同建成一个安全体制，对于劣迹斑斑、曾有暴力犯罪前科记录或者有犯罪倾向的人，采取限制禁止成为网约车司机这类向社会大众提供服务的职业，从一开始就排除违法犯罪的隐患。除此之外，网约车平台最好有一套对社会、对乘客极端负责的无任何空隙可钻的完备的安全保障体系。该指南中对于网约车平台在服务过程中获取的个人信息应当如何收集、保存、使用、共享、披露做出详细的指导，还有对于安全事件的处理、投诉和应急响应等机制方面的指导，但是主要的规定都是集中于风险发生后，对于风险和风险源的识别与评价机制方面的建设却是缺位的。如果能够将风险识别与防范系统建设起来，将危险扼杀在摇篮之内，才是最高效的解决途径。

（二）良好的风控模型

风控模型，顾名思义是与风控相关的模型。风控模型在金融领域被广泛地运用，因其领域不同而有不同的模型设计、架构、风险管控模式，但不管怎样，这些风控模型的基本目的都是控制风险。

合规管理数智化下的风控模型其目的也毫无例外是控制风险，不管模型如何设计、架构如何搭建、风险如何管控，合规管理数智化下风控模型的基本逻辑离不开合规管理雁阵图中所包含的基本逻辑：哪个责任人（谁）履行什么样的合规义务（做点什么），在什么样的风险场景下（何时何地）防止风险源（引发风险的岗位、部门、环节）触碰强制性的、禁止性的合规义务（红线、高压线）。换言之，前述的合规管理雁阵图也是合规管理数智化下的风控模型的最基本的原型图——良好的风控模型离不开合规管理雁阵图当中基本的风控逻辑，以笔者给某客户提供的数智化风控模型设计举例如下：

××公司数据治理数智化风控模型设计

......

2.4 对关键岗位的管理

2.4.1 概念及要求

公司应当与从事个人信息处理岗位上的相关人员签署保密协议，对大量接触个人敏感信息的人员进行背景审查，以了解其犯罪记录、诚信状况等。对于即将调离岗位或终止劳动合同的人员，应当做好保密工作，要求其保护公司的信息、数据安全。内部人员如果出现操作失误或故意行为，会给公司的利益带来严重的损失。

2.4.2 风险描述

××公司没有识别公司信息安全领域的关键岗位与人员，并进行针对管理，重要信息岗位的人员信息收集内容与一般岗位没有区别，只对行政岗位、司机等在招聘时有特殊安全考虑，要求出具无犯罪记录等。同时没有能够及时准确发现员工在外利益冲突的手段，对员工没有明确的指引和要求进行约束规范。

在2016年曾出现一名主管级别的员工在离职前将公司的资料运用权限进行解密之后发送到自己的个人邮箱，计划用于个人的公司经营。在该员工离职后通过操作审计日志发现了这一行为，及时约谈要求其删除资料，并承诺不会泄露公司的信息数据。

该事件虽然没有给公司带来重大损失，但反映出存在一定的管理漏洞。在之后公司引进了内网安全监管系统（IP-Guard）、数字光处理（DLP）等技术手段，限制公司内部网络以及电子设备向云盘、外接存储设备等进行资料传输，但目前类似的限制仅针对内部研发人员，而对非技术开发人员没有明确是否有限制，存在可能将收集到的用户数据泄露的风险。

此外，根据访谈了解到，目前公司主要依赖这些技术手段的事后检查功能，发现已有的不当操作，尚未启用在事中对研发人员定向控制、限制部分软件的传输功能，落实程度不高。

在公司与第三方医院、政府合作的心血管公益项目（公司不是主导方且不是数据的收集方）中，公司的超级管理员账户有权限通过××公司提供的设备，访问云端存储的大量患者信息，能够访问超级账号的人员不多，但是对这部分人员的重点管理处于缺失状态，没有与之签署特别的协议加以约束。

2.4.3 建议措施

公司应当对关键岗位/重要人员名单进行梳理,根据不同员工所能访问、控制、修改的个人信息类别、数量、重要性等条件进行筛选。

公司应当建立对个人信息保护相关岗位人员的背景审查机制,在入职前与其签署保密协议,对其从业经历、犯罪记录、诚信状况等进行了解;建立个人信息安全事件的处罚机制,明确不同个人信息处理岗位的安全职责;做好关键岗位人员离职的权限清退、数据保密、访问记录审计工作等。

(三) 直观的呈现方式

数智化无论是数据分析还是风控模型都是由合规、IT、法务、业务等专业人员完成的,很多内容(包括设计方案、架构等)是非专业人员难以理解的,但数智化管理作为决策引擎,其最后的呈现必须是容易理解、一看就懂的。

以笔者参与的数据治理合规项目为例,为了更好地展示数据全生命周期各个环节的控制节点,有必要绘制数据流转拓扑图,如下:

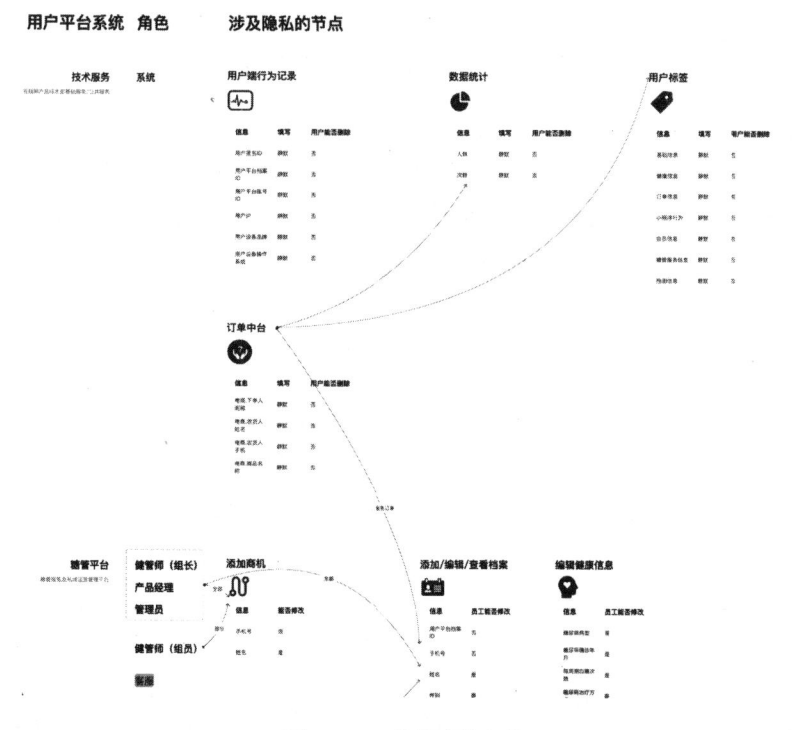

图 16-2 数据流转拓扑

但这个图不容易理解，也不是一看就懂，换言之，它不能直接被呈现到管理层面前作为决策引擎来使用。

那么什么样的呈现方式才是容易理解、一看就懂的决策引擎？以合同风险管理为例，笔者团队为客户合同风险管理所交付的仪表盘展示如下，而在这个仪表盘的后面则是我们上面所说的数据分析和风控模型：

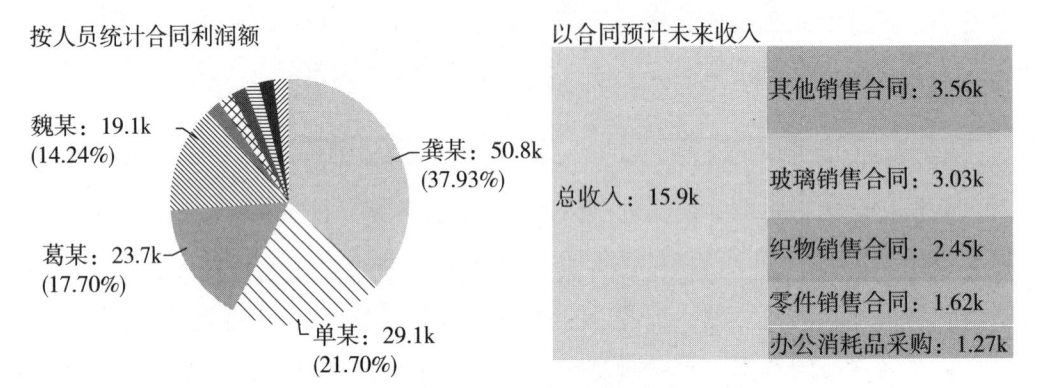

按人员统计合同利润额

魏某：19.1k (14.24%)
龚某：50.8k (37.93%)
葛某：23.7k (17.70%)
单某：29.1k (21.70%)

以合同预计未来收入

总收入：15.9k
其他销售合同：3.56k
玻璃销售合同：3.03k
织物销售合同：2.45k
零件销售合同：1.62k
办公消耗品采购：1.27k

图 16-3　合同风险管理仪表盘

第四节　数智化及其挑战

数智化或者人工智能的发展过程其实就是人类淡出数据处理和应用的过程。进入大数据时代之后，人工智能的发展或者崛起已经是不可避免的事情——一方面，自然人的智力和能力已经不足以处理大数据；另一方面，人工智能将会全面接管数据的处理和应用（见图 16-4）。

5 月 17 日是世界电信和信息社会日——2021 年的主题为"在充满挑战的时代加速数字化转型"。据新华社消息，我国将建设全国一体化的国家大数据中心，推进公共数据开放和基础数据资源跨部门、跨区域共享，提高数据应用效率和使用价值，同时加强安全监管，严厉打击非法泄露和出卖个人数据行为，维护网络数据安全。[①]

[①] 《我国将建全国一体化的国家大数据中心》，载新华网，https://baijiahao.baidu.com/s?id=1633784540836991616&wfr=spider&for=pc（最近参阅时间 2022 年 10 月 27 日）。

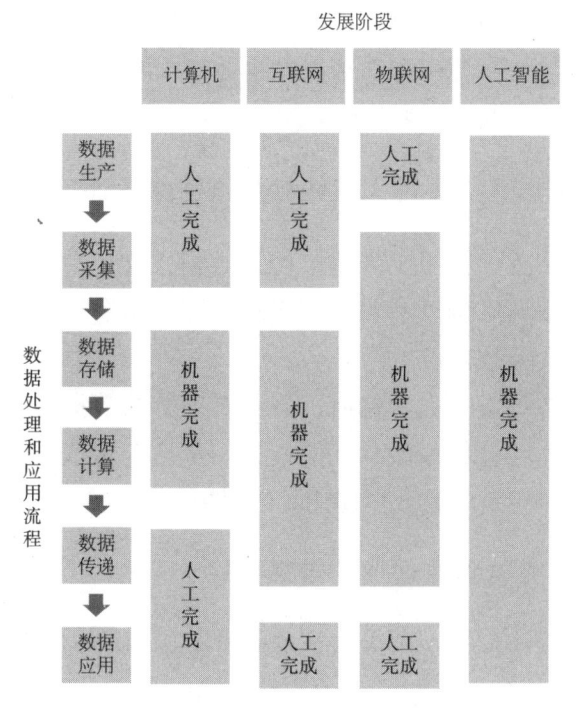

第十六章 合规管理信息化、数字化与数智化 | **385**

发展阶段			
计算机	互联网	物联网	人工智能

数据处理和应用流程：
- 数据生产 → 人工完成 / 人工完成 / 人工完成 / 人工完成
- 数据采集
- 数据存储 → 机器完成 / 机器完成 / 机器完成 / 机器完成
- 数据计算
- 数据传递 → 人工完成
- 数据应用 → 人工完成 / 人工完成

图 16-4 人工智能调研图

可以想象，随着我国大数据中心的不断建立，合规管理数智化将进入快速通道，但同时也带来了应用与保护方面的问题。

一、所采集的公共大数据关系到国计民生，应用不当会对国家和公民个体造成损害

关系到国计民生的大数据涉及很多方面，包括公民个人的隐私和身份信息等"公民个人信息"。对于公民个人信息的保护，继《网络安全法》等法律出台后，2017年5月9日，最高人民法院、最高人民检察院首次就打击侵犯个人信息犯罪出台《关于办理侵犯公民个人信息刑事案件适用法律若干问题的解释》。其对侵犯公民个人信息罪、非法购买和收受公民个人信息的定罪量刑标准以及相关法律适用问题进行了系统规定。

为什么要加大对"公民个人信息"的保护，我们从一些个人信息被犯罪分子利用而发生的案例能有所体会。2016年，已被大学录取的山东临沂女孩徐某某接到一个陌生电话，被骗走了9900元学费。在与家人去派出所报案回来的路

上，女孩心脏骤停，于两天后离世。当然，徐某某的例子只是个案，犯罪分子甚至根本谈不上应用大数据，但可以想象的是，大数据应用如果在公民个人信息上出了问题，那么徐某某的案件可能就不是个案了。

二、公共大数据有很多是人工统计数据，需要保障准确性

公共大数据中有很多是手工采集的统计数据，统计口径不停在变，且原始数据不可追溯，导致其准确度和可信度出现问题。如果这些数据成为政府公共决策的基础，那么会导致决策出现偏差。

有问题的统计数据进入大数据库，将会对下游的数据应用带来灾难。其引发的蝴蝶效应甚至有可能跨越数代而不自知。从这个角度来说，大数据的应用保护包括数据打假以及对下游数据使用者的保护。

三、人工智能将给大数据保护带来挑战

在大数据保护这个问题上，人工智能或者被操纵的人工智能平台已经不断地向我们发起挑战。以2017年5月中旬爆发的勒索软件WannaCry为例，其所展开的攻击模式导致了全世界至少20万台Windows电脑被黑客入侵，攻击者加密了电脑文件，索要300美元作为赎金。如此大规模的网络投毒，没有跨法域、跨系统的高级人工智能参与是难以想象的。

人工智能对大数据保护带来的挑战不仅体现在像勒索软件所带来的网络攻击上，还体现在我们对大数据保护的立法及制定规则需要机器思维。

总之，大数据下的数智化合规管理是网络信息技术与经济社会各领域深度融合的产物，对于未来的互联网生态、创新体系、产业形态乃至社会治理结构等都将产生革命性的影响。随着信息技术的普及，大数据这座"宝库"正在被人们发现、认识、挖掘。但我们在提升大数据价值、扩大大数据资源时，如何维护大数据安全、保护公民的个人利益不受侵犯，也是大数据应用所要必须解决的问题。

因为人工智能的进化与大数据的应用存在正相关性，我们在考虑大数据运用与保护的同时，一定要放眼机器世界，用它们听得懂的语言告诉它们如何遵守我们人类的规矩。

四、大数据带来的合规风险

如果大数据下的合规风险得不到有效防控，抓捕、刑责往往就会跳脱出来

成为大数据领域的关键词。正如有人评述的那样，现在最可怕的点就是，不知道风险从哪里来，哪条业务会踩了红线，也不知道红线在哪里。对于不少企业来说，大数据行业有点如同黑暗森林，不知道猎人的子弹从哪里射过来。

案例一：数据科技公司

2019年9月6日，据悉：杭州西湖分局集结200余名警力，对涉嫌侵犯公民个人信息的××公司进行统一抓捕。抓获涉案人员120余名，冻结资金2300余万元，勘验固定服务器1000余台，扣押电脑100多台，手机200余部。该公司成立于2016年，提供精准营销模型、反欺诈、多维度用户画像、授信评分、贷后预警、催收智能运筹等全面风险管理服务。

案例二：数据使用方

××公司在8个月时间内，日均传输公民个人信息1.3亿余条，累计传输数据压缩后约为4000GB，公民个人信息达数百亿条，数据量特别巨大。事发后，××公司关停了原有的产品营销线、金融征信线，仅保留了人工智能线——据相关披露，关停原因为"合法性界限不清"。该公司高管常某因犯侵犯公民个人信息罪，判处有期徒刑三年，并处罚金人民币60万元；被告人颜某某犯侵犯公民个人信息罪，判处有期徒刑4年6个月，并处罚金人民币60万元；被告人柴某某犯侵犯公民个人信息罪，判处有期徒刑3年，并处罚金人民币70万元……

案例三：数据使用方

××公司将从数据库下载的非法收受的涉及公民姓名、身份证号码、电话的信息，整理后建立新的数据库并导入公司的服务器中供用户在公司网站比对查询。该公司在未获得其网站被查询身份信息本人授权的情况下，将用户查询时输入的身份信息予以缓存并编写建成数据库放入公司的服务器中。该公司分别与某科技公司、某信息技术公司、某云计算有限公司、某信用管理有限公司签订关于身份证信息认证的协议，上述四家公司分别向该北京某互动科技有限公司提供了一个网址外加一个密钥，将上述四家公司的网址和密钥编写成该北京某互动科技有限公司脚本程序放入公司的服务器中，用户在公司网站的身份证实名认证和身份证照片同一认定板块上输入姓名、身份证号码、照片请求进行同一认证并付费，便可以通过编写的脚本程序进入四家公司中的一家接口进行查询、比对并获得反馈结果。该被告单位××公司犯侵犯公民个人信息罪，判处罚金人民币 400000 元；直接责任人员沈某犯侵犯公民个人信息罪，判处有期徒刑 3 年，缓刑 4 年，并处罚金人民币 70000 元……

用科学的风险识别与评价机制是可以识别并分析这些大数据风险的。比如，在对大数据案件通过大量的研究样本分析的基础之上，我们可以推演并分析出：哪类公司的——哪个部门或岗位——做了什么——导致被抓或被罚——都是什么样的处罚——用什么方法可以控制风险、避免重蹈覆辙。

总之，人工智能与大数据环境下的信息安全问题，既是技术问题，也是法律问题，技术是中立的，人类社会是在技术进步中运用法律智慧来协同技术的发展。无论是对于政府的公共数据，还是企业的私有数据，甚至是个人的隐私数据的生成、存储以及使用，都应当在符合良好法律规制的框架下运作，而为了满足法律规制的要求，还必须采用相应的技术手段，以技术的专业方式解决专业的技术问题。面对新领域的新挑战，法律规制的技术化，以及技术方式的法律化，也就是技术与法律的融合，成为解决问题的制胜之道。

五、数智化为企业合规师带来科技上的挑战

数智化是数字化智能化，而智能化离不开科技，甚至是高科技，这也给企业合规师们带来了挑战，他们一方面需要掌握合规管理相关知识和技能，另一方面需要对合规管理相关的科技，甚至高科技手段不断地予以学习，提升自己的科技素养，甚至要把自己培养成跨法律、跨合规管理、跨科技的复合型人才。对此，我们撷取企业合规师工作中回避不了的对各类信息数据删除的场景来予以诠释。

数据处理过程可能需要贯穿数据的全生命周期，包括收集、使用、分享、传输（尤其是跨境传输）、删除等。

要删除数据是数据的特性使然，有的基于数据的国家秘密的特性必须得删除；有的基于数据的隐私特性必须被遗忘。如果数据在自己的控制之下，那么无论是删除还是遗忘都不是难事，但如果数据被转移到第三方脱离自己的控制，要删除就不那么容易了。

（一）国家秘密不得不删除的

国家秘密不得不删除的，我们以无人驾驶高精地图为例，无人驾驶高精地图属于国家秘密，我国对于与无人驾驶高精地图相关的测绘成果数据安保要求就很高。

国家测绘地理信息局《关于加强自动驾驶地图生产测试与应用管理的通知》规定：当前，各单位、企业用于自动驾驶技术试验、道路测试的地图数据（包括在传统导航电子地图基础上增添内容、要素或精度提升的），应当按照涉密测绘成果进行管理，并采取有效措施确保数据安全。未经省级以上测绘地理信息行政主管部门批准，不得向外国的组织和个人以及在我国注册的外商独资和中外合资、合作企业提供、共享地图数据，不得在相关技术试验或道路测试中允许超出范围的人员接触地图数据。换言之，对于无人驾驶高精地图数据，第一不允许向有外资背景的单位和个人泄露；第二不允许向只有在公开出版、展示之后才能接触数据的人员泄露。

（二）隐私数据不得不被遗忘的

《通用数据保护条例》（General Data Protection Regulation，GDPR）于 2019 年 5 月 25 日已经生效。GDPR 对很多中国企业适用，再加上违反 GDPR 会导致重罚，罚款数额可能高达全球营业额的 4% 或者 2000 万欧元，哪个数字高就用哪个，因此 GDPR 合规也成了很多企业的重中之重。当然也有不少企业在赌欧盟的执法力度不会那么大、达摩克利斯之剑不会掉到它们头上。

GDPR 为数据主体设定（相比较欧盟及其成员国以前已经有的法律，可能用"重申"更为准确）了一个权利，就是"被遗忘权"（right to be forgotten），这在我国的《个人信息保护法》中也有类似的规定，意思是数据主体（比如小李）可以要求数据控制人（Data controller）和/或数据加工人（Data processor）删除数据（如小李的名字、生日、身份证号码、电话号码、车架号、驾驶习惯等），那么数据控制人及数据加工人必须坚定不移地予以删除。但问题是小芳的数据会在企业（特别是大企业）内部（如不同部门）以及企业外部（如供应商、经销商或代理商）不断地流转，而且不同的形式（如中英文）或不同的段落字节流转（如小李的车架号在 4S 店、驾驶习惯在保险公司），要把这些数据全部干净地从整个数据链上消除既费钱又很难操作——这个时候的数据与其说是财产，不如说是"毒药"。

那怎么解决这个问题呢？有人提出区块链也许是一个解决方案，但笔者认为区块链不是一个好的解决方案，因为区块链去中心化的特点恰恰是遗忘权的克星。比如，有这么一家创业公司，它收集餐厅用餐客人的订单数据并将其存储于亚马逊云端托管。为了 GDPR 合规（以及网络安全法合规），这家餐厅（作为数据的控制人）以及创业公司（作为数据的加工人）不仅自己要合规，还必须与亚马逊以及其他第三方签订合同要求亚马逊以及其他第三方合规。当第三方只有一两家时，第三方合规不是问题，但当你开始建立一个分散的网络时，第三方合规系统会完全崩溃——对于分散化的公共区块链应用，每个用户将个人数据放在分布式账本中，但你无法与以太坊网络上的所有节点签订合规条款。

对于在分散网络中谁来实际承担数据保护责任这个问题，也不是没有解决方案。比如，有人提出"私人区块链"——GDPR 合规由组织负责部署。另外，还有一些解决方案是将某些数据放入"黑名单"的系统中——即使在需要时它不从网络中删除，也不会在请求时提供。另一个想法是只将个人数据的"散列"放入区块链，而不是数据本身。散列是数据的数学推导，如果执行得当，不能反向设计以公开所表示的数据。但可以使用它们来验证底层数据，方法是对该数据重复散列算法，并将结果与存储散列。通过区块链哈希，而不是底层数据可以删除数据而无须更改区块链。

量子纠缠是关于量子力学理论的著名预测。物理学家约翰·斯图尔特·贝尔 1964 年首先设计一个实验从而证实"幽灵般的远程效应"的确存在。1997 年，奥地利塞林格小组在室内首次完成了量子态隐形传输的原理性实验验证。接着验证的距离从室内验证拉长到数百米、数公里以及中国人所做的数千公里的验证。2017 年 6 月 15 日，《科学》杂志以封面论文形式，报道了中国"墨子号"量子卫星首次实现上千公里量子纠缠的消息，相较于此前 144 公里的最高量子传输距离纪录，这次跨越意味着绝对安全的量子通信离实用又近了一步。2018 年 2 月，我国科技部"2017 年度中国科学十大进展"揭晓，"实现星地千公里级量子纠缠和密钥分发及隐形传态"入选。

也许再过不久，我们通过量子纠缠的实际应用来实现数据在第三方的"遗忘"和"删除"已经不再是想象——这个数据也许不仅仅是在我们地球上无人驾驶的高精地图了，它可能是高精星际航行图——不管这个要被"遗忘"和"删除"的数据走多远，我们能够说变就变、说删就删。

实务分享：

大数据产业链合规的流程、节点与控制

一、大数据产业链

-数据的使用方：银行、征信公司、消费金融公司、互金公司、小贷公司

-数据的处理方：大数据风控供应商

-科技公司：软硬件服务+数据粗加工

二、风险的识别、评价、控制（方法论）

-风险实证：识别风险与风险源

-合规义务：识别风险与合规义务执行人

-风险管控三原则：风险穿透、集体管理、主动管理

大数据行业如同黑暗森林，不知道下一颗子弹来自哪个猎人

三、风险的识别、评价、控制（流程、节点与控制措施）

-准确识别风险来源、类别和潜在责任的量级（公司责任和高管个人责任；刑事、行政、责任）

-结合业务模式嵌入数据全生命周期的管控

-科技公司和大数据公司需要特别考量的因素（技术中立，行业准入和监管问题，合规问题，供应商审计，合作伙伴审计等）

-法律、内部政策和流程以及技术手段结合的控制措施

-不同业务情景下的风险控制范例解析

四、危机处理

-危机处理的目的：监管调解、监管欺凌、监管俘获

-危机处理的战略：要"斗地主"、切忌房子失火再买保险

-事前：文字管理、文档管理、证据管理

-事中：应对调查、公共关系

-事后：恢复

五、舆情管控

-如何应对快速发酵的舆情散播

-慎防竞争对手对于舆情的战略运用

-如何应对和删除社交媒体上失实、侵权、恶意、诽谤的帖子和言论

六、刑事预防

-预防胜于辩护

-如何制订有效的刑事预防方案

-公司预案

-高管个人预案

-风险系数评估

-潜在责任评估

-制订应急方案

-调查应对方案

七、刑事辩护

-黄金37天

-律师的角色和作用

思考题：

1. 合规管理信息化、数字化、数智化有什么区别？
2. 如何理解大数据与数智化的关系？
3. 大数据产业链合规的流程、节点与控制有哪些？

第十七章　环境、社会和公司治理（ESG）

环境、社会和公司治理（Environment、Social and Governance，以下简称"ESG"），从环境、社会和公司治理三个维度评估企业经营的可持续性与对社会价值观念的影响，或者说，ESG 理念强调企业要注重生态环境的保护、社会责任的履行、治理水平的提高。

第一节　ESG 下的合规义务

我们在第四章提到合规义务可以分为强制遵守的合规义务（亦即公司必须遵守的）和自愿遵守的合规义务（亦即公司自愿选择遵守的）。在 ESG 下同样存在强制遵守与自愿遵守的合规义务。

强制遵守的合规义务可以说涵盖环境、社会和公司治理相关的所有法律法规，如《环境保护法》《公司法》。从这个角度来讲，ESG 或者 ESG 合规不神秘，不管一个公司愿不愿意，遵守 ESG 相关法律是一个公司的合规底线——很难想象一个发布 ESG 信息披露报告的公司在生态环境、社会责任、公司治理方面存在着大量的违规，甚至违法现象。换言之，一个敢于发布 ESG 报告的公司往往在 ESG 合规方面已经有了前瞻意识并做出了相关成绩。

自愿选择遵守的合规义务以办法、指导意见等文件方式出现，代表了监管端对合规端在生态环境、社会责任、公司治理方面的要求，举例如下：

表 17-1　自愿选择遵守的合规义务相关文件及要求

时间	监管机构	合规义务	要求
2002.01	证监会	《上市公司治理准则》	对上市公司治理信息的披露范围做出了明确规定。
2007.04	国家环境保护总局	《环境信息公开办法（试行）》	鼓励企业自愿通过媒体、互联网或者企业年度环境报告的方式公开相关环境信息。
2007.12	国务院国资委	《关于中央企业履行社会责任的指导意见》	将建立社会责任报告制度纳入中央企业履行社会责任的主要内容。

续表

时间	监管机构	合规义务	要求
2008.02	国家环境保护总局	《关于加强上市公司环境保护监督管理工作的指导意见》	环保总局与中国证监会建立和完善上市公司环境监管的协调与信息通报机制，促进上市公司特别是重污染行业的上市公司真实、准确、完整、及时地披露相关环境信息。
2010.09	环境保护部	《上市公司环境信息披露指南（征求意见稿）》	规范了上市公司披露年度环境报告以及临时环境报告信息披露的时间与范围。
2018.09	证监会	《上市公司治理准则》（修订）	增加了"利益相关者、环境保护与社会责任"章节，规定：上市公司应当依照法律法规和有关部门要求披露环境信息（E）、履行扶贫等社会责任（S）以及公司治理相关信息（G）。在修订说明中，证监会提到"积极借鉴国际经验，推动机构投资者参与公司治理，强化董事会审计委员会作用，确立环境、社会责任和公司治理（ESG）信息披露的基本框架"。
2021.06.28	中国证监会	《公开发行证券的公司信息披露内容与格式准则第2号—年度报告的内容与格式（2021年修订）》《公开发行证券的公司信息披露内容与格式准则第3号—半年度报告的内容与格式（2021年修订）》	本次修改总体保持了原有框架结构，其重要变化之一，是将与环境保护、社会责任有关内容统一整合至"第五节环境和社会责任"。修改包括以下一项：为协同做好"碳达峰、碳中和"、乡村振兴等工作，鼓励公司在定期报告中披露为减少其碳排放所采取的措施及效果，以及巩固拓展脱贫攻坚成果、乡村振兴等工作情况。
2022.03.10	国务院国资委		成立科技创新局及社会责任局，指导推动企业积极践行ESG理念，主动适应、引领国际规则标准制定，更好推动可持续发展。
2022.05.27	国务院国资委	制定印发《提高央企控股上市公司质量工作方案》（《工作方案》）	对提高央企控股上市公司质量工作作出了详细部署。《工作方案》将国内环境、社会及公司治理（ESG）管理及信息披露要求又提高了一个层级，提出要求"贯彻落实新发展理念，探索建立健全ESG体系"。

续表

时间	监管机构	合规义务	要求
			中央企业集团公司要统筹推动上市公司完整、准确、全面贯彻新发展理念，进一步完善环境、社会责任和公司治理（ESG）工作机制，提升 ESG 绩效，在资本市场中发挥带头示范作用；立足国有企业实际，积极参与构建具有中国特色的 ESG 信息披露规则、ESG 绩效评级和 ESG 投资指引，为中国 ESG 发展贡献力量。推动央企控股上市公司 ESG 专业治理能力、风险管理能力不断提高；推动更多央企控股上市公司披露 ESG 专项报告，力争到 2023 年相关专项报告披露"全覆盖"。

第二节 ESG 评估指标

ESG 评估指标指生态环境、社会责任、公司治理这三个维度各以什么指标来进行衡量。虽然不同的评价指南或指引在这三个维度上的评估指标在很大程度上类似，但也有各自的特色，以中国化工情报信息协会于 2020 年 11 月 18 日发布的《中国石油和化工行业上市公司 ESG 评价指南》（以下简称《指南》）为例，该《指南》标准根据深交所《上市公司社会责任指引》、上交所《上市公司环境信息披露指引》、证监会《上市公司治理准则》、香港联交所《环境、社会及管治报告指引》，以及全球报告倡议组织《可持续发展报告指南（G4）》、G20/OECD《公司治理原则》、ISO 26000 社会责任指引等监管指引文件和主流 ESG 披露框架，基于石油和化工行业上市公司的 ESG 信息披露情况，分别从环境（E）、社会责任（S）和公司治理（G）三个维度进行评价内容的设计，而这三个维度的评估指标明细如下：

表 17-2 ESG 三个维度及评价指标

维度	评估指标
环境保护	排放物、资源使用、环境管理、可持续经营、环境风险暴露等指标
社会责任	生产责任、产品责任、员工责任、客户责任、社区责任、供应链管理等指标
公司治理	治理结构与运行和治理行为等指标

其他环境评估维度的指标可能还包括：环境政策、绿色技术、环保投入、温室气体排放、员工环保意识、节能减排措施、绿色采购政策、废弃物污染及管理政策。

其他社会责任评估维度的指标可能还包括：精准扶贫、产业扶贫、乡村振兴、社区沟通、公益慈善、隐私数据保护、员工福利与健康、产品质量与安全、供应链责任管理。

其他公司治理评估维度的指标可能还包括：股权结构、会计政策、薪酬体系、风险管理、合规管理、信息披露、道德行为准则、反不公平竞争、董事会独立性、董事会多样性等。

第三节 ESG评估/信息披露指南

如上所述，不同的评估指南对ESG三个维度设定了不同的评估指标，因此公司在编制ESG信批报告时，在遵从上述第一节合规义务的前提下，可以参照不同的标准编制信批报告，举例如下：

表17-3 可参照的不同的标准编制信批报告

标准制定团体	标准编号	标准名称	公布日期
中国质量万里行促进会	T/CAQP 027-2022	《企业ESG信息披露通则》	2022-06-25
中国质量万里行促进会	T/CAQP 026-2022	《企业ESG信息评价通则》	2022-06-25
深圳市企业社会责任促进会	T/SZCSR 001-2022	《企业ESG评价规范》	2022-05-12
中国生物多样性保护与绿色发展基金会	T/CGDF 00011-2021	《ESG评价标准》	2021-10-14
中国化工情报信息协会	T/CCIIA 0003-2020	《中国石油和化工行业上市公司ESG评价指南》	2020-11-18

思考题：

1. ESG的合规义务包括哪两类？
2. ESG各维度的评价指标各是什么？
3. 试举三个ESG评估/信息披露指南。

图书在版编目（CIP）数据

首席合规官与企业合规师实务 / 陈立彤，黄鑫淼著. —北京：中国法制出版社，2023.1
ISBN 978-7-5216-3184-5

Ⅰ.①首… Ⅱ.①陈…②黄… Ⅲ.①企业法-中国 Ⅳ.①D922.291.91

中国版本图书馆 CIP 数据核字（2022）第 223544 号

策划编辑：杨智　刘悦
责任编辑：杨智　刘悦　马春芳　　　　　　　　封面设计：周黎明

首席合规官与企业合规师实务
SHOUXI HEGUIGUAN YU QIYE HEGUISHI SHIWU

著者/陈立彤　黄鑫淼
经销/新华书店
印刷/三河市紫恒印装有限公司
开本/730 毫米×1030 毫米　16 开　　　　印张/26　字数/318 千
版次/2023 年 1 月第 1 版　　　　　　　　2023 年 1 月第 1 次印刷

中国法制出版社出版
书号 ISBN 978-7-5216-3184-5　　　　　　　定价：138.00 元

北京市西城区西便门西里甲 16 号西便门办公区
邮政编码：100053　　　　　　　　　　　　传真：010-63141600
网址：http://www.zgfzs.com　　　　　　　编辑部电话：010-63141822
市场营销部电话：010-63141612　　　　　　印务部电话：010-63141606

（如有印装质量问题，请与本社印务部联系。）